민주시대 한국 안보의 재조명

민주시대 한국 안보의 재조명

1판 1쇄 발행 | 2012년 11월 26일
2판 1쇄 발행 | 2013년 2월 15일

지은이 | 김충남 · 문순보

발행인 | 부성옥

발행처 | 도서출판 오름
등록번호 | 제2-1548호 (1993. 5. 11)
주 소 | 서울특별시 서초구 서초동 1420-6
전 화 | (02)585-9122, 9123 팩 스 | (02)584-7952
E-mail | oruem@oruem.co.kr / oruem9123@naver.com
URL | http://www.oruem.co.kr

ISBN 978-89-7778-382-9 93340

민주시대 한국 안보의 재조명

김충남 · 문순보 지음

An In-depth Analysis of Korean Security

Choong Nam KIM, Soon-Bo MOON

ORUEM Publishing House
Seoul, Korea
2013

5

프롤로그

한국 안보에 대한 한국적 고민

한국인은 낙천적이라 할 수 있다. 그래서 최악의 역경을 극복하고 오뚝이처럼 다시 일어나 오늘을 이룩했다. 그러나 국가안보에 낙천적인 것은 위험한 일이다. '설마가 사람 잡는다'는 말이 있지만, 설마 전쟁이 일어나겠는가, 설마 북한이 핵무기를 우리에게 쓰겠는가, 설마 북한이 목표로 하는 '남조선 혁명'이 가능하겠는가, 설마 이웃나라가 한국을 위협하겠는가라는 안이한 생각이 우리에게 만연해 있다.

예로부터 우리의 안보 낙관주의는 평화애호민족이라는 말로 정당화돼 왔다. 전쟁을 싫어하고 평화를 사랑한다면서 외침(外侵)에 대한 대비를 소홀히 했다. 그래서 우리나라를 침범했던 일본을 두고두고 비난하면서도 안보태세가 미비했던 우리 자신을 반성하지 않는 경향이 있다. 고대 라틴어에는 '평화를 원한다면 전쟁을 준비하라'는 금언이 있다.* 힘이 없는 민족은 힘센 나라에 짓밟힌다는 것이 역사의 진리다.

한반도는 세계에서 가장 위험한 화약고 중의 하나로 인식돼 왔으며, 해외 전문가들은 지금의 한반도 상황을 6·25전쟁 이래 가장 위험한

---

* Mauro Sarrica & Alberta Contrarello, "Peace, War and Conflict: Social Representations Shared by Peace Activists and Non-Activists," *Journal of Peace Research,* 41:5(2004), p.549.

시기로 보고 있다. 더구나 우리는 수도권의 2천만 인구와 정치와 경제 등 국가의 중추기능이 북한의 직접적인 위협에 노출돼 있다. 그런데도 태평이다. 안보불감증 때문이다.

더구나 동북아질서는 소용돌이치고 있다. 중국의 공세적 외교정책과 군사전략은 미국, 일본, 러시아 등 주변국들에 연쇄반응을 일으키고 있다. 한국이 세계 10위권의 국력을 가진 중강국이라고 하지만 세계적 강대국들을 주변국가로 두고 있는 안보여건은 참으로 위태로운 것이다. 상대적으로 강한 나라들에 둘러싸인 국가는 안보의 취약성을 민감하게 인식하고 이를 극복하기 위한 적극적인 노력이 필수적이다.

그럼에도 국가안보를 우려하는 목소리는 들리지 않는다. 임진왜란, 병자호란, 청일전쟁, 러일전쟁 당시 집권층이나 지식인들이 외침에 대비하여 국력을 결집시키기보다는 분열과 갈등으로 비극을 초래했던 역사가 되풀이되지 않을까 우려된다. 한국이 막강한 군사력을 가진 나라이긴 하지만 그 이외의 측면에서 볼 때 안보태세가 만족스럽다고 하기는 어렵다. 따라서 우리의 안보문제를 현상적으로 다루는 것만으로 우리 안보의 취약성을 극복하는 데에는 한계가 있다.

더구나 2015년 12월이면 전시작전통제권이 전환되고 한국 안보의 중심역할을 해온 한미연합사령부가 해체되는 등 안보체제에 근본적 변화가 일어난다. 다시 말하면, 유사시 지상전을 우리 군이 주도할 수밖에 없고 정부와 정치권은 이를 책임지고 뒷받침하지 않으면 안 되는 상황이 다가오고 있다. 과연 정부와 정치권은 국가안보를 책임지고 관리할 자세와 태세가 되어 있는가? 국가안보를 군대만 믿고 군대에만 맡겨 두면 될 것인가?

냉전시대에는 안보가 군사적 기밀이었기 때문에 국민들은 안보문제를 잘 알지 못했다. 그래서 안보는 상관할 일이 아니라고 여겼다. 민주투쟁을 하던 사람들은 권위주의 정권이 안보를 정권안보의 수단으로 악용했다고 비난해왔기 때문에 그들이 집권하고 나서는 안보정책을 등한시했으며, 이로 인해 안보에 대한 부정적 인식이 확산됐다.

민주정치는 여론정치라 하듯이 여론은 안보정책에 중대한 영향을 미친다. 안보정책은 여론의 지지를 받아야 하고 문민통제의 원칙에 따라 국민의 대표들에 의해 군대가 이끌어지기 때문이다. 따라서 국민들은 안보문제에 관심을 가져야 하고 잘 알아야 한다. 그래야 사회적으로 건전한 안보여론이 형성되고 국가안보를 책임지고 관리할 능력이 있는 대통령과 국회의원들을 선출할 수 있다. 안보가 무너지면 가장 큰 피해자는 국민이기 때문에, 국민이 국가안보의 풀뿌리가 돼야 한다는 것이다.

국가안보에 대한 서적은 많지만 대부분은 서구의 안보일반론이나 주변 강대국들의 안보정책을 다루고 있으며 한국 안보의 특수성에 초점을 맞춘 것은 드문 편이다. 다시 말하면, 한국 안보에 대한 한국적 고민이 별로 보이지 않는다는 것이다.

이 책은 우리의 안보문제를 '한국적 차원'에서 조명하고자 노력한 결과이다. 안보에 대한 우리의 인식은 북한의 군사위협에 주로 초점이 맞춰져 왔다. 그리고 그것은 군대를 위시한 한정된 분야에서 책임질 문제로 치부해왔다. 그러나 필자들은 군사력 같은 국가안보의 하드파워(hard power)보다도 소프트파워(soft power)에 한국 안보의 근본적 취약성이 있다고 판단한다. 한미동맹으로 인해 한국 안보의 하드파워는 충분할지 모르지만 안보이념, 안보리더십, 안보정책결정, 국민 안보의식 등에서 문제가 적지 않다고 본다. 이 같은 문제들은 군사적으로 해결될 수 있는 문제가 아니다.

한국 안보의 소프트파워가 취약하게 된 이유는 무엇인가? 첫째, 역사적으로 우리는 강대국들로부터 빈번한 침탈을 당했지만 그것을 숙명적으로 받아들이고 국가안보의 실패를 스스로 반성하고 대비책을 세우는 것을 등한히 하는 경향이 있었다. 특히 조선시대의 숭문천무(崇文賤武)적 가치관이 국가안보를 경시하는 풍조를 조장했고 그 같은 그릇된 가치관이 지금도 잔존하고 있다고 본다.

둘째, 일반적인 안보 이론에 젖어 한국 안보의 특수성을 제대로 다루지 못하고 있다. 북한정권은 인민을 굶겨 죽이면서도 '남조선 혁명'을 통한 적화통일을 위해 전쟁준비와 대남 적화공작에 몰두하는 데에서 그 존재의 정당성을 찾고 있다. 그들은 그동안 대남 정치공작, 지하당 건설 공작, 교육문화공작, 선전선동공작 등 다양한 간접침략을 해왔지만, 이에 대응하는 우리의 안보논리와 대응체제는 미흡하기 짝이 없었다는 것이다.

셋째, 미국에 대한 안보의존 심리 때문이다. 미국 같은 초강대국이 안전을 보장하고 있기에 걱정할 것이 조금도 없다는 것이다. 이로 인해 지도층으로부터 군인, 일반국민에 이르기까지 안보에 대한 관심이 적어지고 그 결과 자주국방을 위한 노력도 등한히 하게 됐다고 본다.

넷째, 체제이념교육이 부실했기 때문이다. 우리 국민의 절대 다수는 6 · 25 이후 세대로 남북의 분단과 대결, 대한민국의 성공적 발전, 그리고 자유민주체제의 우월성을 제대로 이해하지 못하고 있다. 역사관과 국가관이 희박하고 이념적 백지상태인 이들은 북한의 대남 심리전에 쉽게 동조할 가능성이 높다. 한국사회의 갈등 중에서 가장 심각한 갈등은 세대 간 갈등이며, 그것은 젊은 세대에게 한국 현대사와 체제이념교육을 제대로 실시하지 못했기 때문이다.

다섯째, 급변하는 국제정세에 제대로 대처하지 못하고 있기 때문이다. 한국이 북한의 군사적 위협에만 매달려 있는 동안 동북아 질서에 근본적인 변화가 일어나면서 잠재적 안보위협이 심각해지고 있지만, 우리는 이에 대한 인식도 부족하고 대응전략도 마련하지 못하고 있다.

마지막으로, 가장 중요한 요인은 민주시대의 안보정책이 정확한 좌표를 상실한 채 표류해왔기 때문이다. 민주세력은 국가안보를 중시했던 권위주의정권에 대항해왔기 때문에 그들이 집권한 후 안보를 경시하는 경향이 있다. 그러나 한반도의 오늘은 냉전이 종식된 것도 아니고, 주변 안보여건도 더욱 불확실해지고 있어 어느 때보다 국가안보가 중시돼야 할 시기다. 또한 민주시대는 사회적인 분열과 갈등이 심화하여 국가안보가 소홀히 다뤄질 가능성이 크기 때문에 정부는 국가안보를 더욱 효과적으로 다루고자 노력해야 한다.

독재국가나 권위주의 국가의 안보정책은 소수 집권층과 안보당국자들에 의해 폐쇄적으로 결정되기 때문에 일반국민의 관심사가 되지 못하고 그들이 정책에 영향을 미치기도 어렵다. 그러나 민주국가의 안보정책에 있어 국민의 역할은 중요하다. 보통사람이 선거를 통해 대통령이나 국회의원이 되어 외교안보정책을 담당하게 되지만 그들이 외교와 안보에 대한 인식이 부족하고 그것을 다룰 능력도 없다면 유사시 국가는 심각한 위기에 직면하게 될 가능성이 크다. 따라서 국가안보를 책임질 수 있는 바람직한 대통령을 비롯한 정치인을 선출하는 책임은 국민에게 있다.

또한 민주국가의 정책은 여론에 의해 좌우된다. 국민이 안보문제를 잘 이해하고 건전한 안보여론을 조성할 수 있을 때 행정부와 국회가 올바른 안보정책을 펴나갈 수 있다. 그러나 현재 한국 국민은 안보문제에는 관심이 희박하고 복지나 지역개발 등에 관심을 기울이면서 군사력 현대화를 위한 국방비 증액은 여론의 지지를 받기 어려운 현실이다.

이 같은 문제의식하에 집필된 이 책은 총 8장으로 구성되어 있다. 제1장은 일반적인 국가안보의 중요성을 소개하고 여론 등 민주체제하에서의 한국 안보의 제반 문제를 논의했다.

제2장은 종합 안보개념에 따라 다양한 안보논의를 다루면서 정치안보, 경제안보, 사이버안보 등 새로운 안보 영역을 소개하고, 안보에 영향을 주는 요소들을 검토하였으며, 마지막으로 외국의 안보전통을 소개했다.

제3장은 우리 안보에 영향을 미치는 전통적 요인으로 조선왕조의 안보이념과 안보태세를 고찰한 후 그 교훈을 정리했다. 이것은 어디까지나 안보적 측면에 초점을 맞춘 것으로 조선조 역사에 대한 전반적 평가가 아니라는 점을 분명히 하고자 한다.

제4장은 안보차원에서 대한민국 현대사를 정리한 것으로 현대사를 올바로 인식하게 함으로써 국민의 국가관과 역사관, 그리고 안보관 확

립에 기여코자 했다. 국가안보는 건국 이래 가장 심각한 국가적 과제였음에도 한국 현대사나 역대 대통령 평가에서 간과돼 왔다. 이로 인해 국민의 역사관은 물론 안보관까지도 왜곡됐다고 판단한다. 물론 안보 차원에서 역대 정부를 평가한 것은 일반적인 평가와 거리가 있다는 문제가 있지만, 이 책에서 언급되는 역대 대통령들에 대한 평가는 어디까지나 안보정책에 한정되며 그 의도는 안보정책의 큰 흐름을 살펴보려는 것임을 밝혀둔다.

제5장은 독일, 중국, 베트남, 예멘 등 분단국의 안보와 통일 문제를 비교역사적 관점에서 분석함으로써 한국에 주는 교훈을 얻고자 했다. 분단국의 안보와 통일은 밀접히 연관돼 있기 때문에 일반적인 국가의 안보문제와 근본적으로 다르다. 더구나 한국의 경우, 통일정책을 위장하며 집요한 '대남 혁명전략'을 펴온 북한의 위협에 직면해 있기 때문에 한국 안보를 논함에 있어서는 한국적 특수성을 고려해야 한다.

제6장은 한국 안보에 있어서 한미동맹의 중요성을 살펴봤다. 여기서는 한미동맹이 한국의 안보는 물론 경제발전과 민주발전에 결정적으로 기여했음에도 조직적인 반미운동이 벌어지고 있는 현실을 분석하고, 나아가 한미동맹 외에 대안이 있는지도 살펴봤다.

제7장은 동북아 안보환경과 북한으로 인한 안보위협을 분석했다. 일반적으로 안보에 관한 논의는 군사적 측면에 초점을 맞추는 경향이 있지만, 여기서는 북한의 군사적 위협은 물론 대남 혁명전략 등 비군사적 위협도 논의했으며, 나아가 종북세력 등 북한과 직·간접적인 연관이 있는 안보 위해요인들을 살펴봤다.

제8장은 국가안보에 관련된 국민의식을 평가하고 안보에 관련된 남남갈등이 외교안보정책에 미치는 영향을 고찰한 후 한국 안보의 당면 과제를 논의했다. 국가의 패망은 군사력의 열세보다는 스스로 나라를 지키겠다는 자주국방 정신이 결여돼 있거나 내부의 분열과 갈등으로 전쟁 등 안보위기에 효과적으로 대처할 수 없었기 때문이다.

아주 조그마한 개미구멍이 커다란 둑을 무너뜨린다는 말이 있다. 국가차원에서 아무리 튼튼한 안보체제를 구축하고 강력한 군사력을 보유하고 있더라도 국민 안보의식에 조그만 구멍이 있다면 결국 안보체제는 위험에 빠질 우려가 있다. 더구나 국민이 건전한 안보의식을 가지고 있지 않다면 안보정책을 제대로 다룰 수 있는 정치인이나 대통령을 선출하지 못하게 되고, 올바른 안보정책이 마련됐다 해도 여론의 지지를 받지 못해 실패할 가능성이 있는 것이다.

이 책은 한국군사문제연구원 김태교 원장의 제안과 재정적 후원으로 집필되었음을 밝히며, 그동안 물심양면의 지원에 감사를 표하는 바이다. 안보문제에 대한 연구 실적이 많지 않은 저자(김충남)는 세종연구소에 있던 2년 동안 여러 전문가들과의 학문적 교류를 통해 많은 시사를 받았고 한국군사문제연구원에 와서는 다수의 예비역 장성들과의 대화를 통해서 국가안보의 실제적인 문제들에 대한 식견을 넓힐 수 있었다. 깊이 감사한 마음이다. 그리고 집필과정에서 보조역할을 했던 이화여대 성주옥 석사의 의견과 노력도 큰 도움이 됐다. 이 책의 원고를 감수해 준 성신여자대학교의 김열수 교수와 통일연구원의 권오국 박사께도 사의를 표한다. 마지막으로, 이 책의 출판을 위해 노력을 아끼지 않은 도서출판 오름의 부성옥 대표를 비롯한 편집진 여러분께도 감사드린다.

2012년 11월
병자호란의 원혼이 깃든 남한산성을 바라보는 연구실에서
김충남 · 문순보

| 차 례 |

안보는 왜 중요한 것인가

제1절 안보란 무엇인가

'안보(security)'의 사전적 의미는 '편안하게 보호되는 것'을 말한다. 무엇으로부터 편안하게 보호되는 것을 말하는가? 자신의 생명과 재산과 자유에 위해(危害)를 가할 수 있는 모든 환경으로부터 안전한 상태를 유지하는 것을 안보라 할 수 있다. 여기서 '모든 환경'의 범주에는 외부의 위협뿐 아니라 내적 요인도 포함된다. 예컨대 몸이 허약하여 병에 잘 걸리는 사람은 자신의 건강관리를 소홀히 하고 있을 뿐 아니라 넓은 의미에서 자기안보(self-security)에 실패하고 있다고 할 수 있다.

이렇게 볼 때 안보라는 개념은 만에 하나 있을지도 모르는 최악의 상황에 철저히 대비하는 것이라 할 수 있다. 그 개념상 보수적인 의미를 지니고 있는 것이다. 따라서 여기엔 어떠한 유연성도 개입할 공간이 없다고 할 수 있다.

흔한 예를 하나 들어보자. 우리가 잘 아는 이솝 우화 가운데 '늑대와 양치기 소년' 이야기가 있다. 양치기 소년의 여러 차례에 걸친 거짓말에 마을 사람들은 짜증이 나고 소년을 불신하게 됐을지 모른다. 그러나 실제로 늑대가 나타났을 때 마을 사람들은 양치기 소년의 "늑대가 나타났다"는 외침을 듣고 그 말을 믿지 않았다. 그 결과는 참혹했다. 마을의 양들은 모두 늑대 밥이 되고 만 것이다. 어린이를 상대로 하는 이 우화가 안보와 관련하여 지니는 교훈은 심대하다. 이 우화는 늑대라는 외부의 적이 존재한다는 조건은 항상적(恒常的)인 것이기 때문에 양치기 소년의 장난이라는 변수가 개입한다 하더라도 마을 사람들은 항상 늑대의 공격에 대비하고 있어야 한다는 시사점을 던져주고 있다. 여기서 좀 더 나아간다면 양치기 소년까지도 경계해야 할 안보의 대상으로 간주할 수 있다. 내부의 분열세력으로 규정할 수 있기 때문이다.

국가안보(national security)도 마찬가지이다. '국가안보'란 '국가가 대내외적 위협으로부터 보호받는 안전한 상태'를 말한다. 국가안보는 일차적으로 국가를 구성하고 있는 핵심적인 국가이익을 국내외 위협(threat)으로부터 지키는 것이다. 국가이익은 국가가 반드시 지켜야 할 정치적 · 경제적 · 사회문화적 핵심가치를 말한다. 개인보다는 국가를 분석단위로 한다. 국가이익은 역사 · 문화 · 전통 · 규범 · 시대상황에 따라 변할 수 있지만 일반적으로는 국가의 보존, 번영과 발전, 국위선양 및 국민이 소중히 여기는 가치와 체제(한국의 경우 자유민주체제)의 보존과 발전 등을 추구하는 것을 의미한다.

국가안보는 국가의 생존과 발전의 필수요소이다. 모든 생명체는 본능적인 자기방어 시스템을 가지고 있다. 개인은 물론 국가도 마찬가지이다. 국가의 기능 중 가장 중요한 것은 국내외 위협으로부터 국가의 주권과 국민의 생명과 재산을 지키는 국가안보이다. 그래서 국가안보를 국가의 '사활적 이익(survival interests)'이라 한다.

요컨대 안보의 존재 이유는 생존에 대한 열망에 기인한다. 국가의 생존을 가장 확실하게 보장하기 위해서는 수세적인 방어보다는 공세적인 안보전략을 수립해야 한다.[1] 국가의 생존이 보장되지 않는다면 자유, 경제적 번영, 복지 등과 같은 가치들은 사실상 의미가 없기 때문이다. 따라서 국가안보의 개념을 보다 적극적으로 해석할 때 우리 헌법에서 규정하고 있는 자위권의 내용은 더욱 확대 해석될 필요가 있다. 국가가 개개인의 생명을 보장할 의무가 있다고 할 때, 단 한 사람의 국민이라도 적의 침공으로 희생되는 경우는 안보의 실패로 규정되며 그것을 방지하기 위해서는 적극적인 안보전략의 수립이 절실하다. 뿐만 아니라 내부의 위협에 대해서도 적극 대처할 필요가 있다. 국민통합을 저해하고 국민 안보의식의 혼란을 조성하는 불온세력의 위해로부터 국가와 사회를 안전하게 보존하려는 노력이 필수적이라는 것이다.

이처럼 안보라는 개념은 외부의 위협에 적극 대처하고 내부의 분열을 방지하며 국가와 사회, 그리고 개인의 안위를 완벽하게 보장하려는 일련의 노력과 관련된 개념이라 할 수 있다.

제2절 일반국민은 안보와 무관한가

보통사람들은 '안보' 하면 '나와는 상관없는 일이다'라는 반응을 보이는 것이 일반적이다. 먹고 살기도 바쁜데 그런 것까지 신경쓸 여유가 없다는 것이다. 또한 평화 속에서 성장한 젊은 세대들은 안보하면 '딱딱하다', '수구꼴통이다'는 부정적인 인식이 강하다. 그러나 안보는 결코 일반 국민과 상관없는 일이 아니다. 또한 안보는 수구니 보수니 하는 이념과는 무관한 것이다. 모든 나라에서 당연히 중시돼야 할 '이념

---

1) 이 같은 명제는 공세적 현실주의(offensive realism)의 대전제이다. 문순보, "공세적 현실주의와 동북아 안보: 미어샤이머의 설명력과 함의," 『세종정책연구』 제6권 2호(성남: 세종연구소, 2010), pp.346-348을 참조.

▶ 북의 남침으로 인하여 폐허로 변한 서울

을 초월한 가치'라는 것이다.

국가안보는 공기처럼 소중한 것이다. 누구나 공기를 들이마시면서 숨 쉬고 있지만 공기의 고마움을 느끼지 못한다. 그러나 공기가 없으면 한시도 살 수 없다. 공기가 없어지는 일은 없기 때문에 걱정할 필요가 없지만, 안보가 무너지면 모든 것이 무너진다. 현재 우리는 국가의 안전이 보장되어 있기 때문에 모두가 안심하고 편안하게 살고 있다.

그러나 안보가 무너지면 우리의 생명과 재산이 위협받는 등 모든 것이 끝장난다. 경제적으로도 엄청난 타격이 온다. 당장 주식시장이 폭락하고 외국자본이 이탈하는 등 경제에 치명타가 된다. 주택가격도 폭락하고 환율도 급등하며 물가가 뛰어올라 모든 사람이 경제적으로 고통받게 된다. 유학간 자녀들에 대한 송금부담도 급증하게 된다.

안보위기는 전쟁이 터졌을 때 가장 극단적으로 발생한다. 예컨대 6 · 25전쟁 당시에는 민간인 사망자, 행방불명자, 부상자가 한국에서만 100만 명이 넘었다. 군대에서 사망하거나 부상당한 사람도 수십만에 달했다. 주택을 비롯하여 모든 가재도구가 불타버린 경우도 많았다. 학교가 불타서 어린이들이 야외교실에서 수업을 했고 철도와 도로 등이 파괴되었기 때문에 그로 인한 고통도 이만저만이 아니었다. 그리고 대다수 국민이 엄청난 가난으로 고통받았다. 임진왜란 7년 전쟁 동안에는 조선의 인구가 4분의 1쯤 줄어들었다고 한다. 왜군에 의해 살해되고 굶어 죽고 병들어 죽었기 때문이다. 병자호란 당시에는 수십만이 포로로 잡혀 노예로 팔려 나갔다. 이처럼 안보가 무너지면 누구보다도 보통사람들이 희생의 대상이 된다.

그러나 우리 국민들의 안보의식은 매우 안일한 것으로 나타나고 있다. 2011년 6월 행정안전부가 전국 19세 이상 성인남녀 1,000명과 청소년(중 · 고생) 1,000명을 대상으로 실시한 「국민 안보의식 여론조사」 결과, 우리 안보와 직접 관련이 있는 전쟁발발 가능성에 대해 대다수 국민들(91.2%)은 전쟁이 발발할 가능성이 낮은 것으로 평가하고 있다. '시대가 어떤 시대인데 한반도에서 전면전까지야 벌어지겠는가'라는 생각이 국민 대다수의 안일한 안보의식이다. 하지만 우리에게 직접적 위협을 가하고 있는 북한은 여전히 '서울 불바다', '전쟁 불사' 등을 부르짖으며 일촉즉발의 전쟁위기를 조성하는 데 열을 올리고 있는 실정이다.

전쟁의 발발 가능성과 관련한 근거 없는 낙관론은 전쟁을 초래할 수도 있다. 우리 국민들이 남북한 경제력 격차를 근거로 북한이 전쟁을 도발하지 못할 것이라고 생각하는 것은 전쟁 예방차원에서 볼 때 매우 위험한 일이다. 『21세기 전쟁(*On War in the 21st Century*)』을 저술한 토마스 햄즈(Thomas X. Hammes)는 월남과 미국 간의 전쟁 등 수많은 사례 분석을 통해 국력 격차가 아무리 커도 정치적 목적을 위하여 전쟁을 기획하고 결심할 수 있다고 주장한 바 있다. 남북한의 국력 격차에 근거하여 전쟁도발 가능성이 없다는 생각이 오히려 북한으로 하여금 전쟁을 도발하는 데 악용될 수 있다는 것이다.

우리는 자유의 고마움에 대해 평상시에는 잘 깨닫지 못한다. 그러나 자유만큼 소중한 것은 없다. 미국의 패트릭 헨리(Patrick Henry)는 "우리에게 자유를 달라. 그렇지 않으면 죽음을 달라"고 호소하기까지 했다. 6·25전쟁에서 수많은 젊은이들이 목숨을 걸고 싸웠던 이유는 자유를 지키기 위함이었다. 워싱턴에 있는 한국전쟁 기념공원에는 "자유는 거저 얻어지는 게 아니다(Freedom is not free)"라는 구호가 적혀 있다. 즉, 공짜가 아니라는 얘기다. 자유를 지키기 위해 수많은 젊은이들이 목숨까지 걸었다. 6·25전쟁에 참전한 미군 전사자는 25,604명, 부상자 105,961명, 포로 및 실종이 약 4,600여 명에 달한다. 미국 젊은이들은 한국이라는 나라가 어디 있는지도 몰랐지만 태평양을 건너와 우리 산하에서 피를 흘려 우리의 자유를 지키는 데 헌신했다. 자유는 공짜로 주어지는 것이 아니라 피로 지켜내는 것이다. 건강을 잃었을 때 건강의 소중함을 깨닫게 되듯이 평화를 상실했을 때 안보의 중요성을 깨닫게 된다. 그러나 그때는 너무 늦어서 되돌릴 수 없게 된다. 한번 잃은 안보는 다시 되찾을 수 없게 되는 경우가 허다하기 때문이다.

안보는 생존의 문제이기 때문에 악용되어서는 안 되지만 동시에 이를 경시해서도 안 된다. 국가안보는 국가의 기능 중 최우선 순위에 두어야 한다. 분명한 점은 조그마한 실책도 안보에는 치명적인 결과를 초래한다는 것이다. 다시 한번 강조하건대 안보란 만분의 일의 불확실성에 대비하는 것이며, 이것이 온전히 작동하지 않을 경우 발생할 수 있는 위험성은 엄청난 결과를 초래할 수 있다.

제3절 올바른 역사인식과 국가안보

'로마는 하루아침에 이루어지지 않았다'는 말이 있듯이 모든 역사의 발전과 쇠퇴는 장기간에 걸쳐 일어나는 것이다. 따라서 한 나라의 흥망성쇠도 한두 가지 원인으로 결정되는 것이 아니라 매우 복합적인 요인들이 누적됨으로써 이루어지는 것이다. 조선의 패망은 조선의 정치체제와 사회질서에서 그 원인을 찾을 수 있다. 그것은 조선이 안고 있던 모순이 장기간에 걸쳐 누적되어 일어난 것이다. 19세기 말 조선의 취약성은 정도의 차이는 있지만 그보다 300년 전에 있었던 임진왜란이나 병자호란 당시에도 노출되어 있었다.

역사에서의 허구는 역사를 왜곡한다. 민족주의에 의해 역사의 긍정적인 면만 강조하고 부정적인 측면, 즉 역사적 비극을 초래한 원인을 규명하고 자성의 계기로 삼으려는 노력을 소홀히 한다면 그것은 올바른 역사의식이라 할 수 없다. 역사의 왜곡은 역사의 파괴이다. 역사를 파괴하면서까지 역사를 조작할 필요는 없다. 더구나 그렇게 하면서까지 부끄러운 역사를 위한 변명을 늘어놓을 필요는 더더욱 없다. 역사 앞에서는 정직해야 한다. 예컨대 우리 민족은 일본을 규탄하고 친일분자들을 비난하는 데에만 열을 올리면서 조선 패망의 본질적인 원인을 천착하는 것을 소홀히 하는 경향이 있는데 좀 더 솔직하게 조선의 패망 원인을 객관적으로 인정하고 그것을 역사발전의 교훈으로 삼으려는 노력이 필요하다는 것이다.

조선은 왜 망했는가? 조선은 왜 그토록 힘이 없었으며, 그토록 짓밟혀야 했는가? 자주국방을 해야 한다는 인식이 없었고 자주국방 태세가 결여돼 있었기 때문이다. 임진왜란 때나 병자호란 당시 적군은 아무런 저항도 받지 않고 며칠 만에 한성을 점령할 수 있었다. 1894년의 동학농민운동 당시 조선왕조의 국방력은 수천 명의 농민군을 진압할 능력조차 없었다. 이 사건을 빌미로 들어온 일본군은 마음대로 경복궁을 점령하고 고종을 사실상 인질로 잡았으며 뒤이어 명성황후를 살해하기까지 했다. 당시 우리 선조들은 국가주권의 최후 보루인 궁궐을 지킬 힘도 없었다. 일본이 대한제국 군대를 해산시킬 당시 군 병력은 궁정수비대 등을 합쳐 구식군대 7천 명 정도에 불과했다. 조선의 지배층은 국가의 안위를 중국의 보호에 기대고 있었으며 안보불감증과 숭문천무

(崇文賤武) 정신에 빠져 있었다.

역사의 실상을 이해하고 자기반성이 없는 한 그 같은 역사는 되풀이 될 가능성이 높다. 조선의 역사로부터 얻는 교훈은 무엇인가. 그것은 '강해지지 않으면 먹힌다'는 것이다. 조선은 임진왜란과 병자호란이라는 치욕을 경험했으면서도 문약(文弱)에서 초래된 역사적 비극의 교훈을 깨우치지 못했다. 조선은 "좋은 철은 못에 없고, 좋은 인간은 군대에는 없다"는 중국 송나라 시대의 속담에서 교훈을 얻지 못했다. 중국의 송나라가 멸망한 원인도 문인을 우대하고 무인을 천시했기 때문이었다. 당시 송나라는 요, 서하, 금 등 외세와 평화유지를 위해 많은 물자를 바치기만 했을 뿐 기병에 대한 투자 등 국방을 위해 대비하지 않았다. 그래서 나라를 비참한 상태로 만들었고 끝내 나라를 잃는 비극을 맞았던 것이다. 역사는 결코 자비롭지 않다. 역사는 자기를 돌보지 않는 나라를 절대로 지켜주지 않는다.

준엄한 역사가 말해주는 또 하나의 사실은 국가패망의 원인이 외부의 침공보다는 내부 분열로 초래될 때가 많다는 점이다. 우리나라는 임진왜란 당시에도 적전분열 양상을 보였었다. 당시 우리 선조들은 안보 문제를 둘러싼 정치적 논란으로 국론분열 상태를 초래했으며 그 결과로 일본의 침공에 제대로 대응하지 못했다.

현재 상황은 어떤가? 북한과 지척의 거리에서 총칼을 맞대고 불안한 '적과의 동거'를 하고 있음에도 우리 국민들은 안보불감증에서 헤어나지 못하고 있다. '지금이 어떤 시대인데 전쟁이 벌어지겠는가'라는 안일한 생각으로 국가안보를 애써 외면한다. 그러나 북한은 2012년 4월에 있었던 제4차 당대표자회의에서도 조선노동당의 최종목표를 "온 사회를 김일성-김정일주의화하는 데 있다"고 명시하여 한반도 공산화의 야욕을 포기하지 않았음을 여실히 드러내고 있다.

한국과 같은 분단국에 있어 가장 중요한 국가목표는 국가의 존재를 보전하는 것, 즉 국가안보에 있다. 그럼에도 우리 사회는 북한에 대한 시각에 있어 두 갈래로 나뉘어 첨예하게 대립하며 소모적인 논쟁을 벌이는 데 여념이 없다. 내부적으로 분열된 국가의 미래가 어떻게 된다는 것은 1975년 공산화된 베트남의 사례에서 잘 알 수 있다. 이처럼 우리 사회에는 정치인, 학자, 일반인 할 것 없이 북한에 대한 시각에서부터 통합을 이뤄내지 못하고 분열되어 있다. 내부적으로 분열된 사회, 국민 통합을 이뤄내지 못한 나라의 운명은 베트남의 경우뿐 아니라 조선의 멸망에서도 잘 나타난다. 역사적 사례에서 경고성 교훈을 얻지 못한다면 우리 미래에도 참담한 결과가 기다리고 있을지 모른다.

분단국의 안보와 관련하여 중요한 점은 무엇보다도 국민통합이다. 이를 위해서는 정치 지도자의 역할이 매우 중요하다. 국민들에게 올바른 가치관과 안보의 참된 의미를 일깨워줄 수 있는 사람은 정치인들, 그 가운데서도 나라의 최고 지도자인 대통령이다. 탈냉전과 함께 첨예했던 동서대결이 종식되고 그로 인해 한국 대통령들의 안보관에서도 과거의 대북인식이 완화된 측면이 없지 않지만 한반도는 여전한 냉전 지대로 남아 있다는 사실을 잊어선 안 된다.

역사의 실패 원인을 올바로 인식했을 때 같은 과오를 되풀이하지 않게 된다. 그리고 올바른 역사인식이 전제됐을 때 참다운 의미의 안보 태세를 확립할 수 있게 된다. 올바른 역사인식의 정립은 정치인이나 학자들만의 책임이 아니라 국민 모두가 노력하여 습득해야 할 과제이다. 따라서 올바른 역사인식은 국가안보의 초석이자 기틀이 된다고 할 수 있다.

제4절 민주주의, 여론, 그리고 안보

대다수 사람들은 안보를 자신들과 무관한 문제라고 생각하는 경향이 있다. 특히 대다수 남성들은 군 복무를 하면서 상급자로부터 부당하게 '얼차려'를 받는 등 좋지 않은 경험을 가지고 있기 때문에 군대생활에 대한 부정적 인식이 안보에 대한 인식에도 영향을 미치고 있다. 또한 냉전시대에는 남북 간에 군사적 대결이 치열했기 때문에 북한의 간첩활동으로부터 국가를 보호하기 위해 안보관련 사항을 비밀로 하는 경우가 많았고, 이로 인해 안보문제는 소수의 집권세력과 군대, 정보기관 등의 소관사항으로 인식되어 국민들은 안보의 실정에 대해 제대로 알기도 어려웠다. 냉전 시대 당시 국민들이 안보에 대해 무관심했던 것은 어쩌면 당연한 일이었다.

당시의 민주화 운동은 국민들의 안보의식에 더욱 부정적인 영향을 미쳤다고 할 수 있다. 냉전시대에 민주화 운동을 했던 반정부세력은 권위주의 정부가 정권유지를 위해 안보를 이용한다고 자주 비난했다. 때문에 국민들에게 있어 안보는 권력과 관련된 부정적 의미로 인식됐던 측면도 있다. 권위주의 정부에서 안보위기를 과장한 경우도 없지는 않았지만, 북한의 무력남침으로 전쟁을 겪었고 그 후에도 북한이 끊임없이 무력 도발을 감행해왔던 사실을 고려할 때 당시 민주화 세력이 정권안보적 성격만을 일방적으로 부각시키면서 실존하는 안보위협 자체를 등한시했다는 점은 분명 문제가 있다.

한국에서는 냉전종식과 민주화가 동시에 진행되면서 안보정책에 대한 일반대중의 영향력이 폭발적으로 증대되기 시작했다. 그 결과 국민의 안보의식은 물론 안보태세에 중대한 변화가 나타났다. 우리 사회엔 마치 친북을 표방해야 진보적이고 정의로운 것 같은 잘못된 인식이 광범위하게 퍼지게 됐다. 탈냉전과 동시에 민주화가 도래하면서 근본적으로 안보의 중요성이 낮아진 것이다. 1987년 민주화 이후 사상의 자유가 보장되면서 소위 '리버럴 강박증'이 지식인 사회에 유행하고 그것이 일반국민에게까지 전파된 결과이다.[2)]

---

2) '리버럴 강박증'이란 정부나 기득권층을 무조건 비판하지 않으면 참된 지식인으로 인정받지 못하리라고 믿는 심리상태를 말한다.

그러나 북한에 대한 태도가 결코 보수와 진보를 가르는 준거점이 될 수는 없다. 자유민주주의를 부정하고 대한민국의 헌정체계를 전복하려는 사상이 '진보'는 아니기 때문이다. 사상의 자유가 보장되고 그것이 극단적으로 자유의 카오스(chaos, 혼돈)를 초래하더라도 그 같은 혼돈을 관통하는 기본적인 줄기는 있어야 한다. 그것은 기존 법체계를 존중한다는 시민적 합의이다.

민주화 이후 등장한 민주정권들은 권위주의 정권하에서 정권안보를 위해 안보를 악용했다고 주장하면서 안보가 폄하되거나 경시되는 풍조를 유행시켰다. 또한 정보개방과 정보통신 수단의 발달은 일반국민도 안보문제에 관해 손쉽게 접근할 수 있게 만드는 결과를 가져왔다.

뿐만 아니라 민주적인 정권교체는 위에서 언급한 문제들을 더욱 부채질하는 효과를 나타냈다. 과거 정권이 정치적 목적으로 안보를 이용했다고 비판해온 사람들이 집권자가 되어 국가안보에 대한 지휘 · 통제를 전담하면서 그 중요성을 간과하는 경향이 있었다. 또한 대통령, 국회의원, 시 · 도지사 등 국가안보 정책을 결정하거나 집행하는 사람들을 국민이 직접 선출하게 되면서 과연 그들이 국가안보를 책임질 수 있는가라는 의문이 제기됐다. 대통령의 경우 그 보좌관들이 국가안보 정책에 중대한 영향을 미치기 때문에 대통령 후보의 측근 보좌진을 포함한 잠재적 집권세력의 국가관과 안보의식도 주목의 대상이 됐다.

이와 함께 만약 일반 국민이 안보에 대한 기본적인 인식이 결여되어 있다면, 국가안보에 대해 잘못된 인식을 하고 있거나 국가안보를 책임질 능력이 없는 사람을 국가 지도자와 공직자로 선출할 가능성이 매우 높아졌다. 유권자의 잘못된 선택이 국민의 생명과 재산은 물론 국가의 생존마저 위태롭게 만들 수 있다는 것이다.

국민들의 안보의식 형성과 관련하여 여론의 중요성을 빼놓을 수 없다. 민주국가에서 모든 정책은 여론의 영향을 받는다. 여론의 지지를 받지 못하는 정책은 채택되기도 어렵고 채택됐다 하더라도 제대로 시행되기 어렵다. 국가안보 관련 정책이나 조치도 마찬가지다. 따라서 안보관련 뉴스에 대한 건전한 판단력 등 일반 국민의 안보인식 자체는 매우 중요하다.

일반국민은 안보문제 등에 관해 대중매체의 영향을 많이 받는다. 따라서 언론인, 지식인 등 여론 선도층의 역할이 중요해진다. 그들은 언론의 자유나 국민의 '알 권리'를 내세워 안보문제에 대해 제한 없이 보도하기를 원할 수도 있다. 언론은 국민의 '알 권리'를 내세워 국가안보 문제를 파헤치는 경우가 있고 그것이 안보실패를 초래하기도 한다. 예컨대, 베트남전 당시 미국 언론의 보도가 월남의 패망을 초래했다는 평가도 있다는 점에 주목해야 할 것이다.

국가안보가 무너지면 언론의 자유도 국민의 알 권리도 없다. 그래서 민주국가라 하더라도 안보의 필요성에 따라 언론 보도에 가이드라인을 요구하는 경우가 대부분이다. 더구나 한국과 같이 안보위협이 상존하는 나라에서는 언론인의 안보의식이 매우 중요하다고 할 수 있다.

민주화 이후 한국사회에 나타난 중요한 특징 가운데 하나는 시민단체의 영향력이 매우 커졌다는 점이다. 시민단체들은 안보문제를 중심으로 논란을 벌이면서 국론 분열을 야기하거나 대외적으로 상반된 의견을 개진하면서 정책의 혼선을 불러일으키기도 했다. 그 결과, 추진중인 안보정책의 중단까지 초래할 위험성이 커지고 안보정책의 일관성도 흐려지는 일이 벌어지기도 했다. 천안함 폭침 이후의 국론 분열이나 제주해군기지 건설을 둘러싼 공방 등이 주요한 사례라 할 수 있겠다.

더 나아가 일부 친북적인 시민단체들은 북한의 주장에 동조하며 주한미군 철수를 부르짖기도 한다. 이들은 한국이 미국의 식민지이기 때문에 참다운 민족해방을 달성하기 위해서는 한반도에서 미군을 축출해야 한다는 논리를 내세우며 국민들에게 반미 의식을 불어넣으려 갖은 노력을 다하고 있다.

미국은 우리와 함께 북한의 전쟁도발을 억제하고, 억제가 실패할 경우 연합전력으로 함께 북한과 맞서 싸워야 할 군사동맹국이다. 그런데 만약 미국을 주적으로 생각하는 국민들이 미군 철수를 주장하고 북한과의 전쟁을 거부한다면 한반도에서 전쟁이 발발할 경우 엄청난 어려움이 생길 것이다. 북한이 집요하게 한미동맹을 이간질하여 미군 철수를 주장하는 것은 "동맹관계를 유지한 적을 이간시켜야 전쟁에서 이길 수 있다(親而離之)"는 손자병법의 원리를 적용하고 있는 것이다. 적과 동맹국을 제대로 구분하지 못하는 잘못된 안보의식은 우리 안보를 매우 위태롭게 한다. 이 같은 상황을 조성하려는 북한과 거기에 동조하는 일부 시민단체의 영향력이 우리 국민들의 비뚤어진 안보의식 형성의 주범이라는 점을 감안할 때 국민안보교육의 필요성도 시급한 상황이라 하겠다.

현재 우리는 보통사람들의 의견이 안보정책이나 대외정책에 결정적 영향을 주는 시대에 살고 있다. 그 결과, 피상적이고 감상적이거나 근거 없는 믿음에 따라 형성된 여론이 국가안보나 국가이익을 심각하게 위협할 우려가 있다. 따라서 국가안보나 대외정책을 전문적으로 연구하거나 다루지 않는 일반인들도 국가안보 문제에 대한 이해를 높이는 것이 중요하다. 이를 위해서는 올바른 여론형성과 그것을 가능케 하는 언론의 역할이 중요해지는 것이다.

제5절 한국 안보의 특수성

소련이 붕괴하고 공산진영이 사라지면서 세계적인 이념갈등은 종식됐지만, 그것은 한국에 잘못된 메시지를 줬다. 이제 한반도에도 '이념의 시대는 끝났다'는 인식이 확산됐다. 그것은 과거 권위주의 정권이 정권안보를 위해 안보를 악용했다는 비난의 목소리가 커지면서 더욱 심화했다. 과연 한반도에서도 이념의 시대가 끝났고 남북 간의 대결이 교류와 협력으로 해결될 수 있는 것인가?

한반도에서 냉전은 결코 끝나지 않았다. 2차 대전 후 분단됐던 5개국 중 4개국은 흡수통일이든 무력통일이든 통일을 이뤘으나 한반도만은 팽팽한 대치를 계속하고 있다.[3] 남북 간의 엄청난 국력격차로 위기를 느낀 북한은 선군정치를 표방하며 군사제일주의 노선을 추구해 왔다. 그리고 한국의 민주화에 따라 북한은 한국에 대한 간접 침략 활동을 더욱 효과적으로 수행할 수 있는 여건을 마련할 수 있게 됐다.

한국의 안보전략이 미국에 지나치게 의존하면서 그에 따른 문제도 없지 않다. 월남전 패배에서 나타났듯이 사실 미군은 적군의 간접 침략에 효과적으로 대응할 능력이 없다. 이 같은 미군의 한계는 한국에서도 그대로 적용된다. 미군은 한반도의 평화를 유지하는 것이 일차적인 목적이었고 그것을 달성할 수 있었지만, 미군 입장에서 볼 때 북한의 간접 침략에 대응하는 것은 어디까지나 한국의 몫이었다. 민주화 이전까지는 한국이 북한의 간접 침략에 대응하는 데 큰 어려움이 없었다. 공안기관이 나름대로의 역할을 할 수 있었기 때문이다. 그러나 민주화 이후에는 공안기관은 무력화되었고, 국민의 안보의식은 해이해졌다. 북한을 마치 우리가 보듬어야 할 우리 반쪽으로만 인식하는 풍조가 널리 퍼졌다. 이 같은 대북 인식은 사회 일각의 '리버럴 강박증'과 맞물리면서 친북적인 생각을 가져야 정의롭고 옳은 것인 양 행세하는 안보 불감증으로 연결됐다.

이처럼 한국 안보개념의 허점은 명백해진다. 북한은 한국사회의 혼란조성을 통한 '남조선혁명'을 중요한 국가목표와 통일전략으로 삼고 지속적으로 노력을 집중시켜 왔다. 그들은 간첩 침투, 지하당 조직, 선전선동, 혼란조성 등 갖가지 수단을 동원하여 침투해 왔으며, 그 결과는 심각한 양상으로 나타나고 있다. 종북·친북세력의 확산, 대한민국

---

3) 분단국 중에서 독일, 베트남, 예멘은 통일되었고, 중국은 광대한 본토를 장악하고있기에 통일에 가깝다고 할 수 있다.

의 정체성 부정, 반체제 · 반미 운동의 확산 등 심각한 남남갈등이 조성되고 있는 것이다. 이것은 군사작전으로 대응할 수 있는 문제가 아니다. 이에 대응하는 공안기관도 무력화되었고 북한의 대남 정치심리전에 대응하려는 노력도 미미한 실정이다.

북한의 간접 침략을 포함한 사회혼란 및 전복 활동(insurgency)은 한국 안보에 대한 중요한 위협과 도전이다. 특히 북한은 통일전선전술에 따라 민족통일, 민족공조, 반미 등 외세배격, 평화(안보 및 군사 배격, 평화협정 주장)를 내세우며 그러한 노선에 동조하는 종북 · 친북 집단은 물론 각종 진보단체들을 북한의 대남전략전술의 연장선상에서 반정부, 반체제 활동을 하게 함으로써 한국사회의 심각한 내부분열을 조성하고 있다.

한 나라의 위기는 언제나 밖이 아니라 안에서 시작된다. 나라의 흥망성쇠도 내부에 달려 있다. 로마처럼 세계를 제패했던 강대국들도 스스로 무너진 경우가 대부분이었다. 한때 세계를 제패했던 로마제국은 어떻게 패망했는가? 한 서양사 서적은 다음과 같이 쓰고 있다. "몽둥이를 들고 들로 산으로 멧돼지나 토끼 같은 짐승들을 사냥하던 덩치 큰 게르만 용병들이 라인강을 건너고 알프스를 넘어 로마로 쳐들어갔을 때, 이를 목숨 걸고 막아보겠다고 나선 장군도, 군인도, 관리도, 귀족도, 왕도, 백성도 그 누구도 없었다. 로마는 속수무책으로 한순간에 무너지고 말았다."

이처럼 내부의 분열은 외부의 도발을 불러들인다. 반면 밖으로부터 거센 도전이 있다 하더라도 국민적 결속이 강하다면 작은 나라라도 살아남는다. 스위스가 그렇고 이스라엘이 그렇다.

내부 위기의 가장 큰 원인은 가치관의 혼란에 따른 분열과 갈등이다. 분열되고 공동체 의식이 취약한 집단에서 그 구성원들이 자기 공동체를 확고히 지키려는 생각을 하겠는가. '뭉치면 살고 흩어지면 죽는다'고 했던 이승만 대통령의 유명한 구호를 다시 한번 곱씹어볼 필요가 있다. 내부적으로 분열되고 스스로 지킬 의지가 없는 나라는 외부 침략에 쉽게 무너지고 만다는 역사적 교훈을 상기해야 한다.

브레진스키(Zbigniew Brzezinski)는 최근 저서에서 한국은 지정학적 이유 때문에 세계에서 그루지야(Gruziya) 다음으로 안보여건이 가장 위험한 국가라고 했다. 한국은 강대국의 틈바구니에 끼어있는 '완충국가(buffer state)'로 주변국의 침략을 받을 위험이 높은 위치에 있다.

역사적으로 주변국들은 한반도 쟁탈전쟁을 빈번히 벌여왔다. 현재에도 한국은 세계 제2와 제3의 경제력을 가진 중국과 일본을 이웃으로 하고 있고 과거 초강대국의 하나였던 러시아와도 이웃하고 있다. 지척의 거리에서 총부리를 겨누고 있는 북한은 핵무기 개발 등으로 세계를 위협하고 있는 가장 위험한 집단이다. 햇볕정책을 통한 남북 간 교류와 협력이 이뤄지고 있던 시기에도 북한은 서해 5도 등지에서 군사도발을 감행했으며, 그 후에도 '서울 불바다'니 '전쟁불사'니 하는 대남위협을 계속하고 있다. 이 같은 이유로 한반도는 세계에서 전쟁 위험이 가장 높은 지역 중의 하나로 꼽히고 있다.

또한 영국 국제전략연구소(IISS)가 2011년 3월 발간한 연례보고서 『2011 군사균형(*Military Balance*)』에서도 최근 한반도가 한국전쟁 이후 가장 위험한 상황을 맞고 있다고 분석했다. 북한은 그동안 두 차례나 핵실험을 했고 핵폭탄 8개를 만들 수 있는 플루토늄을 보유하고 있다. 2,400만 인구의 5%에 해당하는 120만 명이 현역군인이며, 군사력 규모에 있어 중국, 미국, 인도에 이어 세계 4위의 군사 대국이다. 이 보고서는 북한이 권력세습을 진행하는 가운데 2010년 3월 천안함 공격과 11월 연평도 포격을 감행했다고 분석했다.

이처럼 안보상황은 세계에서 가장 위태로운 나라인데도 한국의 지도층이나 국민들은 안보문제에 무관심한 편이다. 살생을 금기시하는 불교나 숭문천무의 유교 전통 때문인지는 모르지만 한국에서 안보의 중요성에 대한 인식은 희박한 편이다. 현대사 해석에 있어서도 산업화 세력과 민주화 세력 간의 대립과 경쟁으로 보고 있을 뿐 호국세력의 역할은 관심의 대상조차 되지 못하고 있다. 그러나 반공과 호국이 없었다면 오늘의 한국을 상상하기는 어렵다.

공산세력의 전복활동으로 대한민국 건국 직후는 사실상 내전상태였고 처절한 6 · 25전쟁을 겪었으며 지금까지도 북한의 위협에 직면하고 있다. 뿐만 아니라, 강대국들과 이웃하고 있는 한국의 입장에서 안보문제는 결코 등한시될 수 없다. 그럼에도 불구하고 북한을 감상적 민족주의 차원에서 바라보며 그들의 핵무장에 대해 눈감으면서 한국 안보에 결정적 요소인 미국을 민족적 잣대로 비판하는 세력이 활개치고 있다. 또한 민주적 원리를 악용하면서 대한민국의 전복을 기도하는 불순세력이 우리 사회에 광범위하게 퍼져 있다는 점도 큰 문제다. 이들은 핵실험, 장거리 로켓 발사, 천안함 폭침, 연평도 포격 등 북한의 무력도발에 대해 객관적으로 공인된 사실관계까지 부정하면서 북한에 면죄부를 주고자 애를 쓴다. 이들의 친북적인 발언과 행위는 우리 사회를 양분시키고 국론분열에 일조할 뿐 아니라 북한을 두둔함으로써 국제사회에서도 정부의 주장을 온전히 관철시키지 못하도록 하고 있다. 북한은 이 같은 친북 · 종북세력의 간접지원에 힘입어 무력도발을 감행하고 나서도 또 다시 도발을 일삼는 악순환을 반복하고 있는 실정이다.

국가의 가장 중요한 책무는 국가안보이다. 한국처럼 강대국에 둘러싸인 채 주적인 북한을 지척의 거리에서 상대하고 있는 나라의 경우엔 말할 것도 없다. 믿음직한 안보정책은 저절로 이뤄지는 것이 아니다. 역사의 실패에서 교훈을 찾고 냉철한 현실판단에 입각한 안보정책이 정립되지 않고서는 국가의 번영이나 경제적인 복지는 더 이상 좇을 수 없게 될 수도 있다.

바람직한 안보정책을 위해서는 근본적으로 제도적인 개혁이 필요하다. 일례로 지금처럼 5년 단임의 대통령제는 안보정책의 일관성을 담보하기 어렵다. 정권의 성향에 따라 전임 정부의 정책을 부정하며 친북적인 대북정책으로 옮아갔다가 반북적인 대북정책으로 선회하는 등 혼선을 빚기 십상이다. 그에 따라 안보정책은 안정성과 일관성을 상실하고 그 결과, 국민들에게도 불신을 초래하며 북한에게는 잘못된 신호를 보내 상황을 오판하게 만들 수도 있다. 상당 기간 안정되고 일관된 안보정책을 마련하기 위해서는 제도적 시스템을 올바로 정립하는 것이 절실하다.

안보환경 변화와 국가안보

제1절 국가 기능에서 왜 안보가 가장 중요한가

생존은 모든 국가가 추구하는 가장 중요한 목표이다. 한 국가가 생존할 수 없다면 경제적 번영과 같은 다른 중요한 목표들은 추구할 수 없게 된다. 국가의 역할 중에서 안보가 가장 중요하다는 것은 국제질서의 특성을 살펴보면 분명해진다.

국제관계의 현실주의(realism) 학자들에 따르면, 국제사회는 질서를 유지할 수 있는 강력한 세계정부가 없기 때문에 약육강식의 무정부 상태와 다름없다. 국제정치는 국내정치와 달리 국가들 간의 갈등을 조정할 수 있는 권위체(중앙정부)가 없기 때문에 국가들 간에 이해관계의 충돌이 생길 경우 국력, 특히 물리적 힘이 강한 나라가 승자가 된다. 힘이 곧 정의라는 것이다. 우리 사회에 정부도 없고 경찰도 사법기관도 없을 때 무슨 일이 벌어질지 생각해 본다면, 세계정부와 세계경찰이 없는 국제사회에서 국가의 생존과 안정을 보장하는 안보가 왜 중요한지 알 수 있다. 모든 나라는 스스로 자기 나라를 지켜야 하며 이를 위해 군사력 즉, 힘을 가지고 있어야 한다는 것이다.[1]

생존을 확보하기 위한 노력에 매진하는 국가들은 힘(군사력)과 그것을 뒷받침할 수 있는 경제력을 중시하게 된다. 모든 나라는 생존과 번영을 위해 일반적으로 다음과 같은 목표를 추구한다.[2]

첫째, 모든 나라는 스스로의 생존을 추구하며 외부의 침략으로부터 안전을 추구한다. 여기서 국가안보는 국가만이 보장할 수 있는 공공재(公共財)이다.

둘째, 모든 나라는 자주성을 추구한다. 영토와 인구의 크기, 국력 등에 있어 국가 간 격차가 크면 군사적 공격이 아니더라도 인접국의 영향으로 인해 다른 나라에 종속되거나 국가이익에 피해를 입을 가능성이 크다. 따라서 인접국에 비해 상대적으로 국력이 크게 약한 나라는 자주성을 유지하기 위한 노력이 중요하다.

셋째, 모든 나라는 국가적 통합과 국민적 결속을 추구한다. 내분이 일어나면 국가 안위에 결정적인 위협이 될 수 있고 국가의 독립성과 자주성이 심각한 타격을 받을 수 있다. 국론이 분열된다면 사회가 혼란에 빠지거나, 내전이 일어나거나, 지역 간 분쟁 등으로 주변국이 개입할 가능성이 높아지기 때문이다. 인종적·종교적 이질성은 국민통합을 어렵게 할 뿐 아니라 때로는 지역 간 갈등이나 내전으로 확산되는 경우가 허다하다. 따라서 국가는 내부혼란을 방지하고 질서를 유지할 목적으로 공권력을 독점한다.

마지막으로, 모든 나라는 경제적 번영을 추구한다. 국가안보를 뒷받침할 수 있는 군사력을 유지하기 위해서는 튼튼한 경제력이 필수적이다. 나아가 경제적 번영은 법질서 유지 등 국가의 필수적 기능 수행

---

1) John J. Mearsheimer, "China's Unpeaceful Rise," *Current History* 105: 690 (April 2006), p.160.

2) Steven K. Holloway, *Canadian Foreign Policy: defining the National Interest* (Ontario: University of Toronto Press, 2006), pp.14-15.

과 필요한 공공서비스 제공을 위해서도 긴요하다. 따라서 경제안보(economic security)는 군사안보 못지않게 중시되고 있다.[3)]

국제정치학자들은 국가가 수호하고 증진시켜야 할 국가이익(national interests) 중에서도 안보가 가장 중요하다고 보고 있다. 한스 모겐소(Hans Morgenthau)는 "모든 나라의 기본적 국가이익은 외부로부터 생존의 위협을 막아내고 정치적 · 문화적 정체성을 보존하는 것"으로 정의하고 있고,[4)] 해들리 불(Hedley Bull)은 안보, 번영, 이념적 목표를 국가이익의 3대 요소로 보고 있으며,[5)] 알렉산더 웬트(Alexander Wendt)는 물리적 생존, 자주성, 경제적 복지, 집단적 자긍심 등 네 가지를 중요한 국가이익으로 규정하고 있다.[6)] 이 같은 다양한 국가이익은 그 중요성이 상대적으로 다르다. 일반적으로 국가이익은 중요도에 따라 '사활적 이익(survival interests)', '결정적 이익(vital interests)', '중요한 이익(major interests),' 그리고 '지엽적 이익(peripheral interests)'의 네 가지로 분류된다.[7)]

'사활적 이익'이 걸려 있는 사안은 국가존립을 직접적으로 위협하기 때문에 군사력이 사용되며 협상과 타협의 여지가 거의 없다. 이와 관련하여 마키아벨리(Niccolo Machiavelli)는 국가생존은 정부의 가장 중요한 목표며 이를 달성하기 위해서는 어떠한 수단도 정당화된다고 했다.[8)] 현대 경제학의 창시자 애덤 스미스도 그의 저서 『국부론(*the*

---

3) Scott Burchill, *The National Interest in International Relations Theory* (New York: Palgrave Macmillan, 2005), pp.146-149.

4) Hans J. Morgenthau, *In Defense of the National Interest: A Critical Examination of American Foreign Policy* (New York: Knopf. 1951), p.172.

5) Hedley Bull, *The Anarchical Society: A Study of Order in World Politics* (New York: Columbia University Press, 1977), p.53.

6) Alexander Wendt, *A Social Theory of International Politics* (Cambridge, UK: Cambridge University Press, 1999), pp.231 ff.

7) Donald. Nuechterlein, "The Concept of 'National Interest': A Time for New Approach," *Orbis* (Spring 1979), pp.79-80.

8) Nicholas Machiavelli, *The Prince* (Vineland, NJ: Hendricks House, 1961), p.50.

Wealth of Nations)』에서 국가의 가장 중요한 임무로 첫째 국방, 둘째 치안을 꼽고 있다. 외부의 침략을 받거나 침략 위협하에 놓여 있으면 정상적인 경제활동이 어려우며, 또한 치안이 보장되지 않으면 개인의 생명과 사유재산의 안전이 보장되지 못하기 때문에 활발한 경제활동을 할 수 없다는 것이다.[9)]

미국의 경우 물리적 안전, 경제적 번영, 미국적 가치의 확산을 국가이익의 3대 요소로 간주하고 있다. 그중에도 미국은 물리적 안전, 즉 국가안보를 가장 중시한다.[10)] 미국이 중시하는 물리적 안전의 의미는 광범위하다. 즉, 미국은 외부의 위협으로부터 영토, 국민, 재산 등을 보호할 뿐 아니라 미국의 정치이념과 사회적 가치에 대한 위협까지도 안보의 대상으로 간주하고 있다. 특히 해양수송로 보호, 무역항에의 자유로운 접근, 핵심자원 등에 대한 위협을 막아내는 것 등이 안보의 필수요소로 간주된다. 9 · 11 테러 이후에는 국제테러와 그 근거지가 되는 빈곤과 저개발 지역까지도 미국 국가안보의 중요한 관심사가 되고 있다.

미국을 이웃으로 하고 있는 캐나다의 국가이익에 대한 인식은 강대국들과 이웃하고 있는 한국에 시사하는 바가 크다. 캐나다는 국가안보, 정치적 자율성, 국민통합, 경제적 번영을 보호돼야 할 중요한 국가이익으로 간주하고 있다.[11)] 여기서 주목할 점은 정치적 자율성과 국가적 통합을 캐나다의 중요한 국가이익으로 보고 있다는 사실이다. 캐나다는 미국과의 국력차가 크고 사회문화적 유사성도 크기 때문에 미국의 영향력으로 인해 주체성이 손상당할 우려가 있기 때문이다. 또한 국가적

---

9) Adam Smith, *An Inquiry into the Nature and Causes of the Wealth of Nations* (New York: the Modern Library, 2000), p.208.

10) Terry Deibel, Sean M. Lynn-Jones and Steven E. Miller, eds., "Strategies Before Containment: Patterns for the Future," in *America's Strategy in a Changing World* (Cambridge, Mass.: MIT Press, 1992).

11) Holloway, op. cit., p.2.

통합을 중요한 국가이익으로 간주하고 있는 것은 퀘벡의 분리 가능성 등으로 인한 국론분열을 차단하기 위한 것이기도 하다.

제2절 포괄적 안보개념과 안보위협의 변화

냉전시대에는 안보라고 하면 군사안보만을 떠올렸다. 그러나 냉전의 종식으로 군사안보의 중요성이 크게 줄어들면서 안보의 개념도 포괄적인 것으로 변하고 있다. 특히 경제위기로 인한 대량 실업, 오존층 파괴로 인한 지구온난화와 자연재해, 국제적 마약 거래, 대량 난민, 전염병, 국제테러 등 비군사적 위협과 관련된 안보의 중요성이 높아지고 있다.

이에 따라 안보의 개념은 경제, 사회, 자원, 환경보건, 테러, 국제범죄, 사이버공격 등을 총망라하는 포괄적 안보(comprehensive security) 개념으로 확대됐다. 따라서 국가안보는 과거 어느 때보다 어려운 과제가 됐다. 특히 한국에서는 국가안보 영역과 범위가 크게 확대되고 그 중요성도 크게 증대되었음에도 탈냉전과 민주화로 안보에 대한 관심이 줄어들면서 국가의 안보능력은 상대적으로 약화됐다.

안보 개념이 '포괄적 안보' 또는 '종합적 안보'로 바뀜에 따라 배리 부잔(Barry Buzan)을 중심으로 한 코펜하겐 학파는 안보의 영역을 군사안보, 정치안보, 경제안보, 사회안보, 환경안보의 5개 영역으로 나누고 각 영역별로 안보의 대상을 분석하고 있다〈표 2-1〉.[12)]

---

12) Barry Buzan, Ole Wæber and Jaap de Wilde, *Security: A New Framework for Analysis* (Boulder, CO: Lynne Rienner, 1998); Ralf Emmes, "Securitilization," in Alan Collins, ed., *Contemporary Security Studies* (New York: Oxford University Press, 2007), p.110.

〈표 2-1〉 안보영역과 안보대상

안보영역 (security sectors)	안보대상(referent objects)
정치안보	주권(sovereignty), 국가이념(ideology)
군사안보	국가(state, 영토와 국민), 정치체제(political entity)
경제안보	국민경제(national economy), 삶의 질(quality of life)
사회안보	사회응집력(social cohesion)
환경안보	생명 및 문명의 생존(survival of life and civilization)

출처: Barry Buzan et al., *Security: A New Framework for Analysis* (Boulder, CO: Lynne Rienner, 1998).

「정치안보」는 국가의 주권이나 체제이념에 대한 위협에 대응하는 것이다. 정치안보의 핵심은 국가존립 요소의 안정이다. 국가존립 요소는 국가이념, 국가제도, 물리적 기반이다. 국가이념은 헌법이념으로 구체화돼 있다. 그것은 국가의 정체성과 목적을 유지하게 하며, 국민으로 하여금 국가의 권위에 복종토록 설득하는 역할을 한다. 대다수 국민들이 국가이념과 국가정체성을 적극 지지할 때 국가는 흔들리지 않는다. 국가이념이나 국가정체성에 대해 상당수 국민이 회의적이거나 강한 반대 이념이 존재할 때 정치안보는 위태로워진다. 그러한 상황에서는 혁명이나 내란이 일어날 수 있다.[13)]

국가제도는 입법, 사법, 행정 등 정부조직은 물론 정부운영의 기초가 되는 법률, 절차, 규범을 포괄한다. 따라서 국가제도는 국가이념과 상호보완적 관계에 있다. 국가제도는 국가이념보다도 실제적인 정치안보의 대상이 된다. 정부가 국민으로부터 신뢰받지 못하면 국가에 대한

---

13) 배리 부잔 지음 · 김태현 역, 『세계화 시대의 국가안보』(나남, 1995), pp.100-113.

애착심과 충성심도 낮아지게 된다.

남북으로 분단되어 이질적인 이념으로 체제경쟁을 하고 있는 한국만큼 정치안보가 중요한 나라도 없다. 북한은 시종일관 대남 혁명전략을 통해 대한민국의 자유민주체제를 파괴하고 주체사상에 입각한 사회주의 체제로 통일하는 것을 지상의 목표로 삼아왔기 때문이다. 그럼에도 한국의 국가안보에서 정치안보가 간과됐다는 것은 놀라운 일이다. 각국이 자기 나라의 역사와 체제이념에 대해 체계적인 교육을 실시하는 것은 정치안보를 위한 것이라 볼 수 있다.

「군사안보」는 외국의 군사적 침략 등 무력의 사용이나 그 위협으로부터 국가(영토와 국민)의 생존과 체제의 안전을 보장하는 것을 말한다. 뿐만 아니라 대내적으로 무장봉기를 통해 체제를 전복하는 세력이 존재할 경우 이에 대응하는 것 또한 군사안보의 중요한 과제가 된다.

「경제안보」는 국내외의 다양한 경제적 위험으로부터 국가의 경제적 번영과 국민의 행복을 지속적으로 누리기 위한 국가적 노력을 뜻한다. 여기에는 경제성장, 수출시장 확보, 경제 안정, 에너지 등 주요 자원의 확보 등이 포함된다.[14] 세계화 이후 경제적 국경이 희미해지면서 국가 및 기업들 간의 무한경쟁으로 '경제전쟁 시대'라고 할 만큼 경제안보의 중요성이 높아지고 있다. 특히 세계화로 국가 간 자본이동이 신속해지면서 국가의 경제주권은 크게 위축된 반면, 초국가적 조직이나 자본의 영향력은 크게 확대됐다. 그 결과 세계경제 환경은 통제하기 어려운 무정부 상태가 되고 있어 경제안보는 군사안보 못지않게 중시되고 있다.

경제적 취약성이 높아지면 국가안보의 취약성을 초래하여 정치 · 군사적 안보위협에 대한 대응력을 상실할 수 있다. 역사적으로 경제적 위기가 정치 · 군사적 위기로 비화한 경우가 적지 않았다. 또한 경제적 상

14) 경제안보에 대한 자세한 내용은 신용도 · 김덕영, "경제안보의 개념 및 위협에 대한 대응방안," 김석용 편, 『국가안보의 한국화』(오름, 2012), pp.149-193.

호의존성의 심화는 경제안보의 위협을 감소시켜 주기도 하지만 지나친 대외의존은 경제안보에 치명적이 될 수도 있다. 최근 전 세계적으로 나타나고 있는 자원고갈 현상도 자원안보의 문제점을 부각시키며 경제안보에서 매우 중요한 위치를 차지하고 있다. 전략자원인 에너지의 확보는 경제적 · 정치사회적 안정과 발전은 물론 국가안보에 결정적으로 중요하다. 에너지자원 중에도 가장 중요한 것은 석유와 천연가스다. 이 같은 자원이 걸프만, 카스피해, 남중국해 지역에 집중돼 있기 때문에 이 세 지역의 통제권을 장악하는 세력이 세계 경제와 군사의 주도권을 장악하게 될 것이다.

「사회안보」는 한 국가 내의 인종, 종교, 문화적 차이로 초래되는 위협에 대처하는 것을 의미한다.[15] 코소보에서 인종청소를 위한 내전이 발생했을 때 거기에는 인종, 종교, 문화적 갈등 등 다양한 요소가 내재돼 있었다. 마찬가지 이유로 개도국들 중에는 사회안보에 대한 위협이 심각한 나라가 많다. 다행히 한국은 인종, 종교, 문화 문제로 인한 갈등은 없는 편이다. 그러나 양극화 등에 따른 사회 불신의 증가와 사회결속력의 약화는 사회안보에 큰 부담이 되고 있으며 다수의 외국인 노동자로 인한 범죄 증가, 다문화가정 출신 청소년들과 북한이탈주민들의 사회적응 문제 등은 중요한 사회안보의 과제로 떠오르고 있다.

「환경안보」는 대기오염으로 인한 오존층 파괴와 산성비, 하천 및 해양 오염, 지구온난화로 인한 각종 자연재해 등의 위협에 대처하는 것을 의미한다. 공해나 생태계 파괴가 지속될 경우 국가와 국민의 안전은 물론 인류의 생존과 안전에 심각한 위협이 될 것으로 예상되고 있다.[16] 2011년 3월에 발생한 동일본 대지진 당시 쓰나미로 인해 원자력발전소

---

15) 김병조, "'사회안보' 이론의 한국적 적용: 도입, 채택, 활용, 보완," 김석용 편, 『국가안보의 한국화』(오름, 2012), pp.195-230.

16) W. Harriet Critchley and Terry Terriff, "Environment and Security," in Richard Shultz, Roy Godson and Ted Greenwood, *Security Studies for the 1990s* (New York: Brassey's, 1993).

가 파괴되어 방사능이 유출되면서 대기 오염, 토양 오염, 해수 오염이 라는 심각한 환경문제가 발생했고 이로 인해 원전 안전이 심각한 관심사로 등장하고 있다. 또한 기후변화로 사막화가 가속화되어 물 부족 사태가 등장하면서 환경난민이 급증하게 됐고 이 같은 환경문제는 정치 사회적 불안정뿐 아니라 국가 간 분쟁의 원인이 되고 있다.[17] 환경안보의 위협은 거의 예외없이 국경을 초월하는 문제이기 때문에 국제 협력이 중요하다.

코펜하겐 학파와 비슷하게 로버트 만델(Robert Mandel)은 안보의 영역을 군사, 경제, 자원과 환경, 그리고 정치와 문화의 4개로 구분하고 국가안보의 구성요소를 〈그림 2-1〉과 같이 요약하고 있다.[18] 군사안보

〈그림 2-1〉 로버트 만델의 국가안보 개념도

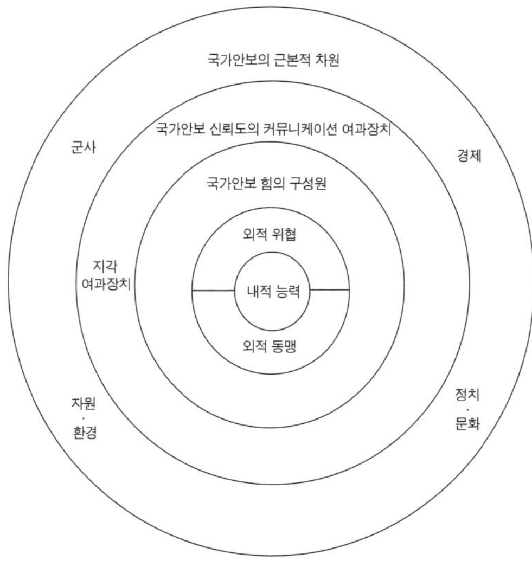

17) 김병남, 『안보란 무엇인가』(한울, 2011), p.162.

18) 로버트 만델 지음 · 권재상 옮김, 『국가안보의 변모(*The Changing Face of National Security*)』(간디서원, 2002).

와 경제안보는 앞에서 설명한 것과 큰 차이가 없다. 다만 자원안보를 경제안보에서 분리하여 환경안보와 함께 다루고 있다는 점이 특징적이다. 그리고 정치안보와 사회안보를 '정치와 문화의 안보'로 통합해서 다루고 있다. 어쨌든 그동안 경시돼 온 정치안보와 사회안보를 국가안보의 중요한 문제로 다루고 있다는 점에서 만델의 안보 구분을 주목할 필요가 있다

민주국가의 안보정책의 성공은 안보정책에 대한 국민의 신뢰와 지지가 매우 중요하다. 만델에 따르면, 국가안보정책에 대한 국민신뢰도는 두 개의 커뮤니케이션 여과장치(communication filter)에 의해 영향을 받는다. 그 하나는 정보 여과장치(information filter)이다. 정보 여과장치는 안보문제에 대한 정보가 어느 정도 정확한가의 정도를 나타낸다. 외부지향적인 국가나 국민은 국제정세를 더 잘 파악하고 있기 때문에 정보 여과장치가 훌륭한 편이라고 한다면, 내부지향적인 국가는 정보 여과장치가 미흡하다고 할 수 있다.

다른 하나는 지각(知覺) 여과장치(perception filter)이다. 지각 여과장치는 국가가 국민들에게 안보문제에 대해 얼마나 성공적으로 인식시켜 줄 수 있는가, 그리고 정부가 제공하는 안보관련 정보에 대해 국민이 얼마나 신뢰하느냐의 정도를 나타낸다.[19] 일반적으로 정부에 대한 국민신뢰도에 따라 안보관련 정보에 대한 신뢰도도 결정된다.

만델은 국가안보가 외부 위협(external threats), 국가의 능력(internal capabilities), 동맹(alliance) 등 3대 요소에 의해 결정된다고 보고 있다. 여기서 국가의 능력이란 군사력뿐 아니라 경제력, 리더십, 정책능력 등 국가안보 목표를 달성하는 데 필요한 능력을 말한다. 외적 위협이란 국가안보에 대한 외부의 부정적 요인들을 말한다. 동맹이란 국가안보를 위한 외부 지원을 말한다.

강한 내적 능력과 튼튼한 동맹을 가지고 있고 국민이 정부의 안보정

---

19) 만델, 앞의 책, p.54.

책을 신뢰하고 있다면 튼튼한 안보가 보장될 수 있다. 반면, 안보위협은 크지만 내적 능력이 취약하거나 동맹이 부실할 경우 안보위기에 처할 가능성이 커진다. 또한 안보위협에 대한 정보가 부족하고 정부의 안보정책에 대한 국민의 지지와 신뢰가 낮을 때 국가안보는 위태로워질 수 있다. 더구나 국가의 가용자원에는 한계가 있기 때문에 안보에 대한 국민의 지지가 약할 경우 충분한 국방예산의 확보도 어려워지게 된다.

한국은 안보위협이 매우 높은 편이지만 굳건한 한미동맹을 유지하고 있고 국가의 능력도 우수한 편이다. 그러나 커뮤니케이션 여과장치라는 측면에서 문제가 있다. 한국인은 일반적으로 내부지향적이어서 국제정세에 대한 관심이 적고, 따라서 외부의 안보위협에 대한 인식이 낮은 편이다. 또한 정부에 대한 불신과 안보문제에 대한 심각한 찬반논란은 정부의 안보정책에 대한 신뢰와 지지를 근본적으로 약화시키는 요인이 되고 있다.

안보역량에 반대되는 개념인 안보의 취약성(vulnerability)에 유의할 필요가 있다. 위협이 존재한다고 해서 그것이 반드시 안보문제가 되는 것이 아니다. 위협이 있더라도 극복할 수 있는 능력이 있다면 심각한 안보위협이 되지 않는다. 안보위협의 경중(輕重)은 위협에 대응할 충분한 능력이 있느냐 없느냐와 동시에 안보위협에 대한 내적 취약성이 얼마나 있느냐에 따라 판단할 수 있다. 따라서 안보역량을 증대시키는 것도 중요하지만 동시에 안보의 내적 취약성을 줄이는 것도 중요하다.[20] 정치안보, 경제안보, 사회안보를 국가안보의 중요한 영역으로 삼는다는 것은 외부의 위협뿐만 아니라 내부의 취약성도 안보에 치명적인 영향을 준다는 것을 말해주고 있다.

내우외환(內憂外患)이라는 옛말이 있듯이 안보불안이란 외부의 위협과 내부의 취약성이 결합되어 나타난다. 즉, 정치 · 경제 · 사회적으로 분열되고 혼란에 빠져 있을 때 외부의 침략을 초래하게 된다. 조선왕조

---

20) 김열수, 『국가안보』 제2판 (법문사, 2011), pp. 25-31.

말의 비극도 이 같은 상황에서 비롯됐다. 그것은 사람의 몸이 취약하면 외부에서 침투하는 바이러스가 병을 일으키는 것과 같은 이치다. 따라서 국가안보를 튼튼히 하려면 대내적으로 취약성을 감소시키면서 동시에 외부의 위협을 방지하거나 경감시켜야 한다.[21)]

일반적으로 정치사회적 결속력이 낮을 때 안보의 내적 취약성이 높아진다. 옛날부터 성(城)은 외부의 침략이 아니라 내부의 적에 의해 무너진다는 말이 있다. 로마제국 같은 강대국도 내부의 분열과 갈등에 의해 패망했다. 사회 내에서 정치적 · 사회적 불신이 높고 정치사회세력 간에 분열과 갈등이 심화되면 외부위협에 대한 충분한 대응능력이 있다하더라도 실제로 그러한 능력을 제대로 동원하지 못하는 경우가 허다하다.

한 나라가 다양한 인종으로 구성되어 언어, 종교, 문화가 서로 다를 경우 인종 간의 갈등으로 인해 가끔 내전으로 발전하기도 한다. 심지어 적대국의 정체성을 가지고 자기들이 사는 나라에 적대행위를 하는 경우도 적지 않다. 이스라엘 내에 살고 있는 아랍인들이 그러한 예이다. 이처럼 대다수 신생국의 안보문제는 이 같은 이유에서 발생하며, 이웃나라의 침략도 비슷한 이유에서 발생한다.

특히 한국, 서독, 월남과 같이 같은 민족이 분단되어 대립적인 이념으로 대결을 하고 있는 경우 내부의 취약성은 심각한 안보위협이 된다. 분단국의 안보개념과 안보전략이 선진국의 그것과는 근본적으로 달라져야 하는 이유이다. 공산세력은 이념적 결속력, 조직력, 침투력, 선전선동에 있어 강점을 가지고 있는 반면, 자유사회는 분열과 경쟁으로 공산위협에 대응하는 데 취약하다. 더구나 공산주의자들은 통일전선전략 아래 외세배격, 민족공조, 민족통일 등의 구호로 선동하기 때문에

---

21) Barry Buzan, *People, States and Fear: An Agenda for International Security Studies in the Post-Cold War Era,* 2nd edition (New York: Harvester Wheatsheaf, 1991), p.20; Mohammed Ayoob, *The Third World Security Predicament* (Boulder, Colo.: Lynne Reinner, 1995), Chapters 2 and 4.

자기 나라의 정체성과 국가이념에 대한 확신이 없다면 현혹될 가능성이 있다. 이러한 이유 때문에 자유중국은 본토에서 패배했고, 같은 이유로 월남도 패망했다. 특히 북한은 대한민국을 공산화하기 위해 수단과 방법을 가리지 않고 있어 우리의 체제안보에 심각한 위협이 되어 왔기 때문에 군사적 위협만을 중시하는 전통적 안보개념의 한계가 분명하다. 그런 점에서 통일 전 서독이 철저한 체제이념교육을 하고 자유민주주의에 대한 내부의 적대세력을 강력히 규제하는 '전투적 민주주의' 개념을 활용했던 것을 유의할 필요가 있다.

제3절 '5세대 전쟁'의 시대

세계화의 특징 가운데 가장 중요한 것으로는 국가 간 상호의존성이 높아졌다는 점이다. 상호의존성의 증가는 여러 가지 이점이 있지만 여기에는 안보부담의 증대 등 다양한 어려움도 동시에 수반된다. 또한 세계화로 인해 국가 간 경제적 경쟁이 치열해지면서 경제안보가 어느 때보다 심각한 문제로 떠오르고 있다.

단순하게 생각할 때 세계화란 국경이 허물어지는 것을 의미하며 그 결과로 국가안보 측면에서 취약성이 증가하게 된다. 교통수단의 발달과 국제교류의 증대, 그리고 중산층의 확대로 국가 간 인구이동이 많아지면서 각종 문제가 발생하는 바, 한 예로, 신종플루 같은 전염병이 여러 나라로 쉽게 확산된다. 또한 마약밀매나 위조지폐 등도 쉽사리 국경을 넘나들게 된다. 테러분자들이 다른 나라로 쉽게 침투하여 테러공격을 감행함으로써 한 국가를 단숨에 혼란에 빠뜨릴 수도 있다. 예컨대 알 카에다(Al-Qaeda)에 의한 9 · 11 테러는 미국에 정치적, 경제적, 사회적으로 치명적 타격을 주었을 뿐 아니라 세계경제에도 심대한 충격

▶ 테러공격으로 붕괴되는 뉴욕 무역센터

이 되었으며 그 여파는 아직도 계속되고 있다. 또한 핵무기 등 대량살상무기나 그 제조기술의 획득이 훨씬 쉬워졌기 때문에 국제테러집단이 이를 이용할 가능성도 커졌다. 국제테러조직이 주요국 대도시를 공격하게 된다면 그야말로 상상할 수 없는 일이 일어날지도 모른다.

이전에도 새로운 형태의 안보 위협의 대두와 함께 새로운 형태의 전쟁을 이해하고자 하는 시도들이 있었다. 1990년 초반에 앨빈 토플러(Alvin Toffler)는 정보화 시대의 도래가 새로운 전쟁 또는 갈등의 양식을 낳을 것이라고 예견했다. 그는 이러한 전쟁의 주요 행위자는 일시적으로 형성되고 수평적인 네트워크 형태로 결합된 비(非)국가 행위자들이 될 것이라고 했다.[22] 한편 미국의 국제안보 전문가인 부르스 버코위츠(Bruce Berkowitz)는 오늘날의 전쟁은 전면적인 군사공격을 통한 대량파괴가 아니라 특정 목표물에 최적의 폭력을 사용하여 정치적, 전략적 목적을 극대화하는 복잡하고도 미묘한 방식의 전쟁으로 진화하고 있다고 했다.[23]

더 나아가 도널드 리드(Donald Reed)는 오늘날의 안보위협을 '5세대

22) Alvin Toffler and Hei Toffler, *War and Anti-war: Survival at the Dawn of the 21st Century* (Boston: Little, Brown and Co., 1993).

23) Bruce Berkowitz, *The New Face of War: How war will be fought in the 21st Century* (New York: Free Press, 2003).

전쟁'이라는 새로운 개념으로 설명하고 있다. 그에 따르면, '5세대 전쟁'은 기존의 전통적인 전쟁에 정치와 경제, 사회 · 문화적인 요소, 그리고 사이버공간 등이 추가된 통합적인 성격을 띠며, 이러한 전쟁의 대표적인 양식으로 나타나는 것이 전쟁과 범죄가 함께 융합하여 다양한 형태로 나타나는 안보의 위협이다. 따라서 오늘날의 테러리즘과 초국가범죄 등의 현상을 이러한 '5세대 전쟁'에서의 안보위협으로 이해해야 한다고 리드는 주장한다.[24] 뉴욕에서 일어난 9 · 11 테러(2001. 9)에서 알 수 있듯이 '5세대 전쟁' 가운데 '테러와의 전쟁'은 매우 중요하다.

상식적으로 국가안보는 국가의 전선(戰線), 즉 지리적 경계선에 기초한다. 외부의 적이 이 전선을 넘어서는 시점에서 전쟁이 시작된다. 그러나 오늘날에는 뚜렷한 국경침범도, 전선도 없이 국가안보에 심각한 위협을 가해올 경우 어떻게 대응하느냐의 문제가 제기되고 있다. 오늘날 글로벌 세계에서는 이러한 방식의 위협이 빈번하게 일어나고 있다. 따라서 현대의 국가방위는 국경 내에 한정되지 않으며, 해외에서 일어나는 테러공격도 국가방어의 중요한 요소가 되고 있다.

알 카에다나 탈레반(Taliban), 하마스(Hamas), 헤즈볼라(Hezbollah) 같은 이슬람 극단주의 테러리즘은 공격 대상 국가의 '체제 흔들기(system disruption)'에 주력하면서 국가의 기본적 기능을 마비시키려는 공격에 큰 비중을 두고 있다. 그들은 전기와 가스, 물과 석유 같은 국가의 기본적인 서비스 공급을 방해하고, 인터넷이나 통신망 등 기간시설을 마비시키며, 금융시스템 같은 경제 인프라를 무력화시키고, 선거를 방해하거나, 군과 경찰 같은 안보기능을 무력화시킴으로써 국가존립의 핵심적 기능을 마비시키는 데 중점을 둔다.[25] 이와 동시에 테러

---

24) Donald J. Reed, "Beyond the War on Terror: Into the Fifth Generation of War and Conflict," *Studies in Conflict & Terrorism,* 31: 8(2008), pp.686-690.

25) 윤민우, 『테러리즘의 이해와 국가안보』(진영사, 2011), p.61.

집단은 은밀한 형태로 실패한 국가의 기능을 대체하려고 시도함으로써 그 나라 주민들에 대한 통제력을 강화해나가기도 한다.

특히 9 · 11 테러를 계기로 나타난 뉴테러리즘은 (1)요구조건과 공격주체의 불명에 따른 추적의 어려움, (2)불특정 다수에 대한 무차별 테러, (3)국제적인 테러 네트워크 조직으로 인한 무력화(無力化)의 가능성, (4)테러의 긴박성으로 인한 예측곤란 및 대처시간 부족, (5)핵무기 등 대량살상 무기에 의한 공격 가능성, (6)언론매체의 발달로 테러 공포의 신속한 확산, (7)사건의 대형화, (8)중산층 및 인텔리 충원에 따른 테러의 지능화 등 여러 가지 특징을 가지고 있다.

테러대응 전략은 테러발생을 사전에 예방하고, 테러발생 시 피해를 최소화하는 노력이다. 9 · 11 테러를 통해 나타난 것처럼 테러리즘으로 인한 피해는 상상을 초월한다. 테러대응은 선택의 문제가 아니라 국가안보의 필수요소가 됐다. 테러리즘으로부터 국제사회를 보호하기 위한 정보기관의 활동과 각국 정보기관 간 협력은 어느 때보다 중요해졌다.

새로운 안보위협의 주체는 비국가 행위자들이다. 여기에는 테러조직, 무장 집단, 부족 또는 씨족, 마피아 조직, 마약 조직 등의 범죄조직, 해적 등을 들 수 있다. 그들은 아프간이나 소말리아 같은 허약한 국가들을 통제력을 상실한 실패한 국가로 만들어 자신들의 정치적 · 종교적 · 경제적 이익을 극대화하고 있다. 이들은 세계경제, 법질서, 민주주의, 정치적 안정, 사회적 통합, 국민의 안녕 등을 위협함으로써 개별 국가에게뿐 아니라 국제적으로도 중대한 안보위협이 되고 있다.

5세대 전쟁에서 주목받고 있는 분야는 사이버전쟁(Cyberwar)이다. 사이버공격은 정보통신망을 무력화시킴으로써 사이버상에서 국가 기반시설 또는 정보자료에 피해를 입혀 국가안보까지 위협하는 일체의 공격행위를 말한다. 사이버 위협은 이미 정보화시대의 심각한 위협으로 등장했다. 우리는 정보화로 인해 일상적인 삶이 편리해졌지만 그 이면에는 안보의 위험이 도사리고 있다는 사실을 잘 인식하지 못하는 경향이 있다. 국가의 모든 행정 및 통제수단과 기반시설은 물론 글로벌기업의 운영이 정보통신 시스템에 의존하고 있으며, 그 의존도는 더욱 심화되는 추세에 있다. 만약 국가 기간시설 시스템에 문제가 생긴다면 국가와 사회가 일시에 마비돼 큰 혼란에 빠질 위험이 있다. 만약 전기 공급이 갑자기 중단된다고 상상해보자. 고층건물의 엘리베이터가 움직이지 않고 난방도 안 되며, 수돗물이 공급되지 않고, 은행이 마비되고, 지하철은 움직이지 못할 것이다. 그 외에도 열거하지 못할 각종 어려움 속에 그 사회는 크나큰 혼란과 고통 속에 빠지게 될 것이다. 군대의 경우 자칫하면 전쟁수행이 불가능해질 수도 있다.

정보화는 정보통신망을 이용한 사이버공격을 가능케 하여 새로운 안보위협을 초래할 수 있다. 이것은 곧 사이버안보에 대한 경각심을 고조시킨다. 잘 발달된 정보통신망은 적대세력의 사이버공격에 이용될 수 있는 고속도로 역할을 하기 때문이다. 그래서 3차 세계대전은 사이버전쟁(cyberwar)으로 시작될 것이란 전망도 나오고 있다. 사이버공격은 국가와 사회의 신경처럼 깔려 있는 정보통신망을 교란함으로써 국가와 사회를 순식간에 무력화시키고 상상할 수 없는 혼란에 빠뜨릴 가능성이 있다. 정보통신망은 운영의 효율화를 위해 고도로 중앙 통제화돼있기 때문에 컴퓨터시스템의 중앙통제체계가 공격당하면 전기 공급망을 비롯하여, 국가행정, 통신, 금융, 수송 등 모든 주요기능이 일시에 파괴되거나 마비될 수 있다.

이처럼 사이버전쟁은 선전포고도 없고 전선도 없고 적군도 보이지 않아 대응하기 어렵다. 사이버공격은 소수의 인원으로 순식간의 최대의 효과를 거둘 수 있으며, 그 여파가 엄청나기 때문에 국제테러집단이나 북한 같은 경제력이 취약한 국가들이 비대칭전력으로 이용할 가능성이 크다는 데 문제의 심각성이 있다.

제4절 국가안보에 영향을 주는 요소들

현대전은 총력전(total war)이라 한다. 국가의 모든 역량이 전쟁에 투입된다는 뜻이다. 국가안보는 군대에 의해서만 이뤄지는 것이 아니라 국가의 총체적인 역량에 의해 수행된다는 말이다. 국가안보 역량에 영향을 주는 요소에는 내적인 요소와 외적인 요소가 있다. 내적인 요소에는 (1)지리적 조건(국가의 지리적 위치, 영토의 크기, 국경선 등), (2)물질적 조건(천연자원, 산업발전 정도, 자본, 기술 등), (3)인적 자원(인구 규모, 인구의 동질성, 사회적 통합력, 국민 사기 등), (4)조직적 능력(정치의 안정성, 행정능력, 외교안보 리더십, 외교안보 정책결정 능력, 외교력 등)이 있다. 외적인 요인에는 동맹관계와 국제기구 등을 들 수 있다.[26] 이하에서는 이 같은 요소들에 대해 좀 더 자세히 살펴보고자 한다.

1. 지정학적 조건

지정학(geopolitics)이란 단어는 '지리학(geography)+정치학(politics)'의 합성어로 지리적 환경과 정치 현상의 관계를 연구하는 학문이다. 콜린 플린트(Colin Flint)의 정의에 따르면 지정학은 영토를 통제하고 쟁취하고자 하는 국가들의 행위이다.[27]

한 나라의 지리적 위치는 그 나라 안보에 중요한 영향을 미치는 요소

26) Raymond Aron, *Peace and War,* trans., Richard Howard and Anneette Baker Fox (New York: Praeger, 1967), pp.52-54; Klaus Knorr, *Military Power and Potential* (Lexington, Mass.: Heath, 1970), pp.40-41.

27) 콜린 플린트 지음 · 한국지정학연구회 옮김, 『지정학이란 무엇인가』(도서출판 길, 2007), p.38.

이다. 지리적 위치가 그 나라를 위태롭게 할 수도 있고 안전하게 할 수도 있다. 영토가 작은 나라는 에너지, 식량, 원자재 등을 수입에 의존하게 될 가능성이 많고 이것은 국가안보의 취약점이 될 수 있다. 좁은 영토를 가진 나라는 쉽게 공격받을 수 있으며, 특히 기습공격의 대상이 될 수 있다. 뿐만 아니라 기습공격을 받았을 때 전략적 후퇴를 할 수 있는 여지도, 반격할 수 있는 시간적 여유도 별로 없다. 이러한 나라는 생존을 유지하기 위해 강력한 상비군을 바탕으로 처음부터 사활을 건 전쟁을 하지 않으면 안 된다.

강대국들의 중간지역 즉, 완충지역에 위치한 상대적으로 약한 나라는 안보취약성이 높다. 우리나라는 중국, 일본, 러시아 등 세계적인 강대국들의 중간지역에 위치하여 그들의 희생양이 된 역사적 경험이 있다. 유럽에서는 폴란드, 벨기에, 네덜란드, 체코슬로바키아, 헝가리 등이 독일, 프랑스, 러시아 등 강대국들에게 유린당한 바 있다. 힘의 공백상태에 있는 약소국은 쉽게 어느 강대국의 먹이가 되어 다른 강대국을 공격하기 위한 전초기지로 이용될 우려가 있기 때문에 그들의 존재는 강대국들의 안보불안 요인이 된다.

예컨대 폴란드는 20세기 초 국제연맹의 중위국(中位國, Middle Power) 위치인 상임이사국이라는 중요한 지위를 차지하고 있었음에도 지정학적 취약성 때문에 주변 강대국들에 의해 네 차례나 국토가 분할된 수난의 역사를 가진 바 있다.[28] 벨기에와 네덜란드도 프랑스로 침입하는 독일 기계화부대의 희생양이 됐다. 체코에 대해서도 독일은 체코 그 자체의 중요성보다 프랑스 같은 적대국가와의 제휴를 우려하여 체코를 침공했다. 핀란드의 경우도 유사하다. 핀란드는 소련의 주요 항구인 레닌그라드를 드나드는 해로를 봉쇄할 수 있는 위치에 있다. 만약

28) 지정학적 취약성으로 인한 폴란드의 안보딜레마에 대해서는 Norman Davies, *God's Playground: A History of Poland* (New York: Columbia University Press, 1982) 참조.

독일이 핀란드를 점령하여 레닌그라드를 봉쇄한다면 소련은 심각한 전략적 위기에 직면하게 되기 때문에 핀란드가 적대국에 의해 통제되는 것을 소련은 결코 허용하지 않았다.

일반적으로 강대국들의 중간지역에 위치한 완충국가(buffer state)는 심각한 안보딜레마에 처하게 되며 패망할 가능성도 매우 높다. 국가의 패망에 대한 연구에 따르면, 역사상 패망한 국가들 중 완충국가가 차지하는 비율이 40%에 이르는 것으로 나타났다.[29)]

수난으로 점철된 폴란드 역사

한반도와 유사한 지정학적 위치에 있는 폴란드의 역사는 비극의 연속이었다. 18세기 후반부터 러시아, 스웨덴, 터키 간의 전쟁으로 폴란드는 강대국들의 내정간섭을 받으며 국력이 쇠퇴했다.

1772년 러시아, 오스트리아, 프로이센은 폴란드 분할 조약을 체결하여 폴란드 영토의 1/3을 탈취해갔다. 그 후 폴란드 귀족연합은 기득권 유지를 위해 러시아에 지원을 요청했고 러시아는 이를 빌미로 폴란드를 침공했다. 그 결과로 폴란드는 1793년 러시아와 프로이센에 의해 2차 분할됐다.

2차 분할에 대한 저항으로 거국적인 봉기가 일어나자 러시아는 이를 진압한다는 명분으로 또다시 침공하여 러시아, 오스트리아, 프로이센 3국은 3차 분할을 통해 폴란드는 패망하게 됐다. 그 후 1919년 독립할 때까지 폴란드인들은 120년 동안 나라 없는 서러운 역사를 경험했다.

1차 대전에서 러시아 제국의 멸망, 오스트리아-헝가리 제국의 붕괴, 독일 제국의 패망과 함께 윌슨 대통령이 주장한 민족 자결주의에

29) Tanisha M. Fazal, *State Death: The Politics and Geography of Conquest, Occupation, and Annexation* (Princeton: Princeton University Press, 2007).

힘입어 1918년 폴란드는 독립했다. 그러나 그 후의 국가건설 과정은 혼란의 연속이었다. 1930년대 들어 폴란드는 소련과 독일의 세력 확장으로 또다시 위기를 맞게 됐다. 독일은 소련과 비밀조약을 맺고 1939년 폴란드를 침공했고 독일은 유태인뿐 아니라 폴란드인에 대해서도 무자비한 학살을 저질러 폴란드 인구의 20%에 해당하는 600만여 명이 희생됐다. 2차 대전 기간 중 폴란드의 서쪽은 독일이, 동쪽은 소련이 점령했다.

1945년 폴란드는 해방을 맞았지만 소련의 위성국가로 전락했다. 소련이 붕괴된 후 폴란드는 이 같은 취약성을 극복하기 위해 1999년 나토(NATO)에 가입했고, 2004년에는 유럽연합에 가입했다.

그러나 강대국 간의 분쟁지역으로부터 멀리 떨어져 있는 국가들, 이를테면 아일랜드, 스웨덴, 포르투갈, 칠레, 뉴질랜드 등은 외부의 안보위협에서 벗어날 수 있었다. 또한 약소국이라 하더라도 스위스처럼 영토와 국경선이 자연적인 방어선이 되는 경우도 강대국의 침략에서 벗어날 수 있었다. 스위스는 대부분 산악지대일 뿐 아니라 강력한 군대를 보유하고 있어 2차 세계대전 중 독일의 침략을 막을 수 있었다. 스위스 군대는 척박한 영토에서 강도높은 훈련을 해왔기 때문에 어떤 강력한 적의 공격에 대해서도 필사적인 저항을 할 준비가 돼 있었다.[30)]

유럽의 상대적 약소국들은 강대국의 침략을 받은 바 있기 때문에 현재에도 강대국의 침략을 억제할 정도의 강력한 군사력을 보유하고 있다. 스위스와 스웨덴은 중립국이지만 매우 강력한 국방력을 보유하고 있다. 2차 세계대전 당시 스웨덴은 500만 정도의 작은 인구에도 불구하

30) David E. Bohn, "Neutrality-Switzerland's Policy Dilemma," *Orbis* 25:2 (Summer 1977), pp.339-340.

고 강력한 해군과 공군뿐 아니라 무려 60만(예비군 포함)의 육군을 보유하고 있었다.[31] 특히 스웨덴, 스위스, 이스라엘 등 작은 인구 때문에 대규모 상비군 유지가 어려운 나라들은 군사 훈련의 질과 정도에서 정규군과 별 차이 없는 강력한 예비군을 보유하고 있다. 다른 유럽의 약소국인 벨기에, 핀란드, 체코, 네덜란드 등도 강력한 군사력을 유지하고 있을 뿐 아니라 첨단 무기체계를 개발하여 보유하고 있다.[32]

이 같은 사례들이 공통적으로 시사하고 있는 점은 무엇인가? 바로 약소국일수록 안보문제를 중시해야 한다는 점이다. 이와 관련하여 약소국의 안보문제를 연구한 마이클 헨델(Michael Handel)은 다음과 같이 강조하고 있다.

> "약소국은 안보문제에 대한 그들의 촉각을 게을리 할 여지가 없고, 강대국의 호의나 보호에만 안주할 수 없다. 강대국 이상으로 약소국은 계속해서 긴장해야만 한다. 상황판단의 실수는 치명적 결과를 초래하게 된다."[33]

스웨덴의 국가방위 전략은 스웨덴 국방백서에 잘 요약되어 있다.

> "자주국방에 대한 스웨덴의 의지와 능력을 강대국들이 알도록 하는 것이 중요하다. 스웨덴이 공격당하거나, 적대국의 정치적 압력에 굴복하거나, 강대국 중 어느 나라가 스웨덴의 항전의지를 의심하게 된다면, 그 강대국은 스웨덴을 공격함으로써 다른 강대국이 스웨덴에 거점을 마련하는 것을 막으려 할 것이다."[34]

---

31) Samuel Abrahamsen, *Sweden's Foreign Policy* (Washington, D.C.: Public Affairs Press, 1957), pp.49-50.
32) Handel, 앞의 책, p.97.
33) 같은 책, p.18.
34) Quoted in William W. Long, "Can Sweden Defend Herself?" *U.S. Naval Institute*

2. 자주성 문제: 캐나다의 경우

국가전략에서 또 하나 중요한 것은 국가자주성을 유지하는 문제다. 미국을 이웃으로 하고 있는 캐나다가 대외정책에서 국가자주성을 중시하고 있는 것은 강대국들을 이웃나라로 하고 있는 한국에 의미하는 바가 크다.[35] 캐나다는 미국에 비해 국력차가 크고 사회문화적 유사성 때문에 미국의 영향력에 의해 자주성을 손상당할 우려가 크다. 캐나다가 미국으로 인해 얼마나 심각한 정체성 위기를 느끼고 있는지 다음의 인용문에서 잘 나타나고 있다.

> "교역의 70%가 미국과 이뤄지고 있는 나라가 주권을 가졌다 할 수 있는가? 외국자본이 캐나다 경제력의 대부분을 소유하고 있고, 특히 초강대국 미국이 소유하고 있다면 캐나다에 주권이 있다고 할 수 있는가? 독자적인 문화가 존재하지 않을 때, 대중매체와 여론이 외국에 의해 조종되고 있을 때, 그 나라를 주권국가로 간주할 수 있겠는가? 다양한 분야에서 캐나다는 강대국 미국의 '식민지국가'이다. 19세기의 전통적인 제국이 붕괴됨에 따라 현재 적당한 말은 '위성국(satellite)'이다."[36]

> "캐나다의 정책은 독립국이라기보다는 오히려 위성국의 특징을 나타내고 있다. 캐나다는 미국이라는 천체를 중심으로 회전하고 있는 달이다."[37]

Proceedings 93(September 1967), p.51.

35) Steven Kendall Holloway, *Canadian Foreign Policy: defining the National Interest* (Ontario: University of Toronto Press, 2006), p.2.

36) John W. Warnock, *Partner to Behemoth: The Military Policy of a Satellite Canada* (Toronto: New Press, 1970), pp.297-298.

37) J. L. Granatstein, *Canada Foreign Policy Since 1945: Middle Power or Satellite* (Toronto: The Copp Clark Publishing Co., 1970), p.1.

"우리[캐나다]는 양(羊)이고 미국 국무부는 셰퍼드이다."[38)]

캐나다 경제가 미국경제와 과도하게 연계돼 있어 캐나다의 정책이 미국의 이익을 위협하게 된다면, 미국이 곧바로 캐나다에 경제적 제재를 취할 가능성이 있다. 캐나다가 미국과의 관계에서 정체성 문제에 직면하게 되는 것은 미국에 대한 지나친 경제적 의존성 이외에도 두 나라가 언어와 문화를 공유하고 있기 때문이다. 반면 멕시코는 캐나다와 비슷한 입장에 처해 있지만 문화적 · 언어적 차이로 인해 미국과의 관계에서 정체성 유지에 문제가 없다.

한국은 미국과의 관계에서 과거 자주성 문제가 부각됐던 적이 없었던 것은 아니지만, 문화적 차이도 존재하고 경제적으로는 일본과의 협력으로 균형을 이뤘기 때문에 큰 문제가 없었다. 이와 대조적으로 민족자주성이라는 면에서 한국과 중국의 관계는 만만치 않다. 오랜 역사적 · 문화적 관계가 있고 문화적 유사성이 적지 않으며, 특히 중국시장에 대한 우리 경제의 의존도가 높기 때문이다. 더구나 중국과 자유무역협정을 체결한다면 그 추세는 더욱 심화할 것이다. 중국은 앞으로도 계속 성장하며 그 영향력을 확대해 나갈 것이기 때문에 한국경제가 중국시장에 과도하게 의존한다면 캐나다가 미국에 대해 느끼는 것보다 더 심각한 사태에 직면할 가능성도 없지 않다. 중국은 이미 한국과 관련된 문제에서는 언제나 고압적으로 대하고 있다는 사실도 고려하지 않을 수 없다.

반면 베트남은 한국처럼 중국의 이웃나라지만 그들은 국가이익을 지키기 위해 중국에 맞서는 것을 두려워하지 않는다. 파라셀 군도의 영유권을 둘러싼 분쟁에서 베트남은 분쟁 해상에서 실탄사격 훈련을 하고 30여 년 만에 처음으로 징병령을 발동했다는 사실에서 우리는 깨닫

---

38) Stephen Clarkson, ed., *An Independent Foreign Policy for Canada?* (Toronto: McClelland and Stewart, 1968), p.27.

는 바가 있어야 한다.

3. 국가안보 역량

앞에서 논의한 안보 관련 요소들을 고려할 때 한 나라의 국가안보 역량은 다음과 같은 수식으로 정리할 수 있다.

국가안보 역량= 객관적 능력(군사력, 경제력) X 안보전략(안보리더십, 정책, 외교력) X 국민정신(안보의식) − 내적 취약성 + 동맹의 지원

두말할 필요도 없이 국가안보에 있어 가장 중요한 요소는 군사력과 그것을 뒷받침하는 경제력이다. 국가안보에 있어 또 다른 주요 요소는 안보의 소프트파워, 즉 안보리더십, 안보정책, 외교력 등 안보전략적 측면이다. 또한 자기 나라를 굳건히 수호하고자 하는 국민정신도 필수적 요소다.

한편 안보 전문가들이 대체로 간과하고 있는 것은 안보에 대한 내적 취약성이다. 내적인 분열과 갈등으로 안보 역량이 훼손되거나 이적세력(利敵勢力)이 존재할 경우 국가안보에 부정적 영향을 미치기 때문이다. 마지막으로 동맹국이 있는 경우 동맹의 지원이 국가안보의 중요한 요소인 것은 두말할 필요가 없다.

군사력은 인력, 무력 및 통솔력(統率力)으로 구성돼 있다.[39] 인력의 강약은 군대의 수와 질(사기, 기율, 능력 등)에 의해 결정된다. 무력의 강약은 무기의 종류, 수와 질(성능 등)에 의해 결정된다. 군사력의 양적 요소는 측정할 수 있어도 질적 요소는 계량화가 어렵다. 무기의 성능을 실제 측정하기 위해 전쟁을 단행할 수는 없기 때문이다. 일단의 학자

---

39) 박상식, 『국제정치학』(집문당, 1994), p.113.

들은 군사력의 측정 기준으로 국방비, 국민총생산에 대한 국방비 비율, 군대규모 등을 들고 있다. 그러나 이 기준에 따르면 군사력 가운데 무력(무기의 수, 종류, 성능)과 인력의 수는 측정할 수 있어도 인력의 질과 통솔력은 측정하기 어렵다. 더구나 전쟁이란 군사력이나 병력의 수에 의해 결정되는 것이 아니라 군대의 통솔력과 장병들의 정신전력이 승리의 결정적 요인이 된다는 점이 중요하다.

경제력은 국력을 규정하는 가장 중요한 요소일 뿐 아니라 군사력을 뒷받침하는 핵심 요소다. 경제력을 창출하는 산업 중 공업은 국력의 핵심요소다. 공업 발전 수준이 강대국의 표준으로 거론되는 이유도 여기에 있다. 특히 공업 능력은 군사력의 기본인 무기를 만드는 능력이 된다는 점에서 중요하다. 요컨대 경제력은 군사력과 직결된다는 것이다.

안보 전문가들이 간과하기 쉬운 것 가운데 하나가 국가안보의 소프트파워다. 전통적인 전쟁에 있어 통솔력은 전쟁의 승패에 결정적인 영향을 미쳤다. 그래서 한 사람의 뛰어난 장수가 100만 대군보다 중요하다는 얘기도 있다. 특히 민주국가에서는 국군 통수권자의 안보리더십이 중요하다. 이 명제와 관련해서는 논란이 일기도 한다. '민주'와 '안보' 개념이 일정한 긴장관계에 놓여 있기 때문이다. 선거를 통해 선출되는 최고지도자는 외교안보 문제의 전문가일 경우가 드물기 때문에 외교안보 브레인들로 구성된 외교안보 정책결정시스템을 통해 외교안보정책이 개발되고 결정돼야 한다.

한 나라의 외교력 역시 국가안보 역량을 증진시키는 중요한 요소다. 외교력 여하에 따라 그 나라가 실제로 가지고 있는 국가안보 역량보다 더 큰 역량을 창출해 낼 수도 있고, 그 반대의 상황이 벌어질 수도 있다. 또한 한 나라의 외교력이 국가안보에 결정적 영향을 미칠 수도 있다. 예컨대, 신라가 고구려와 백제를 물리치고 삼국을 통일할 수 있었던 가장 큰 이유의 하나로 당시 신라가 보여줬던 외교의 우수성을 꼽을 수 있다. 이처럼 외교력은 그 나라의 보존을 위한 수단일 뿐 아니라 국가이익을 수호하고 증진시킬 수 있는 중요한 요소라 할 수 있다.

국가안보의 내적 취약성은 매우 중시돼야 할 요소다. 조선왕조는 임진왜란, 병자호란 등의 국난을 겪었을 뿐 아니라 끝내 주권까지 빼앗겼다. 우리는 침략자를 규탄하는 데에는 적극적이지만 내적 취약성을 찾아내고 그것을 보완하려는 노력은 게을리해왔다. 현재에도 북한의 대남전략으로 인해 우리 사회는 심각한 남남갈등에 휩싸여 있을 뿐 아니라 안보 불감증이 만연돼 있으며 친북 · 종북세력들이 공공연히 반(反)대한민국, 반미, 친북 활동을 벌이고 있다. 이것은 대한민국의 체제안보에 중대한 위협이 아닐 수 없다.

국가안보에 있어 국민정신이 중요한 것은 더 이상 강조할 필요가 없다. 각 나라마다 독특한 국민성이 있듯이 국민정신은 그 나라의 문화적 · 역사적 전통의 영향을 받아 형성된다. 몽골 같은 유목민족은 항상 이동해야 했기 때문에 말타기를 잘 하고 이동 중 적대세력의 위협에 대응했으며, 나아가 중국 땅을 침공하여 식량을 탈취하기 위해 무술을 연마하는 것이 삶의 방식이 됐다.

일본은 각 지역별로 세력이 나뉘어져 서로 전쟁을 벌였기 때문에 무사계급인 사무라이가 지배세력이 됐고 상무정신이 투철하여 칼을 소중히 여겼다. 그리고 그들은 무술과 해운술을 이용하여 해적 노릇을 하기도 했다. 서양의 지배계급은 무사출신이다. 그들의 정신을 기사도(騎士道)라 한다. 기사도란 용기, 애국심, 희생정신 등을 말한다. 지금도 서구 사회에서 장교의 신분은 사회적으로 존경의 대상이다. 영국의 왕위계승 서열 2~3위인 두 왕자가 전쟁터에 나가있는 것은 그러한 전통을 반영하고 있는 것이다.

중국도 전통적으로 군사문화를 가졌으며 안보를 중시했다. 군사력이 없이는 대제국을 건국할 수도 없었고 유지할 수도 없었기 때문이다. 사실 중국은 끊임없는 전쟁을 겪었다 해도 과언이 아니다. 중국이 통일국가가 되기 이전인 춘추시대 294년 동안 작은 나라들 사이에 일어난 전쟁은 무려 1,211차례였다고 한다. 뒤이은 전국(戰國)시대 254년 동안에는 468차례나 전쟁이 일어났다. 이처럼 끊임없는 전쟁을 겪으면서 중국은 군대조직은 물론 관료제, 세제(稅制) 등 강력한 국가체제를 갖췄다. 관료제는 전비(戰費)마련을 위한 세금징수를 위해서 발전된 것이다.[40]

중국이 국방을 얼마나 중시했는가는 만리장성에서 알 수 있다. 만리장성은 총연장이 6,000킬로미터가 넘는 세계 7대 불가사의 가운데 하나로 이 성을 축조할 당시 100만 명이 동원됐다고 한다. 이 인원은 당시 중국 인구의 20분의 1에 해당한다. 당시 변변한 장비도 없었는데 그렇게 험준한 지형에 그 같은 성을 쌓으려면 얼마나 많은 사람들이 희생되고 고통을 받았을 것인지 짐작조차 하기 어렵다. 중요한 점은 중국이 고대부터 국방을 위해서는 엄청난 비용과 희생도 마다하지 않고 감수했다는 점이다.

『삼국지(三國志)』, 『초한지(楚漢志)』 등 전쟁소설이 중국의 대표적인 고전소설이 된 것은 우연이 아니다. 또한 중국 언어에서 큰 비중을 차지하고 있는 것이 전쟁에 관련된 것들이다. 1996년 중국의 한 출판사가 펴낸 『군사성어(軍事成語)』에 수록된 군사관련 용어는 무려 7,500개나 된다. 우리 사회에서 일상용어로 쓰이고 있는 모순(矛盾), 오십보백보(五十步百步), 천군만마(千軍萬馬), 오합지졸(烏合之卒), 산전수전(山戰水戰) 등은 모두 중국의 군사성어에서 비롯된 것이다.

예컨대, 우리가 잘 쓰는 말로 천고마비(天高馬肥)가 있다. 하늘은 높고 말은 살찌는 풍요롭고 평화로운 계절이라는 뜻으로 쓰이고 있다. 이 말은 당나라 시인 두보(杜甫)의 할아버지 두심언(杜審言)이 북방의 흉노족의 침입을 막기 위해 전선에 나가 있는 친구를 위해 지은 시의 한 구절인 '추고새마비(秋高塞馬肥)'를 조선의 유학자들이 낭만적이고 평화로운 계절을 뜻하는 가을의 의미로 변형한 것이다. 그러나 천고마비의 본래 뜻은 안보적인 의미가 강하다. 유목민인 흉노족은 여름 동안

---

40) 프랜시스 후쿠야마 지음 · 함규진 옮김, 『정치질서의 기원(*The Origins of Political Order*)』(웅진지식하우스, 2012).

초원의 풀을 마음껏 먹여 말을 살찌워 가을철을 맞아 중국의 풍성한 곡물을 빼앗기 위해 공격해 올 것이니 방어를 게을리하지 말아야 한다는 뜻이다. 조선의 선비들은 안보의식이 희박했기 때문에 군사적 의미로 쓴 이 구절을 전혀 다른 뜻의 말로 변형했다고 생각된다.

우리 민족도 전통적으로 상무정신이 투철했고 그것은 고려까지 이어졌다. 몽골이 침공했을 때 40년 가까이 끈질긴 항쟁을 벌인 것은 이 점을 잘 말해준다. 그러나 조선은 성리학을 통치이념으로 받아들이면서 지나친 문약(文弱)으로 흘렀다.

한국이 처한 지정학적 위치, 수없는 외침을 당했던 역사적 경험, 그리고 팽팽한 남북 간 대치 등을 고려할 때 우리나라는 어느 나라보다 안보가 중요한 나라이다. 그럼에도 여전히 안보문제는 우리 사회의 큰 관심사가 되지 못하고 있다. 그 근본적인 이유는 무엇 때문인가. 전통적으로 평화애호민족이라 자부하면서 안보를 경시해왔기 때문일 것이다. 예로부터 우리 국민들의 의식 속엔 숭문천무(崇文賤武)의 잘못된 가치관이 자리 잡아왔기 때문에 군대를 열등시했고, 그것이 안보의식을 해이하게 만든 중요한 원인이라 할 수 있다.

더구나 조선은 자주적인 국방태세를 갖추기보다는 사대주의 외교정책을 통해 나라의 안전을 도모하려 했다. 조선은 명나라(明朝) 후원만 있으면 정규군을 두지 않아도 나라의 안위가 위협받을 염려가 없다고 생각했다. 이처럼 조선의 지배세력은 국가정체성 의식이 불분명하여 자주국방을 해야 된다는 의식이 희박했고 군대다운 군대를 육성하는 것은 생각지도 못했다. 이 같은 숭문천무의 문화적 전통은 아직도 우리 의식 속에 잔존해 있다고 할 수 있다.

제5절 외국의 안보 전통

1. 근대 국민국가 형성과 국가안보

국가안보가 왜 근대국가의 우선적 과제인지 유럽의 근대 국민국가 형성 과정을 보면 명백해진다. 유럽 국가들은 일반적으로 상무전통이 강한 편이다. 전쟁이 유럽의 근대국가 형성에 큰 영향을 미쳤기 때문이다.[41]

근대국가의 기능은 대외적으로 나라를 보호하고 대내적으로 질서를 유지하기 위해 군대와 경찰 등 물리적 강제력을 독점해야 하며, 이를 재정적으로 뒷받침할 수 있는 경제력이 있어야 한다. 국가가 물리적 강제력을 독점하는 목적은 외부 위협에 대응하고 내적으로 사회질서에 대한 위협요인을 다스리기 위한 것이다. 마키아벨리는 『군주론』에서 "모든 국가의 근본은 우수한 지배체제와 군대다. 그런데 우수한 무장(武裝)이 없는 국가는 우수한 지배체제를 갖출 수 없다"고 했다. 요컨대 국가는 효과적인 지배체제와 강력한 군사력을 겸비했을 때 강력해질 수 있다는 것이다.

현대 사회학 창시자의 한 사람인 허버트 스펜서(Herbert Spencer)는 1876년의 저서에서 현대 사회와 국가의 발전에서 전쟁이 끼친 영향이 아주 컸다고 주장한 바 있다.[42] 미국 학자 틸리(Charles Tilly)도 유럽 국가들의 형성과정에 대한 연구에서 "국가형성은 사실상 전쟁의 부산물"이라고 결론짓고 있다.[43] 그에 따르면, 유럽의 국민국가 형성은 "국

---

41) Samuel P. Huntington, "Political Modernization," in J. Rogres Hollingsworth, ed., *Nation and State Building in America* (Boston: Little, Brown, 1971), p.51.

42) Herbert Spencer, *On Social Evolution: Selected Writings,* J. D. Y. Peel, ed.(Chicago: University of Chicago Press, 1972), p.191.

43) Charles Tilly, *Coercion, Capital, and European States: AD 990-1990* (Malden, MA: Blackwell, 1990), p.26.

가건설 주체들이 군대를 만들고, 세금을 거두고, 저항세력에 대항하여 연대를 형성하고, … 주민들의 봉기 위협을 막는 등의 노력을 한 결과" 라고 결론짓고 있다.[44]

16세기 말과 17세기에 걸쳐 유럽에는 전쟁이 끊이지 않았고, 특히 17세기 100년 동안 전쟁이 없었던 기간은 3년에 불과했다는 점을 퀸시 라이트(Quincy Wright)는 전쟁 연구를 통해 밝히고 있다. 즉, 16세기와 17세기 200년간 프랑스의 전쟁 횟수는 126회, 전쟁 연수는 106년, 영국은 전쟁 횟수 61회, 전쟁 연수는 98년이었다고 집계했다. 또한 18세기와 19세기 200년간 프랑스의 전쟁 횟수는 123회, 전쟁 연수는 86년이었으며, 영국은 전쟁 횟수 265회, 전쟁 연수는 109년이나 됐다고 기록하고 있다.[45]

각국은 전쟁에서 살아남기 위해 군사력 육성에 모든 노력을 집중했다. 이에 따라 "현대국가가 상비군 창설을 필요로 했듯이 군대 또한 현대국가를 건설하는 것이 필요했다."[46] 전쟁은 국민국가를 필요로 했고, 또한 국가는 중앙집중적 권력강화를 위해 전쟁을 벌였다. 이에 따라 전쟁준비는 국가건설에서 가장 중요한 과업이 됐다.[47] 뿐만 아니라 군대는 젊은이들에게 국민의식을 길러주고 국가 인프라건설에 기여하게 하는 등 근대국가 건설에 중요한 역할을 했다.

국가는 전쟁에서 살아남기 위해 징집제도에 의한 방대한 상비군을 육성했으며 이를 위해 국가 재정규모를 획기적으로 확대하면서 현대국민국가로 발전하게 됐다. 각국은 전쟁에 대비하여 공국(公國)들을 규합하여 절대권력을 중심으로 하는 현대국가로 탈바꿈하게 되었다. 규모가 큰 국민국가가 전쟁수행에 효과적이었기 때문이다. 나아가 대규모 상비군을 유지하고 막대한 전비(戰費)를 조달하기 위해서는 경제

44) Ibid., p.633.

45) Quincy Wright, *A Study of War* (Chicago: Chicago University Press, 1965).

46) George Clark, *The Seventeenth Century* (New York, 1961), p.98.

47) Tilly, *Coercion,* p.42, p.74.

력 증강이 필수적이었으며, 이에 따라 부국강병을 국가발전의 핵심전략으로 삼았다. 농노나 낮은 신분의 국민들도 군인이 되어 나라를 위해 싸우고 세금을 내면서 시민으로 대우받게 됐다. 또한 무기의 개발과 생산을 위한 '군사혁명(military revolution)'이 산업혁명을 일으킨 원동력이 됐다. 이처럼 전쟁과 국부는 긴밀히 연관된 것으로 전쟁이 곧 국가의 산업이었다.[48] 미국의 경우도 1차 세계대전에 참전한 것이 현대국가로 탈바꿈하는 중요한 계기가 됐다.[49]

그러나 근본적으로 경제력이 확대되지 않고는 세금징수에 한계가 있었기 때문에 각국은 중상주의 정책을 추구하게 됐다. 유럽 중상주의의 특징은 첫째, 국가재정을 충실히 하여 군비를 강화했으며, 둘째, 무기와 군사 장비를 생산할 수 있는 공업을 육성했다는 것이다. 전쟁이 곧 산업이었고, 강화된 경제력으로 다시 전쟁을 벌였다. 이렇듯 국가중심적 패러다임 혹은 중상주의의 요체는 부국강병을 통한 국가안보의 보장이었다. 요컨대 근대국가의 건설과정에서 국가안보는 국가의 기능 중에서 무엇보다 중요한 것이었다.

영국은 강력한 해군력을 바탕으로 광대한 식민지 개척과 무역활동 등 중상주의 정책을 추구한 결과 가장 먼저 근대 국민국가 건설에 성공했다. 영국에 비해 경제발전에 뒤처진 프랑스, 독일, 스페인, 러시아 등은 '선진국'이 된 영국과의 중상주의 경쟁의 상대가 되기 어려웠다. 정상적인 방법으로는 영국을 따라잡을 수 없었기 때문에 이들 국가들은 '과감한 발전전략(big push)'이 필요했다. 다시 말하면, 유럽 대륙국가들은 영국을 신속히 따라잡기 위해 영국보다 훨씬 더 '강력한 정부'가 필요했던 것이다.

---

48) Anthony Giddens, *The Nation State and Violence* (Berkeley: University of California Press, 1985), p.102.

49) Marc A. Eisner, *From Warfare State to Welfare State: World War 1, Compensatory State Building and the Limits of the Modern Order* (University Park, Pa.: Pennsylvania State University Press, 2000).

민족국가의 통일과 절대왕정의 성립이 늦어진 독일은 영국이나 프랑스와 같은 나라에 경쟁상대가 되지 못했다. 독일은 17세기에 30년 전쟁을 겪으면서도 통일을 이루지 못한 채 경제적 후진성을 면치 못했다. 따라서 독일은 취약성을 극복하고 최단시간 내에 강대국들과 경쟁하기 위해 국내산업을 보호하고 육성하는 부국강병책을 추구하는 이른바 '독일식 중상주의'를 추구했다.

1871년 보불전쟁의 승리를 계기로 하여 프러시아를 중심으로 뒤늦게 통일을 달성한 독일은 중상주의적 국제경쟁에 뛰어들었다. 독일은 철혈재상 비스마르크(Otto von Bismarck)를 중심으로 강력한 정부 주도하에 국민국가 건설에 적극 나섰다. 당시 독일은 20세 이상 모든 남자의 군대 복무를 의무화하여 대규모 상비군을 편성하면서 '군대의 시민화'로 국민들의 자발적 애국심을 고취시켰다. 농노제를 폐지하는 대신 농민들이 의무적으로 군대복무를 하도록 했고, 농민에게 토지소유권을 부여하여 중산층으로 육성함으로써 경제적 바탕을 튼튼히 했다. 또한 귀족 자제들을 장교로 영입함으로써 '노블레스 오블리주(Noblesse oblige)' 전통을 확립하는 한편, 군대의 사회적 지위도 구축했다.[50] 독일은 또한 대규모 상비군을 유지하기 위해 재정수입을 획기적으로 늘렸으며 이를 위해 강력한 관료체제를 수립했다. 19세기 독일통일의 중심역할을 했던 프러시아 재정의 3분의 2가 군사비였다는 것을 감안할 때 독일의 부국강병책이 어떤 것이었던가를 짐작케 한다. 독일 특유의 강력한 중앙집권적 국가형태는 오스트리아, 러시아, 이탈리아, 일본 등이 모델로 삼게 됐다.

아놀드 토인비(Arnold Toynbee)는 문명과 문명 간의 접촉과정을 도전과 응전의 패러다임으로 설명하고 있다. 그에 따르면, 국가의 생존과

---

50) 19세기 초 독일 철학자 헤겔은 나폴레옹 전쟁을 겪으며 애국심에 고취되어 국가주의를 주장했다. 그에 따르면, 국가는 역사발전의 최종단계이며 발전의 변증법은 여기서 멈춘다고 했다.

발전은 지정학적 조건과 변화하는 대내외 환경의 도전에 어떻게 적응했느냐에 달렸다. 환경의 도전 중에서 가장 심각한 도전은 외부 침략이다. 외부의 침략을 막아내는 등 전쟁대비 태세가 잘된 나라는 발전하고 강한 나라가 됐다. 전쟁이야말로 국가와 민족의 죽느냐 사느냐의 문제가 달린 문제이므로 경쟁력이 우세한 나라가 승리하기 마련이다. 전쟁에 이기려면 대규모 동원체제를 갖춰야 하고 조직화되고 잘 훈련된 수많은 병력에 필요한 장비와 물자를 조달할 수 있어야 한다.

2. 부국강병책을 통해 강대국이 됐던 일본

일본의 국가건설 또한 전쟁과 밀접히 연관되어 있다. 1894년 청일전쟁부터 2차 대전 종료 시까지 반세기 동안 일본의 역사는 네 차례의 큰 전쟁을 치르는 등 사실상 전쟁의 연속이었다.[51] 일본은 대내적으로 권위주의 국가였고 대외적으로 제국주의 국가였다. 일본은 국가건설 과정에서 근대적 절대주의, 전체주의, 제국주의, 군국주의 등을 두루 경험했다.[52]

일본 역사는 사무라이가 지배한 역사였다. 전쟁이 끊이지 않았고 그래서 일찍부터 군사력 육성을 중시했다. 1543년 포르투갈인들로부터 조총을 도입했던 오다 노부나가(織田信長)는 그 우수성을 인식하고 조총의 국산화와 대량생산에 성공함으로써 기마부대가 주축세력이었던 군대를 보병중심의 신식군대로 전환시켜 전국시대를 종식시키고 일본을 강력한 통일국가로 변모시킬 수 있는 토대를 만들었다. 그 연장선상에서 일본은 우리나라를 상대로 임진왜란을 일으켰다.

---

51) Nobutaka Ike, "War and Modernization," in Ward, ed., *Political Development in Modern Japan* (Princeton: Princeton University Press, 1967), pp.189-211.

52) Ibid., pp.120-153.

일본인들은 서양의 침략에 대응하기 위해 서양의 학문은 물론 그들의 병학(兵學)을 배워 서양의 총포 제작법에서부터 사격술, 군대의 교련법까지 배워 국민들에게 가르쳤다. 또한 나가사키에 입항하는 네덜란드 선박으로 하여금 반드시 유럽과 아시아의 최신정보를 적어 에도에 있는 막부에 제출토록 하였다. 이것은 매년 『네덜란드 풍설서』라는 책으로 발간되어 각국에 대한 중요 정보로 활용됐다.[53)]

아편전쟁(1839~1842)에서 청나라가 영국으로 대표되는 서구 세력에 패하자 일본의 위정자들은 위기의식을 느껴 군사력 강화의 필요성을 절감했다. 그러나 일본이 근대국가로 탈바꿈하게 된 직접적인 동기는 미국 군함으로 대표되는 외세의 위협이었다. 이에 따라 일본은 처음부터 국가안보에 대한 우려가 팽배했다고 할 수 있다. 메이지유신(明治維新) 지도자들은 아시아의 중심 국가였던 중국이 열강에 굴욕당하는 현실을 보면서 국제관계를 지배하느냐 지배당하느냐의 약육강식의 차원에서 인식했던 것이다.

3. 전 국민이 전사(戰士)인 이스라엘

이스라엘은 해안지역을 제외하고는 적대국(시리아와 레바논)과 비우호국(이집트와 요르단)에 의해 둘러싸여 있는 나라이다. 이스라엘은 아랍권이라는 '바다' 한가운데 홀로 떠 있는 섬이나 마찬가지다. 700만의 인구는 주변 아랍 국가들의 인구 1억 7천만의 25분의 1에 불과하다. 따라서 이스라엘 국민들에게는 국가방위와 국가발전이 유태민족의 영속성은 물론 개인의 생존을 위해서도 필수적이라 믿고 외세에 의존함이 없이 독자적으로 달성해야 한다는 의식이 확고하다. 그들은 강력한

---

53) 정하미, 『일본의 서양문화 수용사: 일본의 근대화와 리더십』(일곡문화재단, 2009).

힘과 자주국방 의지만이 평화를 보장한다고 확신해 왔다. 그래서 독립 이후 주변국들과 벌인 7차례의 전쟁도 성공적으로 이겨낼 수 있었다.

이스라엘의 경우 안보우선 정책으로 인해 민주주의와 경제발전은 많은 제약을 받았다. 초대 수상 벤 구리온(Ben Gurion) 이래 이스라엘 지도자들은 국가안보를 최우선적인 국정목표로 삼았다.[54] 그 결과 이스라엘은 인권과 자유를 일정 부분 제약하더라도 안보태세를 강화하고 전쟁 대비책을 세우는 데 모든 노력을 기울였다. 이스라엘 국민들은 2천 년이라는 기나긴 세월 동안 나라 없는 고통 속에서 고난과 슬픔으로 점철된 유랑생활을 했던 사람들로, 다시는 나라를 잃지 않겠다는 강한 집념으로 목숨을 던져 조국을 지키겠다는 강한 안보의식을 가지고 있다.

이스라엘은 총력전 개념에 따라 거의 모든 국민이 군인이라 할 수 있다. 이스라엘 국민은 군대 복무를 이스라엘 국민으로서 치러야 할 당연한 의무일 뿐 아니라 반드시 거쳐야 할 국민 교육과정으로 인식하고 있다. 남녀 모두 고등학교 졸업 후 입대하며 복무기간은 남자는 3년, 여자는 2년이다. 여군은 전체 병력의 3분의 1에 해당하고 장교는 4분의 1 정도가 될 만큼 여군의 역할도 중요하다. 현역 복무 이후에도 남자는 45세까지, 여자는 38세까지 예비군으로 복무하고 그 후에도 연장 근무할 정도로 국민들의 안보의식은 투철하다. 사병들의 연령, 학력, 종교가 대체로 유사하기 때문에 결속력이 강하고 사기가 높으며 강한 운명공동체 의식과 강한 적대의식을 가지고 있어 강력한 전투력 발휘의 원천이 되고 있다. 장교는 조종사와 함상 승무원 및 소수 특수병과를 제외하고 사병 복무자 중에서 우수한 자를 선발하여 양성한다. 장교로 선발된 경우 의무복무 기간 중에는 병사의 월급과 비슷한 수준의 월급을 받는다. 이처럼 이스라엘에서는 국가안보가 무엇보다 중요한 가치로

---

54) Jacob Abadi, *Israel's Leadership: From Utopia To Crisis* (Westport, Conn.: Greenwood Press, 1993), p.6 ff.

인식되고 있기 때문에 정치, 행정, 사회 등 모든 부문의 지도급 인사를 선출할 때 군 복무(예비군 포함) 중에 축적된 주요 경력이 필수조건이 되고 있다.[55)]

이스라엘이 1948년의 독립전쟁, 1967년의 6일전쟁, 1973년의 10월전쟁 등에서 1대 80의 병력 열세에도 불구하고 계속 승리할 수 있었던 것은 무엇보다 안보를 중시하는 강력한 총력 안보체제와 범국민적 호국정신 때문이다. 국민은 모두 '내가 군대에 나가 목숨을 걸고 싸우지 않으면 600만 유대인 학살과 같은 일이 다시 일어날 것이며, 내가 죽음으로써 나라를 지키면 우리 민족이 살고 후손들이 평화와 안녕을 누리게 될 것'이라고 확신하기 때문에 전쟁에 임하여 생과 사를 초월하여 싸웠기 때문에 무적의 군대가 됐다. 또한 국가안보에 대해 정치권과 여론이 보내는 절대적인 지지는 이스라엘 국민들의 통합 정도를 보여주며 이것이 무적군대의 중요한 원천이 되고 있다.

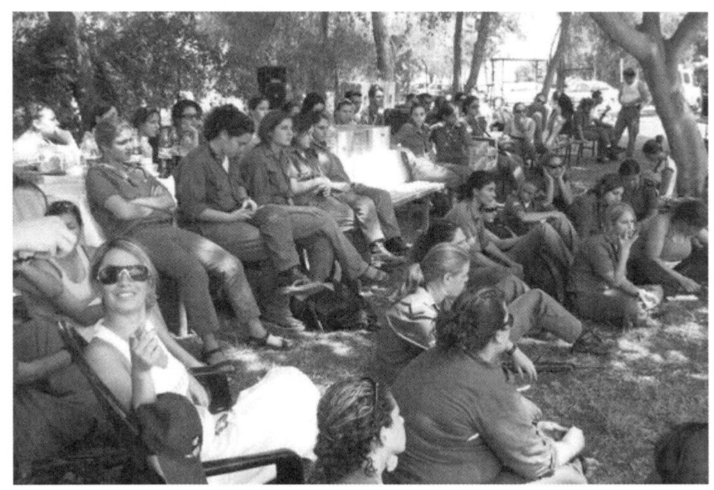

▶ 휴식 중인 이스라엘 여군들

55) 한동욱, "유태인과 이스라엘의 생존 번영방법(II)," 『군사논단』 67(2011년 가을).

이스라엘 군대는 국민의 국가의식을 형성하고 국민통합을 도모하는 핵심적 수단이었다. 유대민족은 하나지만 세계 여러 나라에 흩어져 살았기 때문에 건국 당시 이스라엘 국민은 잡다한 민족이 모인 것이나 마찬가지였다. 그들을 하나의 국민으로 재훈련하고 통합하지 않으면 안됐다. 물론 학교에서 민족주의 교육을 강조했지만 당장 주변 아랍국들과 싸워야 하는 군대에서는 국민형성이 시급한 문제였다. 그래서 이스라엘 군대에서는 역사교육을 위시한 국가정체성 교육을 중시했고 그러한 전통은 지금도 계속되고 있다.

이스라엘의 국방은 최소의 병력으로 최대의 효과를 거둘 수 있는 체제다. 예산 문제나 국가 인력관리 면에서 부담이 크기 때문에 최소한의 상비군을 유지하고 있다. 따라서 이스라엘은 전국을 요새화하고 유사시에는 전 국민이 군인이 되는 체제를 유지하고 있다. 그중에도 가장 중요한 것은 예비군 체제다. 이들 예비군은 이스라엘 국방의 큰 비중을 차지하고 있다.

이스라엘 군대는 국민 정신교육을 위한 학교라고 할 수 있다. 군대에서는 전술전략교육과 아울러 정신교육을 하는데, 이 정신교육으로 이스라엘이 필요로 하는 국민정신을 창출한다. 이스라엘 사람들은 군대를 '인간을 다듬는 용광로'로 생각한다. 이스라엘의 강한 국민정신은 군대생활을 통해 길러진다.

정신교육을 위해서 장교의 정신교육을 중시한다. 모든 장교는 사관학교를 통해 양성되며 ROTC제도는 없다. 군 지휘관은 모두 정신교육 교관이 되어야 하기 때문에 장교양성 과정에서 정신교육이 매우 중시되고 있다. 장교가 된 후에도 매년 2주 이상 정신교육을 받아야 한다. 정신교육 강의 주제에는 지리, 역사, 문화사, 위대한 인물전기, 승전보와 패전보 등 전쟁 다큐멘터리 등이다.

정신교육의 승패는 교관에 달려 있다. 이스라엘에는 정신교육 교관양성을 위해 약 1,000명을 수용할 수 있는 중앙교관양성학교가 있다. 그 밖에도 70명 내지 300명을 수용할 수 있는 정신교육학교가 150여

개 있다. 또한 이스라엘군에는 민간인 정신교육을 위한 학교가 3개나 있다. 중앙교관양성학교에는 전문교관 양성 과정(1년), 일반 정신교육 교관 양성과정(3개월), 일반 장교교육 과정(1~2주), 지휘관 교육 과정(1~2주), 교관 재교육 과정(2주) 등 다양한 프로그램이 있다.

모든 장병은 각 지역에 산재해 있는 정신교육센터에서 교육을 받아야 한다. 장교는 매년 1회 3일간 교육을 받고, 각급 지휘관은 매년 1회 이상 정신교육 연수회에 의무적으로 참석해야 한다. 사병은 매년 1회 1주일간 정신교육을 받아야 한다. 사병 정신교육은 중앙정신교육 교관학교 출신 교관에 의해 실시되며, 민족성지 순례, 격전지 방문, 유적지 순례 등 현지교육을 중시한다. 교육과목에는 성서, 역사, 지리, 위대한 인물소개, 민족사의 영광과 좌절 등을 다룬다.

이스라엘 국민은 끊임없는 안보위협과 60여 년 동안 7차례의 전쟁을 통해서 국가안보의 중요성을 절대적으로 공감하고 있다. 그들은 예비군 복무 등 과중한 안보부담과 안보적 필요에 의한 통제에 대해 조금도 불만을 가지고 있지 않다. 언론도 국가안보에 관련된 민감한 뉴스에 대해 정부나 군이 보도유예를 요청할 경우 어느 언론사도 이를 어기지 않고 있다.

이스라엘에는 군 입대 이전의 청소년을 위한 안보교육 및 훈련체제가 잘 갖춰져 있다. 〈가드나(Gadna)〉라 불리는 청소년단이 있는데 여기에는 14세부터 18세까지 모든 소년, 소녀들이 회원으로 가입되어 있다. 이 단체는 교육부와 국방부 공동 책임제이며 군에서 직접 운영하고 있다. 그들은 방학 동안 일정한 지역에서 야영을 하면서 교육과 훈련을 받는다. 그것은 순수한 군사훈련이라기보다는 과외활동, 특수체조, 정서활동 등에 군사적 성격을 가미한 것이다. 모든 고등학생들은 가드나 회원으로 매년 2주간 가드나 훈련소에 들어가 집단 교육을 받는데 사격, 장애물 통과 등 체력단련, 야간훈련 등의 프로그램으로 짜여 있다.

그들은 또한 역사적 유적지나 전적지를 찾아 행군함으로써 조국애를 배양하고 국가에 헌신 봉사할 수 있는 충성심을 고취하며, 또한 최대한의 인내력과 용기를 발휘할 수 있도록 체력을 단련한다. 그들은 매년 2주간씩 키부츠(집단농장)에 들어가 농민들과 똑같은 생활을 함으로써 노동의 신성함을 배우기도 한다.

나할(Nahal, Pioneering Fighting Youth, 개척전투청년단)은 청년들이 정규군보다 1년 전에 자원입대하는 단체다. 이는 국방의무와 국토개발의 이중목표를 가지고 있으며, 주로 일선지구의 전략촌 건설을 담당한다. 그들은 입대 후 기초 군사훈련을 마친 뒤 키부츠에 파견돼 약 1년간 키부츠 운영 전반에 대해 익힌다. 그 후 그들은 일선지역의 전략촌이라 할 수 있는 정착촌 설치 거점에 배치된다. 그들은 여기서 국토개발을 하면서 동시에 국토방위를 담당한다. 이처럼 이스라엘의 국방과 생산은 밀접히 연관되어 있으며, 또한 모든 국민은 가드나와 같은 조직을 통해 교육과 훈련을 받으면서 조국애와 안보의식을 함양하게 된다.

4. 가장 군사화한 국가, 싱가포르

싱가포르의 국민교육에 있어 군대는 매우 중요한 역할을 한다. 싱가포르는 인접국들로부터 직접적인 군사적 위협을 받고 있진 않지만 가장 군사화한 나라다. 인구 400만의 도시국가지만 정부예산의 25% 정도를 군사비로 지출하고 있다. 또한 싱가포르는 20,000명의 상비군과 의무복무 사병 5만 5,000명, 그리고 22만 5,000명이나 되는 예비군을 보유한 '군사대국'이다. 모든 남자는 18세가 되면 군복무를 위해 등록해야 하며, 2년간 의무복무를 해야 한다. 영주권자의 아들은 21세가 되면 군대복무를 마쳐야 영주권이 계속 유지될 수 있다. 징병제는 젊은이들의 국가정체성을 함양하고 국가에 대한 충성심을 기르며 다양한 인종적·문화적 배경을 가진 동료들과 공동생활을 통해 사회통합을 체험적으로 배우고 실천하는 소중한 기회가 되고 있다.

싱가포르는 이스라엘의 군사적 지원을 받아 군대를 창설하면서 군대를 국민형성의 핵심수단으로 활용해왔다. 군대에서는 누구나 평등한 대우를 받는다는 원칙을 확립함으로써 국민통합의 구심적 역할을 하도록 했다. 싱가포르는 다양한 인종, 종교, 문화 등으로 국민적 동질성을 기대할 수 없었지만 모든 젊은이들로 하여금 군대생활을 통해 국가정체성을 형성할 수 있도록 했다. 리콴유(李光耀)는 "(군대생활이) 젊은이들에게 통과의례가 됐고 삶의 방식으로 자리 잡아 국민을 하나로 통합하는 데 도움이 됐다. 그리하여 배경이 아니라 각자의 능력에 따르는 업적주의가 철저하게 자리 잡을 수 있도록 했다"고 평가했다. 다시 말하면, 싱가포르의 군대는 국민형성의 '거대한 용광로' 역할을 한 것이다.

싱가포르가 지속적인 발전을 거듭하고 있는 데에는 국민통합에 성공했다는 것이 중요한 원인 중의 하나가 되고 있다.[56] 리콴유는 군대 안에서 특정인의 사회적 배경이 절대 통하지 않게 만들었으며 평등 원칙을 뿌리내리게 함으로써 군대가 국민통합의 핵심 역할을 수행할 수 있도록 만들었다.

5. 완벽한 안보태세를 갖춘 영세중립국, 스위스

스위스를 이상적인 중립국으로 생각하는 사람들이 많다. 스위스처럼 우리도 영세중립국이 되면 안보에 대한 우려와 부담이 없어질 것이라고 생각하고 중립을 주장하는 사람들이 적지 않다. 그러나 스위스의 국가안보는 저절로 얻어진 것이 아니라 국민들의 뿌리깊은 무장(武裝) 안보의 역사와 전통, 안보문제에 대한 초당적 협력과 범국민적 단합, 그리고 국가안보를 위한 굳건한 제도적 장치 등이 어우러진 결과다.

스위스는 한반도처럼 강대국들로 둘러싸인 나라다. 그러나 스위스

56) 김성진, 『리콴유: 작지만 강한 싱가포르 건설을 위해』(살림, 2007).

▶ 정규군 같은 스위스 민병대

는 자주국방을 하면서 선진국이 됐다. 알프스산맥 같은 천연장애물이나 영세중립국의 지위가 그들의 안정과 번영을 자동적으로 보장해준 것은 결코 아니었다는 말이다. 스위스는 험준한 산맥으로 둘러싸여 있지만 강대국들이 점령하지 못할 정도는 아니었다. 스위스의 강력한 안보태세와 국민들의 안보의지가 확고했기 때문에 어느 나라든 스위스를 침공하면 오랜 기간에 걸쳐 큰 대가를 치러야 했기 때문이다. 가령 히틀러(Adolf Hitler)가 스위스를 침공하려 했을 때 스위스는 알프스 산맥 요로에 23,000개의 지하요새 등 강력한 방어망을 구축하고 400,000명의 민병대를 동원하여 터널과 교량을 모두 파괴하겠다고 위협을 가해 히틀러의 야욕을 저지시켰다.

스위스는 영세중립국이지만 평화만을 노래하는 나라가 아니다. 모든 남자 젊은이들이 의무적으로 군대에 복무하는 국민개병제도(國民皆兵制度)를 채택하고 있는 나라다. 스위스 정규군의 규모는 3,000여 명에 불과하지만 평상시 생업에 종사하다가 유사시 동원 소집되는 수십만 명 규모의 「민병대(miliz)」가 국방의 주체가 되고 있다. 군복무는 20

세에 최초 신병교육(18~21주)을 받고 26세까지 매년 19일씩 6년간 소집교육을 받으며, 27~30세까지는 예비군에 편입되고 31~42세까지는 민방위대에 소속되어 매년 10여 일씩 전투에 버금가는 훈련을 받는다. 다시 말하면, 모든 시민은 평상시에도 실전 같은 민방위 훈련을 받고 유사시 군인과 다름없는 국방의무에 종사해야 하며 과중한 방위세도 부담하고 있다.

또한 스위스의 국가안보 시설도 완벽하다. 전국적으로 핵 공격에도 버틸 수 있는 3,500여 개의 지하 방공호 시설이 있어 유사시 전 국민이 대피하여 몇 개월간 생활하며 싸울 수 있도록 만반의 대비태세를 갖추고 있다.[57)]

20년을 넘게 해야 하는 민병대 근무를 싫어할 것 같지만 스위스 국민들은 2001년 국민투표에서 민병대 폐지안을 부결시켰다. 민병대 제도를 폐지하는 데 찬성한 사람은 21%에 불과했다. 이처럼 자기 나라는 스스로 지켜야 한다는 스위스 국민들의 안보 의지와 열정은 대단한 것이다.

---

57) 주 스위스 한국대사관, 「스위스 국가정보」 (2008. 3).

한국 안보의 전통과 교훈

제1절 고대의 융성했던 상무전통

우리민족은 원래 상무정신이 뛰어난 민족이었다.[1] 특히 3국 시대는 군사적으로 가장 화려한 시대였다. 그중에서도 고구려는 한때 중국과 동북아의 패권을 겨눌 정도로 군사력이 출중한 나라였다.

고구려인은 특유의 상무정신이 넘치는 기마(騎馬)민족이었다. 그들은 그 진취적 기상과 강력한 국력을 바탕으로 대륙을 석권함으로써 민족사에 길이 남을 군사적 금자탑을 이룩했다. 북으로 흑룡강, 남으로 죽령(竹嶺)과 남양만, 서로는 요하(遼河)에 이르는 대국을 건설함으로써 고구려는 중국 왕조에 필적할 판도를 구축했다. 고구려의 찬란한 발자취는 광개토왕과 장수왕의 개척 · 정복 사업에 이어 수(隨) 및 당(唐)과의 7차에 걸친 전쟁에 이르러 그 절정에 달했다. 수나라의 문제(文

1) 육군본부 정훈감실, 『한민족의 용틀임』(육군본부, 1983), pp.147-222.

▶ 고구려의 기상을 나타내는 수렵도

帝)가 100만 대군을 이끌고 침공했을 때 을지문덕(乙支文德) 장군이 청천강에서 30만을 몰살시킨 살수대첩(薩水大捷)은 결국 수나라를 패망에 이르게 했다. 뒤이어 명장출신인 당나라 태종(太宗)도 대군을 이끌고 침략해 왔지만 양만춘(楊萬春) 장군 휘하의 고구려군은 안시성에서 3개월간의 끈질긴 공방을 통해 당군의 공격을 저지했다. 이 전투에서 당 태종은 한 쪽 눈에 화살을 맞은 후 퇴각했다.

고구려의 혈통을 가진 백제의 군사력과 경제력도 막강했다. 『삼국사기』 「최치원전(崔致遠傳)」에는 "백제가 전성기에는 강병(强兵) 백만으로 남으로는 오(吳), 월지역(越地域, 베트남), 북으로는 연(燕), 제(齊), 노(魯)를 공략했다"고 기록돼 있다. 중국의 『자치통감(自治通鑑)』도 "위(魏)가 병력을 보내 백제를 쳤으나 오히려 패전했다"고 기록하고 있다. 또한 당나라 학자 이연수(李延壽)가 지은 『북사(北史)』 「백제전(百濟傳)」에는 "백제가 진대(晉代)에는 양자강 좌안(左岸)을 점령하고 있었고 북위(北魏)시대엔 중국의 복부(腹部) 중원을 점령했다"고 기술돼 있다. 이로 미루어 볼 때 백제는 중국 대륙에 광대한 영토를 지배

하고 있었음을 짐작할 수 있다.[2)]

3국 통일을 이룩했던 신라는 화랑도(花郎道)의 정신과 조직에 근거한 군사엘리트 양성 시스템을 지닌 나라였다. 화랑도는 신라의 젊은이들에게 희생, 애국, 협동의 정신을 함양시키고 무술을 연마케 함으로써 수많은 명장을 배출했을 뿐 아니라 삼국 통일의 주축이 됐다. 그 예로 3국 통일을 이룩한 김춘추, 김유신 같은 탁월한 비전과 전략을 가진 지도자들을 들 수 있다. 김춘추가 내정과 외교에 힘쓰는 등 통일의 기반을 다졌다면, 김유신은 군사력 육성에 전력을 쏟았다. 이처럼 신라가 화랑도를 통해 안팎으로 국민을 단결시키고 군비를 강화하며 탁월한 외교적 수완을 발휘했던 것은 오늘의 기준으로 볼 때도 놀라운 것이다.

삼국시대 당시 고구려, 백제, 신라는 한강 유역을 차지하기 위해 치열하게 경쟁했다. 고구려와 백제는 한때 서로 동맹하여 신라를 파멸시키려 했지만, 신라는 이에 맞서 당나라와 제휴하여 삼국을 통일했다. 백제와 고구려의 패망 후 당나라는 옛 백제 땅에 5도독부를 두고, 고구려에도 평양에 안동도호부를 두고 전국에 걸쳐 9도독부를 두었고, 신라 경주에 계림도독부를 두는 등 한반도를 완전히 병탄(倂呑)하려 했다. 이에 대항하여 신라는 두려워하지 않고 강대국인 당나라와의 정면대결을 벌였다. 가장 대표적인 전투는 매초성(買肖城, 장항) 싸움이었다. 신라는 이 전투에서 당나라의 20만 대군에 맞서 전마(戰馬) 34,000여 필을 노획하는 등 대승을 거뒀다. 뒤이은 기벌포(伎伐浦) 해전에서는 22회의 끈질긴 혈전 끝에 당군 4,000여 명의 목을 베는 대승을 거두어 제해권을 장악했다. 이에 당군은 한반도 장악의 야욕을 포기하고 퇴각하지 않을 수 없었다. 이로써 신라는 당군을 몰아내기 위한 7년여의 투쟁에서 성공을 거뒀다.[3)] 한반도를 병탄하라는 당 고종의 밀명을 받고 출동했던 소정방(蘇定方)은 귀국 후 고종으로부터 질책을 받자

2) 김희상, 『생동하는 군을 위하여』(전광, 1993), p.317.
3) 육군본부 정훈감실, 『한민족의 용틀임』(육군본부, 1983), pp.167-171.

다음과 같이 말했다.

> "신라는 비록 작은 나라이나 그 군주가 어질어 백성을 사랑하고, 그 신하는 충용하여 그 백성들은 충성으로 나라를 섬기어 굳게 합심하고 있으니 일을 도모하기 어려웠습니다."[4]

통일신라의 뒤를 이은 고려는 고구려의 재건이라는 웅대한 목표를 가지고 나라 이름을 고려로 했다. 태조 왕건 때부터 북진정책을 표방하고 북쪽 지역에 성을 쌓고 30만에 가까운 군사력을 육성했다. 10세기 말 거란의 소손녕(蕭遜寧)이 80만 대군을 이끌고 침략해왔을 때 이를 저지했으며, 뒤이어 요(遼)나라의 성종(成宗)이 직접 40만 대군을 거느리고 고려를 침략했지만 그들도 목적을 달성하지 못했다. 그 후 고려는 12세기 초부터 윤관(尹瓘) 장군 지휘하에 여진(女眞)정벌을 실시하여 3개월여에 걸쳐 무려 1,000km에 가까운 거리를 진격하며 지금의 함경북도 일대를 우리 영토로 편입했다.

몽골의 침략에 대한 40년에 걸친 고려인들의 끈질긴 항전은 그들의 상무정신이 얼마나 투철했는가를 잘 말해주고 있다. 몽골은 1231년 1차 침입 이래 7차례나 고려를 공격했다. 2차 침입 당시 몽골장수 살례탑(撒禮塔, Salistai)이 용인 처인성 전투에서 살해당하자 패퇴하기도 했다. 고려 조정은 장기적인 항전을 위해 강화도로 천도했고 개경의 10만 주민들도 함께 이주했다. 고려는 강화 천도 40년간 전란 중임에도 현재 우리나라 3대 문화재인 8만대장경, 금속활자, 고려자기를 만드는 저력을 보였다. 특히 삼별초는 몽골과의 화평조약에 반대하고 남부지방과 제주를 중심으로 3년여에 걸쳐 끈질긴 대몽 항전을 벌였다. 전 세계를 제패한 몽골제국이었지만 고려만은 완전히 굴복시킬 수 없었던 것은 우리 민족의 자주정신과 상무정신이 투철했기 때문이다.

---

4) 같은 책, p.169쪽에서 재인용.

제2절 자위(自衛) 역량이 결여됐던 조선

1. 임진왜란을 통해 노출된 안보의 취약성

한 나라의 장단점은 전쟁과 같은 국난을 겪으면서 드러난다. 조선은 임진왜란을 통해 국가로서의 취약성을 여지없이 드러내고 말았다. 당대 최고 지도자 중의 한 사람이었던 류성룡(柳成龍)은 『징비록(懲毖錄)』을 통해 이 점을 자세히 기록하고 있다. 징비록을 연구한 송복 교수는 당시 조선 지배층의 이념, 국가지도체제, 경제적 현실, 국방태세 등 여러 면에서 심각한 문제점이 있었다는 점을 신랄하게 지적하고 있다.[5)]

기록에 의하면 임진왜란(1592) 훨씬 전부터 조선은 사실상 파탄지경이었으며, 특히 국방태세는 유명무실했고 부패도 극도에 달했다. 16세기 이퇴계와 더불어 쌍벽을 이뤘던 남명(南冥) 조식(曺植)은 임진왜란이 일어나기 30여 년 전인 명종 당시 조정으로부터 현감자리를 제안받았을 때 이를 거절하는 상소에서 다음과 같이 기록했다.

> "전하의 나랏일은 이미 잘못됐고 나라의 근본은 이미 없어졌으며, 하늘의 뜻도 이미 떠나버렸고 민심도 이반됐습니다. 낮은 벼슬아치들은 아랫자리에서 희희닥거리며 술과 여자에만 빠져 있습니다. 높은 벼슬아치들은 빈둥거리며 뇌물을 받아 재산모으기에만 여념이 없습니다. 온 나라가 안으로 곪았는데도 누구 하나 책임지려 하지 않습니다. … 평소에 조정에서 재물로 사람을 임용하니, 재물만 모이고 백성은 흩어져버렸습니다. 그래서 마침내 장수의 자격에 합당한 사람은 없고 성에는 군졸이 없어서, 외적이 무인지경에 들어오듯 합니

5) 송복, 『위대한 만남 서애 류성룡』(지식마당, 2007).

다."[6)]

선조의 총애를 받았던 이율곡(李栗谷)은 1574년 선조에게 올린 상소문인 「만언봉사(萬言封事)」에서 당시 군정(軍政)의 폐단을 상세히 지적하고 있다.

> "오직 병사(兵使), 수사(水使), 첨사(僉使), 만호(萬戶), 권관(權官) 등의 벼슬을 설치하고 그들의 생활을 보장할 준비가 없기 때문에 그것을 병졸에게서 거둬들이려고 하여 변방의 장병들이 어로(漁撈)를 침해하는 폐단이 생기기 시작했으며, 법제가 점점 풀어져서 탐내고 포악한 것은 더욱 성해지고 더욱이 인재를 뽑아 등용하는 것도 불공평하여 채수(債帥, 돈을 주고 장수가 된 사람)가 연달아 생겨 공언하기를 '아무 진(鎭)의 장수는 그 값이 얼마요, 아무 보(堡)의 벼슬은 그 값이 얼마다'라고 정하고 있음을 지적한다. 그리고 수자리(戍)를 면한 자들이 집에서 편하게 지내는 것을 모두 부러워하며, 수자리를 면하는 자들이 많아 진과 보가 텅 비었는데, 점호를 할 때 이웃의 백성을 꾀어 가명으로 받게 하며, 순찰하는 관리는 오직 그 숫자만 세고 있다고 한탄한다.
>
> 뿐만 아니라 채수들은 의기양양하게 물품을 바리에 싣고 집으로 돌아와서 그 처첩에게 자랑하니, 가난한 자는 부자가 되고 권문(權門)에 뇌물을 주고 진급을 도모하는데 폐단을 고칠 생각은 하지 않고 군졸의 수가 적음만을 걱정하고 있다고 주장한다. … 지금 군적에 있는 사람은 어린이가 아니면 걸인이고 걸인이 아니면 사족(士族)들이니 실제 군역의 의무자로서 군적에 빠진 사람이 많으니 결국 군적을 만든다 하여도 얼마 가지 않아서 쓸모없는 군적이 될 뿐이다. 그리고 군역을 대신하여 베를 납부하게 하는 것도 지불할 능력이 전혀 없어

6) 조식, 『교감국역 남명집』(경상대학교 남명학연구소, 1995), p.315.

서 지불하지 못하게 되면 그 일가나 친척들에게 받아내게 되는 폐단이 있다."[7)]

이율곡이 왜란이 일어나기 10년 전에 올린 상소에서 "2백년 역사의 나라에 지금 2년 먹을 양식이 없습니다. 그러니 나라를 나라라고 할 수 없습니다"라는 상소를 올렸다. 그는 조선을 썩어 내려앉는 집에 비유했다. 기둥을 갈면 서까래가 내려앉고 지붕을 고치면 벽이 무너지는, 어떤 장인(匠人)도 고칠 수 없어 붕괴할 날만 기다리는 그런 집과 당시 나라의 형세가 다를 것이 없다고 했다. 그는 또한 "지금 국가의 저축은 1년을 지탱하지 못할 형편입니다"라며 국가의 재정 파탄을 한탄했다.

이율곡은 임진왜란 이전에 '10만 양병'을 주장했던 것으로 알려져 있지만 송복 교수는 당시의 어려웠던 국가 사정을 고려할 때 율곡의 '10만 양병설'은 그가 주장한 적도 없고, 실현가능성도 없는 허구라고 보고 있다. 송복에 따르면, 율곡의 대표적인 상소 가운데 하나가 '군사의 수를 줄이는 것(量減基數)'이었다. 양곡이 없어 군사의 규모까지 줄이고자 했던 율곡이 '10만 양병론'을 건의했다고 보기는 어렵다는 것이다. 조선 시대 전체를 관통하던 숭문천무의 분위기와 특히 왜란 이전의 경제적 어려움 등을 감안할 때 율곡의 '10만 양병설' 주장이 사실이었다 할지라도 그 실현가능성에는 여전히 물음표가 뒤따른다고 판단된다.

당시 조선의 인구 규모와 경제력을 고려할 때 10만 대군을 양성한다는 것은 실제로 어려운 일이었다. 무엇보다 400~500만 정도에 불과했던 당시 인구로는 10만 명의 군대를 모집할 수 없었다. 20~30대 남자 인구를 30만 정도로 볼 때 그중 3분의 1을 군인으로 차출한다는 것은 불가능한 일이었다. 또한 당시의 곡물 생산량을 감안할 때에도 10만의 군사를 육성한다는 것은 현실성이 떨어지는 얘기였다. 당시 곡물 생산

---

7) 이이, 『(국역) 율곡집』(민족문화추진회, 1977).

량은 5백만 석을 넘지 못했고 세금으로 걷어들일 수 있는 것도 60만 석에 불과했다. 이 60만 석으로 정부를 운영하고 관리들에게 녹봉을 주고 군대를 유지해야 했다. 10만 명의 군대를 기르려면 76만 석의 군량미가 추가로 필요했는데 그것을 조달하는 것은 사실 불가능했다는 것이다.

왜란이 일어난 다음 해인 1593년 류성룡은 『진사록(辰巳錄)』에서 "우리 군사는 모두 굶주리고 지쳐서 군대를 이룰 수가 없다. 만약 10,000석의 곡식만 얻을 수 있다면 당장에 정병(精兵, 정규군) 수천 명을 모집할 수 있을 것이다"라고 기록했다. 10,000석의 군량미도 조달하지 못했던 취약한 경제력으로 10만 대군을 육성하고 유지할 수 없었다는 것은 너무도 자명하다.[8)]

당시 조선은 국제정세에도 어두웠다. 일본의 조선 침략 움직임에 대해 전혀 눈치를 못 채고 있었을 뿐 아니라 안일한 상황판단에 안주하고 있었던 것이다. 도요토미 히데요시(豊臣秀吉)는 조선에 보낸 국서에서 가도정명(假道征明), 즉 조선의 길을 빌려 명나라를 정벌하겠다는 의사를 분명히 했다. 도요토미가 이처럼 위협하자 조선은 그가 과연 어떤 인물인지 알아보기 위해 정사(正使) 황윤길과 부사(副使) 김성일을 보내 일본의 동태를 살피도록 했다. 두 사람의 귀국 보고는 정반대였다. 정사 황윤길은 "그 눈빛이 번쩍이는 것이 재주와 용맹이 있는 사람 같더라"고 한 반면, 부사 김성일은 "그 눈이 쥐눈 같아 족히 두려울 것이 없다"고 보고했다. 한 사람은 일본의 침략 가능성을 말했고, 다른 사람은 그 반대를 주장한 것이다. 이 두 사람은 1년 가까이 일본에 체류하다 돌아와서 일본의 동향을 종합적으로 분석 · 보고한 것이 아니라 도요토미의 눈빛에 초점을 맞춰 엇갈린 보고를 하여 논란을 일으킨 셈이다. 일본은 이미 1547년에 포르투갈에서 조총을 수입하여 자체 대량생산 체제를 갖췄고, 1590년부터는 병농(兵農)분리 정책을 실시하여 대규모 상비군을 육성하고 있었지만 조선은 그러한 사실조차 깜깜했다.

---

8) 송복, 『조선은 왜 망하였나』(일곡문화재단, 2011), pp.14-16.

▶ 조선과 일본 간의 해상전투 상상도

왜 이런 일이 벌어졌을까? 여기에는 조선 시대의 가장 큰 병폐 중 하나인 당쟁이 주요인으로 작용했다. 김성일은 집권세력인 동인(東人)이었고, 황윤길은 반대세력인 서인(西人)이었다. 당대의 실세였던 동인 그룹은 황윤길의 말대로 따라가면 권력을 잃게 될 우려가 있었기 때문에 김성일을 감싸고 그의 주장을 관철시켰다. 2년 후 일본이 쳐들어왔지만 일본의 정세를 잘못 보고한 김성일은 아무런 처벌도 받지 않고 왜란 중 경상우도 관찰사 겸 순찰사로 영전하여 관군을 지휘했다. 나라의 안위가 걸려 있었음에도 조선 조정은 당파가 다르고 당론이 다르면 갈라서서 싸웠던 것이다.

왜란이 일어나자 조선에는 나라를 지킬 수 있는 군대다운 군대가 없었다는 점이 명확히 드러났다. 지휘체계와 정보체계도 엉망이었다. 부산이 함락된 지 나흘 후에야 선조가 왜군의 침입을 보고받았을 정도였다. 조선 군대는 의병보다 못해서 전투할 의지도 능력도 없었기 때문에 왜군을 보기가 무섭게 도망쳤다. 조선에 원군을 이끌고 온 명나라 장수 이여송은 조선군대를 "도망 잘 치는 군대"로 낙인찍을 정도였다. 전쟁이 일어난 후 한양에서 군인을 모집했는데 겨우 3백 명밖에 모을 수 없었다. 일본군이 진군만 하면 모두 점령지역이 됐다. 수도인 한양이 함락되는 데 20일도 걸리지 않았고, 불과 두 달 만에 전국 대부분이 일본군 수중에 들어갔다. 일본군은 피 한 방울 흘리지 않고 한양은 물론 평양까지 점령할 수 있었다.

왕과 대신들이 국경지방인 의주까지 피난을 갔지만 평양까지 진출했던 일본군이 쳐들어오면 대항할 군대가 없었다. 명나라에 원병을 요청했지만 언제 올지 알 수 없었다. 선조는 신하들을 모아 놓고 어떻게 싸울 것인가보다는 '어디로 갈 것인가'에 대해 논의를 했다. 이항복은 "만약 팔도가 다 함락되면 명나라로 가서 명조에 내부(內附)를 호소하는 것이 가할 줄 아옵니다"라고 했다. 이에 선조는 "명나라에 내부하는 것이 내 본래의 뜻이다"라고 했다. 내부한다는 것은 중국에 붙어산다는 뜻으로 나라가 없어지는 것을 의미했다. 임금과 대신들조차 국가의식이 희박했다. 조정은 나라를 지킬 생각보다는 목숨이나 구걸할 생각에 사로잡혀 있었던 것이다. 이에 대해 류성룡은 "불가합니다. 임금께서 우리 땅에서 한 발자국이라도 떠나신다면 그때부터 조선은 우리 소유가 아닙니다"라고 강력히 반대했다.

조선이 나라를 지킬 태세가 결여되어 있었다는 점은 임진왜란 당시 여지없이 드러났다. 당시 조선은 "군사적으로 가장 무기력한 나라, 군량도 병기도 없었고, 군인은 굶주려서 힘을 전혀 쓰지 못하는 나라, 거기에 군을 지휘하는 명령은 여러 곳에서 갖가지로 나와 통솔이 전혀 되지 않는 나라"였다.[9] 조선의 군대는 무기도 갖추지 못했다. 국가에서 무기를 지급한 것이 아니라 소집받은 사람들이 활, 죽창, 몽둥이 같은 '무기'를 스스로 마련했고 식량마저 가져와야 했다. 명나라 장수는 "너희 나라 군대는 병기가 전혀 없다"고 했다.

조선의 군대는 장부상으로는 4만이었지만 동원 가능한 병력은 얼마

---

9) 송복, 『위대한 만남』(지식마당, 2007), p.178.

안 됐다. 왜란이 일어난 지 2년 후에 작성된 류성룡의 보고서 「진시무차(陳時務箚)」는 "순안의 총대장이 거느린 군사가 수천 명밖에 되지 않습니다. 그것도 과반수는 쓸모없는 병사들입니다. 도원수(都元帥)가 머물고 있는 곳에 민병 1~2백 명이 고작입니다. 만약 적병이 몰려온다면 지탱하기가 지극히 어려운 형세입니다"라고 기록하고 있다. 순안은 의주에서 피난하고 있던 왕과 조정을 지키는 마지막 방어선이었다.

조선은 일본의 침략에 맞설 힘이 없는 나라, 그래서 피동적으로 전쟁터가 되어버린 나라였다. 조선 땅에서의 전쟁은 명의 원군과 일본군 간에 벌어졌다. 침략을 당한 나라 조정과 백성은 모두 손을 놓고 원군으로 온 명나라 군대에게 전쟁을 전적으로 맡기고 있었다. 자기 나라 안에서 벌어지는 전쟁을 남의 나라 원군에게 철두철미 의존하는 나라가 또 있었을까.

전쟁이 소강상태에 빠진 1593년 여름 이래 명나라 군대의 주력은 요동으로 철수했고 조선의 관군은 괴멸된 상태였기 때문에 잔류한 왜군 4만 명은 해안에 기지를 설치하고 계속 분탕질을 했지만, 조선조정은 아무런 조치도 취하지 않았다. 국가안보 의식이 있는 조정이라면, 백성들을 조금이라도 위하는 마음이 있는 조정이었다면 국력을 총동원해서라도 왜군의 잔병을 사생결단으로 소탕했어야 했지만, 조선의 지배층은 태평하게 명나라와 일본 간의 휴전 협상만 기다리며 적의 침탈을 방치했던 것이다.

조선 조정의 안보의식은 극히 미약했다. 조정은 외침은 반드시 종주국인 명나라가 격퇴해 준다는 고정관념에 사로잡혀 있었다. 조선 조정은 학수고대하던 명군이 도착하자 극진한 사대주의의 예로 이들을 맞으면서 천군(天軍)이란 경칭을 사용했다. 명나라는 이여송(李如松)의 지휘하에 5만 명의 군대를 파견했으나 군량은 조선에서 제공해야 했다. 싸움 한번 제대로 하지 않은 명군은 양전음무(陽戰陰撫), 즉 눈에 보이는 곳에서는 싸우고 눈에 띄지 않는 곳에서는 극심한 행패를 자행하는 등 이중적인 행태를 보였다.

국가재정이 파탄상태였으니 싸움도 하지 않는 명군의 군량미를 조달하면서 백성들이 입은 고통과 원성은 말이 아니었다. 1593년 8월 경상지방에 잔류해 있던 명군 1만여 명은 싸움은 하지 않은 채 조선백성들에게 정복자로 군림하면서 하루에도 100여 마리의 소를 잡아먹고 닭과 개도 씨를 말리며 포식을 하고 있었다. 군량미가 부족하다는 보고를 받은 이여송은 제찰사(조선군 총사령관격) 류성룡과 호조판서 이성중, 경기감사 이정형을 불러 뜰 아래 꿇어앉히고 큰 소리로 꾸짖었으며 류성룡은 눈물로 사죄하기까지 했다.[10] 그 후 이여송은 명군의 깃발에 예를 표하지 않는다고 류성룡을 빗속에 반나절이나 세워 뒀고, 왜군을 추격하지 말라는 명령을 어겼다 하여 조선의 장수들의 목을 쇠사슬로 묶어 땅바닥에 끌고 다녀 중상을 입히고 피를 토하게 하기도 했다.

명군이 조선 땅 도처에서 살인, 약탈, 강간을 자행해도 조선의 법, 조선의 관헌은 이를 수수방관하기만 했다. 또한 이여송은 자신의 전공을 자랑하기 위해 예하 부대에 왜군 수급(首級) 획득 경쟁을 벌이게 했는데 이 과정에서 많은 조선인들이 희생됐다. 이여송이 자신들의 황제에게 보고한 수만 명의 수급 가운데 절반은 조선 사람의 것으로 추산되고 있다. 선조실록(선조31년 8월 1일)에 보면 다음과 같은 구절이 있다. "위문(衛門)의 여러 장수들이 전라도 지방에 도착하자, 명군들이 머리털이 없는 사람들을 수색하여 모두 잡아갔다. 병으로 머리를 깎은 자, 머리를 깎은 중들도 모두 잡아갔는데, 많을 때는 하루에 수백 명이나 됐다. 천병(명나라 군인)은 마을과 거리를 출입하며 재산을 탈취하고, 부녀자를 겁간했으며, 심지어는 어린 소녀까지도 강간했다."

이 같은 사실들로 미루어 볼 때 당시 조선은 도저히 주권이 있는 나라라고 하기 어려울 지경이었다. 다행히 바다에는 이순신 장군이 있었고 육지에는 류성룡이 있었다. 이순신 장군은 조정으로부터 아무런 지원을 받지 못했음에도 연전연승하며 제해권을 확보함으로써 곡창지대

10) 이선호, 『이순신의 리더십』(팔복원, 2011), pp.48-49.

인 호남을 보전하여 명나라 원군의 이동과 보급을 가능케 했다. 육지에서는 류성룡이 군량조달을 위해 사투를 벌이는 동시에 명과 일본 간에 논의되고 있었던 한반도 분할 저지를 막고자 힘겹게 투쟁했다. 두 영웅의 악전고투에 힘입어 조선은 겨우 살아남았다. 두 사람이 없었다면 오늘의 우리는 '한민족(韓民族)의 우리'가 아닌 '중국화된 우리' 혹은 '일본화된 우리'가 되었을지도 모른다.

대규모의 왜군이 무려 7년 동안 조선 땅에 머물면서 살인, 강간, 약탈, 방화를 자행했지만, 속수무책이던 조선조정의 위신은 땅에 떨어졌다. 당시 정확한 통계는 없지만 전쟁 발발 당시 약 500만으로 추산되던 인구는 57년 만인 1650년(효종 당시) 329만 명으로 격감한 것으로 나타났다. 왜란 후 30년도 못 돼 정묘호란과 병자호란이 일어났기 때문에 전쟁으로 죽은 사람, 전염병과 기아로 죽은 사람, 포로로 잡혀간 사람 등 엄청난 인명피해가 있었다. 공식적인 수치로 제시된 인적 피해만 따져 봐도 포로가 70,000명, 적군이 베어 간 조선인의 코 숫자가 18만 5,000개, 진주성 전투에서 집단살육당한 자가 6만 3,000명, 원균 함대의 2회에 걸친 100여 척의 전함 침몰로 수장된 수군이 10,000여 명, 그 밖에도 학살된 양민과 전사한 관군 및 의병을 합하면 상당한 규모일 것이다. 물적 피해도 짐작하기 어려울 만큼 컸다. 전국 328개 관읍 중 55%인 181개가 왜군에 유린당했고, 농토의 5분의 3이 황폐화했다.[11] 당시의 참상은 선조실록에도 기록되어 있다.

> "썩어가는 인육이 하천을 막을 정도이며, 비록 살아 있는 자라 해도 모습이 도깨비다. … 살 방도가 없어 원망하고 울부짖으며, 하늘에 외쳐대며 죽여 달라 하나 죽지 못하여 혹 나무에 목을 매달아 죽거나, 말 앞에 엎드려 짓밟혀 죽는데 민생이 이 지경에 이르렀으니 국세(國勢)를 가히 알만하다."[12]

---

11) 이선호, 앞의 책, p.35.

나라가 이 지경까지 이르렀다면 당연히 무엇이 잘못됐는지 반성하고 근본적인 혁신이 있어야 했다. 그러나 그처럼 백성과 국토가 짓밟혔어도 조선 조정은 조금도 달라진 것이 없었다. 엄청난 비극으로부터 아무런 교훈을 얻지 못했기 때문에 비극은 언제든지 되풀이될 수밖에 없었다. 조선은 왜란이 끝난 지 30년도 못 돼 후금의 침략으로 정묘호란(1627)을 맞았고, 그 후 9년 만에 또다시 청나라로 이름을 바꾼 그들의 침략을 받아 병자호란(1636)이라는 치욕을 맛보게 됐다.

2. '오랑캐'에게 무릎을 꿇은 병자호란

조선과 명나라가 일본과의 전쟁에 매달려 있는 동안 만주에서는 누루하치(努爾哈赤)가 여진족을 규합하여 후금(後金)을 세웠다. 후금과의 대결에서 어려움을 느낀 명은 왜란 당시 조선을 도와주었던 것을 이유로 조선에 지원군을 요청했다. 그러나 선조의 뒤를 이은 광해군(光海君)은 후금과의 충돌을 피하고자 중립외교를 펴고 있었다. 반면 조선의 사대부들은 망해가는 나라를 구해준 큰 나라의 은혜, 즉 재조지은(再造之恩)을 베푼 명나라를 맹목적으로 떠받들었다. 류성룡은 "백성의 조국(祖國, 중국을 지칭)을 생각하는 마음은 그치지 않았고, 또 임금의 사대하는 마음이 명나라 황제를 감동시켰다"고 당시 분위기를 기록하고 있다.

서인(西人)세력은 왜란 당시 원군을 보내준 명에 대한 의리를 저버리고 금수와 같은 만주족의 나라에 대해 잘 보이려고 중립외교를 펼 수는 없다는 명분하에 광해군을 몰아내고 인조(仁祖)를 옹립했다. 그들은 노골적으로 후금을 멀리하고 명을 가까이하는 정책을 폈다. 이에 분노한 후금은 대군을 몰고 쳐들어왔다. 이것이 정묘호란(丁卯胡亂, 1627)

---

12) 『선조실록』 권42, 선조 26년(1593) 9월.

이다. 조선은 두 달도 버티지 못하고 한양을 점령당하고 후금을 '형의 나라'로 섬길 것을 맹약했다.

1636년(인조 14년) 봄 누르하치의 아들 홍타이지(皇太極)가 나라 이름을 청(淸)으로 고치고 황제로 즉위했다. 그러자 조선조정에서는 청을 황제국으로 인정하느냐를 두고 논쟁이 벌어졌다. 척화파(斥和派)는 "개 · 돼지보다 못한 오랑캐 추장에게 황제 칭호는 가당치도 않다. … 정묘년에 그들과 맺은 맹약을 파기하고 전쟁도 불사해야 한다"고 주장했다. 반면 주화파(主和派)는 "청이 명을 능멸할 정도로 세력이 강해진 현실을 인정하여 그들의 요구를 무조건 배척해서는 안 된다"고 맞섰다. 결국 청을 응징하자는 쪽으로 대세가 기울어지니 아무런 전쟁준비도 안 된 상태에서 조정은 무모한 전쟁을 선택했다.

1636년 12월 6일 기마부대를 주력으로 한 청군은 얼어붙은 압록강을 건너 대로를 따라 질풍같이 쳐들어왔다. 병자호란(丙子胡亂, 1636.12~1637.1)이 일어난 것이다. 산성으로 들어가 방위태세를 취하고 있던 조선군은 그들의 침입 사실조차 제때에 파악하지 못했다. 임진강 이북의 방어를 책임진 문관출신 도원수 김자점(金自點)은 청군이 침입했다는 최초 보고를 묵살하고 조정에 보고도 하지 않았고, 적이 몰려오자 도주하고 말았지만 훗날 영의정까지 올랐다.

청군은 대규모 기마부대를 포함하여 13만이나 되었지만 조선의 군대는 청천강 방어군 4,000명과 황해도 방어군 2,000명에 불과했다. 조선의 저항이 거의 없었기 때문에 기마부대가 주력이었던 청군은 압록강을 건넌지 불과 6일 만에 한양 근교에 도달했다. 강화도로 가려던 인조는 김포까지 온 청군에 길이 막혀 어쩔 수 없이 남한산성으로 들어갔다.

1637년 1월 인조가 아무런 준비없이 들어갔던 남한산성의 상황은 참혹했다. 좁은 산성은 청군에 에워싸이고 각지로 이어지는 도로까지 철저히 차단당했다. 산성의 군량미는 군사 1만 명이 1개월도 넘기기 어려운 상황이었다. 싸우려는 의지는 말할 것도 없고 의식주마저 바닥이 드러났던 것이다. 임금조차 이불이 없어 입은 옷 그대로 자는 형편이었다. 청군은 서양식 최신 대포인 홍이포(紅夷砲)를 쏘아대며 항복을 요구했다. 그 와중에도 대신들은 싸울 것이냐 화친할 것이냐를 놓고 논쟁만 벌이고 있었다. 1월 26일 강화도가 함락되고 왕실 가족과 중신들이 모두 포로가 되면서 더 이상 싸울 기력이 없었다.

산성에 들어간 지 59일 만인 1월 30일 인조는 항복을 결심했다. 당시 상황을 『인조실록』은 다음과 같이 기록하고 있다.

> "임금이 500명의 신하를 데리고 나아가려 했으나 50명밖에 허락되지 않았다. 인조가 성밖을 나오니 백관이 가슴을 치며 통곡했고 해도 빛을 잃었다. 인조가 땅바닥에 나뭇가지를 깔고 앉아 청군의 호송대를 기다렸다. 이윽고 용골대와 청병이 말을 타고 나타나 인조를 데려갔다."

청병에 호송되어간 인조는 청 태종이 진을 치고 있는 삼전도(三田渡)로 향했다. 삼전도에는 황색 장막이 쳐져 있었고 아홉 층으로 쌓아올린 단 위에 청 태종(홍타이지, 皇太極)이 앉아 있었다. 인조는 문무백관을 거느리고 땅에서 세 번 절하고 아홉 번 머리를 조아리는 삼배구고두례(三拜九叩頭禮)를 했다. 세 번 절을 하고 아홉 번 머리를 조아리는 것인데 그때마다 이마를 땅에 찧어야 했다. 청의 관리는 인조의 이마 찧는 소리가 들리지 않았다고 여러 차례 다시 하라고 했다. 결국 인조의 이마는 깨어져 피가 흘렀다고 한다. 이 수치스러운 기록의 극치는 인조의 배례 중에 청 태종이 단에서 내려와 소변을 보았고 그때 인조도 잠시 쉬었다는 대목이다. 사관(史官)은 그러한 기록을 후대의 귀감으로 남기려 했던 것이 아니었을까? 항복의 예가 끝난 후 인조는 9층 위에 자리잡고 있던 청 태종 앞에 절을 하며 엎드렸고, 이어서 청 태종에게 술을 부어 올렸다. 참으로 수치스럽고 통탄해 마지않을 일이었다. 삼전도의 굴욕은 조선이 소중화사상(小中華思想)에 빠져 청나라를 오랑캐로만 치부했을 뿐 안보태세 확립에 무관심했던 대가가 무엇인지를 말해주고 있다.

조선 지식인들은 홍타이지를 포함한 여진족을 인간이 아닌 짐승으로 경멸해 왔다. 그들은 청 태종을 '황태극(皇太極)'이 아니라 '붉고 큰 돼지'라는 뜻의 홍태시(紅太豕)라 불렀다. 그처럼 명나라 못지 않은 문화민족임을 자만해왔던 조선의 왕이 '인간'도 아닌 '돼지'에게 무릎을 꿇은 셈이다. 우리 역사를 통해 전세(戰勢)가 불리하여 국왕이 수도를 버리고 피신한 적은 더러 있었지만 국왕이 직접 적장에게 항복한 것은 그때가 처음이었다. 지금도 송파에는 한때 나라의 수치라 하여 땅 속에 파묻혔다가 다시 세워진 허름한 비(碑) 하나가 있다. 이른바 대청황제 공덕비(大淸皇帝功德碑)이다. 말이 공덕비지 사실은 청나라의 강요에 못 이겨 조선이 세운 항복 기념비였다.

청군은 물러가면서 닥치는 대로 조선 백성들을 잡아들여 끌고 갔다. 포로로 잡혀간 사람이 수십만에 이르렀다. 인조실록을 비롯한 당대의 자료를 섭렵한 주돈식은 포로로 잡혀간 사람이 60만 명 정도라고 했다.[13] 호란 당시 화의(和議)론을 주도했던 최명길(崔鳴吉)은 "청군이 항복을 받고 정축년 2월 15일 한강을 건널 때 포로로 잡힌 인구가 50여만 명이었다"고 썼다. 정약용은 "심양(瀋陽)으로 끌려간 사람은 60만 명인데 몽골군에 붙잡힌 자는 여기 포함되지 않았으니 얼마나 많은 지 알 수 없다"고 했다. 당시 조선 인구를 1,000만 명 정도로 본다면 전체 인구의 6%가 전쟁포로로 끌려간 셈이다. 그러나 사회학자 송복은 임진왜란 당시의 인구를 500만 정도로 추산하고 있어 그 비율은 10%가 될지도 모른다. 조선 후기 실학자 이긍익이 쓴 『연려실기술(練藜室記述)』은 당시의 모습을 이렇게 적고 있다.

---

13) 주돈식, 『조선인 60만 노예가 되다』(학고재, 2007).

> "날이 저물었을 때 임금의 행차가 비로소 강을 건너 입경했다. 이때 우리나라 사람으로 오랑캐의 포로가 된 자가 반이 넘고, 청군의 각 진영에는 조선 여자들이 무수했는데 임금 일행이 가는 것을 보고 발버둥치며 슬프게 소리지르니 청국 군사가 채찍을 휘두르며 몰아넣었다."

끌려간 조선인들의 삶은 처참했다. 한겨울에 2,000리가 넘는 길을 끌려가면서 청군에게 말채찍으로 얻어맞기 일쑤였다. 언 살에 채찍을 맞으니 살갗이 벗겨지고 피가 났다. 포로들은 노예시장으로 팔려갔다. 청나라 사람들은 남자든 여자든 조선인 포로의 옷을 모두 벗기고 건강상태를 본 뒤 값을 치르고 사갔다. 조선의 세도가들은 비싼 몸값을 치르고 자기 가족들을 데려왔지만 백성들은 그렇게 할 수도 없었다. 노예매매 시장을 지켜본 소현세자가 쓴 '심양장계(瀋陽狀啓)'에는 "속환(돈을 치르고 포로에서 면하는 방법)에 요구하는 값이 비싸기 그지없다. 많으면 수백 또는 수천 냥이 되어 사람들이 모두 희망을 잃었고, 울부짖는 소리가 도로에 가득 찼다. 날마다 관소(館所) 밖에서 울며 호소하니 참혹하여 차마 못 보겠다"고 적혀 있다. 병자호란 후 청에 대한 조공이 늘어나고 포로로 잡혀간 사람들의 몸값을 치르면서 조선의 경제사정은 더욱 처참한 지경에 빠졌다.

청에 7년간 인질로 잡혀있다가 돌아와 왕위에 오른 효종은 이미 패망한 명나라를 숭앙하고 청나라를 대상으로 복수전을 도모했지만 실현가능성은 전혀 없었다. 복수전은 포기했지만 숭명반청(崇明反淸) 정책은 그 후로도 오랫동안 지속됐다. 숙종(肅宗)은 왜란 당시 원병을 보내준 명나라 황제 신종(神宗)을 제사지내는 만동묘((萬東廟)를 만들고, 크게 보답한다는 의미에서 왕궁 내에 대보단(大報壇)을 세워 제사지냈다. 한걸음 더 나아가 영조(英祖)는 그곳에 명의 태조와 의종을 합사했다. 정조(正祖)는 호란 당시 존왕양이(尊王攘夷) 정신으로 청과의 화해를 반대한 사람들의 충절을 기록한 『존주휘편(尊周彙編)』을 간행케 했다. 청나라가 중국 전역을 평정하고 명실상부한 제국을 건설한 후에도 오랑캐라고 업신여긴 것은 동아시아 국가 중에서 조선이 유일했다.

병자호란 후 조선이 청에 보복하려는 것은 당연한 것이다. 그렇다면 조선의 지배세력은 임진왜란 후 왜 일본에는 복수하려 하지 않았는가. 청에 대한 보복을 하려 했던 것은 명나라에 대한 보은심리 때문이었다. 명나라는 문명국이고 조선은 소중화이며, 나아가 왜란 당시 명나라가 원병까지 보내주어 그 은혜가 큰데 야만족인 청이 명을 멸망시켰기 때문이다.

여기서 우리는 하나의 교훈을 얻을 수 있다. 국가 간의 관계는 어디까지나 현실과 국가이익을 고려하여 이뤄져야 하며, 의리와 명분 같은 것은 부차적인 문제라는 것이다. 더구나 패망한 나라에 의리를 내세우는 것은 이익은커녕 오히려 화를 자초하게 된다는 점도 새겨야 할 것이다. 이것이 조선조 소중화사상의 병폐였다.

조선은 임진왜란을 통해 교훈을 얻어 국력을 키우고 국방력을 강화하지 못했기 때문에 불과 몇십 년 만에 병자호란의 치욕을 또 당하게 되었던 것이다. 남한산성에 가면 인조가 직접 군사를 지휘하던 장대(將臺)가 남아 있다. 거기에는 무망루(無忘樓)라는 현판이 걸려 있다. 영조 때 이 누각을 증축하면서 문자 그대로 "호란의 피맺힌 한을 잊지 말자"는 뜻으로 내건 것이다. 실제로 영조는 세손(정조)과 함께 영릉(寧陵; 효종의 능)을 참배한 후에는 반드시 이곳에 들러 하룻밤을 지내며 호란의 역사를 되새겼다고 한다.

이스라엘은 '마사다의 비극'을 잊지 못한다. 기원전 66년 이스라엘인들은 로마 제국의 침략에 대항하여 줄기찬 항전을 벌였지만 아무 보람 없이 전 국토를 유린당하고 말았다. 이에 마사다 성(城)에서는 지도자(엘레아쟈르)를 중심으로 뭉친 1,000여 명의 결사대원이 한 사람도 빠짐없이 자결하고 말았다. 오늘날 이스라엘군에서는 이 요새에서 장교 임관식을 거행한다. 이때에는 쇠기둥에 불을 붙여 '마사다를 잊지 말자!'는 불로 된 글자를 쓰며 구국의 맹세를 하도록 하고 있다. 이스라엘인들이 되새기는 '마사다의 비극'이 2,000여 년 전의 일이라면 '삼전도의 비극'은 370여 년 전의 일이 아닌가. 우리는 마땅히 '삼전도의 치욕을 잊지 말자'는 맹세를 해야 할 것이다. 치욕과 시련의 역사를 수치스럽다 하여 숨기기에 급급하지 말고 이를 되새겨 새로운 각오를 다져야 할 것이다.

조선은 200년 가까이 명분 중심의 정치사상에 빠져 청나라를 오랑캐로 배척하고 멸망한 명나라를 중화의 적통으로 떠받들었다. 만주족이 지배하는 청나라와 또 다른 야만족의 나라인 일본과의 교류를 계속 제한하면서 조선은 고립된 섬의 지위에 자신을 가뒀다. 이처럼 조선은 스스로 은둔국가의 길을 걸으면서 급변하는 주변정세를 제대로 인식하지 못하여 쇠락의 길로 치닫게 됐다.

3. 내우외환에 시달렸던 조선왕조 최후 30년

임진왜란과 병자호란이라는 양대 전란을 겪은 후 조선은 좀처럼 국력을 회복하지 못하고 지속적으로 쇠퇴의 길을 걷게 됐다. 구조적 모순이 심화되고 그것이 장기간에 걸쳐 누적된 가운데 연이어 닥친 내우외환에 제대로 대응하지 못하면서 조선은 결국 패망의 늪에 빠져들게 됐다.

1) 운요호 도발로 시작된 일본의 침략

19세기는 제국주의 시대였다. 강한 나라가 약한 나라를 유린하는 약육강식의 시대였다. 서양의 위협에 직면했던 일본은 이 같은 현실을 재빨리 간파하고 메이지유신(明治維新) 이라는 '위로부터의 혁명'을 통해 단기간에 강력한 현대 국민국가로 탈바꿈했다. 그리고 열강들처럼 무력을 앞세워 다른 나라에 대한 침탈에 나섰다. 그 첫 목표가 조선이었다.

일본은 1875년 8월 거대한 현대식 군함 운요호를 앞세우고 강화도 근해에 무단 진입하여 군사적 충돌을 일으켰다. 결과는 조선군의 쓰라린 참패였다. 이듬해 1월 일본은 전권대사 구로다(黑田淸隆)로 하여금 6척의 군함과 3백 명의 병력을 대동시켜 조선에 가서 운요호 사건에 대한 조선의 책임을 따지도록 했다. 기가 막히는 적반하장이었다. 동시에 일본 정부는 협상에 실패할 경우에 대비하여 전쟁도 준비했다. 육군장관 야마가다 아리모도(山縣有朋)로 하여금 조선원정군을 편성하여 시모노세키에서 출동 태세를 갖추도록 했다.

강력한 군사적 위협에 직면했던 조선은 일본의 요구를 수용할 수밖에 없었다. 동래, 인천, 원산을 개항하고 일본인들에게 치외법권(治外法權)을 인정하는 강화도조약을 체결했다. 개항과 더불어 조선은 열강들의 각축의 장으로 바뀌고 말았다. 조선은 스스로 나라를 지킬 힘도 운명을 개척할 능력도 없었기 때문에 그 운명은 거친 풍랑에 휩쓸려가는 일엽편주 같은 처지가 됐다. 이러한 가운데 일본은 조선침략에 대한 치밀한 계획을 세우고 하나씩 실행에 옮기기 시작했다.

당시는 조선왕조의 쇠퇴기로 내우외환이 잇달아 일어났으며, 그중에 치명적이었던 것이 임오군란(壬午軍亂, 1882)이었다. 몇천 명에 불과했던 정규군의 봉급을 1년 이상 주지 못해 발생한 이 사건은 국가 기능이 마비상태에 이르렀음을 말해준다. 조정은 이 같은 사태를 수습할 병력도 없어 청나라에 원군을 요청했고 청나라는 4,500명 규모의 병력을 파견했다.

임오군란을 계기로 그동안 형식적인 조공관계를 유지해왔던 중국과의 관계도 그 성격이 변질됐다. 청나라가 힘을 앞세워 조선을 직접 지배하려 했기 때문이다. 일본이 강화도조약을 통해 조선에 영향력을 확대하자 청은 조선을 확고히 장악하려 했다. 청은 군대를 한양에 주둔시켜 조선정부를 통제하고 국왕의 아버지인 대원군을 군란의 책임을 씌워 천진으로 납치해갔다. 임금의 아버지가 잡혀갈 정도로 조선의 주권과 위신은 여지없이 짓밟힌 것이다. 그러한 상황에서 고종이 무슨 권위를 가지고 나라를 다스릴 수 있었겠는가.

청은 임오군란을 계기로 조선에 4,000여 명의 대군을 주둔시키고 조선을 식민지처럼 다뤘다. 청군이 한양에 들어온 지 3개월 후인 1882년 10월 청은 조선에 '조청상민수륙무역장정(朝淸商民水陸貿易章程)'을 강요했다. 그것은 국가 간의 '조약'이 아니라 '장정'의 형식을 취했다. 조선을 조약체결의 대등한 상대로 인정하지 않는 것이었다. 이 장정의 첫머리에 조선은 청국의 속방(屬方)이라는 규정을 두어 청은 조선에 대한 종래의 형식적 종주권을 실질적인 것으로 명문화했다. 이것은 일본의 조선 진출을 막으려는 청의 적극적인 대응 조치였다.

청의 종주권 행사에는 위안스카이(袁世凱)가 앞장섰다.[14] 갑신정변을 계기로 「주차조선총리교섭통상사의」라는 직함을 가지고 등장했던 스물여섯 살의 청년 위안스카이는 조선의 내정과 외교에 사사건건 간섭했다. 그는 한양으로 되돌아와 갑신정변을 진압한 이래 1894년 청일전쟁까지 10년간 조선을 마음대로 유린했다. 민비를 중심으로 한 민씨 일파가 청의 세력을 견제하기 위해 친러정책을 추구하려 하자 위안스카이는 리훙장(李鴻章)에게 고종의 폐위를 건의하는 등 안하무인이었다. 그는 조선 조정의 요직 20명을 갈아치웠고 조선을 외세로부터 보호한다는 명분을 내세워 다른 나라와의 외교를 차단하기도 했다.

2) 일본군의 경복궁 강점

나라가 쇠약해지면 내우(內憂)와 외환(外患)이 함께 오기 마련이다. 외세의 확산과 이를 저지하지 못하는 조정의 무능에 대한 불만은 농민들에까지 확산됐다. 임오군란 이후 10여 년 동안 38회의 민란이 일어났고, 1890년대에 와서는 더욱 빈번히 발생했다.

이러한 가운데 동학농민운동이 일어났다. 농민군의 기세는 파죽지세여서 1894년 4월 27일에는 전주성을 점령했다. 전주성은 조선왕조

---

14) 그는 두 명의 조선인 첩을 포함한 10명의 처첩 사이에 32명의 자녀를 두었다.

의 발원지며 태조 이성계의 영정과 위패가 있던 곳이다. 이처럼 중요한 곳이 함락되면서 왕실은 직접적인 위협을 느끼게 됐다. 조정에서는 홍계훈 휘하 800명의 관군을 보냈지만 죽창과 활 등으로 무장한 7,000~8,000명의 농민군을 당해낼 수 없었다. 이처럼 조선의 군사력은 농민봉기조차 진압할 능력이 없는 한심한 수준이었다. 이에 조선은 청에 원군을 요청했고, 청은 5월 초 3,000여 명의 병력을 아산만에 상륙시켰다.

조선에 개입할 기회만 노리던 일본은 자국 공사관과 거류민을 보호한다는 구실을 내세워 1,000명의 군대를 한양으로 급파한 후 병력을 증파하여 4,000여 명을 용산에 주둔시켰다. 그리고 계속 병력을 증강하여 조선에 투입된 일본군 규모는 1만 3,800명이나 됐다. 일본이 대규모 군대를 투입한 것은 분명한 침략행위였지만 조선은 대응할 힘이 없어 항의조차 하지 못했다. 그것으로 끝이 아니었다. 그 해 7월 23일 새벽 4시 일본군 2개 대대(약 2,000명)는 경복궁을 무단 침입하여 점령했다. 이 과정에서 조선군 30명이 전사했지만 일본군 전사자는 2명에 불과했다. 일본군은 궁궐 무기고를 점령하여 포 20문, 소총 3,000정과 기타 무기를 탈취했다.

궁궐은 무너져서도 안 되고 침해당해서도 안 되는 조선의 마지막 성소였다. 고종은 포로처럼 격리됐으며, 4대문이 봉쇄당해 외부와의 연락도 끊어졌다. 일본군은 1개월 동안 경복궁에 머물렀으며 그동안 고종은 온갖 핍박을 당했다. 당시 일본의 한 신문은 "조선은 조선의 조선이 아니다"고 하여 일본이 사실상 조선을 장악했음을 시사했다. 일본군은 또한 전신국을 점령하여 전선을 끊고 조선군의 숙영지를 점령하는 등 마음대로 조선의 주요 시설을 유린했다.

그 해 7월 25일 일본군은 서해 풍도(豊島) 앞바다에서 청국 군함을 기습 공격했다. 29일에는 성환에 주둔 중인 청군에 선제공격을 가하여 전멸시킨 후 8월 1일에 공식적인 선전포고를 했다. 청일전쟁이 시작된 것이다. 그 후에 있었던 평양전투에서도 청군은 참패하여 달아났고 일

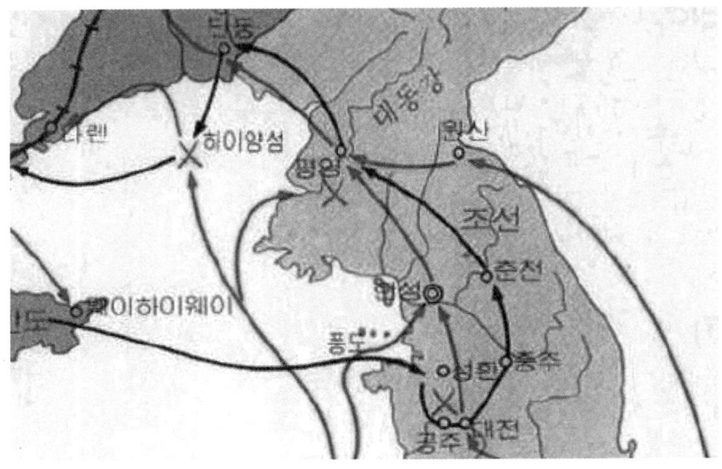

▶ 청일 간의 싸움터가 된 한반도와 주변 해역

본군은 이를 추격하여 요동반도를 점령했다. 대동강 하구에서 있었던 해전에서도 전투 시작 30분 만에 청의 해군이 참패하면서 천진과 북경까지도 위협받게 됐다. 당시 열강은 청군이 우세할 것으로 예측했으나 결과는 정반대였다. '중세의 군대'로 불리던 청군은 '19세기 현대식 군대'인 일본군에게 상대가 될 수 없었다.

이듬해인 1895년 3월 20일 시모노세키에서 열린 강화회담에서 "청국은 조선이 완전한 독립국임을 확인한다"는 내용을 담은 강화조약이 조인됐다. 이로써 조선은 임오군란(1882) 이후 10여 년에 걸친 청나라에 대한 종속상태에서 벗어났지만 그 대신 일본에 종속적인 위치로 전락한 것이다. 청일전쟁으로부터 고종이 러시아공사관에 들어가기까지, 즉 1894년 7월부터 1896년 2월까지 1년 반 동안 일본은 조선에 3차례의 개혁을 강요하는 등 조선을 식민지로 만들기 위해 적극 나섰다.

오랫동안 아시아의 패자(覇者)였던 중국이 청일전쟁으로 일본 앞에 무기력하게 무너지면서 힘의 균형은 일본으로 급속하게 기울어졌다. 개전 초기 일본은 조선을 중국과 분할 점령하거나 중립화하는 방안도 검토했지만, 청을 제압하고 아시아의 패자가 된 후에는 조선을 통째로 삼키려 했다. 청나라가 참패하자 중국에만 의지해왔던 조선의 지배세력과 지식인들이 받은 충격은 이만저만한 것이 아니었다. 조선은 정신적으로 큰 혼란에 빠지게 됐고 사회는 무정부적인 혼란에 휩싸였다.

청일전쟁의 주된 목적은 조선에 대한 패권을 장악하는 것이었고 그래서 전쟁도 한반도 내외에서 벌어졌기 때문에 이 전쟁의 향방에 따라 조선의 운명이 좌우될 수밖에 없었다. 이 전쟁에서 승리한 일본은 아시아 유일의 제국주의 열강이 된 반면 패전국 청나라는 반(半)식민지로, 그리고 조선은 사실상 일본의 종속국으로 전락하게 됐다.

3) 국모까지 시해당한 을미사변

청일전쟁 후 러시아, 프랑스, 독일 등 3국의 간섭에 못 이겨 일본이 요동반도를 청에 반환하는 등, 일본의 취약성을 목격한 고종과 명성황후 민비는 러시아의 힘을 빌려 일본을 견제하려는 정책을 추구했다. 그러나 러시아는 조선 문제에 적극 개입할 준비가 되어 있지 않았다.

일본은 조선정부의 친러 · 반일정책을 주도하는 인물이 민비라 여기고 그녀만 제거하면 조선과 러시아와의 관계가 차단되어 조선의 식민지화는 순조롭게 진행될 것으로 생각했다.

일본공사 미우라 고로(三浦梧楼)는 대원군을 앞세운 훈련대의 쿠데타로 가장하여 황후 시해의 책임을 대원군과 훈련대에 뒤집어씌우는 계획을 추진했다. 1895년 10월 8일 새벽 일본인들은 공덕리 저택에 있던 대원군을 가마에 태우고 경복궁으로 달려갔다. 그들은 광화문에서 궁궐 수비대의 제지를 받자 총격으로 제압하고 궁으로 쳐들어갔다. 한 무리의 일본인들은 왕의 거처로 달려갔고 다른 무리는 황후의 처소인 건청궁으로 달려가 황후와 3명의 궁녀들을 무자비하게 살해한 후 시신을 불태웠다. 이것이 을미사변(1895)이다.

왕조체제에서 왕궁은 물론 황후는 국왕에 버금가는 국가 주권의 상징인데, 일본인들은 조선 궁궐을 침범하여 황후를 잔인하게 살해하는 만행을 저질렀다. 그러나 조선은 국가 주권의 최고 상징마저 지킬 힘이 없었다. 이 사건을 통해 일본은 조선을 침탈하기 위해서는 수단과 방법을 가리지 않는다는 사실을 여실히 보여줬다. 황후가 살해된 날 아침 러시아 공사 웨베르(Karl Weber)와 미국 공사 알렌(Horace N. Allen)은 왕궁으로 달려가 고종을 알현했다. 고종은 겁에 질려 아무 말도 못하고 있었다. 그는 황후 살해자들의 손아귀에 있었기 때문에 생명의 위협을 느끼고 있었다. 자신이 독살되지 않을까 두려워서 캔으로 된 연유(煉乳)와 내실에서 요리한 달걀 이외에는 아무 것도 먹지 않았다. "고종은 일본인들의 포로나 다름없었다."[15] 공포와 불안에 시달리고 있던 고종은 일본인들이 시키는 대로 할 수밖에 없는 가련한 처지였다. 이를 거역했다가는 황후를 살해한 자들이 왕과 세자라고 해서 살려둘 것 같지 않았다. 그는 미국공사관으로 도피하려다 실패하기도 했다.

그러한 가운데 고종이 러시아공사관으로 피난한 아관파천(俄館播遷)이 일어났다. 고종과 세자는 1896년 2월 11일 새벽 각기 다른 대문을 통해 궁궐을 빠져 나와 30~40명의 수행원과 더불어 오전 7시 러시아공사관에 도착했다. 조선의 주권자인 왕이 자국에 주재하는 외국공관을 보호해줘야 할 책임이 있었음에도 거꾸로 자신의 일신을 외국공관에 의탁했던 것이다. 이것은 국가의 위신을 치명적으로 손상시킨 사건이며, 이로써 국가는 형식상으로만 존재했다고 볼 수밖에 없다.

조선의 왕과 조정이 러시아공사관에 의탁하게 되자 러시아의 영향력은 커질 수밖에 없었다. 러시아가 추천한 재정고문을 조선 조정에 두게 됐고 러시아 훈련교관도 두게 되면서 조선 군대에서의 러시아 영향력도 확대됐다. 그러나 일본과 러시아는 조선 문제를 두고 당장 대결을 벌일 수 없는 상황이었으므로 타협책을 모색했다. 일본공사 고무라(小村壽太郎)와 러시아공사 웨베르는 1896년 5월 조선 땅에서 조선 문제에 관한 협정을 맺었다. 뒤이어 모스크바에서는 양국 외상 간에 로바노프-

---

15) 이덕주, 『조선은 왜 일본의 식민지가 되었는가』 (에디터, 2004), pp.244-245.

야마가타 의정서도 조인했다. 일본과 러시아에게 조선의 주권 같은 것은 안중에 없었기 때문에 양국은 조선정부를 배제한 가운데 조선 문제를 흥정의 대상으로 삼았다. 일본외상 야마가타는 러시아에 대해 대동강과 원산을 잇는 39도선을 경계로 한반도를 분할하자는 제안을 하기도 했다.

4) 당시의 한반도 국제정세: "앞에는 늑대, 뒤에는 사자"

러시아는 조선을 노리고 있었던 또 다른 나라였다. 19세기는 국제적으로 영국과 러시아의 대결시대였다. 러시아는 명실상부한 강대국이 되기 위해 바다로 뻗어나가야 했지만, 러시아의 항구는 겨울이면 얼어붙었다. 러시아는 부동항과 제해권 확보를 위해 남진정책을 추구했고 영국은 이를 저지하고자 했다.

영국을 위시한 유럽 열강들에 의해 발틱해와 지중해가 봉쇄당했기 때문에 러시아는 태평양으로 진출하고자 했다. 러시아는 극동으로 진출하기 위해 10여 년간의 군사비보다 더 큰 금액인 15억 루블을 투입하며 온갖 악조건을 극복하고 8,500킬로미터에 이르는 시베리아 횡단철도를 건설했다.

러시아는 또한 3국 간섭의 대가로 청나라로부터 만주를 가로질러 블라디보스토크까지 연결하는 동청철도 부설권을 획득(1896)했다. 다음 해 러시아 함대는 뤼순(旅順)과 다롄(大連)을 점령했다. 그 다음 해 초에는 청으로부터 뤼순과 다롄을 25년간 조차(租借)하고 그곳에 군사요새를 구축하여 강력한 함대를 배치했다. 원래 뤼순과 다롄은 청일전쟁의 결과로 일본이 차지했지만 러시아를 비롯한 3국의 간섭으로 반환됐던 곳이다. 일본이 되돌려준 것을 2년 만에 러시아가 차지했기 때문이 일본은 이를 결코 용납할 수 없었다. 러시아와 일본의 충돌은 시간문제였다.[16)]

---

16) 청일전쟁 이후의 조선 정세에 대해서는 최문현, 『한국을 둘러싼 제국주의 열강

러시아는 인접지역인 조선에도 세력을 확장했다. 고종의 아관파천에 대한 대가로 조선정부는 압록강변의 삼림벌채권을 러시아에 양도했다. 이를 기화로 러시아는 의주 부근 용암포 일대에 군대를 투입하여 포대를 쌓고 러시아 황제의 이름을 따서 '포트 니콜라이'로 명명하는 등 그곳을 러시아령으로 간주했다. 또한 그 지역의 목재를 벌채하여 뤼순 지방의 요새 구축에 사용했다. 이것은 엄연한 주권침해였지만 러시아에 의존하고자 했던 조선 조정은 아무런 대응조치도 취하지 않았다.

일본은 러시아가 만주에 세력을 확대하고 있을 뿐 아니라 조선의 서북부 지역까지 진출하는 것을 좌시할 수 없었다. 조선이 러시아의 수중에 들어가게 된다면 그것은 일본의 존망과 관련된 중대한 문제였기 때문에 일본은 어떠한 일이 있더라도 조선을 러시아에게 빼앗길 수 없다고 판단했다. 조선반도를 일본열도의 허리를 겨냥한 비수(匕首)로 여겼던 일본은 조선에 대한 위협이 곧 일본에 대한 위협이 된다고 여겼던 것이다. 더구나 일본은 조선을 차지하기 위해 청일전쟁에서 13,000여 명을 희생했고 막대한 전비(戰費)를 쓴 바 있다. 일본이 대륙진출을 위한 북진정책의 성공을 위해서는 러시아의 남진정책을 저지해야만 했다.

세계적 대국임을 자처했던 러시아는 아시아의 작은 나라 일본은 자국의 상대가 되지 않을 것으로 여겼다. 그들은 일본과의 전쟁은 '군사적 산책'에 불과할 것으로 여겼다. 이에 비해 대륙진출의 야망을 가진 일본은 국운을 걸고 러시아를 꺾고자 했다.

일본과 러시아와의 전쟁이 현실로 다가오자 고종은 1904년 1월 21일 전시 국외중립을 선언했다. 영국, 프랑스, 독일, 이탈리아, 덴마크와 중국이 조선의 중립선언을 승인했다. 당시 고종의 측근이며 군부대신이었던 이용익은 2월 6일 런던 데일리 특파원 매킨지(Frederick

---

의 각축』(지식산업사, 2001), pp.121-216; 이덕주,『조선은 왜 일본의 식민지가 되었는가』(에디터, 2001), pp.201-277.

Mckenzie)와 가진 인터뷰에서 "대한제국은 안전하다. 대한제국의 독립은 미국과 유럽에 의해 보장돼 있다"고 했다. 그러나 매킨지는 "스스로의 힘으로 뒷받침하지 못하는 조약은 아무 소용이 없다는 것을 모르는가. 개혁을 하든가, 멸망하든가, 길은 하나밖에 없다"라며 이용익의 국제정세에 대한 안이한 인식을 몰아붙였다. 중립선언이 있은 지 3주 후인 2월 8일 러일전쟁 발발과 함께 일본군 2개 대대가 서울로 진입하면서 중립선언은 물거품이 됐다. 그달 23일 체결한 '한일의정서' 1조는 "대한제국은 일본제국을 확실히 믿고 시정(施政)개선에 관한 충고를 받아들인다"고 규정했다. 일본의 '보호'와 '지도'를 명시한 한일의정서는 을사늑약(1905)과 강제병합(1910)의 예고편이었다. 중립은 선언으로 지켜지는 것이 아니라 힘이 뒷받침돼야 하는 것이다.

▶ 조선쟁탈에 나선 일본과 러시아

일본은 청일전쟁 때처럼 선전포고도 하기 전에 뤼순에 정박 중이던 러시아 함대를 기습 공격하여 황해의 제해권부터 장악했고, 뒤이어 지상전투에서도 승리했다. 러일전쟁(1904~1905)이 일어난 것이다. 일본해군은 앞바다에서 전쟁을 했지만 러시아해군은 8,000킬로미터의 먼 거리로부터 지원을 받아야 했다. 러시아 함대는 8개월에 걸친 어려운 항해 끝에 대한해협에 다다랐지만 대기 중이던 일본함대에 의해 격파되고 말았다.

이로써 조선의 운명은 일본이 좌우하게 됐다. 러일전쟁에서 승리한 일본은 대한제국을 보호국으로 만들기 위해 이토 히로부미를 일왕특사로 파견했다. 러일전쟁을 종결짓는 포츠머스조약이 발효된 지 한 달 후인 1905년 11월 17일 일본은 러일전쟁 후 서울에 잔류해있던 1개 사단 병력을 왕궁을 비롯해 시내 곳곳에 배치했고 남산에서는 위협용 대포를 발사했다. 하야시(林權助) 일본 공사는 조선의 대신들을 공사관으로 불러 설득한 후 고종황제를 알현하려 했으나 거부당했다. 저녁 때 이토는 하세가와(長谷川好道) 일본군 사령관을 대동하고 무장군인들의 호위를 받으며 고종이 계시는 중명전으로 쳐들어가 협박을 계속했다. 자정을 넘어 1시, 대신들에게 일일이 찬반을 물어 찬성 5명, 반대 3명이니 과반수라고 우겨 조약(을사늑약)의 가결을 선포했다. 고종은 서명도 하지 않았고 옥새 날인도 하지 않는 등 끝까지 이를 거부했다. 대한제국은 전제군주국가였으므로 군주의 서명과 날인은 조약체결의 필수 요건이었기 때문에 이 조약은 체결된 것이 아니었다.

천관우는 을사늑약으로 외교권이 일본에 넘어가면서 "조선왕조는 사실상 그 생명을 잃었다"고 했다. 을사늑약이 강제 체결된 후 조선에서는 시종무관장 민영환 등 중신과 지사(志士)들이 자결했고, 전직 관리들과 전국의 유생들도 상소투쟁을 벌였으며, 각지에서 의병들이 무력항쟁에 나섰다. 의병투쟁으로 희생된 사람이 1만 7,000여 명이나 되었다.

그러나 일본은 외부대신(外部大臣) 박제순이 서명날인한 조약문을 근거로 조약이 체결된 것처럼 공표한 다음 이를 무력으로 강제 집행에 나섰다. 일본은 1906년 대한제국의 외교권을 박탈했고, 2월 1일에는 서울에 통감부를 설치하고 고문경찰제도를 두어 경찰권까지 장악했다. 1907년 7월에는 헤이그에서 열린 만국평화회의에 이준 등 열사를 파견했다는 것을 트집잡아 고종을 강제 퇴위시키고 순종을 즉위시켰다. 그리고 일본인 관리를 대한제국 정부의 차관으로 임명하고, 통감부가 내정을 직접 지배하는 것을 주요 내용으로 하는 '한일신협약(정미7조약)'을 강제 체결하여 대한제국의 행정권과 사법권까지 장악했다. 그리고 8월 1일에는 7,000여 명에 불과했던 대한제국 군대를 강제로 해산했다.

1910년 5월 육군대장으로 육군대신인 데라우치 마사타케(寺內正毅)가 통감을 겸직했다. 한 달 뒤인 6월 통감부는 대한제국의 경찰관제를 폐지하고 헌병경찰제를 채택하여 일본군 헌병사령관이 경무총장, 지방의 헌병대장이 각도의 경무부장을 겸하게 하여 사실상 군사통치를 강행했다. 당시 통감부는 일본인 관리 약 2,000명, 일본인 경찰관 약 2,000명, 일본인 헌병 약 2,000명, 한국인 경찰관 약 3,200명, 한국인 헌병보조원 약 4,000명, 일본군 2개 사단 등의 무력을 전국 각지에 배치하여 한국인의 어떤 반항도 즉각 탄압할 수 있는 체제를 갖췄다. 드디어 일본은 1910년 8월 22일 서울거리 곳곳에 헌병과 경찰을 배치해놓고 순종황제 앞에서 형식상의 어전회의를 개최했다. 이른바 한일합방이란 안건을 이완용 내각이 결의하는 형식을 갖추었으며, 8월 29일 정식으로 공표했다.

요컨대 일본의 대한제국 침탈은 1875년 운요호의 침략에서 시작됐다. 청일전쟁 이래 조선은 청의 속국에서 사실상 일본의 속국으로 바뀌어 지속적인 식민지화 과정을 겪었기 때문에 한일합방조약은 그 마지막 절차에 불과했다.

기원전 5세기 펠로폰네소스 전쟁은 아테네와 스파르타 간에 무려 27년 동안 지속됐다. 그리스 역사가 투키디데스(Thucydides)는 『펠로폰네소스전쟁사』를 통해 이를 기록했다. 그는 "전쟁은 난폭한 스승(The war is a violent teacher)"이라고 말한다. 전쟁은 국가와 인간에게 국제정치와 개인적 삶의 가장 본질적인 조건들을 원초적인 방식으로 가르쳐 준다는 의미다. 정의나 도덕 같은 것은 전쟁터에서는 아무런 의미가 없다는 것이다. 이 전쟁사의 제5권인 「멜로스의 대화편」은 강대국 아테네와 중립 약소국 멜로스 지도자 간의 담판을 기록한 국제관계의 고전적 자료다. 당시 멜로스는 다른 강대국인 스파르타와 동맹도 맺지 않고 정의와 도덕을 주장하며 중립노선을 추구하고 있었다.

아테네는 전략적으로 멜로스가 중요하기 때문에 군대를 보내 무조건 항복을 요구한다. 아테네 군대는 억울해 하는 멜로스인들에게 말한다. "국가 간 관계에 있어 정의는 동등한 힘을 가진 국가들 사이에서만 가능하다." 그러자 멜로스인들은 항변한다. "정의는 항상 존재한다. 아테네가 정의를 존중하지 않는다면 언젠가 보복을 받게 될 것이다." 이에 아테네 군대는 대답한다. "그것은 당신들이 신경 쓸 필요가 없다. 정의를 말하려면 힘이 필요하다. 힘이 없을 경우 정의란 아름다운 수사에 불과하다. 강대국은 자기가 얻고자 하는 것을 얻으며, 약한 국가는 그것을 인정할 수밖에 없다." 결국 멜로스는 아테네에 의해 무참히 정복당했다. 멜로스의 모든 남성은 처형됐고 모든 여성과 어린아이는 노예로 끌려갔다.

러일전쟁을 연구한 강성학 교수는 "러일전쟁 직후 조선인들의 사고방식은 정치적이라기보다는 윤리적이었고, 무력을 중시하는 마키아벨리적이라기보다는 미덕의 힘을 믿는 플라톤적이었다. 그래서 조선은 속수무책이었다"고 분석하고 있다.[17] 다시 말하면, 조선의 멸망은 도덕주의에 빠져 아무런 실질적 대책을 마련하지 못했기 때문이라는 것이다.

제3절 조선의 취약한 안보태세의 원인과 교훈

조선의 정치와 사회 제도는 중국의 유교정치 이념과 제도를 도입한 것이다. 농업사회의 안정과 번영에 유용한 유교정치 이념은 11세기에

17) 강성학, 『시베리아 횡단열차와 사무라이: 러일전쟁의 외교와 군사전략』 (고려대출판부, 1999), pp.625-626.

서 18세기까지 중국 중심의 동아시아 문명권을 세계 최고 문명의 하나로 발전시키는 데 기여했다. 우리 민족은 14세기 말 조선의 건국과 더불어 이 문명권에 적극 참여함으로써 상당 기간 높은 수준의 안정과 번영을 누릴 수 있었다. 조선은 가족, 촌락, 신분질서, 교육수준 등에서 세계적으로 비교적 높은 수준의 문화를 이룩했다.

그러나 국가 차원에서는 취약성이 적지 않았다. 당시 체제는 향촌 사림(士林) 중심의 느슨한 통치체제였기 때문에 왕권을 중심으로 한 재정력과 행정력을 전국적으로 확대할 필요성은 물론 강력한 군사력을 육성할 이유도 없었다. 지배체제에만 문제가 있었던 것이 아니다. 안보, 경제, 사회, 사상 등 모든 면에 걸쳐 미흡한 점이 많아 대내적으로 발전하기도 어려웠고 외부 도전에 대응하기도 어려웠다. 이 절에서는 조선이 나라를 잃게 된 구조적인 취약성에 대해 살펴보고자 한다.

1. 중국에 의존한 국가 생존전략

조선왕조는 투철한 상무정신을 가졌던 삼국시대나 몽골의 침략에 40년이나 항거했던 고려와는 달랐다. 건국 초기부터 조선은 명나라를 존중하고 섬기는 '존명사대(尊明事大)'를 대외정책의 기본으로 삼았다. 이 같은 정책은 사대주의 외교로 흐르게 마련이었고 그에 따라 조선은 자주 국방의 필요성을 느끼지 못하게 됐다.

조선의 건국이념을 정리한 경국대전(經國大典)에 조선의 국호는 중국 천자가 하사한 것이라고 기록하고 있다. 명의 건국 연도는 조선 건국보다 불과 24년 앞선 1368년이다. 조선은 새 왕조의 체제를 정비하고 원나라에 빼앗겼던 국토를 회복하기 위해 신흥강국으로 등장한 명과의 관계를 돈독히 할 필요가 있었다. 조선은 명을 '천자국(天子國)'으로 모시고 제후의 책봉을 받고 정기적으로 사신과 조공을 보내는 방식으로 중국 중심 질서의 일원이 됐다. 이에 따라 조선과 명나라 간에는 조공관계가 성립됐다. 근본적으로 유교질서는 무력사용을 억제하며 전쟁은 천자만이 주재하는 것을 원칙으로 했고 제후는 천자의 위임을 받아 군사력을 모집하여 전쟁에 나섰기 때문에 조선은 그 같은 인식에 입각하여 상비군을 두지 않았다.

중국과의 관계는 단순히 외교적 측면에 그친 것이 아니라 조선의 지배층과 유림들에게 뿌리 깊은 사대사상을 심어주었다. 이로 인해 조선은 중국에 버금가는 발전을 이룩할 수 있었다는 장점을 누리기는 했지만 그것을 넘어서는 도약은 어려웠을 뿐 아니라 국가적 자율성과 자주국방을 경시하는 결과를 초래했다. 중국에서는 경제중심의 실용주의가 중시돼왔지만, 조선에서는 공맹사상과 성리학을 중국보다 더 맹신하는 근본주의에 빠져 있었다.

그 결과 조선은 자주적인 국방태세를 갖추기보다는 사대주의 외교정책을 통해 나라의 안전을 도모하려 했다. 중국의 후원만 있으면 나라를 지키는 군대가 필요치 않다고 여기고 오직 왕실 호위를 위한 몇천 명 정도의 근위병만 뒀을 뿐이다. 하기야 사실은 취약한 재정으로 상당 규모의 정규군을 유지할 여력도 없었다. 이처럼 조선의 지배세력은 국가정체성 의식이 불분명했고 자주국방을 하지 않으면 안 된다는 의식이 없었기 때문에 군대다운 군대를 육성할 필요성을 느끼지 못했다. 조선의 군사체제는 고대 중국의 '병농일치(兵農一致)'제에 가까웠다. 모든 백성이 평소 생업에 종사하다가 유사시 향토방위를 위해 나선다는 것이다. 조선은 전쟁에 대비해 무기를 준비하고 군대를 훈련할 필요가 없다는 평화주의에 젖어 있었다. 조선은 임진왜란과 병자호란이 일어났을 때 이렇다 할 저항 없이 쉽사리 허물어졌고, 그러한 무방비사태가 계속되다가 마침내 일본의 무력 앞에 식민지로 전락하고 마는 운명을 맞이했다.

국가란 스스로 지킬 힘이 있을 때에만 존재할 수 있다. 역사를 통해 수많은 나라들이 단지 약하다는 이유로 패망하게 된 예를 흔히 볼 수 있다. 조선은 역사의 교훈을 간과했으며 지나치게 문약에 빠져 국방을 소홀히 한 결과 패망의 비운을 맞았던 것이다.

2. 지나친 문무(文武) 불균형

유교국가에서는 문인의 덕망으로 나라를 다스린다는 문치주의(文治主義)를 이상으로 삼았기 때문에 조선은 문약(文弱)으로 흐를 수밖에 없었다. 조선 속담에 "아이가 글공부를 하면 마루에 앉히고 무술을 익히면 마당에 앉힌다"는 말이 있을 정도로 조선은 국가 차원에서 문(文)을 숭상하고 무(武)를 천히 여겼다. 병자흉사(兵者凶事), 혹은 병자흉기야(兵者凶器也)라고 하여 무력이란 나쁜 것 또는 흉기로 덕(德)에 역행하는 것이라는 의식이 팽배했다.

조선 사대부들은 내수외양(內修外攘), 즉 이상적인 왕도정치를 펼치기만 하면 외부의 침략은 저절로 막아낼 수 있다는 안일한 생각에 젖어 있었다. 예컨대 조선의 대표적인 성리학자의 한 사람이며 중종 당시 이상적 도학 정치를 구현하려 했던 조광조(趙光祖)는 중종에게 "왕께서 학문을 닦고 도학이 성숙해지면 모든 정치적 난제가 저절로 해결된다"고 거듭 강조했다. 오로지 도덕적 수양을 중시한 조선의 위정자들은 국방을 튼튼히 하고 백성을 잘 살게 하는 데에는 관심이 없었다. 나라를 지키기 위해 무기개발이나 군사력 육성 같은 구체적인 방안은 꿈도 꾸지 않았다.

사대부는 조선의 지식, 권력, 경제를 독점했다. 그들은 청빈과 안빈낙도를 수신의 기본으로 삼았지만, 양반 세도가문들은 수많은 노비와 광대한 토지를 소유한 지주이고 특권 계급이었다. 그들이 농토를 세습·확대하면서 조정의 재정수입은 축소됐고 농민의 어려움은 가중됐다. 그들의 독점적인 지배구조하에서 조선은 극심히 피폐했고 왜란과 호란으로 국가의 존립이 근본적으로 위협받았고 민심도 조정에서 떠나 있었지만, 사대부들은 그 같은 문제를 개선하기 위해 적극적으로 나서지 않았다. 그들은 외부의 위협과 도전에 관심이 적었기 때문에 중앙권력지향적이었다. 지방문벌들 간의 경쟁까지 가세하면서 당쟁과 같은 권력투쟁은 일상적인 모습이 됐다. 그들은 내부지향적 성향을 띠고 있었기 때문에 대외적으로 폐쇄적이고 배타적이었으며 빈번히 적대감을 나타내기도 했다.

사대부들은 무를 천시하면서도 권력 장악의 수단으로 군사력의 통제권, 즉 병권(兵權)을 장악하는 데 혈안이 되어 있었다. 문인의 나라인 조선에서 정치권력은 군사력을 통제하는 병권(兵權)과 밀접한 관계를 가지고 있었다. 권력은 '말'과 '붓'의 힘뿐만 아니라 '칼'에 의해 유지된다. '붓'에 의해 살고 죽은 것처럼 알려진 조선의 사대부들이라고 해서 이런 '권력'의 속성에서 벗어나지는 않았다. 그들은 왕권(王權)에 끊임없이 맞섰고 이를 위해 병권(兵權)을 손에 넣으려 했다. 이 때문에 신권(臣權)을 견제하고자 하는 왕들과 사대부 간에는 끊임없는 병권 쟁탈전이 벌어졌다. 특히 조선 정치사의 기본축인 왕권과 신권의 갈등에서 그 균형추는 병권을 장악하는 쪽으로 기울어졌다. 왕이 친위세력을 가지고 병권을 장악하는 경우는 강력한 권력을 행사했지만 군사 지휘권이 사대부들에게 있을 경우 왕들은 경제력과 군사력을 키울 수 없었다.

조선왕조가 안정기에 접어든 성종 이후 왕이 병권을 온전히 손에 넣은 적은 없었다. 특히 '반정(反正)'이라는 파행적 상황에 의해 왕위에 오른 왕들에게 있어 그 같은 현상은 더욱 두드러졌다. 특히 선조에 이르러 사림(士林)세력이 훈척(勳戚) 세력을 대신해 유일무이한 신권(臣權)세력으로 부상하면서 왕권이 크게 약화되는 소위 '군약신강(君弱臣强)' 현상이 본격화했다. 왕권이 극도로 위축된 상황에서는 크고 작은 사안을 놓고 모든 정파가 갑론을박하는 국론분열 상태가 지속됐다. 이에 따라 조선은 국력이 더욱 약화되어 군사력을 키울 수 없었다. 그러한 와중에 임진왜란과 병자호란 같은 외침을 당하게 된 것이다. 두 차례에 걸친 전란을 겪고 나서 왕권은 더욱 약화됐고 사림의 권력은 더욱 강화됐다.

세도가들이 병권을 장악한 후에는 군사력 육성에는 관심이 없었다. 그들에게 있어 군사력은 권력투쟁에서 이길 수 있는 정도면 충분했다. 더구나 군사력 배양에는 양반세력이 보유하고 있는 재산과 인력이 동원돼야 하기 때문에 그들의 이익에도 부합하지 않았다. 명나라 조정이 조선의 '군약신강(君弱臣强)'에서 임진왜란의 원인을 찾은 사실은 이 점을 뒷받침한다.

이처럼 국방태세가 유명무실했기 때문에 지방이나 일선에 나가 있는 무관들에게는 봉급도 지급되지 않았다. 그들은 병사들로 하여금 백성들을 수탈케 하여 생계를 유지했다. 당시 베(布)를 바치면 군 복무는 면제됐다. 무관들은 경제적 이익을 노려 병사들을 동원하여 백성들로부터 베를 거둬 오도록 독려했기 때문에 이에 부담을 느껴 탈영하는 병사들이 많았다. 이처럼 군대 복무가 견딜 수 없는 고통이 됐기 때문에 어떤 어려움이 있더라도 많은 베를 바치고 군 복무를 면제받고자 하는 등 병역기피 풍조가 만연했다. 류성룡의 『진시무차』는 이렇게 기록하고 있다. "부유한 자는 재물로 징집을 면제받고 건강한 자는 징집을 피하기 위해 도망가 버린다. 결국 전장에 나가 싸울만한 능력이 있는 자는 모두 빠져나가고 가난한 백성들이 그 수를 채우게 된다. 그러나 그들은 경내를 빠져나가기가 무섭게 도망쳐서 한 사람도 남는 자가 없다."

3. 충(忠)보다 효(孝)가 우선

성리학의 가장 큰 문제는 충성보다 효도를 중시한 데 있다. 전쟁 중에도 선왕들의 제삿날에는 전투가 금지됐다. 장수는 전쟁 중에도 부모상을 당하면 3년 상(喪)을 치르러 고향으로 돌아가도록 한 것이 나라의 법이었다.

17세기를 떠들썩하게 했던 예법과 관련된 사건이 두 차례나 일어났다. 논쟁의 핵심은 임금이 어머니를 신하로 삼을 수 있는가 여부였는데, 그렇다고 주장한 쪽이 결국 패하여 사약까지 받게 됐다. 이후 효의 윤리가 충을 제압하면서 효의 중요성은 19세기 말까지 유지됐다. 1908년 조선왕조가 패망의 위기에 직면했을 때 일본의 침략에 저항하던 13도 의병총대장 이인영이 의병을 이끌고 서울로 진격하다가 아버지가 돌아가셨다는 소식을 듣고 "하늘이 무너졌다"고 하면서 고향으로 돌아가 버린 것도 이 같은 맥락에서 이해될 수 있다.

이 같은 사례들은 조선사회가 공적인 가치보다도 사적인 가치를 중시했다는 것을 의미한다. 사적인 가치인 효가 공적인 가치인 충에 우선하는 사회규범 아래에서는 가문 단위로 행동하게 된다. 조선 시대의 권력투쟁도 가문들 간의 경쟁적 성격을 띠고 있었다. 구한말 조선을 방문했던 서양인들은 조선의 지배층에게는 공인으로서의 책임감보다는 가족과 가문에 대한 관심이 앞선다고 했다. 그들에게 '노블레스 오블리주'를 기대할 수는 없었다. 그들에게는 납세, 병역 등 각종 의무가 있었지만 그들은 갖가지 방법으로 의무를 면제받거나 기피했다. 과거 유럽 귀족의 자제들이 장교가 되어 전쟁터로 나갔던 것과는 너무도 대조적이다. 오늘날까지도 그러한 풍조가 남아 있기 때문에 병역을 기피하거나 탈세를 하는 사람들이 적지 않은 듯 싶다.

4. 사농공상(士農工商)으로 피폐된 경제

왕도정치를 제대로 하려면 국가의 경제활동을 관장할 인재가 있어야 한다. 하지만 조선 사대부들은 경제와 상업적 가치를 입에 올리는 것조차 꺼려했다. 그들에게 있어 군사, 재정(財政), 경제에 관한 문제를 논하는 것은 체면이 깎이는 것으로 인식됐다. 유학의 발상지인 중국에서는 실용주의와 상거래 활동이 중시된 반면, 조선에서는 인의(仁義)는 넘쳤을지 모르지만 경제생활은 궁핍하기 짝이 없었다.

경제력이 뒷받침되지 않고는 강력한 국방력을 갖추기도 어렵고 유지할 수도 없다. 조선의 경제력은 취약하기 짝이 없었고 그 결과 국가의 재정능력도 빈약했기 때문에 국방태세를 유지하는 것은 사실상 불가능했다. 양반 지배계급은 경제적으로는 대체로 중요한 생산수단인 토지를 소유한 지주들이었으나 그들의 토지 세습 확대로 인해 국가의 재정수입은 현저히 줄어들어 나라는 재정난에 빠졌다.

조선은 농업을 국가경제의 기본으로 삼는 농본주의(農本主義) 국가였고 인구의 절대 다수를 차지했던 농민들이 중요했다. 그러나 농민들은 양반 지주들의 전횡과 착취의 대상이었기 때문에 농업은 발전할 수 없었다. 농민들은 또한 납세와 군역(軍役)과 노역(勞役) 등 과중한 부담을 지고 있었다. 경제의 기본을 담당하는 농민의 형편이 이러했으니 나라의 경제력은 허약할 수밖에 없었다. 경제력이 빈약하니 국가의 세수(稅收)도 보잘것없어 군사력을 키우는 것은 엄두도 낼 수 없었다. 또한 공업과 상업은 경제력과 군사력의 기반이지만, 조선에서는 상공업에 종사하는 사람들이 천시됐기 때문에 경제력과 군사력은 신장될 수 없었다.

5. 쇠퇴와 패망을 불러온 폐쇄고립주의

신라와 백제, 그리고 고려가 대외적으로 열린 사회였다면, 조선은 개국 직후 실시된 해금(海禁)정책으로 대외교류가 차단된 폐쇄사회였다. 조선후기 선각자 박제가는 "조선조 4백 년 동안 다른 나라의 배는 한 척도 오지 않았다"고 했다. 조선은 '은둔의 왕국'이 되면서 세계의 변화에 무지했고 세계의 발전에서 소외되어 있었다. 고인 물이 썩듯이 사람과 물자와 정보의 왕래가 막힌 '닫힌 사회'는 쇠퇴하기 마련이다. 1883년 미국 공사 푸드(Lucius H. Foote)는 조선에서 "수출 가능한 물품은 소가죽, 쌀, 머리털, 전복껍데기 등등이다"라는 보고서를 본국에 보냈다. 국제사회에서 조선은 아무런 경제적 발전도 없고 통상적 가치도 없는 나라로 치부됐다.

해금정책(海禁政策)이란 왜구로부터 해안을 방어하고 주민들을 보호하기 위해 백성들로 하여금 먼 바다로 나가는 것을 금하고, 울릉도 등 육지로부터 멀리 떨어진 섬을 아예 비워버리는 정책이다. 사람이 살지 않으면 노략질할 것도 없고, 그렇게 되면 왜구 문제가 해결될 것으로 판단한 것이다.

3면이 바다인 점을 고려할 때 조선의 해금정책은 지나치게 소극적이고 무책임한 것이었다. 왜구를 물리치기 위해 군사력을 증강하고 방위시설을 구축한 것이 아니라 노략질의 대상이 될 수 있는 영토를 아예 포기해 버린 것이다. 그 결과 해안지역에 사는 주민들은 왜구의 침범에 무방비상태로 방치됐다. 또한 공인된 조공선 이외에는 해상활동이 사실상 금지됐기 때문에 주민들은 해양자원을 이용하지도 못했고 국민정서를 소극적이며 폐쇄적인 것으로 만들었다.

19세기 말 청나라가 숨통을 조여오는 가운데 일본은 북진해오고 러시아는 남하하고 있어서 조선의 운명은 야수들 앞에 놓인 어린 양과 같은 처지였다. 그러한 가운데 조정에서는 조선이 생존할 수 있는 길은 외세의 힘을 빌려 외세를 막는 균세(均勢)정책 밖에 없다고 판단했다.

그러나 힘이 뒷받침되지 않는 '이이제이(以夷制夷)' 정책이 역사적으로 성공한 적은 거의 없다. 조선 조정은 집권세력의 권력싸움에 외세를 이용하거나, 외세를 이용하여 다른 외세를 몰아내려 했는데 열강들은 조선에서 경쟁적으로 영향력을 확대하려 하면서 조선은 더욱 어려운 처지에 빠졌다. 당시의 국제질서는 약육강식이 지배하는 정글의 세계였다. 힘이 곧 정의였다. 힘이란 무엇인가. 군사력, 경제력, 외교력이었다. 그러나 조선은 그 어느 것도 가지지 못했다. 변화하는 대외환경에 민감하게 대응하는 것이 국가의 생존과 번영에 필수적이었음에도 조선은 개국 초부터 실시한 해금정책과 중국 이외의 민족이나 국가를 야만족으로 보고 상대하지 않으려는 심리적 고립주의를 고집하고 있었다. 그 결과 19세기 후반 조선은 열강의 각축장이 되면서 외부 도전에 대응할 능력이 전혀 없음을 그대로 드러냈다.

조선왕조의 몰락은 약육강식의 제국주의 침략에 따른 불가피한 제물이기도 했지만, 쇠퇴한 중국 문명의 패러다임을 끝까지 맹종하면서 자주성을 가지고 국제정세의 변화에 부응하지 못한 우리에게도 그 책임의 상당 부분이 주어진다. 강대국들의 중간지역이라는 한반도의 지정학적 취약성을 고려할 때 조선의 생존을 위해서는 현명한 외교력과 강력한 국방력이 필수적이었다. 조선이 살아남으려면 열강들이 서로 견제할 수 있도록 외교를 잘해야 했다. 아울러 조선을 탐내는 국가는 엄청난 희생을 각오하지 않으면 안 될 정도로 강력한 국방력과 나라를 지켜내겠다는 투철한 자위(自衛)정신이 있어야 했다. 자강(自强)과 균세(均勢), 다시 말하면 국방과 외교가 필수적이었지만 조선은 이 같은 기본적 요소를 갖추지 못하고 있었다는 것이다.

조선왕조의 역사를 되돌아 볼 때 국방태세의 취약성이 너무도 심각했다는 것을 알 수 있다. 조선은 왜란과 호란을 겪으면서 외침으로부터 나라를 지켜낼 수 있는 태세를 갖추는 것이 절실했지만 아무런 근본적 변화가 일어나지 않았다. 그 같은 무방비사태가 계속되다가 조선은 마침내 일본의 식민지로 전락하고 말았다. 조선의 지배세력과 지식인들은 안보불감증에 빠져 스스로 나라를 지켜야겠다는 의지가 없었으며 군대다운 군대를 육성하는 것은 생각지도 못했다. 국가란 스스로 지킬 힘이 있을 때에만 존재할 수 있다. 자위 능력이 없는 국가는 제대로 된 국가라고 하기 어렵다.

한 나라의 패망 원인에 대해서는 한마디로 잘라 말하기 어렵다. 영국 역사학자 아놀드 토인비(Arnold Toynbee)는 국가 패망의 원인에 대해 대내외 도전에 대해 제대로 대응하지 못하는 내적 취약성을 들고 있다. 토인비는 "외부의 적이 해낼 수 있는 최대의 역할은 하나의 사회가 자살을 시도하면서 숨소리가 멎지 않을 때 최후의 숨통을 누르는 것뿐이다"고 했다. 어느 나라가 붕괴한다는 것은 자체의 힘으로는 지탱할 수 없는 상태로 쇠잔해졌음을 의미한다. 활력이 넘치는 나라는 아무리 외부의 도전이 거세다 해도 쉽게 무너지지 않는다.

지금도 우리사회에는 100년 전 일본의 한국 강점과 관련하여 이완용을 비롯한 매국노들이 나라를 팔아먹었기 때문이라고 비난만 하는 사람들이 적지 않다. 한일합방에 협조했던 이완용 등 몇몇 대신들은 비난받아 마땅하다. 그러나 매국노들이 없었더라도 나라를 지킬 힘이 없었는데 조선이 살아남을 수 있었을까? 청나라 말기 중국 개혁운동가 캉유웨이(姜有爲)는 박은식의 『한국통사(韓國痛史)』 서문에서 조선이 일본에 강점된 데 대해 이렇게 말했다. "조선사람이 일본인에게 무엇을 원망하겠는가. 오직 조선사람이 이미 혼란하고, 이미 약해졌고, 또 몽매함에 더하여 다른 나라 사람에게 속임수를 당한 것을 슬퍼할 따름이다."

여기서 얻을 수 있는 교훈은 집권층이 문약에 빠져 국방을 게을리한 나라는 언제까지나 지탱될 수 없다는 것이며, 국가안보는 타국에 의존할 수 없고 자위력을 갖추는 것이 기본이라는 점이다.

조선시대의 안보경시 풍조는 지금도 계속되고 있다. 예컨대 우리나라에는 한미동맹으로 인해 미국에 안보를 의존하려는 경향이 있다. 또한 민주화 이래 과거의 안보정책을 정권안보의 수단으로 전락시키면서 안보의 중요성을 폄하하는 분위기가 팽배하고 지도층 인사들의 병역기피 현상도 심심찮게 터져 나오고 있다. 이 같은 안보의존 심리와 안보경시 풍조는 조선 시대의 그것과 매우 유사하다. 심지어 상대적으로 적은 국민총생산 대비 국방비 비율[18]도 조선 시대 국방 경시 풍조와 닮은꼴이다. 거기에 덧붙여 한반도를 둘러싼 강대국들의 각축 역시 조선을 멸망으로 몰고 갔던 당시의 국제정세와 흡사하다.

---

18) 2010년 한국의 국방비는 GDP 대비 2.7%에 불과하지만 이스라엘은 6.3%에 이른다.

한국은 어떤 교훈을 얻어야 할 것인가? 그 답은 이미 역사가 잘 말해 주고 있다. 안보의 의미를 재조명하고 범국민적 차원에서 그 중요성을 깨달으며 타국에 의존하려 하지 말고 스스로 나라를 지키려는 자주 국방의 의지를 곧추세워야 한다는 것이다. 이와 관련하여 정진석 전 추기경의 이야기는 우리 모두 곱씹어볼 가치가 있다. 정 전 추기경은 6 · 25 전쟁의 경험을 통해서 우리가 깨달아야 할 교훈은 "자신을 지킬 능력이 없으면 평화도 없다"[19]고 말했다.

19) 『조선일보』, 2010년 5월 27일자.

제4장

한국 현대사와 국가안보

올바른 안보의식은 올바른 국가관을 바탕으로 한다. 자기 나라는 목숨을 바쳐 지켜야 할 소중한 나라라는 인식이 확고해야 한다는 뜻이다. 그러나 우리사회에는 잘못된 역사인식이 팽배하여 국민들의 올바른 역사관 정립을 저해하고 나아가 건전한 국가관 형성도 어렵게 만들고 있다. 이 같은 현실은 한국의 국가안보에 심각한 위협요인으로 등장한 지 오래다.

대한민국의 정통성을 부정하거나 의문을 제기하는 사람들은 우리 정부가 분단정부, 친일정부, 또는 독재정부였다는 점을 이유로 들고 있다. 심지어 그들은 대한민국은 “태어나지 말았어야 할 나라,” 또는 “부끄러운 나라”라고 주장하기도 한다. 그렇게 생각하는 사람들은 안보를 걱정하지도 않는다. 오히려 안보가 북한과의 민족화해와 통일을 방해한다며 한국 안보에 결정적 역할을 해 온 미국을 통일의 걸림돌로 매도하고 반미운동을 벌인다.

그들이 이처럼 잘못된 나라라고 자조하는 대한민국은 60여 년 동안 천지개벽을 했다고 할 정도로 놀라운 발전을 이룩했다. 국가도 잘못된 국가고 과거의 정부와 지도자들도 잘못됐는데 어떻게 이처럼 놀라운 발전을 이룩할 수 있었을까? 비판자들은 정부와 지도자들이 잘했기 때문이 아니라 국민이 우수했기 때문이라고 주장한다. 국민이 우수하여 나라 발전에 기여했던 것은 사실이지만 같은 한국사람이 사는 북한은 왜 발전하지 못했는가?

대한민국을 지키기 위해 얼마나 많은 사람들이 목숨을 바치고 피를 흘렸는가? 경제발전을 위해 얼마나 많은 사람들이 땀을 흘렸는가? 그런데 비판자들의 가치기준에는 국가안보와 경제발전에 대한 이해가 없다. 그것은 잘못된 역사관 때문이다. 올바른 역사관과 국가관 없이 자기 나라에 대한 자부심이 생길 수 없고, 조국에 대한 고마움을 느낄 수 없으며, 따라서 그러한 사람들에게 목숨 바쳐 나라를 지키겠다는 애국심은 기대하기 어려운 것이다.

한국 현대사뿐 아니라 당면한 주요 국가현안에 대한 인식에 있어 가장 근본적인 문제는 분단과 전쟁, 계속된 남북대결 등 한국의 심각한 안보현실을 도외시해 왔다는 점이다. 대한민국의 역사와 정치, 경제, 사회 등 모든 면에 영향을 주는 북한의 군사적 위협과 대한민국을 말살하려는 그들의 대남전략을 고려하지 않는 등, 분단되지 않고 평화로운 일반 국가의 논리를 한국 현대사와 현실 평가에 적용해 왔다는 데 문제가 있다는 것이다.

제1절 역사관과 국가안보

대한민국의 역사는 온갖 고난과 도전을 극복하고 성공적인 국가발전을 이룩한 기적의 역사라 할 수 있다. 때문에 한국 현대사는 많은 개도국들에게 부러움의 대상이 되고 있다. 대한민국 60여 년의 역사에서 이승만과 박정희 두 대통령의 집권기간인 30년 동안 오늘날 한국의 기초가 마련되었음에도 일각에서는 그들의 공로는 무시한 채 이 시기를 독재정부 또는 정통성 없는 정부였다며 비난하기에 여념이 없다.

오늘의 기준이나 선진민주국가의 기준으로 볼 때 이승만 · 박정희 두 정부 시기는 독재정부였을 뿐 아니라 부패하고 도덕적으로도 결점이 많은 정부였다고 할 수 있을지 모른다. 그러나 그 같은 인식은 당시 한국의 열악한 제반 여건과 최악의 안보 상황을 고려하지 않은 채 선진국 기준을 적용하거나 오늘의 관점에서 평가하기 때문이다. 이 절에서는 우리의 현대사를 어떻게 평가할 것인지 민족주의 사관(史觀), 민주주의 사관, 국가건설 사관 등을 통해 살펴보고자 한다.

1. 민족주의 사관과 국가안보

민족주의 사관은 국가보다 민족을 우선시한다. 일부 역사학계와 진보세력은 민족사관에 입각하여 한국을 정상적인 국가가 아니라 '분단국가'로 규정한다. 그들은 또한 대한민국 역사를 '민족분단사'로 보는 등 대한민국의 국가정체성을 부정하거나 폄하한다. 동시에 그들은 북한역사도 민족사의 한 부분으로 다룬다. 국사(國史)란 어디까지나 국가 중심의 역사여야 하지만, 그들은 국가사(國家史)가 아닌 민족사(民族史)에 초점을 맞춘다. 이들은 대한민국의 건국, 호국(護國), 산업화, 민주화 등 역사발전 과정도 제대로 평가하지 않을 뿐 아니라 건국을 분단으로, 반공 · 안보정책을 반민족적 정책으로 매도한다. 이에 따라 민족사관에서는 건국 대통령 이승만보다 남북합작에 나섰던 김구가 더 비중있게 다뤄지기도 한다.

민족이 우선이라는 역사인식을 가진 사람들은 분단된 민족을 하나로 만드는 통일을 최고의 가치로 여긴다. 또한 안보는 민족분단을 지속시키며 민족 간 증오와 대결을 조장한다고 생각한다. 그들에 따르면,

한반도의 분단은 강대국 정치에 희생된 결과며 따라서 통일만이 민족 정체성을 회복할 수 있는 유일한 길이라고 주장한다. 그들은 남북한이 통일을 향해 화해 · 협력하고 있기 때문에 안보를 우려할 필요가 없다고 생각한다. 예컨대 그들은 평화를 내세우며 평택 미군기지 건설을 방해하고 제주 해군기지 건설을 반대하기도 한다. 민족지상주의자들은 주한미군도 통일의 장애요인으로 간주하고 한미공조보다는 민족공조가 우선돼야 한다면서 반미운동을 전개해왔다.

그들의 민족의식은 지나칠 정도로 강한 반면 국가의식은 의심스러울 정도로 희박하다. 이 같은 그들의 국가관은 우리사회를 두 갈래로 나눠 서로 대립하게 하는 중요한 원인이 되고 있다. 북한은 우리사회의 약점을 노려 '민족통일전선'과 같은 전술을 통해 우리사회 내 주체사상을 추종하는 자들로 하여금 통일운동가의 가면을 쓰고 반정부, 반국가, 반안보, 반한미동맹 투쟁을 벌이도록 고무하고 있다.

분단국가인 한국에서 안보와 통일의 우선순위는 매우 중요한 문제이다. 물론 안보도 중요하고 통일도 중요하지만 두 가지 중에서 어느 것이 더 중요한가. 안보를 지나치게 강조하면 통일을 경시하게 될 우려가 있지만, 통일을 지나치게 강조하면 안보는 말할 것도 없고 대한민국이라는 국가 자체를 경시하게 된다는 데 문제가 있다. 남북관계에 있어 통상적으로 나타나는 혼란은 국가와 민족을 혼동하거나 민족을 우선시하기 때문에 발생한다. 그러나 국가가 없다면 민족은 보호받지 못한다. 일제 강점하에서 민족은 존재했지만 국가가 없었기 때문에 우리 민족은 자유와 권리를 짓밟혔던 것이다.

남북관계는 안보와 통일이라는 상호대립적인 국가이익을 동시에 다뤄야 하기 때문에 매우 어려운 문제다. 그러나 우리는 이 둘 사이에 우선순위를 분명히 하지 않으면 안 된다. 결론부터 말한다면 안보는'국가존망의 이익'이지만 통일은 국가의 '핵심적 이익' 또는 '중요한 이익'이기 때문에 당연히 안보가 우선돼야 한다.[1)] 안보의 영역에는 북한의 군사적 위협, 한국의 안보태세, 한미동맹 같은 현실적인 쟁점이 중요하게 다뤄지지만, 통일과 관련해서는 남북협력, 평화, 민족공조 등 이상적인 문제가 중시된다. 통일은 언제 어떻게 이뤄질지 불확실한 반면, 안보는 현실적이고 즉각적인 대응을 하지 않으면 안 되는 중대한 현안이다. 따라서 지나치게 민족을 앞세운다면 국가안보를 위태롭게 할 수도 있다는 데 문제가 있다.

북한은 지난 60여 년 동안 끊임없는 무력도발을 자행해 왔다. 또한 한국사회를 혼란에 빠뜨리기 위해 갖은 방법을 동원하여 끊임없는 간접 침략을 해왔다. 북한정권이 대한민국의 파멸을 통한 적화통일을 최고의 목표로 삼고 있기 때문에 남북관계에 있어 안보는 통일보다 당연히 우선시돼야 할 것이다.[2)]

2. 민주주의 사관과 국가안보

민주주의 사관은 선진 민주국가의 기준으로 역대 정부의 민주성 여부에 초점을 맞춘다. 민주사관의 핵심적 특징은 어떤 상황에서도 민주주의를 타협될 수 없는 최고의 가치로 간주하는 데 있다. 민주주의 일변도로 역사를 해석하거나 현실을 보게 되면, 민주적인 것은 모두 좋은 것이고 비민주적인 것은 모두 나쁜 것이라는 이분법적 획일주의에 빠지게 된다.[3)]

민주사관에 따르면 한국현대사는 '민주 대 반민주' 세력 간의 갈등과 투쟁의 역사에 다름 아니다. 민주주의를 앞세우는 집단과 운동은 역

---

1) 구영록, 『한국의 국가이익: 외교정치의 현실과 이상』(법문사, 1995), pp.60-73; 전성훈, "한국의 국가이익과 국가전략: 통일 · 외교 · 안보를 중심으로," 『국가전략』 제5권 제2호(1999).

2) 신정현, "통일과 안보," 『한국군사』 제14호(2002. 1), pp.54-63.

3) 김주성, "보수주의와 민주주의," 안병직 편, 『한국 민주주의의 기원과 미래』(시대정신, 2011), p.208.

사의 선(善)을 대변하는 세력으로 인식되고, 그들의 비판과 타도의 대상이 되는 세력과 행위는 모두 악(惡)으로 규정된다. 따라서 국가안보를 위한 시급성 때문에 또는 효율적인 경제성장을 위해서 불가피하게 이뤄진 민주적 원리의 침해는 조금도 용납되지 않는다. 이들의 역사인식에 따르면 대한민국을 건국하고 공산침략을 막아냈으며 현대국가의 기초를 확립하고 '한강의 기적'을 이룩한 이승만, 박정희, 전두환 정부는 모두 부정일변도로 평가된다. 과거 권위주의 정권이었던 이들 정부가 정권안보를 위해 안보를 악용했으며 이들은 모두 정통성이 없는 정부였다는 것이다. 이처럼 민주사관에 경도된 이들은 과거 정부의 공(功)은 외면하고 과(過)만 과도하게 부각하면서 국가정체성을 약화시키고 안보의 가치를 떨어뜨렸다.[4)]

미국 학자 클린턴 로시터(Clinton Rossiter)는 전쟁, 혼란, 빈곤을 민주주의의 3대 적으로 꼽고 있다. 전쟁이나 사회혼란으로 안전이 보장되지 않으면 민주주의가 제대로 작동하기 어렵다는 것이다. 한국은 민주주의의 사회경제적 조건이 일천한 가운데 선진 민주제도를 도입했지만 전쟁과 빈곤 등으로 시행착오를 겪을 수밖에 없었다. 그럼에도 우리 사회 일각에서는 소위 '민주적 근본주의'에 빠져 우리의 과거 정부를 독재정부, 비민주적 정부로 비난만 하고 있는 것이다.

국가의 기능에서 영토와 국민을 보호하는 안전보장보다 더 중요한 것은 없다. 때문에 많은 사람들이 국가안보를 국가의 '사활적 이익'으로 규정하고 다른 국가이익보다 우선하는 가치로 여긴다. 안전이 보장되지 않고는 경제발전이나 민주발전 같은 국가발전의 다른 목표를 추구하는 것은 불가능하기 때문이다. 대내외 안보위협에 직면한 신생국 지도자들도 안보중시 정책으로 경제발전이나 민주주의를 제한하는 경우가 허다하다.[5)]

---

4) 김세중, "건국, 산업화, 민주화의 갈등과 상호의존: 통합의 역사인식을 위하여," 안병직 편, 『한국 민주주의의 기원과 미래』(시대정신, 2011), p.111.

5) Bryan D. Job, ed., *The Insecurity Dilemma: National Security of Third World*

현저한 수준의 대내외 위협이 존재할 때에는 민주주의와 안보 사이에 긴장이 발생한다. 야니브(Avner Yaniv)는 민주주의와 국가안보 간의 관계를 크게 네 가지로 분류하고 있다. 1)민주주의가 확고히 자리 잡은 나라가 전쟁에 직면하는 경우, 2)취약한 민주국가가 전쟁에 직면하는 경우, 3)민주주의가 확고히 자리 잡은 나라가 지속적인 안보 위협에 직면하는 경우, 4)취약한 민주국가가 지속적인 안보 위협에 직면하는 경우 등이 그것이다.[6)]

야니브(Yaniv)에 따르면 첫 번째 경우, 전쟁이 종료되면 정상적 민주질서가 회복되지만, 두 번째 경우에는 권위주의적 정부가 등장할 가능성이 커진다. 세 번째 경우에는 민주주의 중시 세력과 안보중시 세력 간에 갈등이 일어나며, 네 번째 경우에는 민주주의의 생존 가능성이 매우 낮다.[7)] 한국은 물론 이스라엘, 1975년 이전의 월남, 대만 같은 나라가 네 번째 경우에 해당된다고 볼 수 있다.

한국처럼 열악한 안보환경에 놓여 있는 이스라엘은 건국 이래 안보우선정책을 채택함으로써 민주주의에 많은 제약을 가했다. 이스라엘은 1948년의 독립전쟁, 1956년의 5일전쟁, 1967년의 6일전쟁, 1973년의 10월전쟁 등 사실상 전쟁이 계속됐기 때문에 국가안보는 최우선 목표가 되었으며,[8)] 이에 따라 이스라엘 정부는 인권과 자유를 제한하면서 안보태세를 강화하고 전쟁 대비책을 세우는 데 모든 노력을 기울여 왔다.[9)]

States (Boulder, Colo.: Rynne Rienner, 1992), p.28; Mohammad Ayoob, *The Third World Security Predicament: State Making, Regional Conflict, and the International System* (Boulder, Colo.: Lynne Rienner, 1995), p.191.

6) Avner Yaniv, ed., *National Security and Democracy in Israel* (Boulder: Rienner, 1993), p.1.

7) Ibid., p.2.

8) Amos Perlmutter, *Military and Politics in Israel: Nation-Building and Role Expansion* (London: Frank Cass, 1969).

9) Jacob Abadi, *Israe's Leadership: from Utopia to Crisis* (Westport, Conn.: Greenwood Press, 1993), pp.6 ff.

미국과 같은 대표적인 민주국가도 전쟁 중에는 안보가 모든 것에 우선했다. 링컨(Abraham Lincoln)은 남북전쟁 당시 전쟁을 효과적으로 수행하기 위해 헌법과 법률을 위반하는 등 대통령 권한을 확대 행사했다. 그는 징집을 기피하거나 반대한 사람, 적대세력을 지원하거나 호의적으로 대한 사람들을 군사재판에 회부했고, 의회의 동의없이 군사작전을 명령하고 전쟁정책에 반대한다는 이유로 수천 명을 재판없이 투옥했다. 또한 그는 정부를 비판하는 신문사 사장들을 체포했고 군대를 선거에 동원했을 뿐 아니라 몇몇 야당 의원들을 의회에서 추방하기까지 했다. 때문에 당시 미국 언론은 그를 독재자 또는 폭군으로 지칭하기도 했다.[10] 이 같은 비난에 대해 그는 자신의 조치가 "평상시에는 헌법에 위배될지 모르지만 전시에는 나라를 보위하고 헌법을 수호하기 위해 불가피하다"고 주장했다.[11]

안보와 민주주의는 서로 대립적인 가치를 중시한다. 즉, 민주주의는 개인을 중시하지만, 안보는 국가를 중시한다. 민주주의는 어떠한 조건하에서도 최우선적인 가치가 되는 것은 아니다. 국가가 심각한 안보위협이나 절대빈곤에 처해 있는 경우에는 민주주의보다 다른 가치가 우선할 수밖에 없다. 나라의 안전이 보장되지 않으면 민주주의 자체가 존재할 수 없기 때문에 안보위기하에서는 안보가 민주주의보다 더 소중한 가치가 된다. 같은 논리로 국민 다수가 절대빈곤에 빠져 있다면 자유와 인권이 빵보다 소중한 가치가 되기 어렵다.

---

10) Thomas J. Dilorenzo, *The Real Lincoln* (Roseville, Calif.: Forum, 2002), p.6. 토마스 딜로렌조는 링컨에 대해 1만 6천 권의 책이 있지만 대부분은 고의적으로 미화된 것이라고 했다. 미국 역사학자 클린턴 로시터는 "링컨은 위대한 독재자"라 했다.

11) John G. Niolay and John Hay, *Complete Works of Abraham Lincoln* (Lincoln Memorial University, 1894), X, p.66.

3. 민중사관(民衆史觀)과 국가안보

민중사관은 386운동권 등 급진 반체제세력이 신봉하는 사관이다. 이를 신봉하는 사람들은 민족과 민중을 중시하면서 통일지상주의를 표방한다는 점에서 극단적인 민족사관을 대표한다고 할 수 있다.[12] 과거 반정부세력에는 순수한 민주화운동을 한 사람도 많았지만 대한민국 자체를 부정하는 반체제세력 또는 종북 · 친북세력이 편승했던 것은 부인할 수 없는 사실이다. 이들 급진 반체제세력은 라틴 아메리카의 좌파이념이나 종속이론은 물론 북한의 주체사상까지 받아들여 반자유민주주의, 반자본주의, 반제국주의의 논리 아래 미국이라는 '제국주의세력'에 의해 종속상태 또는 '식민지상태'에 있는 남한을 해방시키고 민중혁명을 통해 근본적인 체제변혁을 도모하려 했다.

민중주의 이념은 민족해방(National Liberation, NL)과 인민민주주의(People's Democracy, PD)라는 두 가지 개념을 기반으로 하고 있다. 민족해방과 관련해선, 한국사회의 모든 문제가 미국의 한반도 분단에서 비롯되었다고 본다. 분단으로 인해 한국은 정치적, 군사적, 경제적으로 미국에 종속적인 존재가 되었다는 것이다. 또한 그들은 미국은 한국의 권위주의 정권을 지지했고 나아가 통일의 걸림돌이 되어 왔다고 인식한다. 그들은 분단체제가 유지되는 한 한국은 정상국가가 될 수 없으며 따라서 통일을 이룩하는 것이 무엇보다 선행되어야 한다는 통일지상주의자들이다. 한국을 미국의 영향력에서 벗어나 자주적인 나라로 만들어야 통일도 이루어진다고 보기 때문에 그들은 미군 철수를 주장하는 등, 적극적인 반미투쟁을 전개해왔다. 민중이념의 두 번째 개념인 인민민주주의는 역대 정부가 국가와 국민, 그리고 민주주의에 역행하는 정권이었다고 본다. 그들은 정부를 민중의 적으로 규정하고 어떤 수

---

12) 민중이념에 대해서는 강신철, 『80년대 학생운동사』(형성사, 1988); 한영, 『80년대 한국사회와 학생운동』(청년사, 1989) 참조.

단을 써서라도 타도해야 한다고 확신했다. 이를 위해 노동자, 농민, 진보적 지식인 등이 연대한 민중투쟁을 통해 지배체제를 타도하고 민중세력이 주도하는 통일국가를 세워야 한다고 믿는다. 민중이념에 의한 민주주의는 일반적으로 말하는 자유민주주의와는 근본적으로 다른 것으로서 북한체제와 유사한 것이라 볼 수 있다. 그들의 목표는 과거 야당이 추구해 온 민주화가 아니라 정치와 사회 체제를 근본적으로 바꾸는 혁명이다.

민중사관을 신봉하는 세력은 소위 수정주의(修正主義) 역사관에 입각하여 우리나라가 일제의 강점으로부터 해방된 후 분단된 상황을 '갈등이론'으로 설명하면서 그 해결 방안도 갈등이론의 틀 속에서 찾고 있다. 즉, 제국주의 세력과 반제국주의 세력, 친일세력과 반일세력, 친미와 반미 세력, 자본가와 근로자 계급, 가진 자와 못 가진 자, 그리고 민족자주세력과 외세의존세력 간의 갈등 등, 모든 것을 갈등적 시각에서 국내문제는 물론 남북문제와 대외관계에 접근하고 있다. 그들은 갈등이론이 제기하는 명제인 반제국주의(반미), 민족해방(미군 철수), 인민민주의 혁명(공산혁명)을 주장하고 있다. 북한에는 이미 반제국주의, 민족해방, 인민민주주의 혁명이 완수되었으나 미국의 새로운 식민지가 된 남한에서는 미국 제국주의자들과 그 앞잡이들의 방해로 그 같은 혁명이 좌절되었다는 것이다. 따라서 한반도 통일의 첫 단계로 남한에서 반제국주의, 민족해방, 인민민주주의 혁명이 이루어져야 한다는 것이다. 이 같은 노선은 국가보안법 철폐, 미군 철수, 연방제 통일을 주장해온 북한의 대남 적화노선과 크게 다를 바 없다.

386주사파로 알려진 반체제세력은 대한민국의 건국으로부터 근래에 이르기까지 우리 사회의 주류세력은 반민족적, 친일 · 친미적, 반민주적 세력이라는 왜곡된 역사관을 가지고 있다. 그들은 한국현대사를 친일 · 친미적 기회주의 세력이 득세하고 그들의 권력욕으로 인해 역대 정권은 독재를 하고 부정부패에 빠져 우리 현대사를 부끄럽게 만들었다고 주장해왔던 것이다.

요컨대 이 사관을 신봉하는 사람들은 통일지상주의에 빠져 대한민국의 정통성을 부정하고 안보를 반통일적, 반민족적이라고 보고 나아가 한미동맹은 폐기되어야 한다고 보기 때문에 반미운동을 벌이는 등 안보의 심각한 저해요인이 되고 있다.

4. 국가건설(國家建設) 사관과 국가안보

다음으로 중요한 사관은 국가건설(nation building) 사관이다. 이 사관의 전제는 한국과 같이 현대 국민국가를 건설하는 과정에 있는 나라의 역사에는 국민국가 건설이 오래전에 완성된 안정되고 풍요로운 선진국의 기준을 그대로 적용, 해석할 수 없다는 것이다.

앞에서 살펴 본 민족주의 사관과 민주주의 사관의 공통적인 문제는 안보의 중요성을 간과하고 있다는 것이다. 국제사회는 한반도를 세계 2대 화약고의 하나로 인식할 정도로 안보상황을 심각하게 우려하고 있지만, 정작 한국에서는 안보가 현대사 해석에 있어 핵심 고려요소가 되지 못하고 있다는 사실은 불가사의한 일이다. 한국 현대사의 담론도 대체로 산업화세력과 민주화세력 간의 경쟁과 대립으로만 보고 있을 뿐이다.

해방 후 우리 선배 세대들은 최악의 조건에서 그야말로 맨주먹으로 건국을 이뤄냈지만 그들 앞에 놓인 현실은 험난한 가시밭길이었다. 토인비(Arnold Toynbee)가 도전에 대한 응전으로 역사발전을 해석했듯이, 지난 60여 년의 한국 역사는 갖가지 도전을 극복하고 '국가건설'을 위해 거국적인 노력을 쏟아 부은 결과물이다.

필자는 국가건설이라는 종합적 관점에서 한국 현대사를 평가한 바 있다.[13] 국가건설이란 근대 국민국가의 기본 인프라를 구축하는 과정

13) 김충남, 『대통령과 국가경영: 이승만에서 김대중까지』(서울대학교출판부,

으로 정의된다. 현대 국가의 기본 인프라는 국내외 안전(security), 경제적 바탕(economy), 근대적 정치질서(democracy)의 3대 요소로 규정될 수 있다.

국가건설 사관에 따르면, 건국 초기의 열악한 여건과 취약한 정부능력을 고려할 때, 안보, 경제, 정치 등 3대 과제는 한꺼번에 해결되기 어려웠기 때문에 정부가 우선적인 국가목표를 설정하여 그것에 초점을 맞추는 것이 불가피할 뿐 아니라 또 바람직한 것으로 본다. 모든 국가에 있어 가장 기본적이고 시급한 것은 국가의 생존과 치안질서의 유지다. 국내외 안전이 보장되지 않으면 경제발전도 민주발전도 불가능하기 때문에 안보위협을 제거하는 것이 우선적인 목표가 돼야 한다.

국내외 안전이 어느 정보 확보된 다음에는 경제발전이 중요한 목표로 떠오른다. 경제적 바탕이 마련되지 않고는 튼튼한 안보태세를 구비하기도 어렵고 민주적 발전도 도모하기 어렵기 때문이다. 국내외 안전이 보장되고 경제발전으로 중산층이 두터워지면 비로소 본격적인 민주발전을 할 수 있는 여건이 마련된 것으로 본 것이다.

국가건설 사관에 따라 한국 현대사를 해석한다면, 이승만 정부는 건국과 더불어 자유민주주의를 수호하고 한미동맹 결성과 군사력 육성 등 안보의 기반을 구축했으며(1단계 과제인 안전보장 확보), 박정희 정부와 전두환 정부는 안보태세를 더욱 강화하면서 자립경제의 기반을 구축했으며(제2단계 경제적 바탕 구축), 그 이후의 정부들은 3단계 목표인 민주발전에 우선순위를 두게 되었다고 할 수 있다. 이처럼 한국은 안보태세 확립, 경제발전, 민주발전의 단계적 순서로 국가건설 과제를 해결했기 때문에 어느 나라보다 성공적인 국가발전을 이룩할 수 있었다. 이 같은 단계론적 역사해석은 역대 정부를 상호대립적인 시각에서

2006); Choong Nam Kim, *The Korean Presidents: Leadership for Nation Building* (Norwalk, Conn.: EastBridge, 2007); 김충남, "한국 국가건설의 도전과 이승만의 응전: 한국 현대사 해석의 새로운 시도," 이인호 · 김영호 · 강규형 편, 『대한민국 건군의 재인식』(기파랑, 2009), pp.405-457.

보지 않고 역사적 분업의 차원에서 평가하기 때문에 한국현대사를 통합적인 역사인식으로 이해할 수 있다는 장점이 있다.

제2절 대북정책의 시대적 변화

한국은 이스라엘, 대만과 더불어 세계에서 가장 심각한 안보위협에 직면해 있는 나라다. 따라서 어느 나라보다 대통령의 안보리더십이 중요함에도 불구하고 그간 역대 대통령들의 안보리더십은 주목받지 못했다. 오히려 안보를 중시한 대통령들은 그들의 장기집권 또는 권위주의 통치를 정당화하기 위해 안보를 악용했다고 비난받는 등 안보정책 자체가 폄하당해 왔다.

이 절에서는 이승만 대통령 이후의 역대 대통령들의 외교안보정책을 살펴보고자 한다. 여기서는 김영삼 대통령 이후의 정부를 민주정부로 규정하기로 한다.

1. 자유민주체제를 수호한 반공정책

역대 대통령 중에서 이승만만큼 잘못 평가받고 있는 대통령도 없을 것이다. 그는 확고한 반공정책을 통해 건국 직후의 공산화 위협을 극복하고 6·25전쟁 당시에는 국민과 정부를 이끌어 공산침략을 막아냈으며, 한미동맹 결성을 통해 대한민국의 생존과 번영의 기초를 마련하는 데 결정적으로 기여했다.

조선 사대부들과 달리 이승만은 청년시절부터 외교안보 문제에 특별한 관심을 가졌다. 대통령이 된 후 그는 대부분의 시간과 자원을 공산침략에 대응하는 데 투입했다. 이처럼 그는 대한민국을 수호하기 위해 자신의 모든 것을 걸고 있었지만 그를 평가하는 사람들은 안보위기 등 그가 당면했던 어려움은 간과한 채 그의 비민주적 측면에만 초점을 맞추는 경향이 있다.[14)]

이승만은 타고난 외교전략가였다. 1904년 한양감옥에서 쓴 『독립정신』에서 그는 당시 한반도를 둘러싼 열강의 각축을 예리하게 분석하고 외교를 통해 주권을 수호할 것을 강조했다. 그는 미국 프린스턴대학에서 국제관계 박사학위를 받았으며, 일본이 하와이를 공격하기 바로 몇 달 전 뉴욕에서 출판된 『일본의 가면을 벗긴다(*Japan Inside Out*)』라는 저서를 통해 일본의 침략가능성을 경고하여 국제적으로 주목받은 바 있다. 그 후 그는 워싱턴에 자리 잡고 미국 정부와 유럽 국가들을 상대로 독립을 위한 외교활동을 벌였다. 이처럼 그는 현대 한국의 어떤 지도자보다 외교안보 정책을 다룰 수 있는 훌륭한 역량을 보유하고 있었다.

이승만은 또한 철저한 반공주의자이자 동서 냉전의 최전선 국가 지도자로 탁월한 외교력을 과시했다. 그는 미국에 있으면서 스탈린(Joseph Stalin) 치하 공산독재의 끔찍한 실상을 잘 알고 있었다. 그는 또한 구한말 한반도를 노리던 러시아의 팽창주의를 경계했다. 이와 관련하여 그는 "공산주의는 콜레라와 같은 것이다. 공산주의와 협력하거나 타협하는 것은 불가능하다. 공산 전체주의에 굴종하느냐 아니면 반대하느냐의 선택만이 있을 뿐이다"라고 주장하기도 했다.

이승만의 반공 및 반소 노선은 역설적으로 미국과 충돌하게 된 근본 원인이기도 했다. 당시 미국의 대외정책은 소련과의 협조를 통해 국제 문제를 해결한다는 좌우합작 노선에 토대를 두고 있었다. 그는 그 같은

14) Victor Cha, "Security and Democracy in Korean Development," in Samuel S. Kim, ed., *Korea's Democratization* (Cambridge: Cambridge University Press, 2003), p.201.

미국의 정책이 공산주의자들에게 승리를 안겨주는 어리석은 정책이라 판단했다. 따라서 그는 미군정이 추진했던 신탁통치, 미소공동위원회, 좌우합작을 모두 반대했다. 2차 세계대전 직후 좌우연립 정부를 세웠던 동유럽 국가들, 그리고 국공합작을 추진했던 중국이 모두 공산화했던 사실을 고려할 때 공산주의에 대한 그의 혜안은 놀라운 것이었다.

한국의 공산주의는 유독 폭력적이고 비타협적 성격이 강했다. 조선공산당은 25년이나 일본 통치에 저항하는 등 당시 가장 강력한 세력을 형성하고 있었다. 그들은 해방 후 권력 공백기의 혼란을 틈타 선전 무기인 신문과 잡지 등을 장악하고 공산당 특유의 일사불란한 조직력과 선전선동으로 세력을 신속히 확장하여 당원이 4만여 명에 이르렀고, 그 밖에도 상당수의 추종자를 거느리고 있었다.[15] 공산세력은 북한에 주둔 중인 소련군과 서울에 있던 소련 영사관의 지원을 받아 그 세력을 급속히 확대하여 1947년에는 당원이 37만 명에 이르기도 했다. 그들은 공산주의 원리에 따라 잘 조직되고 엄격한 규율과 통제하에 놓여 있었으며, 북쪽으로부터 지원받은 풍부한 자금력으로 노동자, 농민, 학생단체를 전위조직으로 만들어 파업, 태업, 시위, 무장봉기를 주도하며 사회를 혼란에 빠뜨렸다.[16]

그들은 조선노동조합전국평의회, 전국 농민조합총연맹 등 전위조직을 결성하고 남한의 국방경비대와 경찰을 포함한 주요 정부기관에 침투했다. 1946년 1월 발족한 '남조선 민주민족전선'은 공산주의 연합전선전략에 따라 29개 정당과 사회단체를 끌어들였다.[17] 공산주의자들은 대중동원을 통한 공산혁명을 위하여 합법과 비합법, 폭력과 비폭력, 경제와 정치 등이 배합된 투쟁을 전개했다. 그들은 인플레이션, 높은 소작료, 일제의 잔재, 경찰의 전횡, 관료의 부패, 식량난 등 해방 직

15) Dae Sook Suh, *The Korean Communist Movement, 1918-1948* (Princeton: Princeton University Press, 1967), pp.53-141.

16) 김종범 · 김동운, 『해방 전후의 조선진상』(조선정경연구사, 1945), pp.62-66.

17) 임동원, 『혁명전쟁과 대공전략』(탐구당, 1967), p.124.

후 만연된 대중의 불만을 최대한 선동하여 위협적인 대중폭동을 일으켰다.[18]

공산세력의 대표적인 도전은 1946년 가을에 있었던 총파업과 폭동이었다. 그 해 9월에 시작된 철도노동자 파업은 전국 총파업으로 확대됐다. 교통과 통신은 완전히 두절됐고 대다수 공장, 광산, 회사들은 문을 닫았다. 그 해 10월 1일 대구에서 일어난 폭동은 4개 도, 73개의 시와 군으로 파급됐으며 200만 명 이상이 이 폭동에 참가했다. 미군정은 계엄령을 선포하고 군과 경찰력을 동원하여 폭동을 진압했다. 폭동의 대가는 컸다. 200여 명의 경찰관을 포함하여 1,000여 명이 사망했고 3,600여 명이 실종되는 등 30,000명 이상의 사상자를 낸 끔찍한 사건이었다.[19]

1948년 봄 국방경비대의 병력은 18,000명 내지 20,000명 정도에 불과했지만 북한군 병력은 12만 내지 15만으로 추산됐다.[20] 이승만 정부는 미군정으로부터 취약하기 짝이 없는 50,000명 규모의 국방경비대를 물려받았다. 그들은 무장도 제대로 갖추지 못했고 보급도 엉망이었으며 훈련다운 훈련도 받지 못했기 때문에 "1775년 미국 독립전쟁 당시 민병대 수준"으로 평가됐다.[21] 빈약한 재정 형편으로 무기를 구입할 수도 없었고 미국에 지원을 거듭 요청했으나 미국은 이를 거절했다.[22]

이스라엘이 건국 직후 아랍의 침략에 직면했듯이 이승만 정부는 무엇보다도 공산세력의 강력한 도전에 직면했다. 남로당은 대한민국 정

---

18) George M. McCune, *Korea Today* (Cambridge: Harvard University Press, 1950), pp.240-242.

19) Bruce Cumings, *The Origins of the Korean War* (Princeton: Princeton University Press, 1981), pp.380-381.

20) Soon Sung Cho, *Korea in World Politics 1940-1950* (Berkeley: University of California Press, 1967), p.249.

21) McCune, op. cit., p.266.

22) Stephen Pelz, "Decisions on Korean Policy," in Cumings, ed., *Child of Conflict: The Korean-American Relationship, 1943-1953* (Seattle: University of Washington Press, 1983), p.118.

부수립을 위한 총선거를 저지하기 위해 전국 총파업과 제주 4·3사건을 일으켰다. 이어서 정부 수립 후 두 달도 안 된 때인 1948년 10월 여수 주둔 14연대에서 남로당 침투요원들이 주동으로 제주사태를 평정하라는 명령을 거부하고 군대를 장악하는 사건이 일어났다. 이 사건은 2천여 명의 장병과 그보다 더 많은 수의 좌익세력이 동조하여 여수와 순천 일대를 일주일간 장악하는 등 신생 대한민국의 생존을 위협하는 사건이었다. 이 사건으로 정부군, 경찰, 민간인이 1,200여 명이나 살해당했고 반군 측 사망자도 1,500명에 이르렀다.[23] 여수와 순천 지역의 혼란은 곧 진압되었지만 그 잔당은 지리산으로 들어가 공산 빨치산이 되어 계속 대한민국에 도전했다. 뒤이어 대구지역 주둔 6연대에서도 두 차례나 비슷한 사건이 발생했고, 1949년 5월에는 춘천지역 주둔 8연대의 2개 대대가 집단 월북했으며, 비슷한 시기에 해군 함정 세 척이 승무원들과 함께 월북하는 사건도 일어났다. 당시엔 북한군이 곧 남침할 것이라는 소문으로 민심이 흉흉했다.[24]

▶ 화염에 휩싸인 여수

여순사건으로 한국은 극도의 안보불안 상태에 빠졌다. 그동안 이승만 정부의 반공정책에 회의적이었던 국회는 여순사건을 계기로 1948년 12월 정부가 제안한 국가보안법을 통과시켰다. 이 법에 따라 공산당은 불법으로 규정됐고 정부와 군대 등에 침투해 있던 공산분자들이

23) 동아일보, 『시련과 영광의 민족사』(서울, 1975).

24) "Political Summary for March, 1949," RG 59, CDF 1945-49, 895.00/4-1849, National Archive.

색출됐으며 대대적인 게릴라 소탕작전도 전개됐다. 정부는 1948년 말부터 1949년 여름 사이에 국군 병력의 10%에 해당하는 4,750명의 불순분자들을 숙청했으며 다른 부문에서는 그보다 많은 수를 제거했다.[25] 1949년 당시 정부는 재정의 60% 이상을 국방 및 치안 유지비로 투입하며 남로당 조직을 분쇄하고 빨치산 세력을 소탕하는 데 성공했다.

그 와중에 북한은 남한 내 공산세력을 지원하고자 강동정치학원을 설립하고 게릴라들을 훈련하여 남파시켰다.[26] 북한은 1948년 10월부터 1950년 3월 사이에 2, 400여 명의 게릴라를 내려 보낸 것으로 알려졌다. 남한 내 인민유격대는 3개 병단(오대산, 지리산, 태백산)을 구성하여 무장투쟁을 전개했다. 브루스 커밍스(Bruce Cumings)는 게릴라 활동이 절정에 달했던 1949년 10월경 그 수가 89,900명에 이르고 이들로 인해 야기된 소요사태는 1,330여 회라고 기록하고 있다.[27]

남한 내 공산세력의 규모는 정확히 알려지지 않았으나 당시 활동 중이던 게릴라만도 27,000여 명에 이르는 것으로 추산됐다.[28] 당시 미국 관리의 보고에 따르면, 1949년 초 공산게릴라들은 남한 내 주요 산간지역을 통제하고 있었고 제주도에는 공산세력이 횡행하고 있었다.[29] 많은 산촌지역은 '낮에는 대한민국, 밤에는 인민공화국'인 실정이었다.[30] 1948년 10월부터 1949년 8월 사이에 있었던 게릴라 토벌 작전에서 9,500여 명이 사살, 부상 또는 생포됐던 사실을 감안할 때 남한 내 공산세력이 어느 정도 창궐했던가를 짐작할 수 있다.[31] 정부 수립 이후

---

25) Robert A. Scalapino and Chong-Sik Lee, *Communism in Korea* (Berkeley: University of California Press, 1972), p.309.

26) Soon Sung Cho, op. cit., p.231.

27) 같은 책, pp.272-273.

28) 국방부 전사편찬위원회, 『한국전쟁사』 제1권, pp.499-500.

29) "Political Summary for March, 1949," RG 59, CDF 1945-49, 895.00/4-1849, US National Archives.

30) Cho, *op. cit.*, p.232.

31) Bruce Cumings, *The Origins of the Korean War: Liberation and the Emergence*

안보위협의 심각성은 각종 시위와 폭동, 무장반란, 게릴라전, 38선 무력 충돌 등으로 6·25전쟁 이전까지 10만여 명이 희생됐다는 사실에서 능히 짐작할 수 있다.

이 같은 조치들에 대해 해외 언론은 이승만 정부를 반민주적 정부라고 비난했다. 그럼에도 이승만 정부는 과감한 조치를 통해서 공산세력과의 대결에서 나라를 지킬 수 있었다.[32] 만일 당시 정부가 공산세력의 도전에 그처럼 단호하게 대응하지 않았다면 대한민국의 운명은 달라졌을지도 모른다. 이승만이야말로 그러한 투쟁을 이끌어나갈 수 있는 강철 같은 의지를 지닌 유일한 지도자였다고 본다.

자유를 지키는 과정에서 억울한 희생도 없지 않았지만 안보위기 상황에서는 정부가 단호하게 대응하는 것이 불가피했다. 일찍이 마키아벨리(Niccolo Machiavelli)도 건국과 같은 혼란과정에서는 여러 가지 난관이 존재하기 때문에 '부당한 행위'가 있더라도 그것을 비난할 수만은 없다고 했다. 건국의 시기에는 여우와 사자의 기질을 다 가지고 있는 교활하면서도 잔인한 지도자가 필요하다는 것이다.[33] 미국 역사상 가장 위대한 대통령의 한 사람으로 칭송받고 있는 링컨 역시 남북전쟁 당시 헌법에 보장된 인권을 빈번히 무시하여 독재자 또는 폭군이라 불리기도 했다는 점을 다시 한번 상기할 필요가 있다.

1) 미국과 소련의 대조적인 한반도 정책

6·25전쟁 초기 상황과 관련하여 이승만 정부는 종종 비판의 대상이 돼왔다. 전쟁준비도 제대로 하지 않고 북진통일만 부르짖었으며 전쟁

---

of Separate Regimes, 1945-1947 (Princeton: Princeton University Press, 1973), Vol. II, p.144.

32) John Merrill, "Internal Warfare in Korea, 1948-1950: The Local Setting of the Korean War," in Bruce Cumings, ed., *Child of Conflict: The Korean-American Relationship, 19443-1953*(Seattle: University of Washington Press, 1983), pp.153-154.

33) Niccolo Machiavelli, 강정인 · 안선재 역, 『로마사 논고』(한길사, 2003), p.108.

이 일어난 후 이승만 대통령이 피난했고 한강교를 서둘러 폭파했던 사실 등에 대해 논란이 많다. 피상적으로 보면 틀린 말도 아니다. 그러나 당시 상황을 종합적으로 판단할 때 이승만에 대한 비판은 과도하고 일방적 비난이라는 느낌을 받게 된다.

당시 정부는 출범한지 1년 반 밖에 안 됐다. 인적 · 물적 자원도 없었고 그나마 미국의 원조로 버티고 있었다. 그 기간 중 제주 4 · 3사건, 여순사건, 게릴라전, 38선 무력충돌 등이 잇따랐다. 정치 · 경제 · 사회적으로도 혼란 상태였다. 경제력이 뒷받침되지 않은 상황에서 우방국의 지원 없이 그 짧은 기간에 전쟁준비를 한다는 것은 불가능한 일이었다.

당시 남북한 대결에 있어서는 그 후원국인 미국과 소련의 한반도 정책이 중요했다. 소련은 적극적이었던 반면 미국은 소극적이었다. 소련은 처음부터 북한에 공산정권을 수립할 계획을 세우고 진주한 후 이를 적극 추진했다. 이에 비해 미국은 아무런 계획이나 준비도 없이 한반도에 진주했고 남한의 미래에 대해서도 비관적이었다.[34] 미국은 소련이 한반도를 통제할 가능성이 크다고 봤기 때문에 한반도에 민주정부를 설립하려는 확고한 의지가 없었다. 그래서 미국의 한반도 정책은 표류했다.[35] 2차 세계대전의 후유증으로 유럽은 경제적 · 정치적 위기에 처해 있었고 그리스와 터키 등지에서 공산주의 팽창에 직면하면서 미국은 서구 지역에 대한 군사적 · 경제적 지원에 집중할 수밖에 없었다. 미국은 한국에 미군을 유지할 수 있는 병력이나 예산이 부족하여 가능한 한 빨리 철수하려 했다.[36] 2차 세계대전이 끝날 즈음 전체 미군 병력은

---

34) Jongsuk Chay, *Unequal Partners in Peace and War: The Republic of Korea and the United States, 1948-1953* (Westport, CT: Praeger, 2002), p.40.

35) Gregory Henderson, *Korea: The Politics of the Vortex* (Cambridge: Harvard University Press, 1968), p.149; Weathersby, op. cit., p.9; Jonathan Haslam, "Russian Archival Revelations and Our Understanding of the Cold War," *Diplomatic History 21* (spring 1997), p.224.

36) William Stueck, The Road to Confrontation: *American Policy toward China and Korea, 1947-1950* (Chapel Hill: University of North Carolina Press, 1981), Chap.3.

1,200만 이었지만 1947년 여름에는 100만 명에 불과했다.

미군정의 소극적이고 일관성 없는 정책으로 남한 상황은 악화되고 있었지만 북한은 소련의 적극적인 지원, 유리한 경제적 조건, 공산주의식 통제와 동원으로 신속히 안정됐다. 사실 북한의 건국 작업은 남한보다 2년 반이나 빠른 1946년 초부터 시작됐다. 1946년 초부터 김일성 중심의 북한 공산세력은 모든 반대세력을 숙청하고 권력을 독점했으며 강력한 공안기구를 설치하여 사회통제를 강화했다. 그들은 정치사회적 안정을 확보하고 주요산업을 국유화하여 필요한 자원을 확보할 수 있었다. 또한 공산주의식 동원체제를 통해 무기를 생산하는 등 전쟁을 준비할 수 있었다.[37] 1948년 초에 이르러 북한은 독자적인 정권수립을 사실상 완료했고 군대의 규모도 12만에서 15만 명에 달했다.

대한민국 정부 출범 후 첫 해인 1949년은 국가의 운명이 풍전등화처럼 위태로운 한 해였다. 제주사태는 계속되고 있었고 전국 주요 산악지역에는 빨치산이 출몰하고 있었으며 38선에서는 수시로 무력충돌이 벌어지고 있었다. 이처럼 한국의 생존이 위태로웠음에도 미군은 고문단 500명만 남기고 6월 말까지 철수를 완료하면서 위기의식은 최고조에 달했다. 미군이 철수하면서 미국은 우리 육군의 병력 규모를 65,000명 수준으로 증가시키는 데 합의했다. 이승만 정부는 6 · 25전쟁 전까지 8개 사단 98,000명 수준으로 병력을 증가시켰으나 제대로 장비를 갖춘 병력은 50,000명에 불과했다. 나머지는 일본경찰이 쓰던 구식소총으로 무장하고 있었고 훈련수준도 형편없었다. 정부는 국방 및 치안 능력을 향상시키기 위해 예산을 늘리려 했으나 미국의 원조 당국자들이 이에 반대하여 군대를 훈련시키지도 못하는 실정이었다.[38]

이승만 정부는 미군철수에 따른 방위력 확보를 위해 대미외교에 적

---

37) Charles K. Armstrong, *The North Korean Revolution, 1945-50* (Ithaca: Cornell University Press, 2003), Chapter 2.

38) U. S. Department of States, *Foreign Relations of the United States 1950,* VII, p.47.

극 나섰다. 장면(張勉)을 주미대사로 임명하여 원조획득을 위한 노력을 하도록 했고, 뒤이어 조병옥(趙炳玉)을 특사로 보내 미군철수 연기와 한국군 증강에 필요한 무기지원을 요청하게 했다. 이승만은 1949년 6월 아시아 · 태평양 지역에서 유럽의 북대서양조약기구(NATO, 1949년 4월 출범)와 유사한 반공동맹기구인 '태평양협정(Pacific Pact)'을 제의하고, 아시아 반공국가인 중화민국 및 필리핀 지도자들과 회담을 갖기도 했다. 그러나 모든 것이 여의치 않았던 이승만은 1949년 10월 자신의 답답한 심정을 다음과 같이 토로했다.

> "최근 비밀보고에 따르면 북한군은 비행기나 모든 무기 면에서 … 곧바로 남쪽으로 처내려올 준비가 다 되어 있다. 우리는 무엇을 가지고 그들을 저지할 것인가? 우리들의 탄약은 2일 또는 2개월분 밖에 없다. 만약 우리 사단들이 여러 시점에 걸쳐 싸우면 2개월이고, 모든 사단들이 동시에 싸우면 2일분 밖에 되지 않는다고 한다. 우리들은 중국의 사태와는 달리 우리 스스로 싸울 결의가 되어 있으며, … 우리에게 필요한 것은 우리 스스로 싸울 무기인 것이다."[39)]

미국은 중국 대륙이 공산화하고 나서 아시아 대륙의 지상전에 절대 휘말려서는 안 된다고 판단했다. 그래서 애치슨(Dean Acheson) 국무장관은 1950년 초 한국과 대만이 미국의 방위선에 포함되지 않는다는 이른바 '애치슨 라인(Acheson Line)'을 발표했다. 그는 재임 중 유럽을 11번이나 방문했지만 아시아는 한 번도 방문하지 않았다.

1946년 초 사실상의 정부를 구성한 이래 북한은 5년 가까이 전쟁을 준비해왔고 소련과 중국의 적극적인 지원도 있었다. 스탈린은 중국의 공산화를 적극 지원했고 뒤이어 김일성의 남침도 지원하는 등 아시아

---

39) Robert T. Oliver, *Syngman Rhee and American Involvement in Korea, 1942-1960* (Seoul: Panmun Book Co., 1978), pp.259-260.

공산세력 확장을 주도했다. 그는 1946년 5월 만주지역의 공산 팔로군(八路軍)이 열세를 면치 못하자 소련군 점령하의 북한으로 퇴각하게 했다. 팔로군은 여기서 북한청년들로 인력을 보충하고 소련군으로부터 무기를 지원받으며 군사 훈련을 받아 전력을 강화했다. 여기서 비축된 힘을 바탕으로 팔로군은 중국으로 되돌아가 국민당 군을 물리치게 된 것이다. 이처럼 소련 통제하에 있던 북한은 중공정권 탄생에도 크게 기여했다.[40)]

소련군은 북한에 진주한 이래 1946년부터 조선인민군도 육성했다. 1948년 말 북한에 진주했던 수십만의 소련군을 철수시키면서 그들의 군사장비 대부분을 북한에 넘겨주었다. 그 결과 1949년 초 북한군대는 이미 아시아 최강의 군대가 되었다. 이와 동시에 스탈린은 스티코프 대장을 북한 주재 대사로 임명하고 그가 이끄는 40명의 장성들로 구성된 특별군사사절단으로 하여금 6·25전쟁 전까지 인민군 14개 보병사단과 2개 전차사단을 편성하는 것을 지원토록 했다. 특히 바시리예프(Vassyliev) 중장 등 수십 명의 소련 군사고문단은 김일성의 남침 군사작전계획 수립을 지도한 것으로 알려지고 있다.[41)]

이렇게 남침계획을 수립한 김일성은 1949년 3월 모스크바로 가서 스탈린을 만났다. 3월 3일의 첫 만남에서는 김일성은 주로 군사지원을 요청했다. 그러나 이틀 후 그는 다시 스탈린을 만나 남침의사를 밝히고 지원과 승인을 요청했지만 스탈린은 미국의 개입을 우려하며 거부했다. 그럼에도 북한과 소련은 경제문화협정을 체결했다. 이 협정은 위장된 군사원조협정이라 할 수 있다. 이 협정에 입각해서 소련은 북한에 막대한 규모의 차관을 제공하고 6개 보병사단, 3개 기계화부대, 8개 국경수비대에 필요한 무기와 장비를 지원했다.

1949년 후반 한반도 주변정세에 중대한 변화가 일어나면서 스탈린

---

40) 이정식 교수의 중앙일보와의 인터뷰(『중앙일보』, 2011년 11월 9일자).
41) 육군사관학교, 『북한학』(박영사, 1999), pp.221-223.

은 한반도 정책에 대한 입장을 바꿨다. 첫 번째는 한국에서 주한미군이 철수한 것이고, 두 번째는 중국 공산혁명의 성공이었다. 이로써 중국 인민해방군 소속 한인계 장병 3만 명 정도를 북한으로 전환할 수 있었다. 셋째는 1949년 8월에 있었던 소련의 원자탄 실험 성공이었다. 이에 따라 1949년 후반부터 소련은 북한에 적극적인 군사지원을 하기 시작했다. 일본의 한국전쟁 전문가 하기와라 요(萩原 遼)에 따르면 소련은 1949년 여름부터 1950년 봄에 걸쳐 전투기 200대, 탱크 300대, 2,000여 문의 야포 등 공격용 무기를 제공했다.[42)]

그러한 가운데 김일성은 1950년 초부터 평양 주재 소련대사 스티코프를 통해 스탈린을 만나겠다고 요청했다. 김일성은 1950년 3월 30일부터 4월 25일까지 모스크바를 방문했다. 여기서 스탈린은 남침계획에 기본적으로 동의하면서 철저한 공격계획을 준비할 것과 기만책으로 대남 평화통일 제안을 하라고 했다. 이때에도 스탈린은 외형적으로는 먼저 침공하지 말고 남측의 공격을 유도하여 반격하는 형식을 취하라고 했다. 나아가 마오쩌둥을 만나 그의 동의도 받아라고 했다.[43)] 귀국 직후인 1950년 5월 13일 김일성은 베이징으로 가서 마오쩌둥을 만나 남침계획을 설명하고 그의 승인을 받았다. 그럼에도 스탈린은 미국과의 정면 대결을 여전히 우려하고 있었기 때문에 김일성은 남침의 최종 승인을 받기 위해 스탈린에게 모두 48차례나 전문을 보내 마침내 남침 일자에 동의를 받아 냈다.[44)]

중국 공산당 또한 북한군 전력강화에 결정적 역할을 했다. 마오쩌둥(毛澤東)은 한반도 공산화가 중국 공산정부 안정에 결정적인 요소라고

---

42) 萩原 遼, 『朝鮮戰爭』 문고판(도쿄: 문예춘추사, 2004), pp.153-157; United States of America Department of State, *North Korea: A Case Study in the Techniques of Takeover* (Washington, D.C.: Government Printing Office, 1961), p.85.

43) 박태균, 『한국전쟁』(책과함께, 2011), pp.156-173.

44) Kathryn Weatherby, "New Findings on the Korean War," *Cold War International History Project Bulletin* 1: 14(Fall 1993), p.14.

판단했다. 중국 공산당은 1949년 3월 '조중(朝中)상호방위협정'을 체결하고 북한의 군사력 증강을 위한 지원에 나섰다.[45] 중공군이 국민당 정부의 수도인 난징을 점령한 후인 1949년 5월 마오쩌둥은 동북인민해방군 예하 164사단 소속 조선인 장병(12,000여 명)과 166사단 소속 조선인 장병(1만여 명)을 장비와 함께 북한으로 돌려보냈다. 그들은 북한에서 각각 인민군 5사단과 6사단이 되었다. 다음 해 1월에는 제4야전군 소속 조선인 장병 1만 4천여 명을 무기를 갖고 귀환하게 하여 인민군 7사단이 되게 했다. 이들 3만 6천여 명은 일본군 및 국민당 정부군과의 전투를 통해 단련된 군대로 인민군 전체의 3분의 1에 해당되는 규모였다. 이들 3개 사단은 남침 당시 인민군의 주력부대였다.[46]

이에 비해 한국군은 장비도 예산도 없어 훈련도 제대로 받지 못한 민병대 수준에 불과했다. 미군은 철군할 당시 한국군에 소(小)화기만을 넘겨줬을 뿐이며, 그 후에도 한국에 대한 군사적 지원에는 소극적이었다. 뿐만 아니라 미국은 한국의 인플레를 우려하여 한국에 국방비와 치안비 감축도 요구했다. 또한 1949년 봄 한국정부가 미국에 군사원조를 요청했을 때 미국은 오직 한국의 경제회복과 국내안정을 위해서만 원조를 제공할 것이라고 잘라 말했다.[47] 그리고 중화기를 제공해달라는 한국의 요청에 대해서는 회답도 하지 않았다. 이처럼 전쟁 이전에 미국의 한반도 정책은 한국의 전략적 가치를 낮게 판단했기 때문에 매우 소극적인 것이었다.

1950년 6월 25일 새벽 수백 대의 전투기와 전차 등으로 중무장한 북한군의 기습남침을 받았을 때 한국의 정세는 절망적이었다. 그럼에도 한국군은 그야말로 '맨주먹'으로 용감히 맞서 싸웠으며 어느 부대도

45) 김삼규, 『금일의 조선』(도쿄, 1956), pp.34-35.

46) 장준익, 『북한 인민군대사』(서문당, 1991); Chen Jian, "The Sino-Soviet Alliance and China's Entry into the Korean War," *Cold War International History Project*, Working Paper No.1, 1992(http://seas.gwu.edu/nsarchive/cwihp).

47) 『동아일보』, 1949년 4월 22일자.

▶ 전선 시찰에 나선 이승만 대통령

투항하지 않았다. 국민들도 정부에 대한 신뢰를 버리지 않았으며 많은 젊은이들이 자원입대하여 낙동강 교두보를 지켜냈다. 이승만 정부가 전쟁 이전에 군대를 비롯한 모든 분야에 침투해 있던 좌익세력을 색출하지 못했다면 북한의 남침을 계기로 여순사건 같은 사건이 여러 곳에서 일어났을지 모른다. 그렇게 됐다면 유엔군이 도착하기 이전에 군대와 정부는 무너졌을 터이고 대한민국의 운명은 거기서 끝났을 것이다.

대한민국 건국 전후로 국내에는 공산주의에 동조하는 사람들이 많았는데 북한의 침략을 당했을 때 군대는 물론 대다수 국민이 단호하게 맞선 이유는 무엇일까? 그 이유는 세 가지로 생각해볼 수 있다.

첫째는, 이승만의 반공주의에 대다수 국민이 공감했다는 것이다. 당시 대한민국은 미국식 민주주의 국가를 건국한 후 새로운 나라 건설이라는 희망을 가지고 있었다. 그러나 남로당을 중심으로 한 공산세력이 사회혼란을 조성하고 국가를 위협했기 때문에 공산주의는 나쁘다는 인식이 널리 퍼지게 됐다. 더구나 이승만정부의 농지개혁으로 공산주의자들의 상투적 선동구호인 '토지는 농민에게'라는 슬로건이 먹혀들지 않게 됐다.

둘째, 여순사건 아후 공산분자를 일망타진하여 한국 내 공산세력을 수세로 몰아넣는 데 성공했기 때문이었다. 뿐만 아니라 이승만 정부는 공산세력에 가담했다가 전향한 사람들을 보도연맹이라는 조직 속에서 효과적으로 관리했기 때문에 북한의 남침 당시 우려됐던 남로당에 의한 후방교란을 예방할 수 있었다. 이승만정부는 1949년 한 해 골수 공산주의자가 아닌 공산주의 동조자를 전향시키는 데 성공하여 그들을 보도연맹에 가입시켜 6 · 25전쟁 발발 당시 그 수는 20만 명에 이르렀다. 정부는 보도연맹의 제보에 힘입어 전쟁 직전인 1950년 3월 서울에 은닉하여 남로당을 지휘하고 있던 두 거물인 김삼룡과 이주하를 검거할 수 있었다. 이로써 남로당은 완전히 와해됐고 전쟁이 일어났을 때 그들은 봉기할 수 없었던 것이다.[48)]

마지막으로, 경찰의 공로가 컸다. 공산세력이 주민들에게 침투하여 선동하는 것을 막을 수 있는 가장 효과적인 수단은 치안을 담당하는 경찰이었다. 당시 경찰은 일제의 잔재라는 부담도 있었지만 공산세력 척결에 적극적이었고 공산세력 역시 경찰을 적대세력으로 여기고 있었다. 이 같은 상황은 치안력의 온전한 작동에 긍정적인 환경으로 작용했고 공산분자들의 사회침투를 막아내는 데 큰 기여를 했다고 볼 수 있다. 이처럼 한국은 최악의 상황에서도 무너지지 않았다. 공산침략으로부터 대한민국을 지켜내야겠다는 확고한 의지를 가진 지도자, 군대, 그리고 국민이 있었기 때문이다.

2) '외교에는 귀신'이라 불린 이승만

한 국가가 건국이나 전쟁 등 비상시기를 맞을 때에는 지도자의 역할이 결정적으로 중요하다. 국제정세에 대한 현실주의적 인식을 바탕으로 국가의 생존과 발전을 위한 비전과 전략을 제시해야 하기 때문이다. 또한 지도자에게는 제한된 국가적 역량을 보완하기 위해 현명한 외교술을 발휘해야 하는 역할도 부과된다.

이승만은 청년시절부터 약소국이 주권을 보존하기 위해서는 무엇보

---

48) John Merrill, 앞에서 인용된 논문, in Cumings, *Child of Conflicts,* p.154.

다 외교가 중요하다는 점을 잘 알고 있었다. 그는 1904년에 쓴 『독립정신』에서 구한말 조선의 처지를 "앞에서는 호랑이가 으르렁거리고 뒤에서는 사자가 울부짖고 있는 위험"에 처하고 있다고 진단하고 "외교를 친밀히 하는 것이 지금 세상에 나라를 부지하는 법으로 알아야 할지니, 만일 외교가 아니면 형세가 외로워서 남의 침탈을 면할 수 없다"면서 외교의 중요성을 강조했다.

1904년 시어도어 루스벨트(Theodore Roosevelt) 대통령과의 면담으로 시작된 이승만의 오랜 외교 행로는 우리나라의 독립과 건국, 그리고 호국의 과정에서 결정적 역할을 했다. 그는 프린스턴 대학에서 외교문제에 대한 연구로 박사학위를 받았으며, 독립운동도 강대국들을 대상으로 한 외교를 중시했다. 대한민국 건국 과정이나 6 · 25전쟁을 통해서도 그의 외교력은 빛을 발했으며, 그의 외교력 덕분에 대한민국은 살아남아서 번영을 구가할 수 있게 됐다고 해도 과언이 아니다.

이승만의 외교는 6 · 25전쟁을 계기로 그 진가를 발휘했다. 한국을 세계 반공 진영에 편입시켰을 뿐 아니라 서방세계의 지도적 국가인 미국과 전략적 연대를 구축했다.[49] 그는 대통령 취임 초부터 유럽의 나토처럼 아 · 태 지역의 안보공동체를 결성하고자 했다. 전쟁을 계기로 그는 휴전반대, 반공포로 석방 등 온갖 수단을 동원하여 상호방위조약 체결을 집요하게 요구하여 이를 반대했던 미국을 설득하는 데 성공했다. 1953년 10월 1일에 체결된 한미상호방위조약을 통해 상당 규모의 미군을 한국에 주둔케 했고, 미국의 군사원조를 바탕으로 60여만의 현대식 군대를 육성했으며, 경제원조를 통해 전쟁 피해를 복구했다. 이로써 한국은 취약하고 고립된 변방 국가로부터 자유세계의 지원을 받는 아시아 반공전선의 보루로 등장했다. 미국의 방위공약과 주한미군 주둔으로 한국 안보는 굳건해졌을 뿐 아니라 1960년대 이후 경제성장과 민주

---

49) 김충남, 『대통령과 국가경영』, pp.129-39; 차상철, "외교가로서의 이승만 대통령," 유영익 편, 『이승만 대통령 재평가』(연세대 출판부, 2006), pp.168-188.

▶ 한미 상호방위조약 체결 장면

발전을 위한 튼튼한 초석이 됐다.

이 같은 성과는 이승만의 거시적 비전, 외교적 수완, 용기와 집념이 아니고서는 이룩하기 어려운 것이었다. 그리하여 그의 오랜 염원이던 미국을 모델로 한 근대국가 건설에 본격적으로 착수할 수 있게 됐다. 지정학적으로 취약한 나라에서 외교와 안보를 중시해야 한다는 원칙론에서 보면 그의 공로는 다른 어떤 대통령과 비교할 수 없을 만큼 큰 것이다.

한미동맹이 없었다면 한국은 공산화했을지도 모른다. 또한 경제발전과 민주발전도 불가능했을 것이다. 한미동맹의 체결은 대한민국 60여 년의 역사에서 가장 중요한 업적이라 해도 과언이 아니다. 취약하기 짝이 없던 나라의 지도자가 탁월한 외교술로 최강대국 미국의 힘을 이용하는 용미(用美)를 통해 국가를 보위하고 나라의 기초를 튼튼히 했다는 점은 높이 평가받아야 할 것이다.

2. 경제발전 우선정책으로 체제경쟁에서 승리

1) "경제전쟁에서 이겨야 한다"

박정희 대통령에 대한 평가 역시 이승만 대통령에 대한 그것과 유사한 경향이 있다. 박정희의 경제개발 정책을 혹평하거나 그를 민주화운동을 억압한 독재자라고 비난하면서 당면 안보위기를 극복하려던 노력과 자주국방을 위한 그의 열정에 대해서는 관심을 기울이지 않는 경향이 많다는 것이다. 그는 북한의 위협을 막아내기 위해서 경제력을 키우는 것이 급선무라고 판단했으며 그 연장선상에서 자주국방의 튼튼한 기초를 마련했다.

5 · 16 공약은 "반공을 국시(國是)의 제1의(義)로 삼고 지금까지 형식적이고 구호에만 그친 반공체제를 재정비, 강화한다"고 선언했다. "싸우면서 건설하자"는 구호가 상징하듯이 국가안보와 경제발전은 박정희 정부의 양대 목표였다. 반공체제 강화의 가시적인 조치로 군사정부는 5 · 16 직후인 6월 10일 중앙정보부를 창설했다. 또한 7월에는 국가보안법을 강화했으며 그보다 강력한 반공법도 제정했다. 뿐만 아니라 3,300여 명의 용공분자를 검거하여 그중 600여 명을 처벌하기도 했다.[50)]

박정희는 국가안보를 단순히 군사적 차원이 아니라 체제경쟁 차원에서 판단했다. 그는 오래전부터 북한의 군사력과 경제력 우위에 대해 우려해왔으며 한국의 생존과 정당성은 남북 간 경제력 격차를 시급히 줄이는 데 있다고 인식했다. 당시 북한경제는 풍부한 지하자원과 일본이 남긴 상당 규모의 공업시설과 소련의 적극적 지원에 힘입어 기존 산업시설을 복구하고 새로운 생산시설을 건설함으로써 한국경제보다 훨씬 앞서 있었다. 그는 "38선 너머 강력한 적이 우리를 노리고 있는 상황에서 경제투쟁은 실제 전투나 정치투쟁보다 중요한 것이다. 우리는 가능한 한 빨리 자립경제의 목표를 달성해야 한다. … 우리는 경제전쟁에서 북한 공산주의자들을 패배시켜야 한다"면서 남북경쟁에서 경제력의 중요성을 강조했다.[51)] 이에 따라 박정희 정부는 출범 초부터 경제개발에 매진했고 국가안보는 미국과의 동맹에 의존했다.

박정희에게 있어 경제발전은 국가안보와 직결된 문제였다. 때문에 격심한 국내의 반대를 무릅쓰고 일본과의 국교정상화에 적극 나섰다. 미국은 오래전부터 한 · 미 · 일 삼각협력을 통해 동아시아의 안보태세

---

50) 『동아일보』, 1961년 7월 17일자.
51) 박정희, 『국가와 혁명과 나』(지구촌, 1997).

를 강화하기를 원했다. 따라서 한국이 일본과 관계를 개선하는 것은 경제개발의 종잣돈 마련을 가능케 했던 조치였을 뿐 아니라 미국의 안보이익에도 기여하는 것이었기 때문에 한미동맹도 강화하는 효과까지 거둘 수 있는 정책이었다.

월남전 참전 역시 국가안보와 경제개발이라는 두 마리 토끼를 동시에 겨냥한 전략적 고려에서 나온 결정이었다. 박정희는 야당 및 학생들의 강력한 반대에도 불구하고 월남전 참전이라는 결단을 내렸다.[52] 그는 분단국가인 월남에서 공산세력이 승리할 경우 인접국들이 공산화하는 도미노(domino)현상이 일어나 한국 안보에도 중대한 위협이 될 것으로 판단했다. 또한 그는 미국이 인기없는 베트남전쟁에 미국 본토나 유럽에 주둔하고 있는 미군을 보내기 어려울 것이기 때문에 주한미군 2개 사단을 동원할 가능성이 높다고 판단했으며 주한미군의 월남전 차출을 막기 위해 한국군을 월남에 보냈다.

한국의 월남전 참전을 계기로 이뤄진 한미 간의 포괄적 협력은 한미동맹을 한 차원 업그레이드시켰다. 박정희의 실용주의적 협상전략으로 미국은 주한미군 감축계획을 보류했을 뿐 아니라 한국군 현대화를 위해 한국은 미국으로부터 최대한의 지원을 받을 수 있게 됐다. 1965~1970년 사이에 미국은 모두 10억 달러 정도를 한국에 지원했으며 한국군에 대한 최신 군사장비 지원을 위해서도 상당한 비용을 부담했다.[53] 1968년 1월 북한 특수부대의 청와대 공격 시도 후 한국은 브라운 각서에 따라 미국에 M-16 소총 10만 정 제공, M-16 소총공장 건설, 전투폭격기 17개 대대 창설, 전략 공군기지 건설 지원 등을 긴급 요청했고, 미국은 그 같은 한국 요구의 85% 정도를 수용함으로써 한국군 전력강화에 크게 기여했다.

---

52) Joungwon A. Kim, "Korean Participation in the Vietnam War," *World Politics* (April 1966), pp.28-35.

53) Donald S. Macdonald, *U.S.-Korean Relations from Liberation to Self-reliance* (Boulder: Westview Press, 1992), p.110.

2) 자립경제와 자주국방 병행노선

1960년대를 통해 박정희 정부는 국가안보를 미국과의 동맹체제에 의존하면서 경제개발에 매진해왔다. 그러나 1960년대 후반 본격화한 북한의 무력도발과 1969년의 닉슨독트린 선언으로 안보정세가 급속히 악화되면서 국정의 우선순위는 안보문제로 옮겨가지 않을 수 없게 됐다. 이때부터 정부는 경제개발과 자주국방이라는 두 가지 목표를 동시에 추구하게 된다.

1960년대 북한의 대남전략은 남한의 사회혼란 조성과 지하당 건설에 주력해 왔으나 1960년대 말부터 월남식 게릴라전을 시도하는 등 대담한 무력투쟁노선으로 전환했다. 북한은 1962년 12월 노동당 회의에서 '전군의 간부화', '전군의 현대화', '전인민의 무장화', '전국토의 요새화' 등 4대 군사노선을 채택했고, 1966년 10월부터 이 노선의 실천을 본격화했다. 북한의 국방비는 1955~65년 기간 중에는 국민총생산의 5.6%에 불과했으나 1967~70년 기간 중 무려 31.2%로 급증하면서 군사력에 있어 한국에 비해 압도적 우위를 점하게 됐다. 같은 기간 한국은 국민총생산의 5%만을 국방비에 투입했을 따름이다.[54] 당시 북한 정규군은 100만 명 수준으로 증가했고 120만 명 정도의 노농적위대(勞農赤衛隊)를 보유하고 있었으며, 전차도 430대 수준에서 1,500대 수준으로 3배 이상 증가했다. 같은 기간 한국군은 병력(60만), 전차(430) 등 군사력에 큰 변화가 없었다.

북한의 대남 무력도발은 1960년대 후반부터 본격화했다. 1967년의 무장병력 침투는 전년도에 비해 무려 10배 증가했고, 1968년에는 전년도에 비해 또 다시 두 배로 늘어났다. 1968년도의 한반도는 6·25전쟁 이후 긴장이 가장 고조돼 있었다.

북한의 대남 군사도발은 놀랍게도 청와대를 직접 겨냥했다. 1968년

---

54) Walter C. Clemens, "GRIT at Panmunjom: Conflict and Cooperation in Divided Korea," *Asian Survey,* 12:1(January 1973), p.535.

1월 21일 31명의 124 특수부대 요원들이 청와대 부근까지 침투한 사태가 일어났다. 만약 청와대가 습격당했다면 전쟁으로 확대됐을 가능성이 컸다. 청와대 습격 실패 이틀 후 미국이 보복하지 못하도록 하기 위해 북한은 미국 정보수집함 푸에블로호를 공해상에서 나포했다. 그 해 내내 휴전선 일대와 동해안 지역에 북한의 특공대가 잇따라 침투했다. 그 해 11월 130명의 북한 특공대가 울진 · 삼척 지역에 침투하여 한 달 동안 월남식 게릴라전을 시도하기도 했다. 1969년에도 모두 150여 건의 북한 특수부대 침투사건이 있었고 그 해 4월에는 미국 공군 정찰기 EC-121기가 북한에 의해 격추되는 사건이 발생하기도 했다.

이처럼 북한이 과감한 대남 무력도발에 나섰던 것은 월남전에서 영향받은 바 컸다. 월남전이 유리하게 전개되고 있다는 사실에 고무된 김일성은 1970년대 초를 통일의 결정적 시기라고 호언했다. 일련의 북한 도발에 대해 박정희는 강력히 응징코자 했지만 미국은 협상을 선택했다. 이로 인해 그는 크게 실망했을 뿐만 아니라 미국의 방위공약까지 불신하게 됐다. 박정희 정부는 방위태세를 강화하기 시작했다. 1968년 2월 7일 250만 규모의 향토예비군 창설을 발표했고 다음 해부터 고등학교와 대학교에 군사훈련을 도입하기로 했다.

한편 대내외적으로 악화되고 있는 한반도 정세에도 불구하고 닉슨 행정부는 미국 내 격렬한 반전운동과 월남전에 지친 나머지 아시아에서 군사적 개입을 줄이는 전략을 채택했다. 1969년 7월 닉슨은 "아시아의 방위는 1차적으로 아시아 국가의 책임"이라는 '닉슨독트린'을 발표했다. 이에 따라 아시아 주둔 미군은 1969년의 73만 수준에서 1971년 말에는 28만 정도로 급감했다. 특히 이 기간 중 베트남 주둔 미군은 55만 명 수준에서 16만 수준으로 급속히 줄어들었다. 동시에 월남전을 끝내기 위한 평화회담이 추진돼 1973년 파리 평화협정이 체결됐고, 1972년까지 베트남 주둔 미군은 대부분 철수했다.

닉슨독트린은 한국 안보에도 결정적 영향을 미쳤다. 1970년 7월 미국은 한국과 상의도 없이 주한미군 1개 사단을 철수시키겠다고 통보했다. 박정희는 미군의 일방적인 철수계획에 경악했을 뿐 아니라 미국의 정책에 대해 크게 실망하고 분노했다. 그는 존슨 대통령의 간곡한 요청에 의해 2개 사단을 월남에 파병했으며, 이 과정에서 미국은 주한미군을 감축하지 않을 것이라고 약속했기 때문에 박정희는 한국군이 월남에서 싸우고 있는 한 주한미군의 감축은 없을 것으로 확신했던 것이다.

박정희 정부는 주한미군 중 1개 사단만 철수하는 것이 아니라 완전철수를 계획하고 있다는 데 큰 충격을 받았다. 레어드(Melvin Laird) 미국 국방장관은 1970년 7월 하와이에서 열린 한미 국방장관 회담에서 주한미군의 단계적 완전철수계획을 통보했다.[55] 한국 정부의 강력한 반발에 직면한 닉슨은 한국 정부를 설득하기 위해 애그뉴(Spiro Agnew) 부통령을 서울에 급파했다. 박 대통령을 예방한 애그뉴는 미군철수가 미국의 방위공약을 포기하는 것은 아니라고 강조했지만 박정희를 설득시키지는 못했다.[56] 애그뉴는 대만으로 가는 기내에서 "5년 내에 주한 미군을 완전 철수할 것" 이라고 공개적으로 선언했다.

미군철수는 6 · 25전쟁 이후 한국에 대한 미국 정책의 가장 중대한 변화였다.[57] 미군이 철수한다면 한국의 경제발전이 어려워질 뿐 아니라 한국의 생존 자체가 위협받게 될 가능성이 컸다. 박정희는 미국이 월맹과의 협상에 적극 나서는 동시에 월남에서 군대를 철수시키고 있어서 월남도 곧 포기할 것으로 판단했다.

닉슨은 1971년 초 새로운 중국 정책까지 발표했다. 이에 따라 중화인민공화국이 유엔 의석을 차지하게 됐고 중화민국 정부는 유엔에서 축

55) Ambassador William Porter and Winthrop Brown in their joint congressional testimony in 1970, *U.S. Congress Report, U.S. Security and Commitment Abroad* (1970), pp.1530-1533.

56) Robert Boetter and Gordon L. Freeman, *Gift of Deceit: Sun Myung Moon, Tongsun Park, and the Korea Scandal* (New York: Rinehart & Winston, 1980), pp.89-91.

57) Robert A. Scalapino, "Korea and Vietnam," Wayne Wilcox et al., *Asia and the International System* (Cambridge: Winthrop, 1972), p.153.

출됐다. 다음 해 2월 닉슨은 중국을 방문하고 "대만은 중국의 일부"라는 미·중 공동성명을 발표했다. 이처럼 미국이 북한의 동맹국이자 한국전쟁에 개입하여 통일의 기회를 좌절시킨 중국과의 관계를 정상화하고 한국의 반공우방인 중화민국을 버린 미국의 정책에 대해 박정희는 큰 충격을 받았다.

박정희는 미국의 방위공약에 대해 심각한 의문을 갖게 되면서 자주국방력 확보가 시급하다고 판단했다. 당시 북한군 총병력은 한국군의 두 배였고, 전차와 야포도 두 배 이상 우세했다. 북한은 잠수함을 20척이나 보유하고 있었지만 우리는 한 척도 없었다. 북한은 또한 10만에 달하는 세계 최대 규모의 특수부대를 보유하고 있었다. 더구나 북한군의 3분의 2가 휴전선으로부터 100km 이내에 위치하고 있어 언제든지 기습공격이 가능했다. 북한은 이미 1960년대 말부터 군사장비의 자체생산에 착수하여 각종 야포, 로켓 발사기, 장갑차, 전차, 미사일 등을 생산하고 있었다. 그동안 한국은 경제성장에 열중해왔던 반면 북한은 군사력 증강에 몰두했던 것이다.

박정희의 자주국방 의지에 따라 정부는 1970년 7월 각종 무기의 국산화를 주도할 국방과학연구소를 설립했다. 이듬해 1월에는 「국방연구개발 및 방위산업 목표」를 발표했다. 이에 따르면, 제3차 경제개발 5개년계획이 끝나는 1976년까지는 이스라엘 수준의 자주국방 태세를 갖출 것을 목표로 총포, 탄약, 통신기, 차량 등 기본병기를 국산화하며, 제4차 경제개발 5개년계획이 종료되는 1980년 초까지는 전차, 항공기, 유도탄, 함정 등 정밀무기를 국산화한다는 것이었다.[58]

박정희의 자주국방 노력은 중화학공업 육성으로 시작됐다. 1971년부터는 핵무기 개발을 위한 비밀 계획도 추진했다. 1971년 11월에는 자주국방 역량을 배양하기 위해 청와대에 중화학공업 및 방위산업을 담

58) 도상호, "국방연구개발의 어제와 오늘," 『국방연구』 제41권 제1호(1998.6), p.140.

▶ 국산장비를 살펴보는 박정희 대통령

당하는 경제 제2수석비서관실을 신설했다. 그가 한국의 경제력에 걸맞지 않는 규모의 중화학공업화를 추진한 까닭은 방위산업을 육성하여 이를 바탕으로 자주국방을 달성함으로써 북한의 위협과 주한미군 감축에 대비코자 했기 때문이었다.

이처럼 긴박한 배경하에서 박정희는 1971년 12월 6일 「국가비상사태」를 선언했다. 이 선언은 정부정책의 우선순위를 경제발전에서 국방력 강화로 전환할 것이며 안보문제에 대한 언론과 국민의 논란을 제한할 뿐 아니라, 필요하다면 국민의 기본권마저 제약할 수밖에 없다고 공표했다. 그 해 말 국회는 「국가 안전보장을 위한 특별조치법」을 통과시켰다. 이 법은 대통령을 반대하는 시위를 금지하고 국가안보를 위한 목적으로 물자나 인력을 동원할 수 있으며 임금과 물가도 통제할 수 있도록 하는 내용을 골자로 하고 있었다. 그 연장선상에서 국력을 총동원하여 자주국방과 자립경제를 달성코자 박정희는 1972년 '10월 유신'을 선언했고 다음 해 초에는 중화학공업 육성계획을 발표했다.

3) 야심적인 자주국방계획 추진

1973년 1월 미국은 월남전을 끝내기 위해 파리평화협정을 체결했다. 이를 명분으로 미국은 월남에서 미군 철수를 완료하면서 한국의 안보 우려는 최고조에 달했다.

박정희는 4월 합동참모본부에 자주적 군사력 건설에 대한 지시를 내렸다. 첫째, 자주국방을 위한 군사전략 수립과 군사력 건설 착수, 둘째, 작전지휘권 인수에 대비한 장기군사전략 수립, 셋째, 중화학공업 발전에 맞춰 고성능 전투기와 미사일 등을 제외한 주요 무기와 장비의 국산화, 넷째, 1980년대에는 미군이 한 사람도 없다는 가정하에 독자적인 군사전략 및 전력증강계획을 발전시킬 것 등이 그것이다. 이에 따라 정부는 1974년 2월 제1차 전력증강계획(일명 율곡계획)을 확정했다. 제1차 율곡계획은 8년 동안 총 3조 6천억 원의 방대한 자금이 필요했다.

제1차 율곡계획으로 한국은 M-60 전차 60대, M-47/48 전차 800대, 105mm, 155mm, 203mm 등 야포 2,000문, 구축함 10척, F-4D/E 전폭기 및 F-5 전투기 280대 등 북한과 견줄만한 현대식 무기들을 갖추게 됐다.[59] 율곡사업의 추진으로 군은 양적 · 질적으로 괄목할 만한 전력 증강을 이뤘지만 북한군의 증강 속도에는 미치지 못했다.[60] 또한 박정희는 한국에 대한 미국의 방위공약이 불확실해지고 있는 상황에서 재래식 무기만으로 나라를 지키기 어렵다고 판단하고 비밀리에 핵개발도 추진했다.

율곡계획에 소요되는 재원을 마련하기 위해 정부는 1973년 12월부터 방위성금 모금운동을 벌여 약 64억 5,000만 원을 모았다. 1975년 월남이 패망하자 정부는 방위세를 신설하여 방위산업 육성에 박차를 가했다.[61] 또한 정부는 그동안의 성공적인 경제성장에 힘입어 1976년부

---

59) IISS, *Military Balance 1980-1981*.
60) 국방부, 『율곡사업의 어제와 오늘 그리고 내일』(군인공제회, 1994), p.37.
61) 합동통신사, 『합동연감』(1976), p.107.

터 국방비를 획기적으로 증가시켰다. 그 결과 1979년의 국방비는 1975년의 4배가 됐다. 그것은 1970년대 초에 비해 10배가 되는 규모였다. 이로써 한국은 국방비 면에서 크게 북한을 앞지르게 됐다. 뿐만 아니라 한국은 1974년 분단 이래 처음으로 1인당 소득에서 북한을 능가하게 됐고 1977년에 이르러 한반도 경제력의 균형은 한국에 결정적으로 기울어졌다. 이처럼 1970년 중반에 이르러 한국은 남북 간 체제경제에서 승리하고 있었던 것이다.

이러한 와중에서도 북한의 대남 도발은 더욱 대담해지고 있었다. 1974년 8월 15일 광복절 기념식장에서 조총련계 저격범 문세광이 박정희 대통령을 저격하려다 육영수 여사를 사망케 한 사건이 일어났다. 그로부터 3개월 후인 11월에는 휴전선 남쪽에서 북한이 건설한 남침용 땅굴이 발견됐다. 군사전문가들은 이 땅굴을 통해 매시간 30,000명 정도의 병력이 통과할 수 있을 것으로 판단했다. 군은 땅굴을 찾기 위한 필사의 노력을 기울여 3개의 땅굴을 더 찾아냈다. 한미연합사는 모두 20개 정도의 땅굴이 있을 것으로 추정했다.

한편 월남전에 지친 미국인들의 한국 방위공약에 대한 지지는 전례 없이 낮아졌다. 1975년 4월 해리스 여론조사에서 북한이 남침할 경우 한국을 지원해야 한다는 데 동의한 사람은 14%에 불과했다.[62)]

같은 분단국가이며 우방이었던 월남의 패망(1975년)은 한국에 엄청난 충격을 줬다. 사이공 함락 2주 후인 5월 13일 박정희는 「국가안보와 사회질서유지를 위한 대통령 긴급조치」를 발동했다. 이것은 1년 반도 안 되는 짧은 기간에 내려진 9번째의 긴급조치였다. 이어서 집권당인 민주공화당은 전쟁대비태세 강화를 위해 국가보안법 개정안, 전투예비군 창설 법안, 학생군사훈련 관련 법안을 국회에서 통과시켰다. 정부는 다음 해(1976) 예산에서 국방예산을 두 배로 늘렸다. 박정희는 월남 공산화 이후 군의 정신무장 강화를 지시했고, 이에 따라 국방부는 1977

62) Don Oberdorfer, *The Two Koreas* (Reading, Mass.: Addison-Wesley, 1997), p.63.

년 국군정신전력학교를 창설했다.

이러한 가운데 한국의 안보불안을 가중시키는 사태가 발생했다. 카터(Jimmy Carter)의 주한미군 전면철수계획이었다. 카터는 1976년 대통령 선거에 출마하면서 주한미군 완전철수를 공약으로 내걸었다. 북한의 지속적인 남침 위협에 시달리던 한국 정부는 강력히 반발했다. 미국의 국방당국자는 물론 고위관리들까지 카터의 철군계획을 적극 반대했다. 당시 카터는 박정희 정부의 인권탄압을 빌미로 한국 인권상황의 개선을 주한미군 철수와 연계시키고 있었다. 카터의 철군정책에 결정적 타격을 준 것은 북한군의 전력이 예상했던 것보다 훨씬 강하며 그 대부분이 휴전선 북방에 전진 배치돼 있다는 미국 중앙정보국(CIA) 보고서였다. 결국 카터 행정부는 철군계획을 보류했다.

이처럼 1970년대 들어 국가안보는 중대한 국가적 현안으로 떠올랐고 박정희 정부는 중화학공업 육성을 통해 경제성장과 국방력 강화라는 두 가지 목표를 동시에 추구했다. 당시 정부가 막대한 자본과 기술이 필요한 방위산업에 착수할 수 있었던 것은 그동안 구축했던 튼튼한 경제력이 있었기 때문이다. 그러나 경제와 군사력만 강화한다고 해서 안보태세가 튼튼해지는 것은 아니다. 유신체제로 인한 정부와 반정부 세력 간의 갈등, '박동선사건' 등으로 촉발된 한미관계의 긴장 등은 안보에 부정적인 영향을 미쳤다. 미국은 동맹국일 뿐 아니라 최대 수출시장이었음에도 박 대통령은 유신체제 출범 시점부터 그의 사망 시까지 한 번도 미국을 방문하지 않을 만큼 한미관계는 악화된 상태였다.

요컨대 박정희는 부국강병 정책을 통해 자주국방 능력을 획기적으로 향상시켰다. 조선조 500년간 자주외교와 자주국방이 사실상 존재하지 않았다고 한다면, 대한민국 건국 30년 만에 자주외교와 자주국방의 튼튼한 기반이 확립됐던 것이다.

4) 제2의 경제도약으로 북한 압도

정치사회적으로 갖가지 비난과 저항을 극복하면서 추진한 중화학공업 육성정책은 큰 성공을 거두어 남북 간 체제경쟁에서 완전한 승리를 거두게 되었다. 1970년대 초까지도 북한의 경제력이 우세했지만 1974년에 이르러 한국의 1인당 소득은 분단 이래 처음으로 북한을 능가하게 되었으며, 박 대통령이 서거한 1979년 말에는 1인당 소득 1,546달러, 수출 150억 달러로 북한과 비교가 되지 않을 정도로 우세했다. 60~70년대를 통해 북한은 국민 총생산의 15~20퍼센트를 국방비에 투입하는 등 군사제일주의 정책에 몰두하면서 경제정책은 주체사상에 기초한 폐쇄적 자립노선으로 북한경제가 심각한 난관에 봉착했던 것이다. 80년대 들어 한국이 '제2의 경제도약'에 성공하면서 남북 간 국력 격차는 더욱 빠른 속도로 확대되었다. 나아가 한국이 1986년 아시안게임과 1988년 올림픽게임을 개최하게 되면서 '한강의 기적'을 세계에 과시하게 됨으로써 국제사회에서 북한의 위상은 더욱 왜소해졌다.

북한은 이처럼 저 멀리 빠르게 달려가고 있는 한국에 제동을 걸지 않으면 안 되겠다고 판단하고 일련의 대남 도발을 감행했다. 그 일환으로 일어난 것이 미얀마 암살폭발사건이었다. 1983년 10월 9일 전두환 대통령이 미얀마 방문 행사의 일환으로 아웅산 국립묘지를 참배하기 직전 북한에 의한 폭탄테러가 일어났다. 도착시간이 지체되었던 전 대통령은 무사했지만 서석준 부총리 등 4명의 장관, 함병춘 비서실장, 김재익 경제수석비서관 등 17명의 수행원이 사망하고 17명이 부상당했다. 폭발물은 북한군 특수부대 장교들이 북한 공작선을 타고 잠입하여 현지 북한대사관의 지원을 받아 설치했던 것이다.[63]

북한은 전두환 대통령을 암살함과 동시에 한국에 특수부대를 보내 무력도발을 함으로써 한국사회를 혼란에 빠뜨리려고 계획했다. 이를 위해 아웅산사건 몇 달 전부터 그들은 군인들의 제대까지 중지시키며

---

63) 이 사건에 대한 자세한 내용에 대해서는 장세동, 『일해재단』(한국논단, 1995), pp. 3-100 참조.

비상사태에 대비하고 있었던 것이다.[64] 이처럼 북한은 '남조선혁명'을 위해 수단방법을 가리지 않았으며, 특히 우리 대통령을 암살함으로써 한국사회를 혼란에 빠뜨려 경제성장을 저지하고 궁극적으로 적화통일을 이룩하고자 했던 것이다.

아웅산사건 1년 전 후계자가 된 김정일은 전두환 대통령의 아프리카 가봉 방문 중 암살계획을 직접 지휘하여 수립했으나 마지막 순간에 보류했던 것으로 알려지고 있다.[65] 또한 같은 해 전 대통령의 캐나다 방문 당시에도 암살하려 했으나 실패했다. 김일성 정권은 1968년에도 청와대를 직접 공격했지만 실패했고, 1974년에는 박정희 대통령을 저격하려다가 육영수 여사를 희생시켰던 것이다.

그럼에도 우리 정부는 북한의 올림픽 방해책동을 최소화하고 공산국가들의 올림픽 참가를 유도하기 위해 남북체육회담을 개최하는 등 남북관계 개선을 위해 다양한 노력을 기울였다. 그러한 가운데 1984년 9월 한국이 폭우로 수많은 이재민이 발생했을 때 북한이 수해 구호물자를 보내겠다고 제안했고, 경제발전으로 북한에 대해 자신감을 갖고 있던 정부는 이를 남북관계 개선의 기회로 삼기 위해 북한의 제안을 수용했다. 이에 따라 남북 간 적십자회담, 경제회담, 국회회담 등이 개최되었고, 처음으로 이산가족 고향방문과 예술단의 교환 공연이 이루어졌으며, 남북 정상회담 가능성을 협의하기 위한 특사방문도 이루어졌던 것이다.

그러나 북한은 한국에서 열리는 아시안게임과 올림픽게임에 공산국가들이 참여할 경우에 대해 크게 우려했다. 그 같은 참여는 이들 국가들이 곧 한국의 정통성을 인정하는 것으로 판단했기 때문이다. 북한의 집요한 방해노력에도 불구하고 1986년에 열린 아시안게임에 중국은 500여 명의 대규모 선수단을 파견했고, 1985~1986년 서울에서 열린 각

---

64) Oberdorfer, 앞에서 인용한 책, p. 143.

65) 같은 책, pp. 142-143.

종 국제경기에 소련 등 동유럽 국가 대표들이 참가했지만 북한은 이를 저지할 수 없었다. 북한은 국제사회를 향해 서울은 올림픽 개최에 부적합한 곳이라고 선전에 열을 올렸다. 그들은 "만약 남조선에서 올림픽을 개최한다면 전쟁이 일어날 것이다. 서울이 올림픽을 주최하는 것은 절대로 용납할 수 없다"고 거듭 위협했다.[66] 그러한 가운데 1987년 11월 북한은 테러요원 김현희로 하여금 중동에서 서울로 오던 대한항공 여객기 858편을 공중 폭파하여 115명의 승객과 승무원을 희생시키는 만행을 자행했던 것이다.

3. 새로운 대북정책의 성취와 좌절

1) 모스크바와 베이징을 통해 평양으로

1988년 9월 서울에서 열렸던 성공적인 올림픽게임 개최에 힘입어 노태우 정부는 적극적으로 북방정책을 추진하게 되었다. 이 정책은 소련, 중국 등 사회주의 국가들과 관계를 개선함으로써 안보환경을 개선함은 물론 남북관계를 개선하는 지렛대로 삼고자 했다. 노태우의 북방정책은 빌리 브란트(Willy Brandt)의 동방정책과도 유사했다. 서독이 경제발전과 올림픽 개최를 바탕으로 동방정책을 추진하여 사회주의 국가들과 관계개선을 추구했던 것과 같이 한국도 경제호황, 민주화, 올림픽 성공 등을 바탕으로 북방정책을 추진했던 것이다. 노 대통령은 퇴임 후 북방정책을 추진하게 된 배경에 대해 다음과 같이 말했다.

> "남북한 관계는 한계가 있기 마련이다. 남북 간에 아무리 많은 대화를 해도 서로가 평행선을 달릴 뿐이다. … 북한을 통일하는 개념은 개방이다. 어떤 공산주의 국가도 개방만 되면 변한다. 북한을 변화

66) 노태우, "노태우 육성증언 1," 『월간조선』, 1999년 5월호, p. 86.

시키기 위해 북한이 개방할 수 있도록 국제적 환경을 조성해야 한다. … 우리가 평양의 문을 직접 열 수 없으므로 모스크바와 베이징을 통해 평양을 가기로 했다."[67]

당시 국제정세도 북방정책에 유리했다. 개혁(perestroika)과 개방(glasnost) 정책을 추구한 소련의 고르바초프(Mikhail Gorbachev) 대통령은 1988년 소련의 외교정책을 이념보다 실리를 중시하는 방향으로 전환했다. 그러한 정책의 일환으로 그는 그 해 9월 극동 러시아의 크라스노야르스크에서 행한 연설을 통해 "남북한이 관계를 개선한다면 소련은 한국과 경제협력을 할 수 있게 될 것이다"라고 했다.[68] 다음 해 동서대결의 상징이었던 베를린장벽이 붕괴되었고 미국의 조지 부시 대통령과 고르바초프 대통령은 지중해의 몰타섬에서 개최된 정상회담에서 양국관계는 더 이상 적대관계가 아니라는 역사적인 선언을 했다. 그리고 다음 해인 1990년에는 독일의 통일이 이루어졌다.

소련이 한국의 경제력을 높이 평가하고 중요한 경제협력 파트너가 될 것으로 판단했기 때문에 한소관계는 급속한 진전을 이루어 1990년 9월 30일에 외교관계를 수립하게 되었다. 다음 해 초 한국은 소련에 30억 달러 규모의 경제협력 차관을 제공하기 시작했고 이에 상응하여 소련은 한국의 유엔가입을 지원하며 북한에 공격용 무기를 제공하지 않기로 하고 나아가 북한 핵개발을 더 이상 지원하지 않기로 약속했다. 냉전 당시 약소국이었던 한국이 초강대국이었던 소련을 대상으로 막대한 차관을 제공했다는 것은 한국의 위상이 얼마나 높아졌는가를 말해주는 것이다. 동시에 한국은 중국과의 관계개선에 나서 1992년 8월 외교관계를 수립하게 되었다. 이로써 북한의 대남 군사위협은 크게 감

---

67) 같은 글, p. 86.

68) Chan Young Bang, "Prosepcts of Korean-Soviet Economic Cooperation and Its Impact on Security and Stability of the Korean Peninsula," *Korean Journal of International Studies,* 21:3(Autumn, 1990), 313.

▶ 제주에서 열린 한소 정상회담

소하게 되었다. 북한이 대남 무력도발을 감행하려해도 소련과 중국이 그것을 지원하지 않게 되었기 때문이다.

노태우 대통령은 공산권 국가들과의 관계개선을 위해 노력하면서 남북관계 개선을 위한 노력도 병행했다. 그는 서울올림픽 개막 두 달 전인 1988년 7월 7일 국회에서 행한 연설을 통해 "세계는 이념과 체제상의 차이를 넘어 화해와 협력의 시대로 나아가고 있다"고 전제하고 "한국은 더 이상 북한을 적으로 간주하지 않고 통일을 향해 함께 노력하는 파트너가 되겠다"고 선언하면서 한반도의 평화와 안정을 증진시키기 위한 구체적인 제안을 했다. 그는 다음 해 9월 한민족공동체 구상을 밝혔고, 「남북교류협력에 관한 법률」을 제정하여 민간차원의 남북 경제협력을 지원토록 했다.

그동안 북한을 적극 지원해온 소련과 중국이 한국과 외교관계를 수립하게 되면서 북한에 대한 소련 등 동유럽 국가들의 지원이 사라짐으로써 북한은 외교적으로 고립되고 경제적으로 심각한 위기에 처하게 되었다. 북한이 당면했던 보다 근본적인 문제는 동유럽 사회주의 국가들이 붕괴되고 민주주의와 시장경제 체제로 전환하고 있었다는 점이다. 특히 1989년 11월 베를린장벽이 붕괴된 지 1년도 못 돼 동독이 서독에 흡수되었고, 또한 김일성과 돈독한 관계에 있었던 루마니아의 차우세스쿠는 그 해 12월 시민혁명의 와중에서 그의 부인과 함께 처형되었기 때문에 북한 집권층은 심각한 위기의식에 휩싸였던 것이다. 차우세스쿠는 김일성과 의형제를 맺고 평양을 자주 방문하면서 북한의 개인숭배를 루마니아에 도입했고, 김일성도 세 번씩이나 루마니아를 방문했던 것이다.

한국과 소련 간의 국교 정상화가 급물살을 타면서 북한은 남북대화를 더 이상 외면할 수 없었다. 그리하여 1990년 9월부터 남북한 고위급회담이 개최되기 시작하여 1991년 12월 13일에 이르러 상호불가침과 협력을 주된 내용으로 하는 「남북관계기본합의서」가 채택되었다. 43년간의 적대관계 후에 이루어진 이 합의는 남북관계의 역사적 변화를 의미하는 것으로 인식되었다. 뒤이어 12월 말에는 한반도 비핵화공동선언도 채택했다.

남북관계에서 한국이 주도권을 행사하며 북한을 우리가 바라는 방향으로 유도했던 것은 이때가 처음이다. 남북관계에서는 북한이 항상 공세적이었으나 북방정책을 통해 단숨에 그 위치를 역전시켰던 것이다. 이와 관련하여 노태우는 회고록을 통해 다음과 같이 밝히고 있다.

> "제6공화국 시절 북한은 한마디로 진퇴양난이었다고 할 수 있다. 미국은 우리와 변함없이 돈독한 관계를 유지하고, 일본은 좀처럼 북한과의 관계개선을 원하지 않는 눈치였다. 북한을 지지하던 소련·중국마저 북한과 거리를 두기 시작하더니 급기야는 한국과 가까워지는 상황에까지 이르렀다. 이때 우리가 '가슴을 활짝 열고 대화하겠다'고 하니까 북한이 응하지 않을 수 없게 된 것이다."[69]

그러나 북한은 내외적으로 당면한 체제위기를 극복하기 위한 수단으로 핵개발을 가속화했다. 국제사회의 압력에 따라 북한은 1992년 초 핵확산금지조약(NPT)에 가입했고, 이에 따라 국제원자력기구(IAEA)로부터 핵사찰을 받았다. 그러나 핵확산금지조약 가입 당시 북한이 국제원자력기구에 보고했던 내용과 핵사찰 내용 간에 상당한 차이가 나면서 국제원자력기구는 북한 핵시설에 대한 특별사찰을 요구했고 북한

---

69) 노태우, 『노태우 회고록, 하: 전환기의 대전략』(조선뉴스프레스, 2011), p.285.

이 이를 거부하면서 국제적 긴장이 고조되었다.

그럼에도 1993년 2월 김영삼 대통령은 취임사를 통해 "어느 동맹국도 민족보다 더 나을 수는 없습니다. 어떤 이념이나 사상도 민족보다 더 큰 행복을 가져다주지 못합니다"라고 선언하면서 김일성에게 정상회담을 제의하는 등 남북관계 개선에 대한 강한 의지를 밝혔다. 김 대통령의 이 같은 제안이 있은 지 3주 밖에 안 된 3월 12일 북한은 핵확산금지협정을 탈퇴한다고 선언하면서 1차 북핵 위기가 시작되었다. 1993~1994년에 걸쳐 미국을 비롯한 국제사회는 북한에 대한 제재를 하려 했고, 이에 대해 북한은 "제재는 곧 선전포고"라고 강력히 반발하면서 한반도에 전쟁가능성이 고조되기도 했다. 이 같은 위기를 극복하기 위해 카터 전 미국 대통령은 1994년 6월 평양을 방문하여 김일성과의 회담을 통해 미국과 북한 간 대화를 재개하기로 합의했다. 또한 카터는 김영삼 대통령이 요청한 남북 정상회담에 대해 김일성이 수락했다는 소식도 가지고 왔던 것이다. 그러나 김일성은 예정된 남북 정상회담 2주를 앞둔 7월 8일 사망했다. 이로서 북한은 더욱 심각한 체제위기에 휩싸이게 되었다.

신(神)과 같은 존재로 숭앙했던 김일성의 사망은 북한 전체를 정신적 공황상태에 빠뜨렸다. 설상가상으로 2년 연속된 홍수와 가뭄으로 최악의 식량난을 초래하여 100~200만이 기아와 질병으로 사망했다. 이에 따라 한국과 국제사회에서는 북한의 붕괴가 임박한 것으로 보기도 했다. 이처럼 체제위기가 고조되자 이를 호도하기 위해 북한은 한국에 대해 전쟁위협을 하는 등 긴장을 고조시켰다. 1994년 3월 판문점 남북접촉 당시 북측 대표는 "우리는 전쟁준비가 되어 있습니다. … 전쟁이 나면 서울은 불바다가 됩니다"라는 도발적인 발언을 했고, 1996년 4월 인민무력부(국방부에 해당) 부부장은 "문제는 전쟁이 일어날 것인가가 문제가 아니라 언제 터지느냐에 있다"고 위협했다. 그 해 9월 17일 평양방송은 "한반도에 조성된 폭발직전의 사태를 방치한다면 제2의 조선전쟁이 터지고 말 것이다"라고 했던 것이다.

2) 햇볕정책의 명암

오랫동안 통일문제에 남다른 관심을 가지고 전향적인 대북정책을 주장해온 김대중 대통령이 1998년 2월 취임했다. 그는 북한에 대해 경제협력 등 호의적인 정책을 취하면 북한이 개방과 개혁의 길로 나올 것이라 판단하고 햇볕정책을 펴기 시작했다. 햇볕정책은 한반도의 평화와 통일을 위한 비전 있는 정책이었으며, 남북관계의 근본적 변화를 추구하는 획기적인 시도였다. 통일이 이루어지기 전까지 우리의 국민국가 건설이 완성되었다고 할 수 없기 때문에 남북관계 개선을 위한 그의 노력은 역사적 의미가 있었다.

이처럼 서울은 평양을 향해 화해와 협력의 손을 내밀었지만 심각한 체제위기의 와중에 있던 북한정권은 우리가 기대했던 개방과 개혁의 반대방향으로 나가고 있었다. 김일성 사망 후 4년째인 1998년 9월 북한은 새로운 사회주의 헌법을 채택하고 이 헌법에 따라 최고 통치기구인 국방위원회가 설립되고 김정일이 위원장이 되었다. 사실상 군부 중심의 국가비상체제가 된 것이다. 김정일은 '강성대국(强盛大國)'의 구호 아래 군사제일주의의 노선인'선군정치(先軍政治)'를 펴나가겠다고 선언했다.

따라서 북한의 대남정책은 계속 도발적이었다. 1998년 6월 북한의 무장간첩을 태운 잠수정이 좌초되었고 연이어 두 차례나 무장간첩 침투사건이 일어났다. 그 해 8월 31일에는 장거리 미사일 '대포동 1호'를 발사했다. 다음 해 6월에는 연평도 지역에서 우리 해군에 도발함으로써 남북 해군 간에 충돌이 일어났다. 이른바 1차 연평해전이다. 그러나 연평해전 당시에도 금강산관광은 계속했고 북한에 보낼 비료를 실은 선박이 북측을 향해 항해하도록 하는 등 햇볕정책은 흔들림 없이 지속되었다.

그 결과 남북관계는 과거에 상상할 수 없던 큰 변화가 일어났다. 남북한 당국은 비밀협상을 벌여 2000년 4월 남북 정상회담을 갖기로 했다고 발표했다. 그 해 6월 13~15일 평양을 방문한 김대중 대통령은 김정일 위원장과 회담을 통해 통일문제, 남북 간 교류협력 문제 등을 주된 내용으로 하는 남북공동선언에 합의했다. 이 선언에는 김정일의 조기 서울 답방도 포함되어 있었다.

분단 이래 처음 열린 남북 정상회담은 한반도 냉전 분위기를 녹아내리게 했고, 통일에 대한 우리 국민의 기대를 한껏 고조시켰다. 김대중 정부는 정경분리의 원칙 아래 대규모 대북 경제지원은 물론 금강산관광 실시, 개성공단의 건설 등 교류 협력정책을 적극적으로 추진했다. 장관급 회담이 정례화되어 남북 간의 제반 문제를 논의할 수 있게 되었고, 경제협력 강화, 이산가족 상봉 등 남북 간 교류와 협력이 확대되었다. 그리고 2000년 9월 시드니에서 개최된 올림픽에서는 남북한 대표가 손을 맞잡고 동시에 입장했다. 그리고 그 해 10월 김대중 대통령은 민주발전과 남북관계 개선에 대한 공로로 노벨평화상을 받았다.

그러나 남북 간 화해 · 협력과 통일에 대한 국민의 기대가 지나치게 높았던 것이 오히려 큰 부담이 되고 있었다. 남북관계가 의미 있는 발전을 하려면 북한의 상응한 노력이 필수적이었다. 김대중 대통령은 남북관계의 근본적 변화를 위해서는 김정일의 서울 답방이 실현되어야 한다고 보았다. 그래서 남북 정상회담 1주년이 되는 2001년 6월을 전후하여 10여 차례 김정일의 서울 답방을 촉구했지만 김정일은 아무런 이유 없이 답방 약속을 지키지 않았다. 그의 서울 답방은 북한의 근본적 변화를 상징하지만 북한은 변화를 수용할 태세가 아니었던 것이다. 나아가 북한은 우리의 막대한 경제지원을 받아들이면서도 이미 합의한 이산가족 상봉과 장관급 회담을 일방적으로 취소했다. 한국에 막대한 양의 전력공급을 요구하면서도 남북 간 철도와 도로 연결공사를 거부했다. 북한은 2000년 9월부터 장관급 회담을 통해 200만KW의 전력을 공급해달라고 끈질기게 요청했던 것이다.

북한의 소극적인 태도에 직면하여 남북관계 발전에 기대가 컸던 국민들의 실망도 클 수밖에 없었다. 남북 정상회담이 있은 지 불과 8개월 만인 2001년 2월 동아일보가 실시한 여론조사에 의하면, 햇볕정책을

▶ 2차 연평해전

지지한 사람은 37퍼센트에 불과하여 정상회담 직후의 87퍼센트의 지지율에 비하면 급격한 폭락이었다.[70] 이에 따라 햇볕정책을 둘러싼 정치사회적 논란이 벌어졌다. 남남갈등이 표면화된 것이다.

2001년 초 미국에 보수적인 부시 행정부가 등장했고 그 해 9월에 9·11테러가 일어나면서 북한이 미사일과 핵물질을 테러집단에 판매할까 우려한 미국은 북한을 직접적인 위협으로 인식했기 때문에 부시 행정부는 김대중 정부의 유화적인 대북정책에 거부반응을 나타냈다. 이에 대해 햇볕정책 지지세력은 미국이 남북 간 화해와 통일을 방해한다면서 반미운동을 전개했고 이로 인해 남남갈등은 더욱 심화되었다.

그러한 가운데 한국축구팀이 월드컵 4강전을 벌이고 있을 당시인 2002년 6월 북한의 기습공격으로 2차 연평해전이 일어났다. 한국해군 경비정 한 척이 격침되고 해군장병 5명이 사망하고 19명이 부상당했다. 북한의 무력도발에 대한 국민의 분노는 높아졌고 햇볕정책에 대한 실망도 고조되었다. 김대중 대통령은 남북관계 개선에 대한 희망을 끝

---

70) 『동아일보』, 2001년 2월 22일.

까지 버리지 않고 퇴임 한 달 전인 2003년 1월 임동원 특보에게 자신의 친서를 휴대하고 평양에 가도록 했으나 임동원은 끝내 김정일을 만나지 못하고 돌아왔다.

그리하여 노무현 정부 출범 당시에는 2차 북한 핵 위기가 본격화되고 있었다. 2002년 10월 북한이 우라늄 농축 핵개발 프로그램이 있다는 것을 시인함으로써 시작된 2차 북핵 위기는 곧 이어 미국의 대북 중유 공급 중단으로 이어졌고, 이에 대한 반발로 북한은 북한 핵동결을 명시한 제네바 합의를 파기하고 국제원자력기구 사찰관들을 추방했으며, 다음 해 초에는 핵확산금지조약을 탈퇴하고 곧 이어 핵 연료봉을 재처리 하겠다고 위협했고, 나아가 전쟁도 불사할 것이며 이를 위해 선제공격도 두려워하지 않을 것이라고 했다.[71)]

이에 대해 국제원자력기구는 2003년 1월 6일 북한에 대한 제재결의안을 채택했고, 부시 대통령은 3월 3일 기자회견에서 북핵문제의 외교적 해결을 강조하면서도 "대북 군사적 옵션도 배제하지 않고 있다"고 경고했다.[72)] 또한 그는 2002년 1월 의회연설에서 북한을 이란, 이라크와 함께 "악의 축'으로 규정하고 강경 대응할 것임을 천명했으며, 그 연장선상에서 미국은 2003년 3월 초 이라크를 공격했고, 이에 따라 북한의 대미 정책도 더욱 강경해지는 등 한반도 긴장이 고조되고 있었다.

이처럼 한국의 대북정책 여건이 극도로 악화되고 있었을 뿐 아니라 대내적인 장애요소도 등장하고 있었다. 2000년 남북정상회담 직전 정상회담의 대가로 북한에 거액의 비밀송금이 이루어졌다는 사실이 노출되었기 때문이다. 2003년 1월 3개월에 걸친 조사를 한 감사원은 비밀송금이 사실이라고 밝혔다. 그 후 노무현 정부하에서 특별검사에 의한 수사를 통해 비밀송금이 사실로 밝혀졌고 관련된 인사들이 재판에 회부되어 모두 유죄 판결을 받았다.

---

71) "The Politics of Peril," *BusinessWeek*, February 24, 2003.
72) 『조선일보』, 2003년 3월 5일.

그럼에도 2003년 2월 말 출범한 노무현 정부는 평화번영정책이라는 이름으로 햇볕정책을 계승 발전시키고자 했다. 평화번영정책은 한반도의 평화증진과 남북 공동번영을 추구함으로써 평화통일의 기반을 조성하고 그 연장선상에서 한국을 동북아 경제중심국가로 만들려는 야심찬 비전이었다. 이를 위해 노무현 대통령은 대북정책에 강한 집착을 보였을 뿐 아니라 북핵 문제 해결과 남북관계 개선에 낙관적이었다. 노무현 정부는 북한의 핵 프로그램은 협상카드에 불과하다고 판단하고 미국이 과잉대응하고 있다고 보았다. 노무현 대통령은 "북한은 핵으로 장사하려는 것"이라고 말하면서 북한의 핵은 미국이 반대급부를 주면 해결될 것이라고 했다. 그러나 노무현 정부의 대북정책의 성공여부는 북한의 협조에 달려 있었던 것이다.

이 같은 노무현 정부의 유화적인 대북정책은 북핵 문제에 강경대응하고 있던 부시 행정부와 갈등을 빚을 수밖에 없었다. 그러한 가운데 진보세력은 맥아더동상 철거운동 등 광범위한 반미운동을 벌였고 이로 인해 남남갈등도 높아졌다. 이에 따라 한미관계가 냉각상태에 빠지면서 국민들의 우려도 높아졌다. 『월간중앙』이 2005년 7월에 실시한 여론조사에 의하면, 한미관계가 굳건하다고 믿는 사람은 16.8퍼센트에 불과했고 우려하고 있는 사람은 57.4퍼센트에 달했다.

2006년 들어 북한의 핵무기 개발 의혹이 짙어지자 노무현 정부는 북한의 핵은 방어용에 불과하다고 했고 그 해 7월 북한의 대포동 미사일 발사로 긴장이 고조되었지만 한국에는 위협이 안 된다고 했다. 핵문제 해결을 통한 남북관계 개선을 대외정책의 최우선 목표로 했지만 2006년 10월 북한이 핵실험을 함으로써 평화번영정책은 큰 난관에 봉착했다. 그럼에도 정부는 금강산관광 유지, 개성공단 운영 등 종전의 대북경제협력을 계속했다. 그러나 정부의 대북정책은 국민의 지지를 상실하고 있었다. 북한 핵실험 직후인 2006년 10월 『중앙일보』가 실시한 여론조사에 의하면, 응답자의 78퍼센트가 햇볕정책을 바꾸어야 한다고 했고, 금강산관광과 개성공단 사업을 중단해야 한다는 응답도 과반

이 넘었다.[73)]

그럼에도 노무현 정부는 남북관계 개선을 위한 노력을 포기하지 않았다. 퇴임 5개월을 앞둔 2007년 10월 초 노무현 대통령은 평양을 방문하고 김 위원장과의 정상회담을 통해 「10 · 4남북공동선언」에 합의했다. 이 선언에는 14조 3천억 원 규모의 대북 경제협력과 한반도 평화체제 구축에 대한 내용을 담고 있었다. 그러나 이미 대북정책은 다수 국민의 지지를 상실했고 또한 2007년 대선에서 이명박 후보가 당선되었기에 2차 남북공동선언의 실천은 불투명했다. 한편 노무현 대통령은 지지세력의 반대에도 불구하고 이라크전에 파병했고, 자주국방의 기치 아래 전시 작전통제권 전환과 미군기지 이전 등으로 21세기에 부합하는 한미동맹 관계 구축에 기여했으며, 특히 한미 자유무역협정을 성사시킴으로써 한미 간의 포괄적 동맹관계를 공고히 했다.

3) 지속가능한 남북관계의 모색

▶ 북한의 지하 핵실험 이미지

이처럼 절대 다수의 국민은 햇볕정책을 지지하지 않았고 그래서 이명박 후보는 새로운 대북정책으로 「비핵 · 개방 · 3000」 공약을 제시하여 당선되었던 것이다. 비핵 · 개방 · 3000은 북한이 핵을 폐기하고 개방하면 10년 이내에 북한의 1인당 소득이 3,000달러 수준이 될 수 있도록 적극적인 지원을 하겠다는 것이다. 이것은 곧 북한이 정상국가가 될 때만이 남북관계가 지속가능한 발전을 할 수 있다는 판단에 따른 것이다.

73) "햇볕정책 바꾸어야 78%," 『중앙일보』, 2006년 10월 11일.

북한은 2007년 대통령선거 당시부터 이명박 후보의 "비핵 · 개방 · 3000 구상은 6 · 15, 10 · 4선언을 무시한 내정간섭"일 뿐 아니라 그들에 대한 적대정책이라며 맹렬히 비난했다.[74] 이명박 정부 출범 이래 북한은 6 · 15공동선언과 10 · 4공동선언 실천을 요구하며 대남 비방과 위협으로 긴장을 조성해 왔다. 즉, 2008년 7월에는 금강산 관광객 박왕자 씨를 살해했으며, 8월에는 개성공단과 금강산에 체류하던 한국 정부 당국자들을 추방했다. 이로 인해 금강산 관광이 중단되었고, 개성공단은 한때 폐쇄위기에 처하기도 했다. 2009년부터 북한은 대남관계뿐 아니라 국제적으로도 초강경 노선을 취했다. 즉, 1월 17일 인민군 총참모부는 한국에 대해 전면대결 태세를 선언했고, 1월 30일에는 남북 간에 이루어진 모든 정치 군사적 합의는 무효라고 선언했다. 4월에는 장거리 미사일을 발사했으며, 5월에는 제2차 핵실험을 강행했고, 11월에는 한국 해군 함정을 공격하여 대청해전이 일어났던 것이다. 그럼에도 불구하고 이명박 정부는 '그랜드 바게인(grand bargain)'을 목표로 남북 정상회담 가능성을 타진하기도 했다.

이처럼 북한은 남북 간의 모든 접촉을 거부하고 갖가지 대남 비방과 도발행위를 하며 대남 압박을 가했지만 이 대통령은 "기다리는 것도 전략"이라며 대북정책 기조를 유지했다. 남북관계 개선을 중시하는 세력은 이명박 정부의 대북 강경정책이 북한의 무력도발의 원인이 되었다면서 그 책임을 이명박 정부에 전가했다. 그러나 절대 다수의 국민은 이명박 정부의 원칙 있는 대북정책을 지지했다. 한 여

▶ 천안함 폭침 장면

74) 『노동신문』, 2008년 4월 1일.

론조사를 보면, 남북관계가 나빠진 이유에 대해 "북한의 대남정책 때문"이라는 응답이 63퍼센트였지만 "이명박 정부의 대북정책 때문"이라는 반응은 27.4퍼센트에 불과했다.

한반도 긴장고조에 대해 근본적으로 북한의 책임이 크다는 사실을 지적하지 않을 수 없다. 그것은 미국과 북한 간의 관계에서 드러난다. 대통령선거 과정에서 북한문제에 대해 대화를 통한 해결을 주장해 온 오바마 대통령이 취임하면서 북한 핵문제는 해결의 기미가 보이기도 했다. 그러나 북한은 오바마 대통령이 취임할 당시인 2009년 초부터 대남 전면대결 태세를 선언하며 긴장을 조성했고, 4월에는 장거리 미사일을 발사했으며, 5월에는 2차 핵실험까지 했기 때문에 미국이 대화를 할 수 있는 여지를 닫아버렸던 것이다. 왜냐 하면 미국의 경우 인사청문회 등으로 정부 출범 후 몇 개월 동안 한반도 문제를 다룰 실무진도 편성되지 않았고 따라서 정책을 검토하고 대안을 세우지도 못한 현실이었기 때문이다.

2010년 들어 북한은 더욱 모험적인 대남 도발을 감행했다. 3월 26일 한국 해군함정 천안함이 북한의 어뢰공격으로 폭침되고 해군 46명이 전사한 전례 없는 사태가 발생했던 것이다. 이명박 대통령은 천안함 폭침 2개월 후인 5월 24일 행한 연설에서 "천안함 침몰은 대한민국을 공격한 북한의 군사도발"이라고 규정하고 "북한은 자신의 행위에 상응하는 대가를 치르게 될 것이다. 나는 북한의 책임을 묻기 위해 단호하게 조처해 나가겠다"고 선언했다. 이어서 그는 "대한민국은 앞으로 북한의 어떠한 도발도 용납하지 않을 것"이며 "앞으로 [북한이] 우리의 영해, 영공, 영토를 무력침범한다면 즉각 자위권을 발동할 것"이라고 선언하고, 나아가 "이번 사태를 계기로 안보태세를 확고히 구축하겠다"고 다짐했다.[75] 이 연설의 후속조치로 이 대통령은 이희원 예비역 대장을 안보특보로 임명하고 국가안보태세를 종합적으로 평가하기

---

75) "이 대통령 천안함 사태 담화문," 『연합뉴스』, 2010년 5월 24일.

▶ 북한 포격 당시의 연평도

위해 국가안보총괄점검회의를 설치했다. 또한 외교안보수석실 산하에 있던 국가위기상황팀을 국가위기관리센터로 확대 개편하여 안보위기의 예측과 관리를 담당하도록 했으며, 신설된 안보특보의 지휘를 받도록 했다.

그러나 북한의 모험은 계속되었다. 천안함 폭침으로부터 8개월 만인 11월 23일 대낮에 연평도에 대한 사실상의 정면 공격이라 할 수 있는 집중 포격으로 해병 2명과 민간인 2명이 사망하고 19명이 부상당했으며 막대한 재산상의 피해를 초래했다. 이 대통령은 2010년 12월 22일 청와대 국가위기관리센터를 국가위기관리실로 격상시키고 수석비서관급 실장을 두기로 하고 국가위기관리 전문가인 안광찬 장군을 실장으로 임명함으로써 안보위기에 보다 효과적으로 대응할 수 있게 했다.

햇볕정책은 이솝우화의 논리에 따라 북한에 화해와 협력의 따뜻한 햇살을 비추면 북한은 개혁과 개방 등 변화를 통해 남북관계 개선과 통일의 길로 나오게 될 것으로 낙관했다. 이처럼 북한의 개혁과 개방 등 북한에서 변화가 있어야 이 정책은 성공할 수 있지만, 북한이 개혁과 개방을 거부하거나 소극적이면 실패할 수밖에 없었다. 북한에 대한 우리의 낙관주의는 체제유지를 위해 핵무기 개발에 강한 집착을 가지고 있었던 김정일의 군사제일주의 노선과는 너무도 대조적이었다. 신사는 따뜻한 햇볕을 비추면 외투를 벗게 되지만'남조선혁명'을 지상 목표로 삼아온 김정일 정권은 어떤 경우에도 외투를 벗을 가능성이 희박했던 것이다.

오히려 대북 화해 · 협력정책은 국민들로 하여금 북한의 군사적 위협을 더 이상 걱정할 필요가 없다고 생각하게 만들었을 수도 있다. 북한을 변화시킬 목적으로 막대한 현금과 물자를 지원했지만 북한은 이렇다 할 변화를 보여주지 않았다. 오히려 북한은 핵개발을 계속하고 여러 차례 미사일을 발사했으며 서해 5도 지역에서 여러 차례 무력도발을 감행했다. 그동안 우리 정부는 10년 이상 매우 호의적인 대북정책을 폈지만 북한측의 의미 있는 변화가 없었기 때문에 남북관계에는 한계가 있을 수밖에 없었다. 따라서 한국사회 내부에서 남북관계 경색의 책임 문제를 둘러싸고 논란과 갈등을 벌이는 것은 무의미한 일이다. 그런 점에서 박근혜 정부가 「한반도 신뢰 프로세스」구축을 통해 지속가능한 남북관계 발전을 추구하겠다는 것은 의미 있는 접근이지만, 북한 대남정책의 근본적인 변화가 반드시 수반되어야 할 문제이기도 하다.

제3절 한국 현대사에 대한 균형잡힌 인식

국가관과 역사관이 제대로 확립되지 않은 사람들에게 올바른 안보관을 기대할 수 없다. 지금 한국사회는 국민의 국가관과 역사관이 제대로 정립되지 못하여 심각한 국가정체성 혼란을 겪고 있다. 그렇게 된 원인은 대체로 세 가지로 볼 수 있다. 첫째, 대한민국의 체제이념과 역사를 국민에게 제대로 가르치지 않았다. 둘째, 민족 사관 때문이다. 민족만을 역사인식의 대상으로 보고 있기 때문에 대한민국 역사 자체에 의문을 제기하는 경향이 있다. 셋째, 민주사관 때문이다. 어떤 경우에도 민주주의의 기본가치가 조금이라도 훼손되면 그 책임을 정부에 물어 독재정부로 매도한다. 역사인식이 부족한데다 민족사관과 민주사관이 풍미하면서 민주화 이전 정부들의 공과(功過)를 객관적으로 평가할 수 없었던 것이다.

한국사회의 지적 풍토의 가장 큰 결함은 조선왕조의 사대부들과 유생들처럼 국가안보에 대한 문제의식이 희박하다는 것이다. 지정학적으로 그리고 역사적으로 우리나라의 안보여건은 매우 열악한 처지에 있었고, 특히 지난 60여 년간 북한의 지속적인 위협을 받아왔지만 국가안보는 중요한 가치가 되지 못했다.

이 책은 국가건설 사관에 따라 국가의 안전보장, 경제발전, 정치발전을 현대 한국의 핵심적인 가치와 목표로 규정하고, 국가목표의 우선순위도 국가발전 단계에 따라 국가안보, 경제발전, 정치발전의 순서로 보았다. 제2절에서 살펴본 바와 같이 안보적 차원에서 본 한국 현대사는 일반적인 역사인식과 크게 다르다는 것을 알 수 있다. 즉, 민주주의라는 측면에서 제약이 없지 않았지만 국가안보와 경제발전에 기여했다는 점에서 이승만과 박정희 등 과거 대통령들의 공로를 새롭게 평가해야 할 필요가 있는 반면, 지나치게 민주주의를 강조하며 국가안보 또는 경제발전을 등한시했던 최근 대통령들에 대한 평가도 달라져야 할 것이다.

국가건설 사관에 따라 한국 현대사를 해석한다면, 이승만 정부는 건국과 더불어 호국을 하고 한미동맹 결성과 군사력 육성 등 안보의 기반을 구축했으며(1단계 과제인 안전보장 확보), 박정희 정부와 전두환 정부는 안보태세를 더욱 강화하면서 자립경제의 기반을 구축했으며(제2단계 경제적 바탕 구축), 그 이후의 정부들은 3단계 목표인 민주발전에 우선순위를 두게 됐다고 해석 가능하다. 이처럼 한국은 안보태세 확립,

경제발전, 민주발전의 단계적 순서로 국가건설 과제를 해결했기 때문에 어느 나라보다 성공적인 국가발전을 이룩할 수 있었다. 또한 김대중 정부와 노무현 정부가 북한에 대대적인 경제지원을 할 수 있었던 것도 박정희 이래 구축된 튼튼한 경제적 바탕이 있었기 때문에 가능했다.

역사는 앞선 정부가 구축해놓은 것을 계승하고 발전시키면서 이뤄지는 것이지 과거와의 단절과 새로운 시작에서 형성되는 것은 아니다. 이 같은 단계론적 역사해석은 역대 지도자들을 상호대립적인 시각에서 보지 않고 역사적 분업의 차원에서 평가하기 때문에 현대한국사를 통합적인 역사인식 아래 해석할 수 있다는 장점을 지닌다.

조선은 오랫동안 문약에 빠진 나라였고 그래서 몇 차례 국난의 수치를 겪었지만 대한민국의 역사는 그와 대조적인 역사였다. 첫째, 이승만 대통령 당시 군사력과 경제력은 보잘 것 없었고 대내외적으로 최악의 안보위협에 직면하고 있었지만 그의 강력한 반공리더십을 통한 국민의 안보의식 향상과 탁월한 외교술을 통해 미국과 방위조약을 체결함으로써 한국은 미국의 군사적 경제적 지원으로 나라를 지키는 데 성공했을 뿐 아니라 60만 규모의 현대식 군대를 육성하게 됐다.

둘째, 박정희 대통령은 경제력과 군사력을 육성하여 자주국방 역량을 강화하는 동시에 한일국교정상화, 월남파병 등으로 한미동맹을 공고히 함으로써 국가안보의 튼튼한 기반을 구축했을 뿐 아니라 한국은 남북 체제경쟁에서 우위를 차지하게 했다. 전두환과 노태우는 그러한 자주국방과 한미안보 협력의 기반을 더욱 튼튼히 다지는 동시에 소련, 중국 등 북한의 동맹국들과 외교관계를 수립함으로써 북한을 외교적 군사적 고립상태에 빠지게 했다.

셋째, 민주시대의 대통령들은 대외적으로 냉전종식과 세계화, 대내적으로 민주화로 국가안보가 새로운 도전에 직면했음에도 안보에 대한 부정적 인식이나 경시적인 태도로 그 같은 안보의 도전을 효과적으로 다루지 못했다. 특히 통일을 향한 대북 화해 협력정책은 북한을 위협의 대상이 아니라 협력의 대상으로 여기는 사람들이 많아지면서 안보문제에 대한 국론분열과 반미운동이 심화됐을 뿐 아니라 북한에 동조하는 세력이 급속히 확산되는 결과를 초래했다.

일반적으로 선거에 의해 선출된 대통령이 안보전문가가 되기는 어렵다. 따라서 대통령의 안보리더십을 효과적으로 보좌할 수 있도록 제도적 장치를 갖추고 전문성을 갖춘 인사들에 의해 운영돼야 한다. 이것이 민주시대의 필수적인 안보리더십이다. 그러나 최근 대통령들은 측근 중심의 인적 구성, 특정 이념선호에 따른 대외정책 우선순위 설정, 초당적이고 범국민적인 합의 결여 등으로 외교안보정책에 있어 성공못지않게 시행착오도 적지 않았다. 민주화시대일수록 대통령의 안보리더십이 더욱 중요해졌음에도 어느 대통령도 바람직한 안보리더십을 보여주지 못했다. 먹구름처럼 몰려오는 안보위기 징후들을 볼 때 대통령의 안보리더십 강화는 시급한 과제가 아닐 수 없다.

제5장

분단국의 안보와 통일

한국의 안보를 얘기할 때 가장 중요한 것은 분단국이라는 특수성이다. 분단국의 국가안보는 통일문제와 밀접한 관련이 있다. 때문에 분단국의 안보를 고려할 때 일반적인 안보이론을 적용하는 데에는 한계가 있다.

2차 대전 후 분단된 국가들은 민주진영과 공산진영 간의 대결의 산물이다. 1917년 볼셰비키 공산혁명 이래 공산세력의 전쟁은 무력침략보다는 혁명전쟁 또는 정치전쟁 형식을 선호했다. 소련은 식민지 민족해방운동을 지원함으로써 공산주의를 확산시키기 위하여 1919년 코민테른(Comintern)을 결성했다. 코민테른은 1927년 브뤼셀에서 「반제국주의 민족독립지지대회」를 개최하고 식민지 민족해방운동을 적극 지지키로 결의했다. 그 연장선상에서 마오쩌둥의 항일구국통일전선, 김일성의 민족해방전선, 호치민의 민족해방전선 등이 일어났다. 이처럼 과거 식민지 또는 반식민지 상태에 있었던 나라들이 분단된 경우 공산세력은 민족해방이라는 구호 아래 혁명전쟁을 추구했던 것이다. 그러한 전략은 중국과 베트남에서는 성공했고 한국에서는 아직도 계속되고 있는 실정이다.

분단국가에서는 분단을 극복하여 통일하려는 의지가 대체로 강하다. 그러나 안보문제와 통일문제가 서로 연관되어 있음에도 불구하고 분단국 국민들은 이 둘 사이의 관계를 제대로 인식하지 못한다. 안보를 다루는 사람들은 통일문제를 도외시하고, 반대로 통일을 주장하는 사람들은 안보를 도외시하는 정도를 넘어 안보가 통일의 장애가 된다고까지 주장한다.

민족의식이 강할수록 통일의지도 강하다. 통일의지가 강할수록 통일을 위해 무력을 동원하거나 상대방 체제의 전복(顚覆)을 노리기도 한다. 예컨대 김일성은 남침을 '통일전쟁'으로 정당화하려 했고, 대한민국을 전복하기 위한 활동을 '남조선해방' 또는 '남조선혁명'을 위한 투쟁으로 미화했다.

분단된 두 나라 간 전쟁은 일반적인 국가 간 전쟁과 다르다. 일반적으로 한 나라가 다른 나라를 공격하면 국제법적으로 침략이 되어 국제적인 제재를 받기 때문에 전쟁을 시작하기 어렵지만, 분단된 두 국가 간의 전쟁은 '내전'의 성격을 띠기 때문에 국제사회의 객관적 개입이 어려운 측면이 있다.

또한 적(敵)이 다른 민족이라면 전선이 분명해지고 적이 누구인지 쉽게 알 수 있지만 같은 민족이 적이라면 적이 내부에 침투해 있더라도 식별하기가 어렵고 다루기도 어렵다는 문제가 있다.

이 같은 내용은 현재 우리가 직면하고 있는 현실에 매우 부합한다. 이 장에서는 다른 분단국들의 안보 및 통일 문제를 살펴봄으로써 이들 국가의 선례로부터 얻을 수 있는 교훈을 모색해 보고자 한다.

제1절 주요 분단국의 안보·통일 정책 사례

1. '힘의 우위'노선으로 통일에 성공한 독일

독일은 '라인강의 기적'으로 알려질 만큼 성공한 국가발전과 성공한 통일정책으로 우리에게 값진 교훈을 주고 있다. 그런 면에서 독일의 안보정책과 통일정책을 살펴보는 것은 의미가 크다.

독일의 분단은 한반도 분단과 마찬가지로 2차 대전 후 동서 냉전이 빚어낸 산물이었다. 그것은 단순한 영토의 분단이 아니라 상이한 이데올로기를 가진, 세계 역사상 처음 경험하는 복합성을 내포한 분단이었다. 한국과 독일의 분단은 비슷한 점이 많다. 냉전시대를 통해 한국과 서독은 자유세계의 제1선에서 소련의 팽창주의와 공산주의의 위협에 대해 직 · 간접 대결을 벌였다.

1945년 7월 포츠담회담에서 미국, 소련, 영국의 정상들은 독일에 통합정부를 수립한다는 데 합의했지만 냉전이 본격화하면서 결국 독일은 분단되고 말았다. 1946년 2월 스탈린이 공산주의와 자본주의는 공존이 불가능하다고 선언하면서 냉전이 노골화했고, 1947년 3월 트루먼(Harry Truman) 대통령이 이른바 '트루먼 독트린'을 천명하면서 동서양 진영은 본격적인 대결로 치달았다. 당시 유럽과 일본 등 세계 주요 자본주의 국가들은 전쟁으로 파멸상태에 있었기 때문에 소련은 그 시기를 세계 공산혁명을 이룰 수 있는 절호의 기회로 판단했다.

소련의 서베를린 봉쇄로 인해 동서 간 대립은 돌아올 수 없는 다리를 건너게 되었다. 소련은 1948년 6월 24일부터 다음 해 5월 12일까지 미 · 영 · 불 공동관리지역(서독)에서 서부 베를린으로 통하는 육로와 수로를 봉쇄하고 전기, 생필품 등 모든 물자 공급을 중단했다. 서방국들은 '공중 가교(air bridge)'를 설치해 소련의 봉쇄에 단호히 대응했다. 미국과 영국의 군용기들은 하루 최고 4,000여 회, 총 27만 8,000여 회의 공중수송 작전을 통해 매일 6,400여 톤의 물자를 서베를린에 공급했다.

소련의 베를린 봉쇄로 동서 대결이 본격화하면서 서방 3개국은 독일 자치정부를 수립하기로 했다. 1949년 5월 서독기본법(헌법)이 채택됐고 9월 독일연방공화국이 수립됐다. 동독지역에서는 같은 시기에 북한에서 했던 것과 동일한 방법으로 1947년 말 인민의회를 개최하고 헌법 제정을 시작하여 1948년 8월 헌법안을 마련하고 1949년 5월 30일 헌법을 채택했다. 동독은 서독의 정부수립보다 1개월 늦은 10월 7일 '독일민주공화국' 수립을 선언했다.[1] 북한 정권과 동독 정권 수립의 방법과 절차가 거의 일치하는 것은 한국과 독일의 분단이 소련의 작품이었다는 것을 말해 주는 방증으로 볼 수 있다.

1949년 9월 초대 총리가 된 콘라드 아데나워(Konrad Adenauer)는 1963년까지 집권하면서 서독 국가발전의 토대를 마련했다. 그의 기본정책은 '친서방정책(Westbindung)'이었다. 이 정책은 국가안보는 미국 중심의 나토에 의존하여 해결하고 경제적으로 서구 중심의 시장경제체제에 서독을 편입시키는 것이었다. 그는 소련군이 동유럽 국가들과 동독을 점령하고 그곳에서 공산체제를 이식시키고 있는 현실을 직시하면서 공산주의 팽창을 저지하지 않으면 안 된다고 판단하고 서방국가들과의 결속이 서독의 생존과 번영의 필수요건이라 확신했다.

아데나워가 이 같은 정책을 추진하게 된 배경에는 다음과 같은 현실적 판단이 작용했다. 첫째, 그는 서방체제로의 통합을 통한 독일의 주권회복만이 독일문제에 대한 미 · 소 · 영 · 불 4대국의 자의적 결정을 막을 수 있는 유일한 방법이라 보았다. 둘째, 그에게 있어 통일은 자유민주주의와 시장경제체제하에서만 의미가 있는 것이었다. 셋째, 그는 연합국들에 의한 독일산업의 해체작업을 종식시키고 마셜플랜에 힘입어 서독 경제를 재건하는 것이 중요하다고 보았다. 마지막으로, 그는 서독에 미군의 지속적 주둔과 미국주도의 서방 안보협력체제에 합류

---

1) 염돈재, 『독일통일의 과정과 교훈』(평화문제연구소, 2010), pp.37-43.

하는 것만이 소련의 팽창주의를 막을 수 있다고 판단했다.[2] 특히 그는 과거 독일 역사에서 동서 간의 '그네타기 정치'가 국가이익 측면에서 잘못된 것이었으므로 반드시 시정돼야 하며, 독일은 종교, 문화, 역사 등에서 서방세계에 속한다고 인식했다.

6 · 25전쟁의 발발은 서독의 친서방정책을 더욱 강화시켰다. 아데나워 정부는 독일에서도 전쟁 가능성을 배제할 수 없다고 판단하고 국가안보를 대외정책의 우선 목표로 삼았다. 이를 위해 미국과 유럽 국가들 간의 긴밀한 안보협조를 하는 것이 절실하다고 판단하고 서독은 나토에 가입했다.

아데나워 정부는 친 서방정책을 통해 유럽평의회(1949), 유럽 석탄 · 철강공동체(1951), 나토(NATO)(1955), 유럽경제공동체(1957) 등에 차례로 가입했다. 서독은 나토에 가입함으로써 패전국의 위상을 반전시킬 수 있었다. 이를 통해서 비록 분단은 고착화했지만 서독은 안보를 보장받게 됐으며 '안보 무임승차'에 힘입어 정치안정과 경제적 번영을 이룩할 수 있게 됐다. 그런 점에서 아데나워의 서방정책은 이승만 정부와 박정희 정부가 추구했던 정책과 유사했다는 것을 알 수 있다. 아데나워는 수상으로 14년간이나 재직하며 2차 대전으로 폐허가 됐던 경제를 부흥시켜 '라인강의 기적'을 만들어냈다.

특히 주목해야 할 사실은 서독이 자유민주주의체제 방어에 대단히 적극적이었다는 사실이다. 서독 지도자들은 자유민주주의 체제는 자유를 파괴하려는 세력에 대해 전투적이어야 하며 이를 위한 보호 장치가 없을 경우, 극좌 및 극우 급진주의 세력에 의해 그 체제가 유지되기 어렵다는 뼈아픈 교훈을 바이마르 공화국의 실패로부터 배우게 됐다.

그들은 독일연방공화국 기본법(헌법) 제정과정에서 헌법보호 장치

---

2) Josef Joffe, "The Foreign Policy of the Federal Republic of Germany," *Foreign Polic in World Politics*; R. C. Macridis, ed., *States and Regions* (Englewood Cliffs, N.J.: Pretice Hall, 1989), p.83.

를 도입했다. 연방공화국 기본법 제21조는 정당의 목적이나 활동이 자유민주적 기본질서를 침해 또는 거부하거나 독일연방공화국의 존립을 위태롭게 하는 경우 이를 위헌이라 규정하고 해산토록 규정했다. 1956년 연방헌법재판소는 독일공산당을 위헌정당으로 판정하고 해산시키면서 '전투적 민주주의(streitbare Demokratie)'라는 개념을 처음 사용했다.[3] 자유민주주의를 수호하기 위해서는 적대세력에 대해 적극적으로 대응해야 한다는 개념이다.

또한 서독의 기본법에는 "그 목적과 활동 등이 헌법적 질서에 반하는 단체는 금지된다"고 규정돼 있다. 위헌으로 판결된 단체에 대해서는 '기본권 상실 조항'이 마련돼 있다. 상실되는 기본권에는 의사 표현의 자유, 출판의 자유, 집회의 자유, 결사의 자유, 서신 · 우편 · 전신의 비밀, 재산권 등이 포함됐다. 1964년 제정된 '사회단체규제법'에 따라 위헌으로 판정된 단체들은 해산됐다. 통일 이전까지 공산세력의 영향하에 있다가 해산된 단체는 50개로 그 회원은 60,000여 명이었다. 이 밖에도 독일연방공화국의 존립과 자유민주주의적 기본질서를 파괴하는 세력을 다스리기 위해 형법, 헌법보호법, 사회단체규제법, 테러저지법 등 다양한 국가안보법제가 마련됐다.

뿐만 아니라 서독 정부는 '급진주의자들에 대한 결의(일명: 급진주의자 훈령)'를 헌법보호 조치로 채택해 위헌(違憲)세력이 공공부문에 침투하는 것을 봉쇄했다. '급진주의자 훈령'은 헌법상의 자유민주주의적 기본질서를 옹호한다는 보증을 제시하는 사람만이 공직(公職)에 임용될 수 있고, 공무원은 직무 내외를 막론하고 자유민주주의적 기본질서를 위해 적극 노력할 의무를 갖는다는 정신에 바탕을 두고 있다. 이

3) 박광조, "전투적 민주주의, 독일의 경우: 반체제 운동경력자에게 공직취임을 금지," 『월간조선』, 2003년 8월호, p.84. 서독 정부는 1951년 '사회주의 제국당'이 서독 헌법을 위반한다고 판단한 후 연방헌법재판소에 정당활동의 금지와 해체를 신청했다. 이 정당은 명칭을 바꿔가며 살아남았지만 서독 정부는 계속 위헌 신청을 하며 추적했다. 결국 좌파정당의 후신인 '독일공산당'이 해체됐다.

훈령에 따라 독일민족당(NPD)과 같은 극우급진정당 및 공산계열의 정당과 사회단체의 구성원들은 연방헌법재판소의 위헌 결정 없이도 공직 임용에서 제외됐다. 일례로 좌익 학생운동 조직이 상당한 세력을 확보하고 있었던 1972년 8월부터 1976년 2월까지 총 428명의 공직지원자가 자유민주주의적 기본질서에 대한 충성심에 의혹이 있다는 이유로 임용에서 배제됐다. 서독은 1987년까지 약 350만 명의 취업희망자의 적격성을 심사해 약 2,250명에 달하는 위헌성분 지원자들의 임용을 거부했다. 이미 취업한 사람도 반체제 성격의 좌익단체나 그 위장단체에서 활동한 사실이 밝혀지면 대부분의 경우 해임 조치를 당했다.[4)]

이 같은 자유민주체제 보호장치에도 불구하고 동독 공산주의자들은 서독 사회에 광범위하게 침투해 있었다. 통일 이후 해제된 동독 비밀경찰 슈타지(Stasi)의 기밀문서에 따르면, 슈타지는 서독의 반공 보수정치인들을 매장시키려는 공작을 했고, 브란트(Willy Brandt) 총리의 보좌관 귄터 기욤(Gunther Guillaume)도 동독의 거물간첩이었을 만큼 요직까지 침투했으며, 심지어 녹색당의 정책까지 슈타지가 배후조종했다. 뿐만 아니라 동독 공산주의자들은 미남공작원을 내세워 서독 정치인의 여비서들을 포섭하고 학생운동에 침투하여 학생들의 반미시위를 조종했는가하면, 서독의 대학을 동독 첩자 양성소로 이용했고 여성 테러리스트를 유럽의회 의원으로 당선시키기까지 했다. 슈피겔(Spiegel), 슈테른(Stern) 등 주요 언론들도 슈타지 공작에 놀아나는 등 동독의 간첩활동은 서독 사회에 광범위하게 확산돼 있었다.[5)]

서독 기본법은 통일을 의무화하고 있었지만 1989년 베를린 장벽 붕괴 이전까지는 어느 정부나 정당도 통일을 현실적인 목표로 설정하지 않았고 적극적인 통일정책도 추진하지 않았다. 통일노력이 실익은 없으면서 동독과 주변국의 의구심만 야기할 뿐이라고 생각했기 때문

---

4) 같은 글, p.89.
5) 후베르투스 크나베, 『슈타지문서의 비밀』(월간조선사, 2004).

이다.[6)]

아데나워는 단기적인 통일 가능성은 희박하다고 판단하고 다음과 같은 장기적인 통일정책을 추구했다. 첫째, 아데나워는 서독의 국력배양이야말로 통일의 지름길이라고 판단했다. 이것은 일종의 '자석이론(Magnet Theory)'에 입각한 '힘의 우위 정책'을 구사했다는 점을 말한다. 서독이 서방진영의 일원으로 정치적으로 자유민주주의, 경제적으로 시장경제하에서 번영할 때 공산체제하의 1,700만 동독 주민들을 서독으로 끌어들일 수 있을 것으로 생각했던 것이다.

둘째, 아데나워는 동독 주민들에게 '자유의 바람'을 불어넣어야 한다고 생각했다. 자유를 보장하는 통일만을 바람직한 통일로 확신한 것이다.[7)]

마지막으로, 아데나워는 모순된 이념에 바탕을 둔 소련은 서방세계와의 대결에서 약점을 드러낼 것이고, 특히 경제적 어려움에 처하게 되면 독일에 대한 소련의 정책도 변할 것으로 내다봤다. 다시 말하면, 소련이 경제적 난국에 처하게 되면 동독을 포기하는 것도 감수하게 될 것이라고 예상했던 것이다.[8)]

따라서 아데나워는 어떤 형태의 중립화도 반대했다. 1952년 스탈린이 독일 중립화 통일방안을 제시했을 때 아데나워는 이를 단호히 거부했다. 중립화 통일은 서독에 공산세력의 침투 가능성을 높이고, 친서방정책을 약화시켜 서독의 안정과 발전을 저해할 것으로 판단했기 때문이다. 아데나워의 친서방정책과 '힘의 우위 정책'은 소련을 위시한 동구권 국가들과 독일 내 야당인 사민당 및 자민당으로부터 비난을 받았다. 야당의 주장에 따르면, 중립을 유지할 경우 독일의 통일을 지지하겠다는 스탈린의 제의를 거부함으로써 통일의 기회를 놓쳤다는 것

6) 염돈재, 『독일통일의 과정과 교훈』(평화문제연구소, 2010), pp.55-62.
7) 이영기, "아데나워와 이승만," 제10회 이승만포럼 발표문(뉴데일리 이승만연구소), 2011년 12월 14일.
8) 염돈재, 앞의 책, p.57.

이다. 그러나 아데나워는 동서냉전이 진행되고 있는 상황에서 중립화 통일보다는 서구와의 협력을 통해 자유민주주의체제를 구축하는 것이 시급하다고 인식했다. 서독 국민 대다수도 독일이 중립국이 되어 소련의 영향력하에 놓이는 것을 원치 않았다.[9]

▶ 붕괴되는 베를린 장벽

아데나워는 서구와의 결속과 동독에 대한 힘의 우위를 유지함으로써 통일 문제를 주도하고자 했다. 그는 동독을 불법 정권으로 규정했다. 동독은 주민의 자유의사에 따라 수립되지도 않았고 소련에 점령돼 자치력을 상실했기 때문에 결코 국가로 간주될 수 없을 뿐 아니라 국제법적으로도 절대 인정돼서는 안 될 존재로 인식했다. 그는 독일 주민들의 자유선거로 설립된 독일연방공화국만이 유일한 합법 정부이고 국제법적으로도 전폭적인 지지를 받고 있으며 독일제국의 후속 국가로 독일 국민을 대변할 권한이 있다는 '단독대표권'을 주장하며 동독 정부와의 어떤 공식적인 접촉도 거부했다. 나아가 아데나워 정부는 동독과 수교하거나 동독을 주권국가로 인정하는 제3의 국가와는 외교 관계를 단절한다는 이른바 '할슈타인 독트린(Hallstein Doktrin)'을 채택했

9) 김동명, 『독일 통일, 그리고 한반도의 선택』(한울, 2010), pp.40-41.

다.[10)]

그러나 이 같은 서독 정치노선에도 격동의 시기는 있었다. 1960년대 말 세계적으로 데탕트 기류가 확산되면서 아데나워의 친서방정책은 역사의 뒤안길로 사라지는 듯 했다. 데탕트의 물결에 따라 전후 세대들은 친미적인 부모세대를 조롱했고 친서방 · 대동독 강경정책을 비판하는 분위기가 확산됐다. 이러한 가운데 '신동방정책'을 내건 빌리 브란트(Willy Brandt)가 이끄는 사민당이 1969년 집권했다. 브란트는 '접근을 통한 변화' 를 표방하면서 동독은 물론 소련 및 동유럽 국가들과 교류와 협력을 확대하는 '신동방정책(Neue Ost-Politik)'을 추진했다. 그의 대소 관계개선과 동독과의 교류 · 협력 노력을 계기로 1970년 3월과 5월 두 차례 동 · 서독 정상회담이 개최됐다. 1972년 12월에는 동서독간 기본조약을 비롯한 각종 교류 · 협력 협정이 체결됐고, 1973년 9월에는 동서독이 동시에 유엔에 가입했다. 그러나 1974년 5월 브란트의 비서 기욤이 동독의 스파이라는 사실이 밝혀지면서 브란트는 사임하고 서독의 통일정책은 다시 한번 변화를 맞게 됐다.

뒤이어 집권한 사민당의 헬무트 슈미트(Helmut Schmid) 총리는 브란트의 동방정책을 계승하면서 서방과의 관계도 중시했다. 그는 동서간 데탕트와 유럽통합 분위기에 편승하여 서방과 소련 사이에서 '양다리 외교'를 추진하려 했으나 1979년 소련의 아프간 침공으로 동서 간 긴장이 고조되면서 브란트는 자신의 정책을 고수하기 어려웠다.

1982년 8월 사민당의 연정파트너였던 자민당이 사민당과의 정책노선 갈등으로 연정 파트너를 기민당으로 바꿈에 따라 기민당의 헬무트 콜(Helmut Kohl) 정부(1982.8~1998.10)가 출범했다. 콜 수상은 "서방과의 협력에 바탕을 둔 동방과의 협력"을 표방하면서 아데나워의 '자석이론'과 '힘의 우위를 통한 변화' 정책으로 회귀했다. 그러나 콜 정부는 브란트 정부와 슈미트 정부가 이룩한 신동방정책의 업적도 일정

10) 위의 책, p.42.

부분 계승하며 동독과의 협력관계를 계속 확대했다. 이 정책은 1985년 집권한 소련 고르바초프(Mikhail Gorbachev) 정권의 개혁 · 개방 정책으로 창출된 동서 화해분위기를 적극 활용한 측면도 있었다.

콜 정부는 1983년과 1984년 두 차례에 걸쳐 동독에 19억 5,000만 마르크의 현금차관을 제공했고, 1987년에는 동독의 호네커(Erich Honecker)를 서독으로 초청하여 동서독 간 화해 · 협력 분위기를 고조시키기도 했다. 1989년 11월 베를린장벽이 붕괴되고 그 해 말까지 46만여 명의 동독 주민들이 서독으로 탈출하자 콜 정부는 사민당과 각 주정부의 격렬한 반대에도 불구하고 동독 탈출자들을 전원 받아들이는 한편, 동독 정권의 「국가연합 통일방안」과 경제원조 요구를 단호히 거부함으로써 동독혁명을 통일로 연결시키는 데 성공했다.

이처럼 서독의 대동독 정책이 연속성과 일관성을 유지할 수 있었던 것은 연정파트너였던 한스 겐셔(Hans-Dietrich Genscher) 자민당 부총재가 1974년 슈미트 정부 때부터 1990년 통일 시까지 16년간 외무장관으로 재직했기 때문이다. 뿐만 아니라 콜 수상도 16년간이나 집권했기 때문에 독일 통일의 위업을 달성할 수 있었다.

그렇지만 통일 당시 독일이 추구했던 성급한 경제통합은 적지 않은 후유증을 초래했다. 당시 동독 마르크는 서독 마르크의 3분의 1의 가치밖에 되지 않는다는 것이 전문가들의 평가였다. 하지만 정치경제적 이유로 실제 교환비율은 1대1로 정해졌다. 그 결과 화폐가치가 3배나 뛴 동독지역의 경쟁력은 급속도로 악화됐다. 기업은 파산하고 실업이 속출했다. 통일 후 독일 정부는 해마다 국내 총생산의 4~5%에 달하는 막대한 재정을 20년 가까이 동독지역에 쏟아 부어야 했다. 점진적인 지역개발전략에 따라 경제통합이 추진돼야 했다고 판단되는 대목이다.

서독의 성공적인 통일전략과 관련하여 중요했던 또 다른 정책은 국민들에게 자유민주주의와 시장경제에 대한 확고한 신념을 심어주었다는 것이다. 서독은 체계적인 정치교육, 즉 민주시민교육을 실시했다. 학교는 물론 성인교육기관에서 민주주의와 시장경제를 가르치고, 다른 한편 자유민주주의에 배치되는 극우노선(나치즘)과 극좌노선(공산주의)을 비판적으로 교육했다. 이를 위해 내무부 산하에 연방정치교육원을 설치하고 서독 연방 16개 주에 각각 정치교육원을 설치하여 교육자료를 발간하고 교사를 양성하며, 나아가 정치교육에 대한 행정적 · 재정적 지원을 아끼지 않았다. 또한 서독의 정치교육은 초당적 지지와 국민적 공감대를 바탕으로 일관성 있게 추진돼 왔다. 그 결과 독일은 과거의 오명을 벗고 모범적인 민주국가가 됐을 뿐 아니라 '라인강의 기적'과 '통일의 기적'을 이룩할 수 있었다. 후에 언급될 월남[11]의 패망과 비교할 때 성공적인 국민교육 없이 독일이 과연 번영과 통일을 달성할 수 있었을 지는 의문이다. 재독 학자 박성조는 독일 통일의 3대 요소로 서독의 경제력, 서독 국민들의 결속력, 미국의 지원이라고 분석했는데,[12] 대한민국의 정체성에 대한 도전이 난무하고 있는 한국의 현실을 고려할 때 우리가 무엇을 해야 할 것인지는 분명해진다.

김대중 · 노무현 정부의 햇볕정책은 독일통일의 원인을 오해한 것과도 관계가 있다. 우리가 서독의 브란트 정부처럼 선의를 갖고 먼저 북한을 지원하고 북한의 안정과 발전을 도우면 북한도 변하여 한반도의 평화와 통일의 길이 열릴 것이라는 전제는 잘못된 것이었다. 독일통일은 정상회담을 통해서 이뤄진 것도 아니고 동서독이 화해하고 협력해서 이뤄진 것도 아니다. 동독 지도자들의 결단으로 이뤄진 것은 더더욱 아니다. 독일통일은 동독 공산정권이 주민들의 시위로 무너지고 동독 주민들이 서독연방에 합류하기를 원해서 이뤄진 것이다. 동독 공산정권을 인정하고 안정시켜 동독의 변화를 유도하려고 한 브란트의 정책

---

11) 이 책에서는 월남(越南) 또는 베트남(Vietnam)이라고 명명되는 국가 이름을 월남으로 통일해서 기술했다. 그 이유는 베트남이라고 할 경우 현재 개혁 · 개방 과정을 경험하고 있는 공산국가와 혼동하기 쉽기 때문이다. 다시 말하면 공산화되기 이전과 이후를 구분하기 위해 국가 명칭을 월남으로 통일했다.

12) 박성조, 『한반도 붕괴: 위기의 남북관계, 그 새로운 전략과 해법』(랜덤하우스, 2006), p.12.

은 정통성 없는 동독 공산정권을 안정시켜 오히려 통일을 지연시켰다는 비판을 받고 있다. 브란트가 공산주의의 개량 가능성과 '위로부터의 혁명' 가능성을 믿었다는 것은 잘못된 것이었다는 지적이다. 독일이 통일을 이룰 수 있었던 정책 차원의 원인은 브란트의 '신동방정책'이었다기보다는 아데나워의 '친서방정책'과 '힘을 통한 평화'에 있었다고 보는 것이 정확하다.

요컨대 서독의 통일정책은 힘의 우위로 상징되는 확고한 안보정책이 바탕을 이뤘기에 성공할 수 있었다. 그리고 서독의 안보정책에는 국민들의 단합된 결속력도 매우 중요하게 작용했음을 잊어서는 안 될 것이다.

2. 중국 본토에서의 중화민국의 패배

중화민국이 본토에서 패배한 것은 치명적인 것이었다. 중화민국은 1940년대 중국 본토에서 타이완으로 패퇴한 후 와신상담(臥薪嘗膽)의 정신으로 산업화와 민주화에 성공했다. 그러나 중화민국은 인구와 국력 면에서 중국 본토에 비교가 안 될 정도로 열세다. 또한 중국이 고도성장을 지속하고 있기 때문에 중화민국 주도의 통일은 불가능한 현실이 됐다. 국민당 정부가 중국 공산당에 패해 본토에서 쫓겨났던 사건이 오늘날의 회한이 되고 있는 것이다. 특히 장제스(蔣介石) 휘하의 국민당 정부와 마오쩌둥(毛澤東) 휘하의 중국 공산당 정부 간 대립과 갈등의 역사는 남북한 관계에도 시사하는 점이 많다.

1) 신생 국민당정부의 내우외환

1911년 신해혁명으로 청 왕조가 타도되고 다음 해 1월 국민당 임시정부가 난징(南京)에 수립됐다. 그러나 공화정에 대한 경험도 없었고 민주정치를 할 사회경제적 여건도 안 돼 있었기 때문에 정치와 행정은 심각한 혼란에 빠졌다. 국가건설 과업을 주도할 세력은 미약했고 신해혁명에 동조했던 세력들조차 반혁명세력과 결탁해 이익 챙기기에 바빴다. 수백 개의 정당과 사회단체가 우후죽순처럼 나타나 서로 다투면서 혼란을 부추겼다. 정당들의 정강정책도 대동소이했으며 정당을 이권쟁탈의 수단으로 여겼기 때문에 이합집산이 빈번했다.

신해혁명을 주도한 쑨원(孫文)은 1917년의 러시아혁명에 대해 "견고한 전제국가를 일거에 전복시키고, 새로운 공화국을 세워 중국의 좋은 이웃이 됐다. 러시아 혁명이야말로 세계 역사상 하나의 큰 사건"이라고 높이 평가했다.[13] 이러한 분위기에 힘입어 소련은 코민테른을 통해 중국공산당 창당을 적극 지원했고, 나아가 중국공산당과 중국국민당 간의 연합전선을 종용했다. 쑨원은 소련의 혁명경험을 배우기 위해 코민테른의 제안을 받아들여 중국공산당원을 국민당원으로 받아들이는 '연소용공(聯蘇容共)' 정책을 추진했다. 그래서 1924년에는 국민당과 공산당이 협력하는 제1차 국공합작(國共合作)이 이뤄졌다. 그러나 장제스는 "삼민주의에 바탕을 둔 중국국민당의 정치제도는 소련의 정치제도와 근본적으로 다르다"며 연소용공 정책을 반대했다.

공산당 당적을 가지고 국민당원이 된 공산당원은 국민당 내에서 상당한 영향력을 확보하게 됐다. 그러나 공산당원들은 국민당 당원으로서의 역할에는 관심이 없었고 국민당 내에서 공산세력의 확장만을 노렸다. 특히 그들은 국민당 지방조직의 조직부와 농민부 부장 자리를 차지하여 농촌지역의 세력확장에 적극 나섰다. 국민당 내에서도 공산세력의 영향력이 커지면서 좌우파 대립이 심화했다. 국공합작의 결실로 수립된 황푸(黃埔)군관학교(1924년 중국 광둥시 교외 황푸에 설치했던 중국 국민당의 사관학교)에서도 공산세력이 확대되면서 국민당 정부군 내에서도 공산세력은 날로 커져갔다.

신생 국민당 정부는 권력의 구심점이 되지 못했다. 대부분 지역에서

---

13) 신승하, 『중화민국과 공산혁명』(대명, 2001), p.244.

는 군벌(軍閥)들이 난립하고 있었기 때문에 국민당 정부는 광둥(廣東) 부근 지역만을 지배했을 뿐이었다. 군벌들은 각 지역을 통치하는 군벌 정치를 했다. 군벌이란 중앙정부의 지배를 받지 않는 독자적인 군사조직을 거느리고 일정한 지역을 장악하여 통치권을 행사하던 군인을 가리킨다.[14] 군벌들의 관심 대상은 국가가 아니었다. 그들은 자신의 이익을 위해 관료, 정객, 토호 등 반(反)국민당세력과 결탁했으며 필요시 외국과도 결탁했다. 이들은 두 개 이상의 성 또는 하나의 성 전체를 지배하고 있었다.

당시 베이징을 중심으로 막강한 북양군벌을 이끌고 있던 위안스카이(袁世凱)를 비롯하여 돤치루이(段祺瑞), 우페이푸(吳佩孚), 장쭤린(張作霖), 펑위샹(馮玉祥) 등 군벌이 난립하고 있어 국민당 정부가 통제할 수 있는 지역은 극히 제한돼 있었다. 정부 수립 초기 국민당군은 10만 정도에 불과했으나 베이징 지역을 장악하고 있던 북양군벌의 병력은 80만이었다. 그 밖에도 각 지역을 장악하고 있던 10여개 군벌의 총병력은 100만에 가까웠다.[15]

국민당 정부는 1926년 군벌들을 타도하기 위한 북벌에 나섰다. 1927년까지 후베이(湖北), 후난(湖南) 등 동남 지방을 평정하고 주요 도시인 상하이와 난징을 점령했다. 당시 상하이는 상당부분이 외국인 조차지였을 뿐 아니라 공업화의 중심지였기 때문에 노동자는 물론 학생과 지식인이 많았다. 따라서 상하이에서는 노동자들의 파업, 학생과 지식인 중심의 반제국주의 민족운동으로 외국인들과의 충돌이 빈번했으며 공산당은 외세배격운동에 편승해 급속히 세력을 확장했다. 북벌군 총사령관 장제스는 상하이 지역의 노동자 파업을 탄압하는 과정에서 공산분자를 색출해 살해하는 등, '반공쿠데타'를 일으켰다. 이 과정에서 공

14) James E. Sheridan, *Chinese Warlord: The Career of Feng Yu-hsiang* (Stanford, Calif.: Stanford University Press, 1966); Odoric Y.K. Won, *Militarism in Modern China: The Career of Wu Pei-fu* (New York, 1978).

15) 신승하, 앞의 책, pp.269-270.

산당원 300여 명이 살해되고 1,000여 명이 체포됐으며 실종자도 5,000여 명에 달했다. 그 여파로 중국국민당과 중국공산당 간의 합작은 깨어졌다.

국민당정부는 1928년 베이징 정부를 와해시키는 등 군벌타도에 성공했다. 그 후 그들은 사실상 중국 전토를 장악했고 난징을 수도로 하는 국민당 정부를 정식 수립했다. 16년 정도에 걸쳐 국민당 정부는 형식적인 통일을 이뤄냈지만 전국을 제대로 통치하는 데에는 여전히 많은 난관이 기다리고 있었다.

북벌과정에서 국민당 정부의 군사력은 최초 140만에서 220만으로 증강됐다. 그 과정에서 군사비 지출이 막대했기 때문에 1928년의 군사비는 정부예산의 87%를 차지했다.[16] 그 결과 국민들의 세금부담이 급등했을 뿐 아니라 정부의 공공서비스 제공도 불가능하여 민생은 도탄에 빠졌다. 1912~1928년 16년간 경제장관의 재임기간이 평균 5개월에 불과했다는 것은 경제정책의 실패를 단적으로 말해주는 것이다.

2) 중국공산당의 세력 확장

1921년 7월 상하이에서 마오쩌둥 등 13명의 대표가 참가한 가운데 중국공산당이 창당됐다. 그들은 국민당 정부의 통치력이 약한 농촌지역에서 추수폭동을 일으키는 방법 등으로 농민들을 선동하고 조직했다. 공산당은 그들의 장악지역인 소비에트 구역 내 모든 지주와 공공의 토지를 몰수해 농민에게 경작토록 하는 이른바 '토지혁명'을 실시했다. 이로 인해 그들은 농민들의 열렬한 지지를 받으면서 세력을 급속히 확장했다. 그들은 동남부 지방의 오지에 위치한 징강산(정강산, 井冈山)에 '장시 소비에트'를 설치해 그 지역 일대를 통치하면서 농민들로 홍군(紅軍, 공산혁명군)을 조직, 정부군의 토벌에 대응했다.

마오쩌둥은 농촌에 침투해 공산세력을 효과적으로 확장했다. 그는

16) 신승하, 앞의 책, p.277.

공산군을 노동자와 농민의 군대라는 의미에서 공농홍군(工農紅軍)이라 했다. 그는 공산군의 역할을 이렇게 말했다. "홍군은 단순히 전투만 하는 것이 아니다. 홍군은 적과 싸워 군사력을 소멸시키는 것 외에 군중을 선동하고, 군중을 조직하며, 군중을 무장하고, 군중을 도와 혁명정권을 수립하고 나아가 공산당 조직을 건설하는 중대한 임무를 짊어진다. … 군사는 단지 정치임무를 완성하는 도구의 하나며, 홍군은 혁명적 정치임무를 집행하는 무장단체다."[17)]

1930년대 들어 일본의 중국 침략이 본격화했을 당시 국민당 정부는 군벌세력의 잔당 등 반대세력의 반장(反蔣) 운동에 대항하면서 공산당 소탕에 사력(死力)을 다하고 있었기 때문에 일본의 침략에 소극적으로 대응할 수밖에 없었다. 장제스는 일본의 침략에 따른 전국적인 항일운동이 공산당에게 이용당할 우려가 크다고 판단하고 '선안내후양외(先安內後攘外)' 정책, 즉, 먼저 내부의 적을 평정하고 나서 외부의 침략에 대응하는 정책을 추구했다. 그는 내부의 분란 때문에 일본의 침략이 일어났다고 판단했던 것이다.[18)]

공산당은 전국적인 반일운동을 벌여 국민당 정부에 대한 불신을 조장하고 공산세력을 확산하는 기회로 삼았다. 그들은 일본에 무장투쟁을 한다는 명분으로 청년 의용군을 조직하고 그들에게 정치사상 교육을 실시했다. 그러나 공산당의 목적은 일본의 침략에 대항하는 것이 아니라 국민당 정부를 약화시키고 공산혁명을 이룩하려는 데 있었다. 그러한 가운데 일본군이 1933년 1월 베이징 외곽지역인 화베이(화북, 華北)지방을 침공하자 공산당은 이 기회를 포착해 항일민족통일전선을 수립할 것을 주장했다. 그들은 「대일항전선언」을 통해 국민당 정부가 동북지방과 화베이지방을 일본에 팔아넘기고 있다면서 이를 강력히 반대한다고 주장하고, 일체의 내전을 중지하고 일치단결하여 일본에

---

17) 中共中央文研究室編著, 『毛澤東文集』(베이징: 인민출판사, 2009).
18) 신승하, 앞의 책, p.397.

대항하여 싸우자면서 공산당에 대한 국민당 군의 공격의 부당성을 제기했다.

그러나 장제스는 '내부의 적'을 좌시할 수 없었다. 그는 동남지방에 설치된 공산당 근거지인 '장시 소비에트'를 소탕하기 위해 1930~34년 5차례에 걸쳐 포위섬멸작전을 펼쳤고, 이로 인해 공산군은 궤멸 직전에 이르렀다. 살아남은 홍군 8만여 명은 1934년 10월 대탈출을 했다. 그들은 국민당군의 추격을 피해 오지와 첩첩산중으로 도피하면서 18개의 산맥을 넘고 17개의 강을 건너는 등 1년여에 걸쳐 9,600km의 대장정(大長征) 끝에 1936년 10월 국민당 정부의 지배력이 닿지 않는 산시성(陝西省)의 옌안(延安)에 도착해 새로운 소비에트를 구축했다. 2년전 출발했던 병력 중에서 살아남은 자는 7,000명에 불과했다. 그러나 마오쩌둥은 그 과정에서 주도권을 확보하고 자신의 이념과 전략전술을 다듬었을 뿐 아니라 농민들에게 공산주의 이념을 전파해 세력을 확장할 수 있었다.

돈과 군대는 국민당이 장악하고 있었지만 공산세력은 농촌지역의 민심을 장악함으로써 궁극적으로 승리할 수 있었다. 중국은 봉건적인 농업국가였다. 인구의 85%가 농업에 종사하고 있었지만 대부분의 토지는 지주 소유였기 때문에 농민의 3분의 2는 소작농으로 비참하게 살고 있었다. 중국국민당 조사에 따르면, 1927년 농촌인구 3억 4,000만 명 중 토지 없는 농민이 1억 8,600만으로 55%를 차지하고 있었다. 어떤 지방은 소작농이 80% 가까이 되는 등 토지집중이 심각했다.

국민당군이 공산군에 대한 공격을 계속하고 있는 가운데 국민당 내 장제스 반대세력은 내전 중지와 항일 투쟁을 위해 힘을 합쳐야 한다는 '반장(反蔣) 운동'을 주도했다. 특히 일본이 화베이(화북. 華北)지방 5개성을 점령하여 제2의 만주국 즉, 화북국(華北國)을 세우려 하면서 학생과 지식인을 중심으로 격렬한 반일운동이 일어났다. 그들은 일본제국주의 타도, 화북 자치 반대, 내전중지와 거국적 항일투쟁 등을 주장했다. 공산당은 '거국일치 항일투쟁'이란 슬로건으로 반일운동을 적극 지지했다.

이러한 가운데 시안(西安)사건(1936)이 일어났다. 국민당 군의 동북군사령관 장쉐량(張學良)이 공산군 소탕작전 독려 차 시안을 방문했던 장제스를 감금한 것이다. 장쉐량은 항일의식으로 무장된 군대를 통제하기 어렵다면서 공산당 소탕작전을 중단할 것과 공산당과 힘을 합쳐 항일전쟁을 하자고 장제스에게 건의한 적이 있었는데 자신의 제의가 묵살당한 후 그 같은 사건을 일으켰던 것이다. 국민당은 장제스를 구출하기 위해 타협할 수밖에 없었다. 그 결과 제2차 국공합작이 성사됐고 공산당이 주장해온 항일민족통일전선이 이뤄졌다. 한편 미국의 루스벨트(Franklin Roosevelt) 대통령도 장제스에게 편지를 보내 국공합작을 통해 대일전쟁에 나서도록 적극 요청했다. 미국의 원조를 받고 있는 입장에서 장제스는 이를 수용하지 않을 수 없었다.

1937년 일본군이 베이징과 톈진을 공격함으로써 중일전쟁이 발발했다. 이로 인해 시안사건 이래 끌어왔던 국공합작이 결실을 맺는 계기가 됐다. 1차 국공합작은 국민당과 공산당 간의 합작이 아니라 공산당원 개인이 국민당에 입당한 것이었다. 반면 2차 국공합작은 공산당이 그들이 장악한 소비에트지역에 별도의 행정조직과 홍군(紅軍)이란 군대도 가지고 있었기 때문에 사실상 국가 대 국가의 합작이었다. 그러나 공산당은 2차 국공합작 후에도 일본에 대항해 싸우기보다는 그들의 세력 회복과 확장에 몰두했다.

8년간의 중일전쟁은 국민당 정부에 엄청난 타격이 됐다. 중국군 사상자는 321만에 이르렀고 민간인 사상자도 900만여 명에 달했으며 재산 손실도 560억 달러에 달했다. 이와 대조적으로 전쟁 기간 중 공산당의 세력은 크게 확장됐다. 그들은 19개 공산해방구에서 1억 2,000만의 인구를 지배했고 공산군 규모도 120만에서 200만으로 늘어났다. 조만간 국민당과 공산당 간의 무력충돌은 피할 수 없게 됐다.

2차 대전 종료 직후부터 중국에서는 국공 내전(1945~1949)이 재개됐다. 미국 특사 조지 마샬(George Marshall)의 조정으로 1946년 말 국공

간의 정전이 성립됐으나 정전은 말뿐이었고 군사적 충돌은 계속됐다. 국민당 정부의 병력은 430만이었으며 그중 정규군은 200만에 달했다. 이들은 현대식 무기를 보유하고 있었을 뿐 아니라 일본군으로부터 무장해제한 장비와 미국으로부터 원조받은 장비도 있었다. 국민당정부는 국토의 4분의 3인 3억 이상의 인구와 전국 주요 도시와 교통로를 장악하고 있었다. 이에 비해 공산군은 120만(정규군 60만)이었고 장비도 노후했다. 그들의 통치권이 미치는 지역은 전 국토의 4분의 1에 불과했고 해방구의 인구도 1억에 지나지 않았다.

그러나 1947년 이후 공산군이 전면공세에 나서면서 정부군은 열세를 면치 못했다. 1948년 4월 공산군은 국민당정부군이 점령하고 있던 옌안(延安)을 탈취했다. 가을에는 만주의 요충인 창춘(長春)과 선양(瀋陽)을 탈취하고 산둥성을 점령하는 등 승리를 거듭하여 1949년 5월 말에는 상하이를 점령하고 사실상 본토를 장악했다. 10월 1일 공산군은 베이징에서 중화인민공화국 수립을 선포했다. 10월 20일 국민당정부의 수도였던 난징(南京)까지 점령당하자 국민당정부는 타이완으로 피난했다.

중국의 국공 내전은 일본의 중국침략과 밀접히 연관돼 있었다. 공산세력의 승리는 일본의 침략으로 국민당정부군이 약화된 틈을 탔기에 가능했다. 중일전쟁이 없었다면 중국공산당은 중국 대륙을 지배하지 못했을 수도 있다. 그러나 양측의 접근방법의 차이도 중요했다. 장제스가 군사지도자로 군사전략에 치중했던 반면 마오쩌둥은 혁명가로 정치 전략에 치중했다는 것이다.

마오는 공산혁명이라는 정치적 목적을 위해 비정규전인 게릴라전을 주요 수단으로 활용했다. 그는 "전쟁은 한 순간도 정치와 분리될 수 없다. 정치는 무혈의 전쟁이고, 전쟁은 유혈의 정치이다. 정치권력은 총구로부터 나온다"고 하는 등 정치우위론을 폈다. 따라서 혁명투쟁의 군사적 측면보다도 정치 · 심리적 측면을 더욱 중시했다. 마오에게 있어 적의 군대를 격파하고 정부를 타도하는 것은 다음 단계의 과업이고 가장 기본적인 노력은 민중의 지지를 얻어 그들을 동원하는 것이었다. 그는 공산세력은 고기고 민중은 물이라 비유하면서 물 없이는 고기가 살 수 없다는 논리를 폈다. 공산세력은 민중의 지원을 획득하고 민중을 혁명세력으로 포섭하는 동시에 현존 정부로부터 그들을 격리시키는 데 초점을 맞추었다. 그래서 그들은 민중을 대상으로 정치교양 내지 선전선동 활동을 적극적으로 전개했던 것이다.[19)]

신해혁명 후 국민당 정부는 새로운 국민국가 건설에 나섰으나 전쟁, 혼란, 빈곤 등으로 어려움에 직면했다. 군벌들이 여러 지역을 통치하고 있어서 그들을 타도해야 했고 일본의 침략전쟁에도 국력을 쏟아 부어야 했다. 따라서 국가체제를 정비하고 민생을 개선할 여력이 없었다. 그리고 새로 건립한 국가의 체제이념도 불분명했고 또한 그것을 다수 국민들에게 이해시키지도 못했다. 반면 공산당 세력은 현실을 타파하는 공산주의 이데올로기를 제시했을 뿐 아니라 농지개혁 등을 통해 그것을 실천적으로 보여줬기 때문에 농민들의 지지를 받을 수 있었다. 또한 외세배격을 위한 민족통일전선을 주장함으로써 국민당 정부의 공세를 무력화시키며 마침내 공산혁명에 성공했던 것이다.

장제스는 본토에서 공산세력에 패배하게 된 주된 원인이 공산당과의 사상전에서 실패했기 때문이라고 결론짓고 타이완에서 체계적인 체제이념교육을 실시한 바 있다. 그 결과 오늘날 타이완(중화민국) 국민들은 오늘날 자유민주체제에 대한 자부심을 가지고 거대한 중국의 위협에도 흔들리지 않고 있다.

중국은 고도성장을 지속하며 절대적 기준에서 타이완을 압도하고 있지만, 타이완도 지속적이며 건실한 경제발전과 민주발전을 해왔기 때문에 중국은 그들을 함부로 다룰 수 없는 입장이다. 그리고 타이완에 대한 중국의 무력행사를 반대하는 미국의 정책도 중요한 고려사항이 된다. 중국은 타이완을 자신들의 하나의 성(省)으로 간주하고 정치

---

19) 이선호 · 정광선, 『한국 국방의 세계화』(팔복원, 1996), pp.55-72.

적 통일논의를 서두르려 하지만, 타이완은 중국의 민주화 이전에는 통일 논의를 서두를 필요가 없다는 입장을 견지하고 있다.

3. 자유 월남의 패망

한국과 월남은 중국의 주변국가이기 때문에 예로부터 중국의 영향을 많이 받았다. 이로 인해 두 나라는 역사 · 문화적으로 유사성이 적지 않다.[20] 두 나라는 식민지 지배를 받았고 분단된 후 공산세력과 대결하면서 전쟁을 치렀다는 점에서도 비슷하다. 또한 지역감정, 식민잔재 청산문제로 인한 정통성 논쟁, 정치세력 간의 끝없는 이합집산, 사회적 분열과 갈등도 유사하다. 호치민(Ho Chi Minh, 胡志明)이나 김일성 일가가 무력적화통일을 시도한 점이 같고 그러면서도 항상 평화를 주장한 점에서도 같다. 아직도 북한과 대결하고 있는 우리로서는 월남의 패망을 경계의 모델로 삼아야 할 것이다.

1954년 제네바 협정을 통해 남북으로 분단돼 탄생한 월남은 월맹에 비해 식량생산이나 산업잠재력 면에서 우세했지만 정치 불안, 사회적 혼란, 부정부패, 빈부격차 등 취약점이 적지 않았다. 공산혁명을 저지하기 위해서는 살기 좋은 나라를 만들어야 했지만 그것은 결코 쉬운 일이 아니었다.

초대 대통령 고 딘 디엠(Ngo Dinh Diem)은 대통령이 되기 전 널리 알려진 인물도 아니었고 카리스마를 갖춘 지도자도 아니었다. 그는 프랑스 식민정부 당시 성장(省長), 내무장관 등을 지낸 경력으로 인해 공산세력으로부터 제국주의 앞잡이로 비난받고 있어서 전쟁을 통해 프랑스를 몰아낸 호치민에 비해 정통성이 부족했다. 농민들이 지주들에

---

20) 월남전에 관련된 자료로 유제현, 『월남전쟁』(한원, 1992); 국방부, 『나라 잃은 사람들』(1986); 안병찬, 『베트남, 오늘의 베트남』(한국일보사, 1989) 등 참조.

의해 착취당해왔기 때문에 토지개혁은 공산세력과의 대결에서 승패를 좌우하는 중대한 문제였다. 그러나 월남정부는 토지개혁에 실패했다. 소작제도는 대부분 유지됐고 지주는 높은 소작료를 징수하여 농민들에게 원성의 대상이 되고 있었다. 공산세력은 농민들의 불만을 파고들어 농촌을 그들의 활동근거지로 만들었다. 농민들은 낮에는 월남국민이었지만 밤이면 베트콩이 됐다. 물이 있어야 고기가 살 수 있듯이 사회적 취약성은 공산세력 확장의 온상이 됐다.

1963년 쿠데타에 의해 디엠 정권이 붕괴된 후 6차례의 쿠데타가 일어나는 등 월남에서는 1967년 구엔 반 티우(Nguyen Van Thieu)가 대통령으로 선출되기까지 3년 10개월 동안 무려 10차례의 정권교체로 정치불안이 계속됐다. 티우가 대통령이 된 후 일시적으로 정권이 안정되자 대학생, 불교도 등이 혼란의 주역으로 다시 등장하여 패망할 때까지 정국혼란과 사회혼란이 계속됐다. 그들이 내건 구호는 독재정권 타도와 민주화 쟁취였다. 그런데 공산주의자들의 선전선동의 구호도 독재타도를 통한 민주쟁취였다. 각 분야에 침투한 간첩들이 비밀리에 반정부투쟁을 선동하고 조종했다는 것이 전쟁이 끝난 후 밝혀졌지만 그 당시 투쟁의 주모자들은 영웅시됐다.

티우가 대통령이 됐을 당시는 월남전에서 결정적으로 중요한 시기였다. 그럼에도 쿠데타가 빈발하면서 군부는 분열됐고 효과적으로 전쟁에 임할 수 없었다. 군대 내 부정부패도 심각했다. 월남 정규군은 58만 명이었으나, 그 중 10만 명은 뇌물을 주고 비공식 장기휴가를 받아 대학 또는 직장에 다니고 있었다. 군대 복무가 '국가에 대한 의무'라고 생각하는 사람은 없었으며 가난한 사람들만 총알받이로 나간다는 인식이 만연했다. 또한 사회지도층의 사리사욕과 부정축재로 천민자본주의 현상이 심각했다. 지도층은 물론 정부도 불신의 대상이 되면서 정부를 중심으로 합심하여 적과 싸우겠다고 생각하는 사람은 그리 많지 않았다.

미국은 월남전에 막대한 자원을 투입했다. 월맹과 휴전을 위한 비밀

협상에 나서기 전인 1968년에는 직접 전비(戰費)와 간접 전비를 합쳐 연간 495억 달러, 1969년에는 508억 달러로 돈을 퍼다 부은 것이나 마찬가지였다. 당시 주월미군 병력도 54만 명에 육박했다.

미국의 막대한 원조와 물자가 들어오면서 월남에서는 각종 부조리가 더욱 기승을 부렸다. 군 장성이나 고위관리까지 나서 매관매직을 하고 마약밀매를 했다. 심지어 이들은 베트콩에게 무기를 대량으로 팔아넘기기도 했다. 만연된 부정부패는 불평과 불만, 불신을 고조시켜 사회혼란을 초래했고 그것은 공산분자들이 침투할 수 있는 좋은 환경을 제공했다.

미국의 월남관(越南觀)은 월맹과 베트콩의 교묘한 선전술책에 영향받았다. 공산권과 서방의 친공 단체들의 자금이 '평화헌금'이라는 이름으로 스위스 소재 은행 계좌로 유입돼 미국을 위시한 서방국가들의 반전운동에 쓰였다. 월맹과 베트콩은 반전평화운동과 티우정권 타도를 위해 국제사회를 상대로 체계적인 정치심리전을 전개했다. 그들의 반전운동을 조장하는 데에는 단계마다 목표가 있었다. 처음 목표는 월맹에 대한 미국의 폭격 중지였고, 다음 목표는 미군철수였으며, 월맹이 최종공격을 준비하고 있을 때에는 월남에 대한 미국의 원조중지가 그들의 목표가 됐다. 공산측의 선전술은 월남전이 월남과 월맹 간의 전쟁이 아니라 부패한 월남 독재정권에 항거하는 월남주민들의 투쟁이라는 허구를 만들어내는 데 성공했다.

월맹은 월남의 취약점을 이용하여 월남사회를 분열과 혼란에 빠뜨리기 위해 '통일전선전술'을 활용했다. 통일전선은 공산주의 혁명전쟁의 3대 마기(魔器)인 '강력한 당 조직', '통일전선', '무장봉기' 가운데 하나로 공산혁명의 핵심 전술이다.[21] 그들은 민족주의자로 위장하여 공산주의 냄새를 풍기지 않으면서 대중 속에 파고들어 사회혼란을 조성했다. 그들은 "지주의 토지를 몰수해 경작자에게 분배한다"는 주장

21) 임동원, 『혁명전쟁과 대공전략』(탐구당, 1967), p.70.

보다는 "제국주의자와 민족 반역자들의 토지를 몰수해 가난한 농민들에게 분배한다"는 구호를 내거는 등 교묘한 방법으로 농민들의 환심을 샀다. 그들은 민족주의자로 자처하던 지식인, 학생, 노동자 등 불만계층을 포섭하여 세력을 확장했다. 그 가운데에는 공산당에 이용당하는 줄 알면서도 반정부활동을 하는 이들도 있었다.

1960년 12월에 결성된 베트남 민족해방전선(NLF, 베트콩)은 월남사회에 침투하기 위해 공산세력이 결성한 연합전선 조직이었다. 공산당의 명칭도 그 정체를 감추기 위해 인민혁명당이라 했고, 급진사회당, 민주당 등 자매정당도 급조됐다. 농민, 학생, 노동자, 여성단체 등에 전위조직을 만들어 세력을 확대했다. 그들은 민족주의자를 표방했을 뿐 아니라 민주화 구호를 부르짖으며 정부와 군대, 그리고 사회 각 분야에 침투했다. 그릇된 민족주의와 반미주의에 세뇌당한 종교인, 지식인, 학생들은 연일 반정부 및 반미 시위를 벌였다. 월맹의 적화통일 전략은 "월남에서 침략군(미군)을 몰아내고 민중봉기를 일으켜 인민민주주의 정권을 수립한 후 무력으로 해방시켜 통일을 달성한다"는 것이었다. 이것은 북한이 시종일관 견지하고 있는 '남조선해방' 전략과 조금도 다르지 않았다.

당시 월남에는 월맹의 사주를 받은 공산당원과 인민혁명당원 5만여 명이 암약하고 있었다. 이들은 민족주의자, 평화주의자, 인도주의자로 위장한 채 시민단체와 종교단체를 장악하여 미군철수를 주장하고 폭력시위를 벌이는 등 사회혼란 조성에 앞장섰다. 전선에서 치열한 전투가 벌어지고 있는 순간에도 그들은 미군철수운동과 반전시위를 전개했다. 1967년 월남 대통령 선거에 출마한 유력한 야당 후보 쭝딘쥬(Truong Dinh Dzu)는 선거유세에서 "동족상잔의 전쟁에서 시체가 산을 이루고 있다. 이처럼 외세를 끌어들여 동족들끼리 피를 흘리는 모습을 우리 조상들이 하늘에서 내려다보면 얼마나 슬퍼하겠는가?"라며 민족감정을 부추기고 반미선동을 했다. 종교인들도 월남 군인들에게 동족인 월맹군을 향해 총을 쏘지 말고 미군을 향해 총을 쏘라고 선동했다. 대통령 비서실장과 법무부장관 등 정부의 핵심인물이 간첩으로 활동했고 공군 전투기 조종사가 작전 중 기수를 돌려 대통령궁을 폭격하는 일이 벌어지기도 했다.

가톨릭 신부와 불교 승려 등이 주도한 「평화 회복 및 반부패 운동」에서는 반정부 학생단체와 시민단체들이 연합해 투쟁을 벌였으며, 여기에 공산당 프락치들이 대거 침투해 이 운동은 거대한 반정부 반체제 세력으로 변질됐다. 반체제 및 반정부 단체들은 수십 개의 언론사를 설립해 반정부 여론을 확산시켰다. 전쟁 중인 나라에 전쟁영웅은 없었고 반정부운동 주모자들이 영웅시됐다. 적과 전쟁을 하는 것이 아니라 정부와 반정부세력 간에 전쟁이 벌어지고 있었던 것이다.

이처럼 월남의 패망은 월맹군과 베트콩의 침략 못지않게 내부의 '적'에 의해 촉진됐다. 월남 국민들은 민주주의든 공산주의든 관심도 없었고 전쟁에 지쳐 빨리 끝나기만 기다렸다.

한 나라를 망하도록 하는 가장 쉬운 방법은 무엇보다도 그 나라의 정보기관부터 무력화시킨다는 말이 사실이었다. 월남의 공안기관은 공산분자의 색출에 무력했다. 정권이 바뀔 때마다 대공(對共) 전문가들이 쫓겨나는 바람에 월남 정보기관은 형해화(形骸化)했다. 그들은 대(對) 월맹 정보수집은 말할 것도 없고 월남 내부에 침투한 공산분자들조차 색출하지 못할 만큼 무기력했다. 패망 직후 가톨릭 신부, 불교 승려는 말할 것도 없고 장관, 국회의원, 사이공 시장, 상당수의 군 장성, 경찰간부, 판검사 등이 간첩이었음이 드러났다. 1967년 대통령선거에서 차점으로 낙선한 쭝딘쥬와 모범 도지사로 명망이 높았던 녹따오를 위시한 많은 정치인과 관료들도 공산당 첩자였음이 밝혀졌다.

한편 월남의 정치사회적 혼란, 만연된 부패, 반정부 시위는 미국의 월남전 반대운동에 큰 자극제가 됐다. 월남전에서 미군을 지휘했던 웨스트모어랜드(William Westmoreland) 장군은 회고록을 통해 언론이 전쟁에 끼친 부정적 영향을 개탄했다. 군대나 전쟁을 잘 모르는 젊은 기자들은 언론사들의 상업적인 방침에 따라 자극적인 기사만을 골라 과

장보도하거나 어떤 때는 불평불만을 가진 자의 말이나 소문만을 듣고 여과없이 보도하여 미국의 반전 분위기를 더욱 고조시켰다.

미국 언론은 월남의 부패와 반정부 시위를 연일 보도함으로써 월남의 반정부세력을 부추겨 월남 몰락을 재촉했다. 예컨대 뉴욕타임스를 비롯한 미국의 몇몇 신문은 월남전의 이미지를 지속적으로 날조 보도했다. 서방언론들이 월남을 '지상최악의 독재국가'로 만들었다는 것이다. 이와 관련하여 월남의 한 지식인은 "이렇게 작은 나라에 이렇게 많은 거짓말 보도가 된 일은 역사상 없을 것이다. 그들의 보도는 우리나라와 같은 독재적인 국가는 아시아에는 없다는 것이다"라고 개탄할 정도였다.[22] 오스트레일리아의 월남전 종군기자 데니스 워너는 "월남전은 뉴욕타임스의 보도로 패배한 유일한 전쟁"이라 하기도 했다. 뿐만 아니라 뉴욕타임스는 미국 국방부의 월남전 관련 기밀문서를 폭로하면서 국가이익과 국민의 알 권리 중에 어느 것이 우선인가라는 논쟁으로 미국사회를 들끓게 만들기도 했다.

언론의 보도로 월남이 근본적으로 잘못된 나라라는 인식을 주면서 미국사회에서는 미국이 왜 엄청난 원조를 하고 막대한 희생을 감수하며 월남에서 싸워야 하느냐에 대한 회의론이 급증했다. 월남은 쿠데타가 빈발하는 나라이고, 월남 정부는 부패하고 무능하며, 월남인들은 스스로 자기나라를 지키려는 의지가 없다는 내용의 보도가 잇따랐다. 월남에 대한 미국 언론의 이 같은 부정적인 보도는 월남 정부의 권위를 더욱 약화시키고 공산주의자들의 전의를 북돋워 주는 결과를 초래했다.

1960년대 말부터 미국사회의 월남전 반대운동은 최고조에 달했다. 워싱턴에서 몇십만 군중이 시위를 벌인 것을 비롯하여 각지에서 대규모 반전시위가 계속돼 미국은 정치사회적으로 혼란에 빠져 있었다. 얺

---

22) 데니스 워너 지음 · 백우근 옮김, 『인지풍운(印支風雲) 삼십년』(태양문화사, 1978), p.249.

친 데 덮친 격으로 미국은 석유위기로 경제침체에 빠지고 걷잡을 수 없는 인플레와 높은 실업률로 고통받고 있었다. 미국의회 내부에서는 베트남전쟁에 대해 '잘못된 지역의 잘못된 전쟁'이라면서 부패한 티우 정권을 지원해서는 안 된다는 주장이 우세했다. 미국은 월남에서 발을 빼기로 작정했다. 미국은 밑 빠진 독에 물 붓기 식으로 진행되는 베트남전에 진저리를 쳤다. 전국적으로 월남전 반대운동이 최고조에 달했고 여기에 영향을 받은 미국의회는 급기야 월남 지원을 반대하기에 이르렀다. 결국 미국은 1968년 5월 월맹과 비밀협상을 시작했고 월남전에 지친 닉슨(Richard Nixon)은 1969년 7월 아시아 전쟁은 아시아 국가들이 책임지고 싸워야 한다는 이른바 '닉슨독트린'을 선언했다. 그 후 1972년까지 월남화정책(Vietnamization Policy)이라는 명분하에 14차례에 걸쳐 미군은 철수했다. 월남화정책은 군사적 지원으로 월남 스스로 싸울 수 있도록 하는 '전투의 월남화'에 불과했다. 그러나 보다 정확히 말하자면 사실 미군은 닉슨독트린 선언 이전부터 월남에서 철수하고 있었다.

미국이 월남전에서 승리하는 길은 월남의 정치안정을 바탕으로 사회를 안정시키고, 나아가 부정부패를 척결하여 국론통일과 국민단합을 도모하며 경제발전을 통해 민생을 안정시키는 것이었다. 이것은 미국의 원조로 되는 것이 아니라 월남의 주도적인 노력이 필수적이었다. 그러나 공산주의와의 대결에서 경제안정, 정치안정, 사회안정 등 국가건설 없이 월남이 승리하기는 어려웠다. 미국은 단기적이며 외형적인 군사적 대응에 치중했고 장기간에 걸친 일관성 있는 발전정책은 보여주지 못했다.

1973년 1월 파리에서 교전 당사국인 미국, 월남, 월맹, 베트콩 등이 평화협정에 서명했다. 보다 확실한 휴전을 담보하기 위해 휴전감시위원단인 캐나다, 이란, 헝가리, 폴란드 4개국이 서명에 참가했고 영국, 소련, 프랑스, 중국 등 4개국 외무장관까지 이 협정에 서명했다. 미국은 휴전 담보를 위해 월맹에 40억 달러의 원조를 제공하기까지 했다.

미국은 미군 철수 후 공산측이 협정을 파기하면 즉각 월맹에 대한 폭격을 재개하기로 하는 등 월남 지원을 약속하기는 했다.

그러나 이 협정은 미국이 월남을 사실상 포기하는 것이나 마찬가지였다. 이 협정 체결 직전 미군은 철수를 완료하여 월남이 독자적으로 나라를 지키지 않으면 안 되었다. 월맹이 군사행동을 할 경우에는 미군이 개입하기로 약속했지만 미국 내 정치사정 변화로 그 같은 약속은 물거품이 되고 말았다. 미 의회는 해외파병에 대한 대통령 권한을 대폭 축소하는 법안을 통과시켜 월남전에 미군을 다시 투입하는 것을 사실상 불가능하게 만들었다. 뿐만 아니라 미 의회는 월남에 대한 원조도 크게 줄였다. 한편 월맹군은 평화협정 체결에도 불구하고 베트콩 지배지역을 그들의 영토로 간주하고 계속 월남에 주둔했다. 1974년 말 현재 월남 땅에는 월맹군 18만 5,000여 명과 전차 600대, 포병 24개 연대가 주둔하고 있었다.[23)]

평화협정과 함께 미군이 철수하면서 미군이 보유하고 있던 각종 최신 무기는 모두 월남군에 양도됐다. 당시 월남은 전투기 600여 대, 헬리콥터 900여 대 등을 보유하여 공군력 세계 4위를 기록했고 월남군은 100만 명이 넘었으며 미국의 전폭적인 지원으로 최신 장비로 무장하고 보급품도 풍성했다. 세계 4위를 차지할 정도로 월등한 월남군은 기동력과 화력으로 월맹군의 공세를 분쇄할 수 있다고 자신했다.

월맹이 평화조약을 맺은 의도는 분명했다. 월남에 미군이 있는 한 적화통일이 불가능하다는 것을 인식했기 때문에 월맹은 미군에 철수의 명분을 주기 위해 협정을 체결한 것이다. 그러나 평화협정 체결 후 월맹은 평화보다는 적극적인 군사공세를 노골화했다. 공산주의자들과의 협정은 아무 의미 없는 휴지조각에 불과했던 것이다.

베트콩을 앞세운 월맹의 공세가 더욱 강화돼 월남 도처에서는 게릴

---

23) 이선호, 『조 · 일 7년전쟁, 한국전쟁, 그리고 베트남전쟁』(21세기군사연구소, 2012), p.213.

라전이 계속됐다. 물질적인 면에서 월남은 월맹과 베트콩에 비교가 되지 않을 정도로 우세했지만 월남인들의 정신력은 공산세력에 비교도 안 될 정도로 나약했다.

월남의 경제력과 군사력은 월맹보다 월등히 앞서 있었기 때문에 경제적으로 붕괴 상태인 월맹이 무력에 의한 적화통일을 시도하는 것은 불가능하리라고 판단하는 등 월남인들의 안보 의식은 너무도 안일했다. 자신들은 막강한 군사력을 보유하고 있고 유사시 미국의 군사 지원을 받기로 약속된 반면, 월맹은 오랜 전쟁과 미군의 폭격 등으로 경제가 파탄나서 조만간 붕괴할 것이므로 남침할 여력이 없다고 월남인들은 얕봤던 것이다. 화해와 평화의 분위기가 확산되면서 공산세력에 대한 경계심도 이완됐다. 평화협정이 맺어지고 나서 국가안보의 중요성을 강조하는 사람은 월남에서 전쟁광 아니면 미친 사람으로 취급받았다. 안보불감증이 만연된 가운데 월남에서는 1975년 9월 대통령 선거를 앞두고 정치사회적으로 심각한 이합집산과 분열, 대립과 갈등이 일어났다. 내부의 전쟁에 몰두하면서 공산군이 쳐들어오는 데에는 아랑곳하지 않았다.

이 같은 상황에서 월맹은 군사작전 못지않게 월남 사회를 분열시키고 혼란에 빠뜨리는 정치선전전에 열을 올렸다. 그들은 반식민지 민족해방투쟁을 강조하며 대중 속에 파고드는 등 정치공작에 뛰어난 능력을 발휘했다. 그들은 끊임없이 유언비어를 만들어 내어 유포시키며 티우 정권의 독재와 부정을 규탄했다. 부패한 독재정권을 지원하는 미국도 비난하며 월남에 대한 미국의 지원을 종식시키려는 외교전도 동시에 폈다. 반면 월남인들에게는 자유를 지키기 위해 목숨을 걸고 싸워야겠다는 의지가 필요했고 대동단결이 필요했지만 안타깝게도 그들 가운데에는 그러한 국민도 없었고 국민을 그런 방향으로 이끌어 갈 지도자도 없었다.

월맹은 워터게이트 사건으로 닉슨이 사임한 후 미국사회가 소용돌이치고 있었기 때문에 미국이 다시 월남전에 개입하지 않을 것이라고 확신하게 됐다. 월맹은 무력통일을 결심하고 1975년 3월 10일 총공세를 시작했다. 미국은 파리평화협정 체결 당시 당사국이고 영국, 프랑스, 소련, 중국 등이 당시 이 협정을 보증했었다. 그러나 월맹이 협정을 위반하고 공격을 했을 때 강대국들이 공동 보증한 평화협정은 휴지조각이 되고 말았다.

총공세로 전환한 후 월맹군은 단 한 차례의 공격으로 월남군 2개 군단을 무너뜨렸다. 월남군은 군대라 할 수 없는 군대였다. 공산군의 공세가 시작된 이래 무질서한 퇴각만을 계속했던 월남군은 불과 한 달 반만에 사이공까지 포기하고 말았다. 그들은 패배주의에 빠져 절반이 도망가거나 포로가 됐으며, 전투다운 전투 한 번 못해보고 스스로 무너졌다. 공산군에게는 월남을 '해방'시켜야 한다는 분명한 목적의식이 있었지만 월남군에게는 나라를 지켜야겠다는 의지가 없었다. 무엇을 위해 왜 싸워야 하는지 뚜렷한 국가관이 없었던 것이다. 월남군은 공산주의의 실체를 알고 자유를 지키는 것이 얼마나 중요한가를 인식하지 못했다. 싸울 의지가 없는 오합지졸과 같은 군대는 아무리 최신무기를 가졌다 해도 그것들은 단지 고철에 불과하다는 점을 월남군은 생생히 보여 주었다. 그만큼 군에 있어서는 정신전력이 중요하다는 교훈을 월남군이 비참한 패배를 통해 보여줬던 것이다.

월맹과 월남민족해방전선의 군대는 그야말로 '거지 군대'였다. 그들은 소금만으로 하루 두 끼 식사를 겨우 해결할 정도였고 속옷은 구경조차 힘들었다. 전차부대를 제외하고는 군화를 신은 병사도 없었다. 그들은 타이어를 잘라 끈으로 묶은 신발을 질질 끌고 다니며 전투를 했다. 당시 월맹 경제는 미국의 북폭(北爆) 때문에 거의 석기 시대나 다름없이 초토화해 있었다. 이런 '거지군대'가 최신무기로 무장한 월남 군대를 그리도 쉽게 괴멸시킨 것이다. 월남은 월맹보다 재래식 전력에서 5배나 강했지만 월맹의 무력에 적화통일을 당했다. 미국의 원조로 무기와 물자가 넘쳐났던 월남은 식량 부족, 물자 부족에 허덕이면서도 투철한 정신력으로 무장한 월맹에게 허무하게 무너진 것이다.

▶ 생사를 건 탈출에 나선 베트남 난민

적화통일 이후 월맹은 월남지역에 대한 대대적인 숙청작업에 들어갔다. 그들은 제일 먼저 반공인사들과 월남의 고위층, 그리고 부유층을 숙청했다. 월남의 군인과 경찰은 무장 해제되고 수용소에 보내졌다. 350만 명이 끌려가 재교육이라는 명분으로 '인간개조 학습소'에서 인간개조를 당했다. 월남의 공무원과 지도층 인사, 언론인, 정치인들은 모두 체포돼 수감됐고 대부분 살아 돌아오지 못했다. 맞아서 죽고, 굶어서 죽고, 병들어 죽었던 것이다. 흥미로운 점은 월맹 공산주의자들이 "한번 반역한 인간은 또 다시 반역 한다"는 논리를 내세워 민주를 외치며 극성맞은 데모를 벌여 월남 공산화를 도운 지식인, 학생, 종교인 등을 가장 먼저 처형했다는 사실이다. 공산화 이후 월남에는 정치적 탄압과 경제난을 이유로 조국을 등진 수많은 보트피플(boat people)이 생겨났다. 많은 월남 국민들이 자유를 찾아 소형 선박을 타고 목숨을 건 탈출에 나섰던 것이다. 그 숫자는 116만 명 정도며, 그 가운데 바다에 빠져 죽거나 해적에게 살해당한 숫자가 11만이나 됐고, 해외 탈출에 성공한 사람은 약 95만 명 정도로 집계됐다.

4. 월남 패망의 교훈

미국이 월남전에 본격적으로 뛰어든 1960년대 중반부터 미국의 막대한 원조를 제공받음으로써 월남은 풍요로움을 맛볼 수 있었다. 그러나 월남인들에게 스스로 나라를 지키겠다는 생각은 없었고 그들이 믿는 것은 오로지 미국뿐이었다. 뿐만 아니라 월남은 아무리 오래 걸리고 어떤 희생이 따르더라도 적화통일을 달성하겠다는 월맹의 결의를 과소평가했다. 월맹은 전쟁을 장기간에 걸쳐 끈질기게 결사적으로 끌어간다면 미국 내에서 반전압력이 고조되어 결국 승리할 수 있을 것으로 확신했다. 이에 반해 월남은 전쟁이 요구하는 엄청난 희생을 치를 각오가 돼있지 않았고 미국이 월남을 버리고 갈 것이라는 점은 꿈에도 생각지 않았다. 그러나 미국은 국내 반전운동이 심화되어 국론이 심각하게 분열되면서 1960년대 말부터 협상을 통해 월남전을 끝내겠다는 결정을 내렸고 결국에는 월남을 포기하고 말았다.

월남 패망은 우리에게 어떤 교훈을 주고 있는가?[24)]

첫째, 월남 패망은 군사력이나 경제력의 열세 때문이 아니라 국가정체성 의식이 희박하여 나라를 지키려는 의지가 없었기 때문이라는 점이다. 절대 다수의 월남국민들은 공산주의의 실체가 무엇인지 자유가 얼마나 소중한 것인지 알지 못했기 때문에 월남은 허망하게 패망하고 말았다는 것이다.

둘째, 월남은 외적이 아니라 내부 분열과 갈등 때문에 패망했다는 것이다. 그것은 곧 월맹의 '공산화전략'이 성공했음을 의미한다. 월맹의 공산화전략은 "남반부에서 침략군을 몰아내고 민중봉기를 일으켜 인민민주주의 정권을 남반부에 설립하고, 무력으로 남반부를 해방시켜 조국통일을 달성한다"는 것이었다. 공산세력은 월남사회에 광범위하게 침투해 동조세력을 확산시키고 남남갈등을 조장한 후 월남 스스로 무너지게 한 것이다. 월남에는 '외세배격,' '민족화합,' '통일' 등의 달

24) 카오 반 빈(Cao Van Vien) 지음 · 국방부 역, 『월남 최후의 붕괴』(1985); 이대용, 『사이공억류기』(한진출판사, 1981); 채명신, 『베트남전쟁과 나』(서울: 팔복원, 2006).

콤한 구호에 속아 적과 내통하거나 적을 이롭게 하는 세력이 사회 곳곳에 독버섯처럼 자리잡고 있었다. 월맹은 군사적 수단과 비군사적 수단을 교묘히 결합하여 침투했지만 민주사회를 표방했던 월남에는 민족주의자 또는 민주투사로 가장한 공산주의자들의 도전에 대응할 수 있는 효과적인 장치가 없었다.

셋째, 공산세력과의 평화협정을 믿어서는 안 된다는 점이다. 공산주의자들이 말하는 평화는 공산혁명을 위한 수단에 불과하다는 것을 명심해야 한다. 월맹이 의도했던 평화협정-미군철수-통일이라는 적화통일 전략은 월남에서 성공했다. 미군이 철수하자 월맹은 마음 놓고 월남을 공격했고 내부 분열로 신음하던 월남을 손쉽게 먹어치울 수 있었다. 이 점은 북한이 휴전 이래 계속 미군철수를 주장하고 미국과의 평화협정을 주장하는 저의가 무엇인지 짐작케 한다.

마지막으로, 월남군은 미군의 지원과 작전에만 지나치게 의존했다는 점이다. 월남군 간부들은 전쟁을 미군 등 연합군에게 맡긴 채 사이공에서 이루어지고 있는 정권의 향배에만 관심을 기울이고 있었다. 월남군은 미군 철수 후 자신들의 여건에 맞는 전략과 전술을 개발하지 않았고 미군의 전투방식만을 답습했다. 1개 분대의 적을 상대하는 데에도 전투기와 포병을 이용해 폭격과 포격을 가한 후 헬리콥터로 기동하여 전과를 확인하는 방식의 비효율적인 작전을 수행했다. 가난한 나라가 부자 나라의 전쟁방식을 그대로 답습했던 것이다. 미군은 그 같은 첨단 무기를 운용하기 위해 막대한 예산과 기술과 보급을 지원했지만 월남에는 그런 능력이 없었다. 미군이 물려준 정밀무기들은 머지않아 고철로 전락하고 말았다. 월남군에게 부족했던 것은 군사장비가 아니라 싸워서 이겨야겠다는 정신전력이었다. 장병들에게 '무엇을 위해서 죽음을 각오하고 싸워야 하는가'라는 동기를 불러일으키지 못했다.

보다 중요한 문제는 월남이 1954년 건국 후 새로운 나라를 건설해야 하겠다는 비전이 없었고 이에 대한 국민적 공감대도 없었다는 점이다. 국가건설에는 카리스마를 갖춘 지도자가 필수적이고 국가건설의 목표와 철학이 분명해야 한다. 특히 공산주의와 대결하고 있는 분단국가에서는 반공이념과 정책을 분명히 하여 국민으로 하여금 국가정체성 의식을 갖도록 해야 하고, 이를 위해 국민교육을 적극적으로 실시하여 공산세력의 선전선동에 휩쓸리지 않도록 해야 한다. 침투한 공산분자를 색출할 수 있는 효과적인 수단도 갖춰야 한다. 필수적으로 요구되는 것은 공산체제보다 살기 좋은 나라를 건설하겠다는 국가 비전이다. 요컨대 월남은 힘이 없어서 망한 것이 아니라 국가의식이 없어 나라를 지킬 의지가 없었기 때문에 망했고, 월맹의 민족주의 구호에 속아 망했으며, 내부의 분열과 부정부패 때문에 망했던 것이다. 월남 패망의 결정적 요인은 사상전에서의 패배라고 할 수 있다. 공산세력의 선전선동에 현혹된 대다수 국민들이 사상적으로 오염되고 전의(戰意)를 상실함으로써 패망을 자초하게 된 것이다.

우리는 월남 패망의 교훈을 타산지석(他山之石)으로 삼아야 한다. 특히 오늘날 우리의 안보현실이 당시의 월남 상황과 매우 유사하다는 점에 주목할 필요가 있다. 월맹이 미국과 월남의 전쟁 의지를 무력화하기 위해 심리전을 펼쳤던 것처럼 북한정권도 사상전에 역량을 집중해 오고 있다. 월남 내부의 공산주의 동조세력들이 평화, 민족, 반전이라는 구호 아래 국론분열을 시도하고 국민들의 사상을 오염시켰던 것처럼 우리 사회의 종북세력들 역시 주한미군 철수, 평화협정체결, 국가보안법 폐지 등을 주장하면서 국론분열을 조장하고 있다.

월남 패망 당시 월맹군에 잡혀 5년이나 억류됐던 이대용 전 월남공사는 "모든 것이 월등하다 해도 '적' 개념이 없으면 망한다!"고 월남 패망의 교훈을 전하고 있다. 대한민국이 북한보다 모든 면에서 우월하더라도 정신전력이 약하다면 우리의 안보는 결코 장담할 수 없다는 것이다.

5. 합의통일에 실패한 예멘

예멘 역시 민주주의 체제와 사회주의 체제로 분단된 국가였다. 남북예멘 지도자들 간의 합의에 의해 예멘은 극적으로 이질적인 체제를 통합했다. 그러나 곧 이어 두 세력 간 갈등이 일어나 내전으로 확산되면서 통일정부는 무너지고 결국 북예멘이 무력으로 남예멘을 굴복시키고 말았다.

북예멘은 1차 대전 직후 오스만-터키로부터 독립해 세습왕정을 유지하다가 1962년 민주공화국이 됐다. 당시 남예멘은 영국지배하에 있었다. 북예멘은 남예멘 지역에서 영국세력을 몰아내고 통일된 국가를 수립하려 했다. 그래서 북예멘은 남예멘 민족주의자들의 반영 독립투쟁을 지원했고 영국에 대해 남예멘 통치권을 주장했다. 남예멘은 1967년 독립한 후 소련과 가까운 사회주의 국가가 됐다. 이처럼 예멘은 식민지 일부가 먼저 독립하고 일부는 늦게 독립하면서 분단됐기 때문에 분단과정에서 갈등이나 이질감은 별로 없었다.[25)]

1980년대 후반 고르바초프의 개혁 · 개방정책과 더불어 남예멘에 대한 소련의 원조는 중단됐다. 세계적인 민주화 추세로 인해 남예멘은 사회주의 노선을 지탱하기 어려웠다. 남예멘은 체제 위기에 봉착하여 통일논의에 적극 임하게 됐다. 남북예멘 사이에는 공통된 민족감정이 깊고 넓게 퍼져 있었고 그 결과 통일에 대한 수많은 현실적 장애에도 불구하고 서둘러 통일에 합의할 수 있었다. 구체적으로 남북예멘은 지도자들 간의 몇 차례 정상회담과 정부차원의 협의를 거쳐 1990년 5월 통

25) 예멘의 통일에 대해서는 금상문, "남북예멘의 통합과 분열에 대한 연구," 『한국중동학회논총』, 제15호 (1994), pp.145-173; 정지웅, "남북예멘의 국력과 통일과의 상관성 연구," 『국제 · 지역연구』15권(2006 봄), pp.95-124; F. Gregory Gause III, "Yemen Unity: Past and Future," *Middle East Journal* 42:1(Winter 1988), pp.33-47; Charles Dunba, "The Unification of Yemen: Process, Politics, and Prospects," *Middle East Journal* 46: 3(Summer 1992) 등 참조.

일된 예멘공화국을 수립했다. 이처럼 예멘의 통일은 의도적으로 추진된 일련의 정치회담의 결과였다.

통일헌법에는 남예멘의 사회주의와 북예멘의 민주주의, 전통적인 이슬람교 전통 등이 혼재했다. 뿐만 아니라 급조된 통일정부의 기구들도 불협화음과 갈등의 원인이 됐다. 그럼에도 예멘의 장래에 대해서는 지나치게 낙관적인 전망이 우세했다. 남예멘의 풍부한 자원과 영국 지배하에서 훈련된 관료, 그리고 북예멘의 노동력과 기업활동이 결합해 경제가 크게 부흥할 것으로 기대됐고 아덴을 자유항으로 개발하고 연안어업을 진흥시킬 계획 등이 마련되고 있어서 예멘의 미래는 밝게 전망됐던 것이다.

그러나 현실은 달랐다. 남북예멘은 화폐를 비롯하여 차량등록 번호, 국영항공사, 통관절차, 여권, 야전군, 군복까지도 통합하지 못했다. 특히 핵심적인 군대마저 실질적으로 단일화하지 못했고 토착 부족세력이 독자적인 군사력을 보유하고 있었기 때문에 치안질서를 유지하지 못하여 사회 혼란이 지속되고 있었다. 경제, 사회, 문화 등 비정치 분야에서는 점진적으로 체제통합이 이뤄졌다고 할 수 있었으나 가장 중요한 정치 및 군사 분야에서는 통합이 제대로 이뤄지지 않았던 것이다. 외형적으로는 국방부서와 통합사령부가 설치됐지만 실제로는 단위부대가 그대로 존재하면서 북예멘군의 일부를 남예멘 지역에, 남예멘 부대를 북예멘 지역에 이동 배치하는 형식적 수준의 군사 이동에 지나지 않았다.

통합 예멘공화국의 군대는 통합된 군대가 아니었다. 과거의 남예멘 군대와 북예멘 군대는 어느 부대도 해체되지 않았다. 심지어 북부에 거주하던 토착 부족이 사병(私兵)까지 존속시키면서 사실상 1국가 3군대 체제라 할 수 있었다. 구 남북 예멘군은 독자적인 군복을 입고 각각 구 남북 예멘의 지도자와 군 최고위층에 충성하고 있었다. 남북 예멘군은 새로운 나라의 군대로 통합되지 못했고 국가적 일체감 형성에도 실패했던 것이다. 더구나 전체적으로 힘이 열세였던 남예멘이 병력 수에 있어 오히려 많았다는 사실은 통일 후 남예멘의 불만이 커지게 될 경우 무력 충돌이 발생할 수 있는 소지를 안고 있었다.

이처럼 남북 예멘은 통일 당시 통일 후에 대한 기대가 높았으나 예기치 않은 일들이 발생하면서 장밋빛 전망은 보기 좋게 빗나갔다. 인접국인 사우디아라비아와 쿠웨이트는 북예멘이 사회주의 세력과 합작하여 통일을 하고 통일 후에 민주화 실험을 추진했다는 점을 못마땅하게 여기고 있었다. 이들 국가들은 걸프전 당시 예멘정부가 이라크 편을 들었다는 점을 빌미로 예멘에 대해 경제 제재를 가하는 한편, 예멘의 민주화를 방해하기 위해 예멘 내 이슬람세력 등 반정부세력을 지원하기도 했다. 이에 따라 쿠웨이트, 사우디 등지에서 추방된 100만 명 이상의 예멘 노동자들이 국내로 유입됐고 그들의 해외송금이 급감하면서 예멘은 심각한 실업과 인플레에 시달리게 됐다.

통일정부의 무기력, 연간 100%를 웃도는 인플레, 치안부재, 사우디의 보복조치와 예멘인 노동자 추방 및 경제원조 중단 등이 겹쳐 국정은 혼란에 빠졌고 이에 따라 예멘 내 정체세력 간 갈등은 심화됐다. 구 남북 예멘 지도자들은 군대를 정치의 부속물로 생각했기 때문에 남북 지도자 간에는 빈번히 마찰이 발생했고 그것은 결국 내전으로 비화했다. 실질적인 군대통합이 이뤄지지 않았기 때문에 구 남북예멘 세력 간 정치적 갈등이 일어났을 때 남예멘 수뇌부가 구 남예멘의 수도로 복귀하면서 내전이 일어났던 것이다.

1994년 4월 27일 시작된 내전은 5,000 내지 7,000 명의 사망자를 낼 정도로 치열했다.[26] 이 내전으로 통일정부는 무너지고 북예멘은 남예멘 지역을 무력으로 점령했다. 그러나 2012년 봄 현재 예멘은 다시 분단될 조짐을 보이고 있다. 인터내셔날 헤럴드 트리뷴(IHT) 지의 최근 보도에 따르면, 남부지역 주민들이 2류 시민으로 전락했다며 불만이 고조되고 있는 가운데 분리주의 무장세력과 알카에다가 활개치고 있

---

26) Hudson, ibid., p.11.

어 남예멘은 무정부 상태에 가깝다. 남예멘의 수도였던 아덴 시내 건물 벽에는 옛 국기들이 그려져 있고 '점령된 남부를 해방하라'는 구호가 곳곳에 씌어 있다.

통일된 지 4년 만에 통합이 깨졌고 무력으로 재통합된 후 20년 가까이 됐지만 예멘이 실질적인 통합에 실패하고 있는 것을 고려할 때 연방제 통일이나 국가연합 방식의 통일에는 적지 않은 문제가 있다는 것을 알 수 있다. 즉, 통일에 있어서는 기능적인 통합보다도 군대, 경찰 등 실질적인 무력이 명실상부한 통합을 이루고 통일국가에 대한 국가적 일체감과 충성심 확립, 군대 지휘계통에 대한 단일화 등을 먼저 일궈내야 한다는 교훈을 예멘의 사례가 잘 말해주고 있는 것이다.

예멘의 경험은 합의에 의한 통일의 어려움을 보여주고 있다. 예멘의 경우 통일에 대한 감상주의와 통일 이후에 대한 낙관적 전망으로 서둘러 통일에 합의한 것이 근본적인 문제였다. 남북예멘의 각종 제도와 상징을 그대로 두고 군대까지 통합하지 않으면서 통일국가에 대한 정체성은 형성되기 어려웠다. 정치세력 간의 이해갈등이 나타날 경우 수습할 방법이 없어 결국은 내전으로 치닫고 예멘은 무력통일로 귀결되고 말았던 것이다.[27)]

제2절 분단국 사례가 한국에 주는 교훈

앞에서 살펴본 분단국들의 사례는 모두 민주주의와 공산주의라는 이데올로기 대립과 관련이 있다. 또한 이들 국가들은 분단 이후 서로 대립적인 체제간 대결로 갈등을 쉽게 해소하기 어려웠던 특징을 공유

---

27) 정지웅, 앞의 글, p.96.

하고 있다. 남북한은 분단 문제를 해결하지 못하고 있을 뿐 아니라 아직도 가장 첨예한 대결상태를 지속하고 있기 때문에 다른 분단국들의 경험과 교훈을 중시할 필요가 있다. 우리는 그들로부터 어떤 교훈을 얻을 수 있는가.

첫째, 통일보다는 안보를 우선해야 하며 통일논의로 인해 안보태세를 약화시켜서는 안 된다는 점이다. 일부 진보세력이나 '통일운동'세력은 남북 간 화해 · 협력을 강조하면서 안보를 통일의 장애요인으로 간주하는 경향을 보여 왔다. 그러나 예멘의 경우에서 알 수 있듯이 대립적인 체제 간의 타협적 통일은 실패할 수밖에 없다. 사실 남북예멘은 남북한처럼 전쟁을 치른 것도 아니었다. 남예멘은 북한처럼 비타협적인 이념이 지배하는 나라가 아니었지만 남북예멘이 통일과정에서 군대조차 제대로 통합을 못하는 등 안보문제를 도외시한 가운데 통일을 추구했기 때문에 실패한 것이다.

국가이익의 중요성 차원에서 볼 때에도 통일은 '중요한 국가이익'이지만 국가안보는 '국가존망의 이익' 또는 '사활적 이익'으로 가장 우선시돼야 한다. 현재 인구의 40%와 국부(國富)의 3분의 2가 집결되어 있는 수도권이 북한의 직접적인 위협하에 있다. 북한은 햇볕정책하에서도 핵무기 개발을 했고 현재에도 대남 군사도발을 멈추지 않고 있다. 이처럼 한국에 있어 국가안보는 직접적이고 시급한 문제이다. 반면 통일은 불확실성이 많을 뿐 아니라 중장기적으로 관리해야 할 문제다. 따라서 우리는 통일보다는 안보를 중시해야 하며 정책의 우선순위 역시 안보정책에 비중을 둬 추진해야 한다.

통일은 북한 대남전략의 중심개념이다. 그러나 북한이 말하는 통일은 우리가 이해하고 있는 통일과는 근본적으로 다르다. 북한은 "조국통일은 조선혁명에서 주체사상을 구현하기 위한 투쟁"이라 규정하고 있다.[28] 북한은 그들의 선전과는 달리 통일문제를 '해방'과 '혁명'

28) 김양선 · 최철웅, "조국통일에 관한 리론," 『위대한 주체사상총서 제5권』(사회

의 논리에서 접근해 왔다. 그 논리에서 북한은 전 조선혁명(한반도 공산화)을 위한 민주혁명기지이고 남한은 '미 제국주의자들의 강점'하에 있는 미(未)해방지역으로 혁명투쟁의 대상인 것이다.[29] 북한의 입장에서 보면 남한은 '해방과 혁명의 대상'일 뿐이며 정상적인 교류협력이나 통일의 대등한 파트너는 될 수 없다. 결국 북한이 말하는 통일이란 어디까지나 한반도 적화통일일 뿐이며, 따라서 성급하게 통일을 서두르면 안보에 심각한 결과를 초래할 위험이 있다는 점을 명심해야 한다.

둘째, 자유민주주의 체제를 위협하는 세력에 대해서는 '전투적'으로 방어해야 한다는 점이다. 서독은 자유민주적 질서를 근본적으로 부정하거나 독일연방공화국의 존립을 위협하는 정당이나 단체에 대해 위헌판결이 나면 해산토록 했고, 공공부문 취업희망자에 대해 엄격한 심사를 통해 반체제 운동권출신은 공직에 취업하지 못하도록 했다. 이렇게 본다면, 한국의 국가보안법도 자유민주주의를 수호하는 데 필수적인 제도였으며 앞으로 체제부정 세력 혹은 체제전복을 도모하는 불순분자들에 대해서는 선제적인 조치를 취해 체제 안정을 기해야 할 것이다.

셋째, 체제대결에서의 승패는 어느 체제가 국민들의 적극적인 지지를 더 받느냐에 달려있다. 서독이 동독을 흡수 통일하는 데 성공한 것은 체제경쟁에서 압도적인 승리를 거뒀기 때문이다. 특히 서독은 체계적인 정치교육으로 대다수 국민이 자유민주체제의 우월성에 대해 확신을 갖도록 했다. 반면에 월남은 국민들에게 자유민주체제가 왜 공산체제보다 좋은지 납득시키지 못했다. 현실적으로도 부정부패, 분열과 갈등, 천민자본주의 등 부정적인 요소가 많았다. 이에 비해 월맹 국민들은 빈곤에 허덕이면서도 싸워 이겨야겠다는 의지로 충만했다. 중국에서도 국민당 정부는 공산세력과의 대결에서 월남과 유사한 약점을

과학출판사, 1985), p.321.

29) 통일부 통일교육원, 『통일문제 이해』(2009), p.72.

보였다. 이렇게 볼 때 한국사회에 국가정체성을 부정하거나 성공한 현대사를 폄하하면서 북한을 대변하는 세력이 있다는 사실은 국가안보의 심각한 위협요인이 된다.

넷째, '민족통일전선'을 경계할 필요가 있다. 이것은 식민지배를 받았거나 외침을 받았던 월남, 중국, 한국 등에 특히 문제가 된다. 민족통일전선은 외세에서 벗어난다는 의미의 '민족해방'이란 구호를 앞세운다. 이들은 민족단결을 통해 외세에 대항하고 민족해방을 쟁취해야 한다고 주장한다. 월남의 경우 공산세력이 곧 '민족해방전선'이었다. 그들에게 미군은 외세였고 월남정권은 미국의 앞잡이였다. 따라서 반미운동을 하고 미국의 앞잡이 정권을 타도하는 것이 곧 민족해방이고 통일로 인식됐다. 중국의 경우에도 공산당은 민족이 단결하여 일본의 침략에 대항해야 한다면서 국공합작을 통해 살아남았고 결국 공산통일을 달성했다. 우리 사회에도 2000년 남북 정상회담 이후 '우리민족끼리', '민족화합', '민족단결', '민족공조', '민족통일' 등의 구호를 내세우면서 안보세력을 반통일 · 반민족 세력으로 낙인찍고 안보불감증을 확산시키는 세력들이 우후죽순처럼 늘어났다. 이들은 심각한 내부 위협을 확대 재생산해내는 내부의 적으로 우리 안보의 심각한 취약요인이 되고 있다.

다섯째, 공산세력에 의한 안보위협은 군사적 위협 못지않게 침투, 혼란조성, 정치사회적 선전선동 등 비군사적 수단에 의해서도 행해지고 있다는 점이다. 중국 국민당 정부는 일본 침략, 군벌 발호, 사회경제적 혼란 등으로 최악의 상황에 빠져 있었기 때문에 공산당과의 대결에서 실패했다. 여기서 우리가 얻을 수 있는 중요한 교훈은 군사전략 못지않게 비군사적 전략도 중요하다는 점이다. 특히 월남전의 경우 미국은 각종 신무기와 막대한 물자를 투입했지만 그 같은 방법으로는 월남의 민심을 잡을 수 없었다. 월남정부가 공산세력의 비군사적 위협에 대한 효과적인 대응책을 결여하고 있었기 때문이다. 한국도 건국 당시부터 6 · 25 직전까지 공산세력의 위협에 직면했었지만 성공적인 농지개혁으로 농민을 지주의 족쇄로부터 해방시키고 교육을 확산시켜 공산주의 실체를 알게 했으며, 특히 경찰이 지역사회에 대한 공산세력의 침투를 방지할 수 있었다는 점이 월남과 달랐다. 반면 한국 역시 한미동맹 체제를 맹신하며 북한의 비군사적 위협에 체계적으로 대응하지 못하고 있는 점은 월남의 경우와 유사하다. 이것은 한국의 국가안보전략과 정책의 근본적인 결함으로 시급히 시정을 요하는 부분이다.

마지막으로, 예멘의 경우에서 보듯이 감상적 통일론이나 통일 이후에 대한 낙관적 전망으로 통일을 서두르는 것은 위험하다는 점이다. 예멘은 한국에 비해 남북예멘 간의 이질성이나 대립, 갈등이 심각하지 않았다. 이런 이유로 쉽게 통일 합의에 도달했는지 모른다. 그러나 상호모순적인 두 체제를 적당히 봉합한 수준의 통일은 머지않아 그 모순이 노출되기 마련이다. 통일은 실패하고 내전으로 치달아 결국 무력이 동원돼 결말짓고 말았던 것이다. 한국사회에는 아직도 통일을 감상적이며 낭만적으로 생각하는 사람들이 적지 않다. 그러나 예멘의 경험에서 보듯이 연방제 또는 국가연합 방식의 통일은 매우 위험하고 또한 성공하기도 어렵다는 점을 명심해야 할 것이다.

한국의 경우 다른 분단국가들과는 달리 전쟁을 치렀고 북한과 지속적인 군사적 대치상태를 계속해왔다는 점을 잊어서는 안 된다. 북한은 세습독재체제를 유지하고 있는 등 다른 사회주의 국가들보다 더 다루기 어려운 상대이다. 예멘통일의 실패사례에서 보듯이 남북한 통일과정에서는 이질적인 체제를 극복하는 문제와 실질적인 군대 통합이 가장 어려운 과제가 될 것으로 예상된다. 한국이 경제력에서는 절대 우세하지만 군사력에서는 북한이 오히려 우세하다. 병력도 많고 핵무기를 비롯한 대량 실상무기와 대규모 특수부대를 보유하고 있기 때문이다. 예멘의 사례가 잘 말해주듯이 성급하고 어설픈 통합은 내전으로 비화할 우려가 크다. 다시 전면전이 발발한다면 남북한 모두 회복하기 어려울 정도로 타격을 받게 될 것이기 때문에 통합 논의를 진전시키는 데 있어서는 신중해야 할 것이다.

통일은 민족정체성을 확고히 다지고 자유와 평등, 인간 존엄성 등 인류 보편적 가치가 보장될 수 있는 방향에서 이뤄져야 한다. 이 같은 통일은 굳건한 국가안보가 뒷받침되지 않고는 실현되기 어렵다. 국가의 안보태세가 불안한 상태에서는 우리가 원하는 통일을 기대할 수 없는 것이다. 북한은 말로는 통일을 강조하면서도 김씨왕조 체제를 유지하기 위해 핵무기 등 대량살상무기 개발에 박차를 가하는 등 선군정치에 매달려 있다. 이 같은 현실을 고려할 때 튼튼한 안보 없는 평화 통일은 기대할 수 없다.

제6장
한국의 안보와 한미동맹

제1절 지정학적 조건이 우리 역사에 미친 영향

한 나라가 처한 지정학적 조건은 그 나라의 생존과 번영에 결정적 영향을 미친다. 옛날 왕조를 창건할 때 풍수지리를 감안하여 수도를 정했던 것도 지정학적 조건을 고려한 것이라 할 수 있다. 우리나라는 반도에 위치하고 있다. 기후는 온난하지만 영토가 좁고 부존자원도 빈약한 편이다. 대륙에는 거대한 중국이 고대로부터 강대국으로 군림해 왔고, 동남쪽에는 우리나라보다 땅도 넓고 인구도 많은 일본이 있다. 19세기 이후에는 세계적 강대국이었던 러시아와도 국경을 마주하게 됐다.

이처럼 한반도는 대륙세력과 해양세력이 교차하는 지역이므로 역사적 · 정치적으로 두 세력의 이해관계가 충돌해왔다. 중국, 몽골 등 대륙세력이 강했을 때 한반도는 그들의 영향을 많이 받았으며 때로는 침략을 당하기도 했다. 해양세력인 일본의 국력이 강했을 때에는 일본의 지배를 받기도 했다.

지정학적 조건 때문에 주변 강대국들은 한반도를 중요한 진출로로 인식했다. 일본은 대륙으로 진출하기 위해 한반도를 교두보 내지 진출로로 간주했다. 도요토미 히데요시(豊臣秀吉)는 명나라를 공격하기 위해 길을 열어 달라며 임진왜란을 일으켰고, 구한말에는 중국대륙 진출을 노리며 한반도를 침략했다. 이와 대조적으로 러시아는 대양 진출의 전진기지인 부동항을 확보하기 위해 만주와 한반도를 노렸고 이로 인해 일본과 전쟁까지 벌이게 됐다. 중국은 오랫동안 한반도에서 주도적인 영향력을 행사해 왔으나 청일전쟁(1894~95)에서 패전한 후 주도권을 상실했다. 그 후 한반도에서는 일본과 러시아가 패권을 다투게 됐고 러일전쟁에서 일본이 승리함으로써 일본은 한반도에서 최종 승자가 됐다. 2차 대전 종료 직전 소련이 대일 선전포고를 한 후 만주와 북한지역으로 진격하고 그 후 북한에 위성국가를 설립했던 것도 한반도가 지니고 있던 지정학적 중요성 때문이었다.

섬나라 또는 한국처럼 3면이 바다인 나라는 강력한 해군과 해안방어체제를 보유하고 있지 않는 한 영토를 방어하기가 매우 어렵다.[1] 더구나 한반도는 스위스처럼 주변국 침략을 저지하는 데 유리한 천연장애물도 없다. 북쪽 국경에 압록강과 두만강이 있지만 쉽게 건널 수 있다. 또한 삼면이 바다로 둘러싸여 있어 침략당하기 쉽다. 그럼에도 조선은 3면에 걸친 취약한 해안선을 방어하려고 노력하기보다는 해금(海禁)정책으로 아예 바다에 나가는 것조차 금지했다. 때문에 조선은 항상 국가로서의 생존이 위태로웠고 따라서 안보와 외교의 중요성은 어느 나라보다 더 컸다고 할 수 있다.

지정학적 조건은 활용 여하에 따라 이득이 되기도 하고 해악이 되기도 한다. 한반도의 경우 3면이 바다지만 중국, 일본과 너무나 가까운 거리에 있기 때문에 그 같은 환경은 적의 침공에 대한 장애가 아니라

1) Michael Handel 지음 · 김진호 옮김, 『약소국 생존론(Weak States in the International System)』(대왕사, 1995), pp.82-88.

쉽게 침략당할 수 있는 조건이 됐다. 중국이라는 문명국으로부터 지식과 문물을 흡수할 수 있었다는 장점도 있었지만, 중국이 강대국이었기에 우리 조상들에게는 중화질서에 편승하려는 경향도 있었다. 삼국시대와 같이 중국이 분열되거나 약했을 때는 중국에 대결하기 위해 국방을 중시했고 이로 인해 상당한 국력이 소모되기도 했다. 중국이 통일되고 국력이 강성해지면 한국은 중국에 대항하는 것을 포기하고 중화질서에 편승하고 안주하려 했다. 그래서 고려시대 이후에는 부국강병을 포기하는 소극적인 생존전략을 모색하게 됐고 문약(文弱)에 빠지게 됐다. 나라의 생존과 주권을 지키기 위해서는 상무정신을 바탕으로 한 강력한 국방력이 필수적이었지만 고려시대 이후 우리나라는 그 같은 국가의 기본 조건을 등한히 했던 것이다.

중국은 한반도에 중대한 위협이었다. 중국은 오랜 옛날부터 한반도와의 관계를 이와 입술의 관계(脣亡齒寒)로 인식했다. 한반도라는 입술이 없으면 중국이라는 이가 시리게 되기 때문에 중국은 우리나라를 그들 영향권 아래 두고자 했으며 그 같은 이유로 빈번히 한반도를 침범했다. 삼국시대는 말할 것도 없고 고려에 대한 원나라의 침략, 청나라에 의한 병자호란, 6 · 25전쟁 당시 중공의 참전 등을 그 예로 들 수 있다. 중국은 압도적인 영향력을 바탕으로 우리나라에 대해 종주국 행세를 해왔고, 우리는 뿌리 깊은 '변방의식'과 '종속의식'을 가졌던 것도 사실이다.

현재 중국은 한반도가 적대세력이 되거나 적대세력의 영향하에 놓이게 될 경우를 우려한다. 그럴 경우 중국의 심장부인 베이징, 상하이 등이 단거리 미사일 사정권 내에 들어갈 뿐 아니라 압록강을 건너면 바로 요동반도가 되어 마치 중국의 심장 가까이에 비수를 들이대는 형국이 된다. 중국이 골칫덩어리 북한을 계속 지원하고 있는 이유도 바로 이 때문이다.

일본도 우리에게는 지속적인 위협이다. 그들은 일찍이 3국 시대부터 '왜구'로서 우리나라를 빈번히 침탈했다. 일본은 1592년 임진왜란을 일으켜 7년 동안 우리나라를 초토화했다. 구한말에는 강화도 침범을 통한 강화도조약(1876), 갑신정변 배후조종(1884), 경복궁 점령(1894), 청일전쟁(1894~5), 을미사변(명성황후 시해 사건, 1895), 러일전쟁(1904~5), 한반도 강점(1910~1945) 등 숱한 역사적 비극을 초래했다. 남북분단이 된 것도 근본적으로는 일본의 강점 때문이라 볼 수 있다.

일본은 한반도를 일본열도를 겨냥한 비수(匕首)로 인식했다. 한반도가 언제 그들의 옆구리를 찌르는 칼이 될지 모른다는 것이다. 따라서 일본도 한반도를 지배함으로써 대륙 진출의 교두보로 삼거나 최악의 경우 대륙세력에 대해 완충역할을 하는 국가가 되기를 희망했다. 한국과 일본은 미국의 동맹국일 뿐 아니라 여러 면에서 긴밀한 관계를 지니고 있으면서도 서로 경계하고 있다. 특히 일본은 한반도가 통일되면 대륙세력에 편입되지 않을까 우려하고 있다.

러시아는 부동항을 확보하여 태평양으로 진출하기 위해 한반도를 중시했다. 러일전쟁에서 패하면서 그 계획이 실패로 돌아갔지만 러시아는 1945년 남북분단과 더불어 북한에 진주하면서 한반도에 재진출했다. 한반도를 둘러싼 러시아의 전략적 목표는 여전하다. 그들은 한반도가 그들과 동맹관계가 되거나 적어도 그들에게 우호적인 국가가 되기를 원한다. 러시아는 한반도에까지 송유관이나 가스관을 설치하고 시베리아 횡단철도와 남북한 종단철도를 연결하는 데 큰 관심을 보이고 있다.

중국, 일본, 러시아 가운데 어느 한 나라가 한반도를 장악하기 어려울 때에는 한반도를 분할하고자 했다. 임진왜란 당시 명과 일본이 한반도 분단을 논의했고, 청일전쟁 직전에도 일본은 한반도 분할 또는 중립화를 청나라에 제안한 적이 있으며, 19세기 말에는 러시아와 일본이 북위 39도선을 경계로 한반도 분할을 논의했던 적도 있다. 마침내 1945년 한반도는 소련과 미국에 의해 분할됐다. 한편 미국은 구한말에는 말할 것도 없고 6·25전쟁 이전까지도 한반도에 전략적 가치를 부여하지 않다가 6 · 25전쟁 이후 한국을 자국 안보의 전진기지로 인식하면서 중요시하게 됐다. 중국이 급부상하면서 미국은 한반도의 전략적 중요성을 어느 때보다 높이 평가하고 있다.

이렇게 볼 때 한국안보에 있어 지정학적 조건은 무엇보다 중요한 고려요소다. 현재에도 서울을 중심으로 반경 2,000km 이내에 베이징, 상하이, 도쿄, 블라디보스토크 등 중국, 일본, 러시아의 극동 심장부가 위치하고 있다. 한반도가 강대국들 간의 완충지역에 위치하고 있기 때문에 오늘날에도 주변국들은 한반도를 자국의 영향권 아래 두기 위한 치열한 경쟁을 벌이고 있는 것이다.

중국, 일본, 러시아가 과거 한반도에 대해 야심을 품고 있었던 데 반해 미국은 역외 초강대국으로 한반도에 대한 그 같은 지배욕이 없었다. 한국은 미국과 군사동맹을 체결하면서 지정학적 취약성에서 벗어날 수 있었을 뿐 아니라 현대국가로 발전할 수 있었다. 한국의 국가건설에 커다란 힘이 되어준 한미동맹은 어떻게 형성됐으며 어떤 과정을 겪으며 진화했는가? 다음 절에서는 이에 대해 구체적으로 논의해 보겠다.

제2절 한미동맹의 형성

1. 한국과 미국: 파트너가 되기 어려웠던 두 나라

한국 현대사는 미국의 역할을 제외하고는 제대로 이해하기 어려울 것이다. 미국은 대한민국의 건국과 호국(護國), 산업화, 민주화 등에 결정적 영향을 미쳤다. 지금도 미국과의 동맹관계가 없다면 한국의 형편은 근본적으로 달라질 것이다.

한국과 미국의 만남은 2차 세계대전 전후(戰後) 처리와 냉전 과정에서 우연히 이뤄졌다. 두 나라는 애당초 파트너가 되기 어려운 상대였다. 미국은 국력이나 발전수준 등에서 가장 앞선 초강대국이었던 반면, 한국은 세계에서 가장 가난하고 낙후되어 스스로 지탱하기도 어려운 약소국이었다. 이 같은 두 나라가 60년간 동맹관계를 성공적으로 유지해 왔을 뿐 아니라 자유무역협정(FTA)을 통해 글로벌 파트너십을 발전시켜 나가고 있다는 사실은 분명 기적이라 할 수 있다.

우리 민족은 수천 년 중국 문화권에 속하며 중국의 문화와 제도의 영향을 받아왔다. 그리고 미국과의 관계가 시작된 것은 순조로운 것이 아니었다. 구한말 한반도 정세는 앞에서는 호랑이가 으르렁거리고 뒤에서는 사자가 위협하는 형상이었다. 중국에 기대어 온 조선왕조는 청일전쟁에서 청나라가 패하면서 일본의 위협에 무방비로 노출됐다. 고종황제는 1년간 러시아 공사관에 피신했고 이로 인해 조선에 대한 러시아의 영향력이 확대됐다. 러일전쟁에서 러시아가 패하자 조선의 운명은 풍전등화 같은 처지였다. 고종 황제를 비롯한 집권세력은 1882년에 체결된 한미수호통상조약에 의거하여 미국의 힘을 빌려 독립을 보존하려 했다. 그 같은 노력의 일환으로 조정은 1904년 말 이승만을 비밀특사로 미국에 파견하기도 했다.

당시 국제정세는 영국과 러시아의 패권경쟁으로 요약된다. 영국은 1885년 러시아의 남하를 막기 위한 방편으로 거문도를 점령했다. 또한 영국은 아시아에 대한 러시아의 팽창을 저지하기 위해 1902년에 영일동맹을 체결했다. 이 동맹은 영국이 취했던 가장 적극적인 러시아에 대한 대책으로 평가된다. 1904년에 벌어진 러일전쟁에서 일본이 압도적인 우세를 보이면서 조선왕조의 유일한 희망은 미국이 됐다. 그러나 미국은 영국과 가까운 우방이었기 때문에 미국이 영국과 동맹을 맺은 일본을 지지하는 것은 당연했다. 이승만은 미국 지도자들을 만나 한국에 대한 지원을 간청했으나 허사였다. 미국은 이미 태프트 · 카츠라 밀약(The Taft-Katsura Agreement)을 통해 한반도에서의 일본의 영향력을 인정했던 것이다. 미국에 대한 이승만의 배신감은 그 후 미국과의 갈등의 원인으로 작용했다.

한국과 미국의 본격적인 만남은 한반도 분단과 동시에 이뤄졌다. 이에 따라 미국은 한반도 분단에 책임이 있다는 비판을 받기도 한다. 특히 반미주의자들은 '제국주의' 세력인 미국이 한반도를 그들의 '식민지'로 삼기 위해 '친미 우파 인사'인 이승만을 앞세워 남한에 단독정권을 세워 분단을 영구화했다고 주장한다. 이 같은 주장을 하는 사람들은 김일성의 6 · 25 남침을 미국으로부터 남한을 해방시키고자 한 '민족해방전쟁'으로 미화하는 동시에, 한국을 공산침략에서 구한 맥아더 장군을 적화통일을 방해한 민족의 '원수'로 규정하고 있다.

미국은 소련이 한반도 전체를 점령하는 것을 막기 위해 38도선을 경계로 하여 일본군을 무장해제하자고 제안했다. 그 같은 조치가 결과적으로 분단을 가져오긴 했지만 당시에 그렇게 하지 않았다면 한반도는 소련의 위성국가가 되고 우리는 김일성 치하에서 살았을 가능성이 높다. 소련군이 한반도 북부를 석권할 당시 미군은 1,000km 이상 떨어진 오키나와에 있었다. 미국은 오랫동안 외교적으로 고립정책을 펴왔고, 또한 당시 미국 외교의 주된 관심은 유럽에 있었기 때문에 2차 세계대전 이후 한반도를 포함한 동아시아의 전후 처리에 대해 분명한 전략이 없었다.

이에 비해 소련은 아시아 지역에 광대한 영토를 가지고 있었을 뿐 아니라 이 지역에서 부동항을 획득하려는 오랜 야심을 관철하기 위해 세력확장을 꾀해왔다. 특히 일본의 패망과 연합국의 승리는 소련에게 특별한 의미가 있었다. 1904년 세계적인 대국이었던 러시아가 동방의 작은 나라 일본에게 참패하면서 와신상담(臥薪嘗膽) 복수의 기회를 노리고 있었기 때문에 2차 세계대전 종전 당시 소련은 만주와 한반도는 물론 일본까지도 넘보고 있었다. 1945년 9월 2일 스탈린은 다음과 같이 선언했다.

> "1904년 러일전쟁에서 러시아군의 치욕적인 패배는 러시아인들에게 쓰라린 기억을 남겼다. 그 패배는 우리 러시아인들의 얼굴에 치욕적인 '검은 반점'을 남겼다. 우리는 일본이 패망하고 그 반점이 지워질 날을 고대해왔다. 40년 동안 우리는 이 날을 기다려 왔다."[2)]

2차 세계대전 후 동유럽 점령국들을 모두 소련의 위성국으로 만들었듯이 소련은 같은 의도를 가지고 한반도로 들어왔다. 반면 미국은 유엔을 결성하고 소련과 협력하여 평화의 시대를 열고자 했으며 한국의 독립 문제도 소련과 협의하에 해결하려 했다. 그러나 소련은 이미 1946년 초 북한에 그들의 이익에 부합하는 공산정권을 세웠을 뿐 아니라 한반도 통일정부 설립 문제도 그들의 이익에 부합하지 않으면 미국과 협력하지 않았다. 가령 한반도 분단이 고착화하게 된 것은 유엔 감시하의 한반도 총선거에 대해 북한 주둔 소련군과 김일성 집단이 북한에서의 선거를 거부했기 때문이라는 점은 잘 알려진 사실이다.

1945년 이후 한국은 수천 년간 긴밀한 관계를 유지해온 중국과의 관계를 단절하고 미국으로 대표되는 서구문명권에 본격 편입됐다. 남한에 미군이 주둔하여 군정을 실시하면서 행정, 교육, 군사 등 여러 면에서 미국의 제도와 기준이 도입됐다. 나아가 미국의 영향력 하에서 대한민국이 건국되면서 헌법을 비롯한 주요 법령도 미국식 제도를 채택하게 됐다.

그러나 한국인의 입장에서 볼 때 미국은 지리적으로 너무도 멀고 문화적으로도 너무나 다른 나라였다. 조상숭배를 중시해온 구한말 조선인들은 기독교를 믿는 서구인들을 야만인으로 간주했다. 태평양전쟁 기간에는 일본도 미국을 귀축(鬼畜)의 나라, 즉 야만인보다 못한 나라로 매도했다. 해방 후 한국에 미군이 진주했을 때 유생들 가운데는 그

---

2) Juergen Kleiner, *Korea: A Century of Change* (Singapore: World Scientific, 2001), pp.53-54에서 재인용.

들을 금수(禽獸)로 여긴 사람들도 적지 않았다. 미군정 당국은 한국에 대한 이해도 부족했고 한국의 어려운 문제들을 해결할 만한 능력도 없었기에 한국인들의 불신을 받게 됐고 때때로 규탄과 저항의 대상이 되기도 했다. 더구나 미소 간 냉전이 본격화하면서 좌익세력은 미국을 제국주의 침략세력으로 몰았을 뿐 아니라 '남조선'을 미국의 식민지로 만들고 있다고 악선전했다. 때문에 한국인들이 미국에 대해 좋은 인상을 갖기는 어려웠다.

2차 세계대전에서 유일하게 건실한 경제력을 유지한 미국은 전후 유럽의 부흥을 비롯한 과도한 부담에 시달렸다. 국방비를 삭감하고 군대도 줄였다. 이 와중에 세계 여러 곳에서는 소련 공산주의의 공세가 거세졌다. 미국은 전략적 중요성을 따져 서유럽, 동유럽의 그리스와 터키, 그리고 일본에 집중적인 원조를 제공했다. 전략적 가치를 매우 낮게 평가한 한국에는 원조를 제공할 여력이 없었다. 따라서 미국은 체면을 유지하면서 가능한 한 조기에 남한에서 철수하려 했던 것이다.

특히 중국이 공산화하고 나서부터 미국은 아시아대륙에서 발생하는 전쟁에 말려들지 않을까 우려했다. 1950년 1월 애치슨 국무장관이 선언했듯이 미국의 아시아전략은 우세한 해군력을 바탕으로 오키나와로부터 홋카이도까지 일본열도를 방어선으로 하여 소련의 팽창정책을 저지하는 것이었다. 이에 따라 미국은 남한에서 서둘러 선거를 실시하여 정부를 수립하게 했으며, 여순사건 등으로 한국의 생존이 위태로웠음에도 미군을 철수시키고 말았다. 이처럼 미국은 한국을 버린 것이나 마찬가지였고 한국인들은 미국에 배신감을 갖게 됐다. '미국을 믿지 말라'는 말이 널리 유행했다. 미군 철수 1년 후에 북한은 남침을 감행했다.

2. 6·25전쟁을 통해 군사동맹 관계로 발전

한국과 미국은 결코 가까운 나라가 아니었지만 6·25전쟁 과정에서 동맹관계로 긴밀해지게 됐다. 한미동맹으로 인해 모든 면에서 미국은 한국의 모델이 되면서 한국의 국민국가 건설이 본격화했다. 미국식 제도와 가치관을 적극 수용함으로써 한국은 급속한 발전을 이룰 수 있었다. 미국 또한 전후 원조의 일환으로 한국의 군대육성, 교육진흥, 관료제도 발전 등 근대적 제도발전에 이바지함으로써 한국의 국가건설에 크게 기여했다. 대규모 미군이 주둔함으로써 그들이 한국에 끼친 영향도 지대했다.

6·25전쟁이 발발하면서 미국은 한국에 대해 적극적인 태도로 임했다. 공산주의의 팽창을 억지하려던 트루먼의 봉쇄정책이 이 전쟁으로 인해 도전받았기 때문이다. 한국이 공산화되면 일본의 안위가 염려됐고 다른 아시아 국가들도 위험에 빠질 우려가 있었기 때문에 미국은 신속히 전쟁에 개입했다. 그러나 미국의 전쟁정책은 전쟁 이전의 상태로 복원시키는 제한전쟁 정책이었기 때문에 전쟁을 통일의 호기로 여겼던 이승만과의 갈등은 불가피했다. 이승만은 휴전을 반대했고 미국은 조속한 휴전을 원했다. 이로 인해 이승만 정부는 미국 정부와 불편한 관계가 되었고 미국 조야에서는 이승만을 못마땅한 존재로 여기고 그를 비난하는 데 열을 올렸다.

최악의 상황에 처해 있던 약소국의 대통령이었지만 이승만은 놀라운 외교력을 발휘했다. 그는 한국의 지정학적 취약성을 인식하고 국가의 독립과 생존, 그리고 번영을 위해서는 외교가 중요하다는 것을 젊은 시절부터 강조해 왔다. 그는 대통령 취임 초부터 유럽의 나토처럼 아·태 지역의 안보공동체를 결성하고자 했다.

이승만은 탁월한 용미주의자(用美主義者)였다. 그는 대통령 취임 초부터 미국과의 관계를 단기적인 국가이익의 확대보다는 장기적 차원에서 발전시키고자 했다. 군사적 유대는 물론 모든 부문에서의 교류와 협력을 확대하려 했다. 그는 전쟁을 계기로 미국에 상호방위조약을 끈질기게 요구했지만 미국은 한국과 같은 취약한 나라와 군사동맹을 한 전례가 없다면서 그의 요구를 계속 묵살했다. 이승만은 휴전반대, 단독 북진 등 벼랑끝 전술로 미국을 압박했다. 미국 언론은 이승만을 "칼을 품고 춤추는 늙은 고집쟁이" 등 갖가지 말로 비난했다. 한때 미국 정부는 심지어는 쿠데타를 일으켜 그를 몰아내려는 계획(Everready Plan)을 마련하기도 했다.

이승만은 미국이 원하고 있던 휴전을 얼마든지 방해할 수 있다는 점을 미국에 일깨우기 위해, 1953년 6월 27,000명의 반공포로를 석방하면서 미국을 압박했다. 휴전회담에서 포로석방은 대단히 중요한 문제이며, 따라서 포로를 일방적으로 석방한다는 것은 휴전회담을 파탄에 빠뜨릴 만큼 중대한 문제였다. 미국은 휴전을 성사시키기 위해 한국과의 상호방위조약 체결 등 이승만의 요구에 응할 수밖에 없었다.

이승만의 완강한 저항에 직면한 아이젠하워 대통령은 국무부 차관보 월터 로버트슨(Walter S. Robertson)을 특사로 파견하여 한미 방위조약 체결을 위한 협상을 진행토록 했다. 2주간에 걸친 줄다리기 끝에 미국은 한국에 다음과 같이 약속했다.

1. 휴전 후 한미 상호방위조약 체결을 약속하고,
2. 한국군을 20개 사단으로 증강하는 데 동의하며,
3. 중장기 경제원조로 최초 인도분 2억 달러를 포함하여 총 10억 달러를 제공하며 9,500만 달러의 식량지원을 휴전협정 직후 제공하고,
4. 휴전 후 한국통일 문제를 논의하기 위해 공산측과 정치협상을 벌여 40일 이내에 아무런 성과가 없을 경우 한미 양국은 정치협상에서 철수하며,
5. 정치협상 이전에 한미 고위급 협상을 개최한다.

이 내용을 보면 미국이 한반도에서의 휴전을 얼마나 중시했는지 짐작할 수 있다. 휴전이 된 지 2주 후인 1953년 8월 9일 서울에서 한미 상호방위조약이 가조인된 다음날 이승만은 다음과 같은 요지의 대국민 성명을 발표했다.

> "오늘날 미국과 상호방위조약이 성립된 것은 1882년 조미통상조약 이후로 한국 독립사상 가장 긴중(緊重)한 진전이다. …우리는 애당초 … 군비를 소홀히 한 결과 … 치욕스럽고 통분한 40년간의 노예상태로 몰아넣었던 것이다. … 이제 한미 상호방위조약이 체결됐으므로 우리 후손들이 앞으로 누대에 걸쳐 이 조약으로 말미암아 갖가지 혜택을 누릴 것이다. 이 분야에 있어서 한미 양국의 공동 노력은 외부 침략자들로부터 우리를 보호하여 우리의 안보를 오랫동안 보장할 것이다."[3)]

1954년 11월에 체결된 한미 합의의사록은 다음과 같은 상호방위조약의 실천 사항을 담고 있다.

1. 한국이 외침을 당하는 경우 미국은 헌법적 절차를 거쳐 미군을 한국전에 개입시킨다.
2. 한국에 미군의 주둔을 허용함으로써 미군이 인계철선의 기능을 발휘케 한다.
3. 미국의 군사원조로 한국군의 규모를 70만 명 수준으로 증강한다.
4. 미국의 경제원조로 한국의 전후 경제 복구를 한다.

이승만 외교의 승리였다. 그는 미국의 힘에 절대적으로 의존하여 전쟁을 치르는 약자의 입장에 있었지만 세계 최강대국의 정책을 바꾸게

---

3) 공보처, 『대통령이승만박사담화집(1953)』, pp.314-315.

만드는 외교력을 발휘했던 것이다. 이렇게 볼 때 이승만을 친미사대주의자로 매도하는 일각의 비판은 잘못된 것이다. 그는 국익을 위해 미국의 영향력을 최대한 끌어내려 했던 '용미주의자'로 자리매김하는 것이 옳다.

한미상호방위조약의 내용을 보면, 미군의 계속적인 한국 주둔은 물론 한국 안보에 결정적 역할을 하게 함으로써 한반도의 평화를 보장했을 뿐 아니라, 미국의 군사원조를 통해 한국군을 70만 수준의 현대식 군대로 육성할 수 있게 했다. 이로써 한국은 민족 역사상 가장 강력한 상비군을 보유하게 됐다. 전쟁 전의 한국군은 10만 명에 불과한 매우 취약한 군대였지만, 전쟁을 통해 미국의 지원으로 최신 장비로 무장했고 전투경험까지 겸비한 강력한 현대식 군대가 됐다. 일본의 한반도 강점 당시 대한제국의 병력이 7,000명 정도였던 것을 고려할 때 이는 엄청난 변화였다. 이뿐 아니라 미국은 경제원조를 통해 잿더미가 된 한국의 재건에 크게 기여했다.

제3절 한미동맹과 한국의 국가발전

신생국들이 대부분 국가건설의 초기 단계에서 안보불안과 경제위기로 심각한 도전을 받아 왔지만, 한국은 한미동맹을 통해 이 두 가지 문제를 상당 부분 해소할 수 있었다. 미국의 방위공약과 주한미군 주둔으로 한국의 안보가 굳건히 보장됐으며 그 후에도 한미동맹은 경제성장과 민주발전의 튼튼한 울타리가 됐다.

한미상호방위조약이 한국 안보를 위해 얼마나 중요한 것이었는가는 20년 뒤의 월남과 비교할 때 명백해진다. 1973년 미국은 평화조약을 통해 월남전에서 발을 뺐는데 그로부터 2년 후 공산군은 사이공을 점령하고 말았다. 반면 한국은 한미동맹으로 인해 취약하고 고립된 국가로부터 강력한 현대식 군대를 바탕으로 한 아시아 반공전선의 보루로 등장하게 됐다. 더 나아가 한국은 오랜 염원이던 미국식 모델에 따른 현대국가 건설에 본격 착수할 수 있게 됐다.

이승만은 한국이 공산침략에 희생됐을 뿐 아니라 세계 반공전선의 최전선에서 싸우고 있다는 사실을 강조함으로써 한국의 생존과 발전이 미국의 세계전략에서 중요한 역할을 차지하고 있다는 점을 부각시켰다. 이를 통해 그는 미국으로부터 최대한 많은 원조를 획득하고자 했다. "부모가 나무를 심으면, 자식들이 그늘 덕을 본다"라는 속담이 있다. 이승만은 한국의 미래를 위해 한미상호방위조약이라는 '나무'를 심어야 한다고 믿었고, 숱한 난관을 극복하고 끝내 그 나무를 심는 데 성공했다. 대한민국 국민 모두는 현재 그 '나무'의 그늘 덕을 누리고 있는 것이다.

오랫동안 한국은 미국의 도움을 받아 왔다. 미국은 한국이 절체절명의 위기에 처했을 때 한국의 자유를 위해 엄청난 희생을 했고 그 후에도 장기간에 걸쳐 막대한 원조를 해준 나라였다. 6 · 25전쟁 후 주한미군의 주둔과 미국의 군사원조가 없었다면 한국은 생존마저 어려웠을지 모른다. 폐허가 된 나라를 재건하지도 못했을 것이고 경제개발도 어려웠을 것이다. 1970년대까지도 미국은 많은 한국인에게 선망의 대상이 된 나라였다. 한국과 미국의 현실은 엄청난 격차가 있었지만 미국적 가치와 제도는 큰 거부감 없이 한국에 수용됐다. 한국의 정치, 행정, 군사, 교육, 경제, 과학기술, 스포츠 등 거의 모든 면에서 미국식 제도와 기준, 가치가 받아들여졌다. 미국의 지원 또는 자비로 많은 군인, 공무원, 경찰관, 교사, 학생 등이 미국에 가서 교육받고 훈련을 받았다. 다시 말하면, 미국은 우리나라 발전의 역할모델이 됐던 것이다.

한국은 이처럼 여러 면에서 장점이 많고 여러 면에서 발전된 나라인 미국을 동맹국으로 삼고 이들에게서 선진문물을 배우고 도입하고자 노력했기 때문에 어느 나라보다 빨리 그리고 성공적으로 국가발전을

▶ 워싱턴에 위치한 한국전 기념공원

이룩할 수 있었다. 여기에 한 가지 덧붙인다면 한국 지도자들이 적극적인 자세로 미국의 지원을 최대한 많이 끌어내려 노력하는 등 용미(用美)에 성공한 것도 국가발전의 중요한 견인차 역할을 했다.

과거 냉전시대에 미국이 유독 한국만을 지원한 것은 아니었다. 그 같은 지원은 월남에도 있었고 다른 나라들에도 제공됐다. 그러나 한국에서 미국의 지원과 협력이 특히 성공적인 결과를 낳았던 것은 이승만으로 대표되는 한국 지도자들이 미국을 잘 알고(知美) 미국을 잘 활용(用美)했기 때문이다.

한미동맹이 없었다면 1960~70년대 박정희의 경제발전 정책도 그만큼 성공하기 어려웠을 것이다. 미국의 안보우산으로 외국자본은 안심하고 한국에 투자할 수 있었고 한국은 국방비 부담을 최소화하면서 경제개발에 자원을 집중시킬 수 있었다.

한국은 1970년대 전반기까지 평균 국민총생산의 5% 이하라는 비교적 적은 국방비만을 쓰면서 대부분의 자금을 경제개발에 투입할 수 있었다. 그것은 북한이 비슷한 시기에 국민총생산의 15~20%를 국방비에 투입했던 것과는 크게 대조적이었다. 뿐만 아니라 한국은 미국의 동맹국으로 월남전에 참전하면서 엄청난 경제적 이득을 얻게 되어 경제개발 초기의 자본 부족을 해소하는 데 결정적으로 도움이 됐다.

미국은 반공의 전초기지인 한국의 경제개발을 지원하기 위해 한일국교정상화 과정에서도 적극적인 역할을 했다. 나아가 미국은 시장을 적극 개방함으로써 한국의 수출주도 산업화를 지원했다. 1964년 한국 수출에서 차지하는 대미 수출 비중은 30%였지만, 그 후 그 수치는 계속 증가하여 1968년에는 무려 52%에 이르렀다. 이후에도 비슷한 비율이 유지됐으며 1980년대에는 그 비중이 40% 내외에 달했다. 같은 기간 중 대일 수출도 연평균 25% 정도로 높았기 때문에 한국 수출의 70% 정도가 미국과 일본에 집중됐다.

미국과 일본에 대한 수출이 없었다면 한국의 경제성장 자체는 불가능했을지도 모른다. 한국의 외자도입 실태를 볼 때에도 미국과 일본의 기여는 절대적이었다. 1964~1971년 기간 중 한국에 들어온 공공차관의 62%, 상업차관의 34%, 직접투자의 65%가 미국으로부터 왔다. 일본계 자금은 각각 22%, 25%, 22%를 기록했다. 이처럼 당시 자본주의 최강대국이었던 미국과 일본이 한국의 경제발전과 직접적으로 연계됐기 때문에 한국은 놀라운 경제적 성과를 거둘 수 있었던 것이다.

한국은 수출주도형 산업화를 통해 과감하게 세계시장에 뛰어들었다. 이를 통해 세계와 경쟁할 수 있는 경제력과 기술력을 키웠기 때문에 한국은 오늘날 세계화 시대의 승자가 되고 있다. 불과 100여 년 전 '은둔의 왕국'으로 불리던 나라가 이제는 수출 세계 7위, 무역총액 세계 9위의 무역대국이 됐고 미국, 유럽연합, 아세안 등 세계 3대 경제권과 자유무역협정을 동시에 체결한 가장 열린 국가가 됐다. 한국은 세계 1위의 조선 산업을 바탕으로 세계 6위의 선박보유량을 자랑하는 해운(海運)대국이기도 하다.

한미동맹이 없었다면 한국의 민주주의 발전도 어려웠을 것이다. 남북한이 대결하고 있는 한반도에서 미국은 한국을 자유세계의 '쇼윈도

(show window)'로 만들고자 했다. 흔히 우리는 민주주의라면 독재로부터의 해방만을 생각한다. 하지만 미국은 한국이 안정되고 번영을 누리는 민주국가가 되기를 희구했다. 불안정하고 가난하여 생존조차 위태로우면서도 민주주의라는 이슬만 먹고 사는 나라가 되기를 바란 것이 아니었다. 미국은 한국 정부가 민주주의에서 벗어날 경우에는 직·간접으로 영향력을 행사하기도 했다. 예컨대, 과거 야당의 대선 후보였었던 김대중이 납치당했을 때나 사형언도를 받았을 때 미국은 한국에 압력을 행사하여 그를 자유의 몸이 되게 했다. 그러나 민주운동세력은 미국이 광주민주화운동 당시 권위주의 정권을 지지했다면서 반미운동을 벌였고, 지금도 '광주의 원죄'[4]를 물어 다양한 형태의 반미운동을 계속하고 있는 실정이다.

하지만 민주주의 확산을 위한 미국의 노력이 반드시 좋은 결과만을 낳은 것은 아니었다. 미국의 정책은 때때로 시행착오를 초래할 수밖에 없었다. 그 까닭은 한국, 이란, 타이완, 월남 등 공산세력과 직접 대결하고 있는 국가에서 미국이 안보를 중시함과 동시에 민주주의 확산이라는 서로 모순되는 두 가지 목표를 추구하고 있었기 때문이다. 예컨대, 카터 행정부는 인권외교를 내세워 한국, 이란 등에 압력을 가했고 결국 이란은 군중시위로 팔레비 정권이 붕괴되는 운명을 맞았다. 그러나 이란에는 민주주의가 도래한 것이 아니라 무슬림 근본주의 정권이 들어서서 지금까지도 중동지역 최대의 골칫거리가 되고 있다.

과거 수천 년의 우리 역사가 대륙문명권의 일부로 전개됐지만, 대한민국의 역사는 해양세력인 남방과의 교류와 협력을 확대해 온 역사다. 다시 말하면, 대한민국 역사는 개방과 교류를 특징으로 하는 해양문명권에 적극 참여한 역사라 할 수 있다. 이 같은 해양세력으로의 편입, 더

---

4) 1979년 10월 박정희 대통령의 서거로 일부 국민들은 민주화가 도래할 것이라는 믿음을 지니고 있었다. 1980년 이른바 '서울의 봄'이 찾아왔지만 그해 5월 광주에서 민주화 항쟁이 벌어지고 그때 집권한 전두환을 미국 정부가 저지하지 않고 '묵인'했다는 데에서 일부 인사들은 그것을 미국의 '원죄'로 표현하기도 한다.

나아가 자유민주체제로의 편입이 한국 현대사를 성공 신화로 이끈 계기가 됐다는 점은 누구도 부인할 수 없으며, 그 발판은 무엇보다도 미국과의 동맹관계 형성이었다고 할 수 있다.

요컨대 국가의 흥망성쇠는 주변 환경에 얼마나 잘 적응하느냐에 달려 있다. 대한민국 역사의 큰 흐름은 '열린 세계'를 지향해왔다. 그것은 민주주의, 시장경제, 과학, 합리주의, 실용주의를 적극적으로 수용하고 발전시킨 역사다. 이 같은 역사를 가능케 했던 토대는 안보환경의 안정에 기인한다고 볼 수 있다. 그리고 안정적 안보환경을 조성해준 일등공신은 주한미군, 즉 한미동맹의 존재에 있었다.

제4절 반미운동이 일상화된 나라, 한국

대한민국 60여 년의 역사에서 미국은 매우 중요한 역할을 했지만 미국에 대한 한국인의 부정적 인식은 상당히 높은 편이다. 워싱턴 소재 여론조사 기관인 퓨 리서치 센터(Pew Research Center)가 2000년대 들어 세계 48개국의 국민을 대상으로 미국에 대한 호감도를 조사한 결과, 한국의 경우 2000년에는 58%, 2002년에는 53%, 2003년에는 46%의 응답자가 미국을 싫어하는 것으로 나타났다. 특히 국민의 절반 이상이 미국에 대해 부정적인 인식을 드러낸 10여 개국 가운데 한국이 섞여 있다는 것은 주목해야 할 사실이다.[5] 그러나 한국에서 이명박 정부가 들어서고 미국에서 오바마 행정부가 출범하면서 한국인의 미국에 대한 인

---

5) Pew Research Center, *What the World Thinks in 2002* (Washington, D.C.: The Pew Research Center, 2002); Pew Research Center, *Views of a Changing World 2003* (Washington, D.C.: The Pew Research Center, 2003).

식은 크게 개선됐다.

그럼에도 한국은 미국의 동맹국 중에서 가장 격렬한 반미운동을 하는 나라로 알려져 있다. 한국의 반미감정 원인은 다양하고 그 뿌리도 깊지만 대체로 다음과 같은 점들이 제시되고 있다. 첫째, 미국은 필리핀을 식민지로 확보하기 위해 1905년 태프트 · 카츠라 밀약을 통해 조선이 일본의 영향력하에 놓이는 것을 인정했다. 둘째, 미국은 1945년 38선을 확정하고 남한을 점령함으로써 한반도의 분단을 주도했다. 셋째, 미국은 한국의 권위주의 정권을 지원함으로써 한국의 민주화운동을 방해했다. 마지막으로, 미국은 미군을 주둔시킴으로써 남북 간의 화해와 협력, 그리고 통일을 가로막아왔다.[6)]

한국사회의 일반 정서는 약자에 동정적이고 강자에 반감을 나타내는 것이다. 드라마에서 강한 자, 잘 사는 자는 언제나 '악역'을 맡고 약한 자, 못 사는 자는 '선한 역'으로 등장한다. 특히 젊은 세대는 정의감이 강하여 강자에 대해 무조건 반감을 갖는다. 이에 따라 젊은층은 강대국이며 한국에 많은 영향력을 행사하고 있는 미국과 관련된 어떤 쟁점이 발생하면 쉽게 반미대열에 동참하게 된다. 우리는 역사적으로 중국, 일본, 소련 등 강대국에 둘러싸여 피해를 입었기 때문에 아직도 약소국 국민으로서의 피해의식이 남아 있고 이 같은 감정이 자극을 받게 되면 배타적 민족주의가 작동하여 강대국 미국을 비난의 대상으로 삼는다는 것이다.

그러나 이처럼 감정적이고 배타적인 피해의식에 근거한 민족주의적 반미는 지극히 폭력적이고 불법적인 형태로 표출되고 있다는 데 문제의 심각성이 있다. 미국 국민들은 성조기를 무엇보다 신성시한다. 그런데 오래전부터 우리 젊은이들은 미국 국기를 길바닥에 펼쳐놓고 밟

---

6) Jae-Bong, Lee "Cultural Representation of Anti-Americanism: The Negative Images of the United States in South Korean Literature and Arts, 1945-1994," Ph. D. dissertaion (The University of Hawaii, 1994), pp.3-4.

고 다니거나 불태우는 것을 예사로 여겼다. 주한 미군의 심장부인 용산 미군기지 주변은 상시적인 반미 시위장소가 됐다. 반미 시위대는 매향리 미공군 사격장의 훈련을 방해하여 끝내 폐쇄시켰고, 미군 훈련장에 침투하여 탱크에 올라타기도 했다. 미국의 전쟁영웅이며 한국을 절체절명의 위기에서 구해준 맥아더장군 동상을 철거하려 하기까지 했다. 심지어 길을 가던 미군이나 외국인들이 영문도 모르고 폭력을 당하고 모욕을 당하기도 한다. 물론 간간히 언론보도 등을 통해 알려지고 있듯이, 아주 일부의 미군들이 저지르는 범죄와 폭행 등의 사례가 있긴 하지만 말이다. 입장을 바꿔 미국의 젊은이들이나 시민단체가 태극기를 모독하고 한국인들을 상대로 무차별 폭행을 가한다면 우리는 그것을 용납할 수 있겠는가?

이렇게 볼 때 한국의 반미운동은 민주국가에서 일어나는 통상적인 시위와는 사뭇 다르다. 그것은 매우 폭력적이고 적대적인 성격을 띠고 있다. 무엇보다도 문제점으로 지적되는 부분은 가장 중요한 동맹국에 대한 적대 행위라는 것이다. 이 점에서 한국의 반미운동은 용납되기 어려운 수준에 이르고 있다고 말할 수 있다.

한국의 반미세력은 단순한 시민단체가 아니다. 반체제운동세력이고 정치세력으로 변질된 지 오래다. 그들의 주된 구호는 반전평화, 민족자주, 민족공조, 자주통일 등이다. 그들 가운데에는 북한의 노선을 비판하는 사람들도 있지만 대부분은 북한의 잘못에 대해 함구한다. 그런 점에서 친북 및 종북 세력에 의한 반미운동은 북한의 반미노선과 밀접한 관계가 있는 듯 보인다. 북한은 오래전부터 주한미군 철수를 주장해왔고 미국과의 평화협정 체결을 주장해왔다. 동시에 그들은 민족공조를 내세우며 외세의 간섭없는 자주적 통일도 내세운다. 이것은 한국 내 반미운동세력의 논리와 일맥상통하는 것이다.

북한은 핵무기와 미사일 등 대량살상 무기를 개발하면서 평화를 위협하는 것은 미국이라고 강변해왔다. 만약 미국이 북한과 평화협정을 체결하게 되면 한반도에서 미군 주둔의 논리가 없어진다. 그렇게 되면 국내 반미단체와 친북단체들은 미군 철수 운동을 벌이게 될 것이다. 미군이 철수하게 된다면 남북 간의 힘의 균형은 어떻게 되겠는가? 우리가 아무리 경제력이 우세하고 첨단무기에서 앞선다하더라도 북한의 핵무기는 억제하기 어렵다. 북한이 핵무기를 앞세워 위협을 가하고 여러 가지 양보를 요구하면, 전쟁을 막기 위해 북한의 요구에 응해야 할 것인가? 결코 있을 수 없는 일이다.

한국에 조직적인 반미운동이 끈질기게 계속되고 있는 이유는 무엇인가? 가장 중요한 원인은 친북세력에 의한 반미운동이다. 한국의 반체제 운동권 가운데 민족해방(NL)계열의 역사인식은 김일성 · 김정일의 역사관과 유사하다. 그들에 따르면 미국은 한국을 강점하고 식민지로 삼아 수탈과 압제를 계속하고 있으므로 한미동맹은 파기돼야 하고 주한 미군은 철수해야 한다는 것이다. 그들은 미국의 방해로 민족공조가 이뤄지지 못하고 통일에도 진전이 없다고 주장한다. 대법원에 의해 이적단체로 규정된 범민련, 한총련은 말할 것도 없고 전국연합(민주주의민족통일전국연합), 통일연대, 진보연대, 6 · 15 공동선언실천연대 등 친북단체들이 반미 통일노선에 앞장서고 있다.

한국의 반미운동은 그 뿌리가 매우 깊다. 반미운동의 시원은 대한민국 건국 시점에서 그 연원을 찾을 수 있다. 건국 당시 김구와 김규식 등은 한국인들이 스스로 그들 문제를 해결할 수 있도록 외국군이 즉각 철수해야 한다고 주장했다. 대한민국 정부 수립 이후에도 일부 야당의원과 무소속 의원들은 1948년 10월과 1949년 2월 두 차례에 걸쳐 미군철수 결의안을 발의하기도 했다. 6 · 25전쟁을 통해 미국은 한국의 구원자라는 인식이 넓게 확산됐으나 4 · 19혁명 이후 혁신세력과 대학생들을 중심으로 통일운동이 전개되면서 반외세 자주운동의 일환으로 반미운동이 일어나기 시작했다.

1970년대에 들어와서는 급진세력이 한국을 미국의 '신식민지'로 간주하며 반미 자주운동을 벌이기 시작했다. 당시 라틴 아메리카에서 유행하던 종속이론의 영향을 받아 한국에서도 민주주의와 민족통일을

▶ 반미 촛불 시위 장면

이루기 위해서는 미국의 '제국주의'에 대한 종속으로부터 벗어나야 한다는 분위기가 팽배했던 것이다.

1980년 광주민주화 운동 당시 미국이 전두환 정권을 지지했다는 인식이 확산되면서 대학가에서는 미국에 대한 배신감이 일어나 반미 감정이 폭발적으로 분출했다. 이 같은 분위기하에서 북한의 주체사상을 신봉하는 주사파(主思派)가 학생운동권의 주도세력이 되면서 민족해방이라는 반미노선이 대중화했던 것이다.

그러나 반미운동이 보다 광범위하게 체계적으로 벌어지게 된 것은 2000년 6월 남북정상회담 이후이다. 정상회담 이후 국민들 사이에서 남북관계 개선과 통일에 대한 기대가 높아지면서 친북좌파단체들을 중심으로 외세를 배격하고 민족공조를 바탕으로 통일을 이룩해야 한다는 운동이 확산됐다. 특히 미국이 한반도의 평화 통일에 디딤돌이 되기보다는 걸림돌이 되고 있다는 인식이 널리 퍼지면서 주한미군에 대한 부정적인 인식이 크게 퍼져나갔다.

그러한 가운데 9 · 11테러가 발생했다. 부시 미국 대통령은 9 · 11테러 이후 북한을 이란, 이라크와 함께 '악의 축' 국가로 지칭하고 단호하게 대응할 것임을 선언했다. 이후 한국 내에서는 부시 대통령을 비난하는 목소리가 높아졌다. 엎친 데 덮친 격으로 2002년 6월 훈련 중이던 미군 장갑차에 의해 두 여중생이 사망하는 사건이 발생하면서 죽은 여중생을 추모하고 한미행정협정(SOFA) 개정을 요구하는 촛불시위가 전국적으로 벌어졌다. 이 같은 반미시위는 노무현 후보의 대통령 당선에 결정적 영향을 미치기도 했다.

"반미 좀 하면 어떠냐"고 했던 노무현 정부하에서 반미시위는 광범위하게 이뤄졌다. 매향리 미공군 사격장 폐쇄운동, 노근리 사건 규탄운동, 미군기지 주변 환경오염 규탄운동, 평택 미군기지 건설 저지 운동, 맥아더 동상 철거 운동 등 반미시위가 광범위하게 전개됐다. 그들은 반세기 동안 주기적으로 실시해오던 한미 연합훈련도 침략 준비훈련이라며 방해했다. 노무현 정부는 한국군을 이라크에 파병하려 했지만 반미세력의 반대에 부딪혀 파병규모도 줄이고 파병시기도 지연되었다.

이명박 정부 들어서 2008년 4월부터 3개월이 넘도록 벌어졌던 미국산 쇠고기 수입 반대 시위도 반정부시위와 반미시위가 결합돼 이뤄진 것이었다. 시위를 주도했던 세력은 유럽연합과의 자유무역협정에 대해서는 아무 말도 하지 않으면서 이미 비준까지 끝난 한미 자유무역협정에 대해서는 강력히 반대하고 있다.

국가 간 관계는 이념적 색안경이나 감정을 개입시켜 볼 문제가 아니다. 철저하게 국가이익의 차원에서 판단해야 하는 것이다. 국제관계에서 지나치게 민족적 감정을 앞세우다 국익에 심각한 피해를 입은 사례는 역사적으로 많이 찾아볼 수 있다. 그 대표적인 예가 필리핀이다. 필리핀은 국민들의 뿌리 깊은 반미 감정 때문에 1992년 미군을 내보냈다. 현재 필리핀은 남중국해에 위치한 스카보로섬(중국명 황옌다오)을 둘러싸고 중국과 대치 중이다. 중국은 자국민의 필리핀 여행을 중단시키는 등 경제적 압박을 가하고 있다. 필리핀은 이 섬이 자국의 루손섬에서 불과 230km 떨어져 배타적 경제수역 내에 위치하고 있기 때문에 중국에 양보할 수 없다는 입장이다. 이에 따라 필리핀은 현재 미국에 군사지원을 요청하고 있다. 20년 전만 해도 수빅만 해군기지와 클라크 공군기지는 미군의 최대 해외 군사기지였다는 점을 감안할 때 필리핀은 감정적인 결정으로 국익에 커다란 손실을 초래했다고 할 수 있다.[7)]

어떤 국가와의 관계든 긍정적인 측면이 있고 부정적인 측면도 있게 마련이다. 미국과의 관계에서 한국은 손해보다 이익을 본 측면이 훨씬 많았으며 앞으로도 그럴 것으로 판단된다. 더구나 선진국 수준에 이른 한국에서 국제관계를 민족주의 또는 이념적 · 감정적 차원에서 다룬다면, 국제질서의 실체를 제대로 파악하지 못할 우려도 있고 그 결과 대외정책에서 많은 실책을 범할 여지도 있다. 미국을 비롯한 모든 국가들을 상대함에 있어 철저하게 국익 차원에서 접근할 필요가 절실하다 하겠다.

제5절 한미동맹의 대안은 있는가

1. 연미화중(聯美和中)은 현실적으로 가능한가

"한국과 폴란드는 현대 역사에서 가장 위험한 상태에 가장 자주 노출됐던 나라다. 강한 나라는 약한 나라로부터 이득을 얻으려 하기 마련이다. 이런 게걸스러운 강대국들의 본성으로 보면 한국과 폴란드가 과거 상당 기간 지도에서 사라져버렸던 사실도 놀랄 일이 아니다. 앞으로 수십 년간 지속적 경제성장을 기록할 중국의 막강한 군사력 곁에서 살아가야 하는 한국은 무엇보다 국가생존에 대한 염려를 잊

7) "미군 내쳤더니 중국이 호시탐탐…필리핀 뒤늦은 후회," 『중앙일보』, 2010년 5월 22일자.

지 말아야 한다."[8]

이 어구는 시카고 대학 정치학 교수인 존 미어셰이머가 자신의 저서 한국어판 서문에서 강조하고 있는 대목이다. 이 밖에도 다수의 국제관계 전문가들이 약소국은 강력하되 멀리 떨어진 국가를 동맹국으로 선택하라는 조언을 하고 있다는 점에 주목할 필요가 있다.[9] 한국이 완충국가(buffer state)로서 상대적으로 우세한 국력을 가진 중국, 일본, 러시아 등 이웃 나라를 견제하기 위한 전략적 선택은 매우 중요하다는 것이다.

한국은 지정학적 취약성, 지속되는 남북대결, 경제의 과도한 무역의존 등으로 어느 나라보다 어려운 도전에 직면하고 있어 현명한 국가전략 마련이 시급하다. 국가전략은 국가의 흥망성쇠를 좌우하는 중대한 문제이다. 변화된 국제 환경에 걸맞은 국가전략을 모색하기 위해서는 한국의 전략적 비전이나 국가역량을 검토하는 것도 중요하지만 동북아의 정치경제적 구도와 한반도에 이해관계가 큰 주변 강대국들의 국가이익, 국가전략, 전략적 의도 등 전반적인 전략 환경을 검토하는 것도 긴요한 일이다.

세계화에 따른 무한경쟁으로 국제질서의 불안정성과 불확실성이 높아졌으며, 특히 중국이 지속적인 고도성장을 바탕으로 정치·군사적 영향력을 확대하면서 미국, 일본, 러시아 등 다른 나라들이 민감하게 대응하게 됨에 따라 동아시아 전략 환경은 근본적 변화가 일어나고 있다. 이처럼 한반도 주변국가들 간의 위상변화와 상대적인 힘의 변화는 한국 안보에 중대한 도전을 던져주고 있다.

세계적인 강대국들의 중간에 있는 한국의 전략적 선택은 매우 어려

---

8) 존 미어셰이머 지음 · 이춘근 옮김, 『강대국 국제정치의 비극』(나남, 2004).

9) Robert I. Rothstein, *Alliance and Samll Powers* (New York: Columbia University Press, 1968), p.61; George Liska, *Nations in Alliance* (Baltimore: Johns Hopkins Press, 1968), p.13.

운 것이 사실이다. 중요한 것은 한국이 처한 지정학적 여건과 국가이익에 따른 신중한 접근이 절실하다는 것이다. 중국은 한국의 제1 교역파트너로서 매우 중요한 국가지만 한중관계에는 아직도 넘어야 할 산이 많다. 그런데 우리에게는 구한말의 줄타기 외교를 하던 습성이 되살아나고 있는 것 같다. 우리 사회가 친미냐 친중이냐로 갈라져 논란을 벌이는 모습은 구한말 지도자들의 과오를 떠올리게 하고 있다.

이와 관련하여 노무현 정부는 강대국 사이에서 한국이 균형자 역할을 하면 된다고 공언했다. 그러나 한국의 국력으로 중국, 일본, 러시아와 같은 강대국들을 대상으로 하는 균형자 역할은 사실상 불가능하다. 어떤 사람들은 중립을 취해야 한다고도 하지만, 약한 나라가 중립을 취하면 주변 강대국들에게 종속될 뿐이다. 또한 한국인의 극렬한 민족감정으로 인해 중립외교를 하기도 쉽지 않다. 어떤 이들은 중국에 대한 한국의 위치를 구소련에 대한 핀란드의 위치와 비교하기도 한다. 과거 소련의 비위를 거스르지 않고 알아서 기었던 종속의 문화와 외교, 곧 핀란드화가 한국에서 진행되고 있다는 것이다.[10)]

한국의 국가전략과 관련하여 중국과의 관계는 경제적 이해관계와 인접국가라는 점에서는 중요하지만 민주주의와 인권이라는 면에서는 부정적이며 안보 면에서도 불확실성이 많다. 이와 관련해서 사회 일각에서는 '연미화중(聯美和中),' 즉 미국과 중국에 균형외교를 해야 한다는 견해를 제기하기도 한다. 미국 국력이 쇠퇴하고 있는 현실에서 미국 일변도의 외교만 펼칠 것이 아니라 부상하는 중국과도 화친해야 한다는 논리다. 그러나 이 같은 친중 접근론에 대해 미국은 예상 시나리오를 제시하며 경계의 신호를 보내고 있다.

예컨대, 카터 대통령 당시 백악관 국가안보보좌관을 지낸 브레진스키는 『전략적 비전(*Strategic Vision*)』이라는 저서에서 미국의 쇠퇴로 인해 '지정학적 위험'에 빠지게 될 대표적인 나라의 하나로 한국을 꼽

---

10) 복거일, 『한반도에 드리운 중국의 그림자』(문학과 지성사, 2009).

고 있다.[11] 그는 중국과 마주보고 있는 한국이 5년 또는 10년 후부터 정치 · 경제 · 군사 모든 면에서 중국의 압박에 직면하게 될 것으로 보고 있다. 그는 "한반도의 평화적 통일 분위기가 조성됐을 때쯤 중국의 파워는 지금보다 훨씬 커져 있을 것이고, 통일에서도 중국의 역할은 핵심적일 것"이라며 "한국은 '중국의 지원을 받는 통일'과 '한 · 미동맹 축소'를 '주고받기(trade-off)'할 가능성이 있다고 진단했다.

브레진스키가 한국의 통일 과정에서 결정적 영향력을 행사할 가능성이 있는 중국과 '한미동맹의 축소' 및 '중국의 통일 지원'을 맞바꿀 가능성이 있다고 한 지적에 담긴 의미가 무엇인지 되새겨 봐야 한다. 미국은 기회 있을 때마다 한국과 미국은 함께 피를 흘린 혈맹임을 강조해왔다. 그러면서도 미국은 한국이 현재와 미래의 국익 앞에서 어떤 선택을 할 것인가를 주시하고 그에 따른 대응책을 숙고해 오고 있다. 여기에는 한미방위조약의 시효를 재고하는 것도 포함돼 있다는 것이 브레진스키의 지적에 담긴 함의다. 다시 말하면 미국은 한국이 친중적인 입장으로 바뀌어 한미동맹을 파기하거나 혹은 그것을 축소할 가능성에 대비하고 있다는 점을 한국에 경고한 것이다.

미국의 동북아시아 정책에 대한 브레진스키의 전망은 노무현 정권이 전시작전통제권을 돌려달라고 요구하자 미국이 기다렸다는 듯이 선뜻 응했을 때 이미 예견됐던 일이다. 브레진스키는 미국이 한반도에서 발을 빼려 하는 시대가 한발 한발 다가오고 있다고 했다. 그러면서 그는 미군의 한반도 철수가 기정사실화할 경우 한국은 중국에 기댈 것이냐 일본과 손잡을 것이냐를 묻고 있다. 중국에 기댄다는 말은 중국의 패권적 국제 질서 속에서 종속국처럼 굴종하고 연명하면서 중국의 압도적 영향 아래 살아간다는 뜻이다. 한국인의 국민정서를 고려할 때 일본과 손잡는 것도 현실적인 선택은 되지 못한다. 결국 브레진스키 분석

11) 한국 이외에 지정학적 위협에 직면할 나라로 구(舊) 소련에 속해 있던 인구 460만의 소국(小國) 그루지야와 타이완을 들고 있다.

의 함의는 중국의 급속한 부상과 관련하여 한국이 안보를 중요시하고 한반도의 평화통일을 이루기 위해서는 미국과의 동맹관계를 유지하고 강화하라는 충고인 셈이다.

다행히 한국은 아직 브레진스키가 전망한 딜레마에 봉착해 있지는 않다. 그러나 중국과의 관계에서 분명한 전략적 결정을 내리지 못하고 있다. 역사적으로뿐만 아니라 최근 부활하고 있는 중화민족주의가 우리에게 큰 전략적 도전을 던져주고 있는데 우리사회에는 중국과의 관계를 어떻게 설정해야 하는가에 대한 합의가 없다는 것이다.

일부 전문가들은 북한문제 해결과 통일을 위해서, 그리고 머지않아 세계 제1의 경제대국으로 부상할 중국과의 관계는 한미관계보다 더 중요하다는 주장을 펴기도 한다. 또한 일부 기업인들은 경제적 이익에만 집착하여 중국과의 관계가 중요하다면서 한미관계나 다른 전략적 문제를 양보하는 것이 불가피하다는 주장을 내놓기도 한다.

이러한 우리의 약점을 틈타 중국학자들은 "한국은 경제적으로 중국에 의존하면서 정치 · 안보는 미국에 의존한다. 이것은 지속가능한 전략이 아니다"라고 했다.[12] 중국이 통상관계를 지렛대로 전략적 이익을 노리고 있다는 것을 노골적으로 나타낸 것이다.

2. 국가자주성을 중시해야 할 한중관계

중국과의 관계에서 한국은 국가의 자주성이라는 측면을 중시해야 한다. 그동안 반미의 목소리는 컸지만 반중의 목소리는 거의 없었다. 중국인들은 머릿속에서 한국을 과거에 조공을 갖다 바치던 조공국가

---

12) 한중수교 20주년을 기념한 안보전략대화에서 한 발언이다. 『조선일보』, 2012년 9월 3일자. 한국이 중국에 경제적으로 의존하고 있다는 것은 잘못된 주장이다. 중국은 필요에 의해 한국 중간제품이나 상품을 수입하는 것이다.

처럼 여기고 있을 가능성이 크다. 중국의 국제질서에 대한 인식은 자국 중심의 불평등한 질서이다. 결코 주변국들을 평등한 파트너로 여기지 않는 경향이 있다. 자기 나라를 세계의 중심국가로 자부하며 주변국들을 대상으로 패권을 추구해왔다. 이미 중국은 북한을 지렛대로 하여 한반도에 영향력을 행사해오고 있으며 그것을 확대하려고 다방면으로 노력하고 있다.

그들은 '동북공정(東北工程)'을 통해 고조선사, 고구려사, 발해사까지 중국 역사의 일부로 편입하여 우리 역사의 정체성에 큰 타격을 주고 있다. 따라서 중국과의 관계에서는 한국의 국가적 자주성을 유지하는 것을 중요한 고려요소로 삼아야 할 것이다. 중국이 경제적으로 떠오르고 있다는 사실 때문에 한국이 미국 대신 중국을 전략적 파트너로 삼는다면 과연 한국이 정치와 안보는 물론 경제적으로 중국 예속 상태에서 벗어날 수 있을까?

북한에 대한 중국의 일방적인 비호는 그들의 의중을 더욱 의심케 만들고 있다. 한국과 중국은 수교 20년이 되었지만 중국은 경제적으로 한국과 교류협력하면서 정치 · 안보 면에서는 북한의 입장을 일방적으로 지지한다. 천안함 폭침 사건은 한반도 유사시 어느 나라가 우리의 우방이고 어느 나라가 우리의 진로를 방해할 것인지 여실히 보여 주었다. 당시 중국은 북한을 옹호하려는 본성을 숨기지 않았다. 중국은 2010년 7월 천안함 폭침을 규탄하는 유엔 안보리 의장성명에서 북한을 '공격자'로 명시하는 것을 끝까지 거부했고, 그 해 11월 북한의 연평도 포격 만행에 대한 유엔안보리 긴급회의에서는 북한에 대한 '규탄'마저도 거부했다. 오히려 중국은 한국의 사격훈련 등 대응조치를 자제할 것을 촉구했다. 중국은 북한을 완충지역으로 생각하며 북한의 존속을 자국의 이익으로 여기고 있기 때문에 이 같은 행태를 보여준 것이다. 이렇게 볼 때 중국이 과연 한국의 통일 노력을 지지할 것인가에 대해서도 회의적인 생각이 지배적이다.

반면 한미관계는 다르다. 한국은 태평양 저편에 있는 낯선 미국과 긴밀한 협력관계를 구축하여 한반도의 평화를 유지하고 성공적인 국가 발전을 이룩했다.

앞에서도 지적된 바 있지만 한미관계는 사실 극단적인 비대칭관계에서 출발했다. 특히 한국의 존립, 즉 국가안보가 미국의 지원에 의존했기 때문에 한국의 국가 자율성이 미국에 의해 제한받기도 했다. 그러나 중장기적으로 보면, 미국과의 관계를 유지함으로써 한국은 미국에 대한 종속을 심화한 것이 아니라 자주와 자립을 강화함으로써 미국의 당당한 파트너가 되고 있다. 미국은 그동안 한국의 국가안보, 민주주의, 경제발전 등 한국의 국가이익에 대체로 긍정적인 역할을 해왔다. 앞으로도 계속 한반도의 평화를 유지하고 나아가 통일을 이룩하는 데 결정적인 역할을 할 수 있는 유일한 국가가 미국이다. 미국은 독일의 통일과정에서 소련, 프랑스, 영국 등 주변국들을 적극 설득했듯이 한반도 통일과정에서도 중국, 일본, 러시아를 설득할 수 있는 힘을 가진 국가라는 것이다.

미국은 우리나라에 막강한 영향력을 행사해왔기 때문에 민족주의 성향이 강한 일부 국민들에게 거부반응이 있다는 점은 충분히 이해할 수 있다. 하지만 완충지대에 위치한 국가가 주권을 보존하고 지속적인 번영을 누리기 위해서는 역외(域外) 강대국과 동맹관계를 유지하는 것은 필수적이다.

또한 북한이 핵무기를 개발하여 우리를 위협하고 있는 상황에서 북한의 핵무기 위협을 억제할 수단은 미국과의 협력뿐이라는 점도 명심해야 한다. 미국이 북한의 침략을 저지하고 그 후 계속해서 한반도의 평화를 보장해 온 역사적 사실을 우리는 당연한 것으로 여기지만, 만약 한미동맹이 없었다면 어떻게 되었을까?

한미동맹이 없었다면 한국은 엄청난 국방비 부담으로 경제성장도 어려웠을 뿐 아니라 국민생활도 고통을 면치 못했을 것이다. 주한 미군이 없는 가운데 북한의 핵실험, 천안함 폭침, 연평도 포격 등이 일어났다면 안보위기는 말할 것도 없고 외국자본의 이탈과 주식시장의 폭락

등 심각한 정치적 · 사회경제적 위기에 직면했을 것이다. 주한 미군의 주둔으로 인한 경제적 이익도 막대하다. 한국국방연구원의 국방경제 모형으로 모의 실험한 결과, 미군이 2000년에 완전 철수했다면 한국의 국방비 부담은 매년 약 100억 달러 정도 증액돼야 하는 것으로 추산됐다. 그 같은 규모의 국방비 증가는 성장잠재력을 잠식하여 경제규모를 2% 정도 위축시키게 된다는 것이다.[13]

한국 경제계에서는 한국경제에 대한 대외신인도가 한미동맹에 의해 유지돼 왔다면서 동맹의 경제적 측면을 강조한다. 즉 한국경제에 대한 국제사회의 신인도는 한반도에서의 평화유지가 전제조건이며 이것은 확고한 한미동맹 체제를 통해서만 보장될 수 있다는 것이다.

3. 한국 안보의 기본축, 한미동맹

한미동맹이 약화되거나 와해된다면 한국은 주변국들로부터 압력이나 위협을 받게 될 가능성도 크다. 독도 문제든 이어도 문제든 이웃나라들은 한국을 힘으로 위압하려 할 가능성이 크다. 그리고 그 같은 항시적인 안보위기 상황에서 민주주의를 꽃피우기도 어려웠을 것이다. 한미동맹이 유지돼야 한다는 것은 지정학적으로 취약한 지역에 위치한 국가들의 전략적 선택에서 그 당위성을 재확인할 수 있다. 냉전 종식 후 소련의 위협에서 벗어난 폴란드, 헝가리, 체코 등 동유럽 국가들과 소련에서 분리된 크로아티아가 미국 중심의 나토(NATO)에 가입했다. 우크라이나도 러시아의 위협을 두려워하여 나토에 가입하려 하고 있으며 이로 인해 러시아와 미국 간에 힘겨루기가 계속되고 있다.[14] 베

13) 심양섭, 『한국의 반미, 대안은 있는가』(삼성경제연구소, 2005), p.57.

14) Radwanski, Wojtek, "Poland, U.S.: Reaching a Missile Defense Agreement," *Strategic Forecast*(July 3, 2008).

트남도 마찬가지다. 베트남은 중국과 같은 사회주의 국가고 더구나 미국과 전쟁까지 했던 나라지만, 남중국해 영토분쟁으로 중국의 위협을 두려워하여 미국과 안보협력을 강화하고 있다는 점은 우리에게 시사하는 바가 크다.

일부 전문가들은 한미동맹을 대체할 수 있는 국가로 중국을 거론하거나,[15] 동북아 다자안보체제로 한미동맹을 대체해야 한다고 주장하기도 한다. 그러나 다자안보체제는 이상일 뿐 상당 기간 현실성이 없다. 그리고 한국이 중국과 동맹관계가 되는 것은 커다란 모험이 따른다. 그 까닭은 미국과 일본이 중국을 경계하고 있기 때문에 중국의 동맹국이 된 한국은 이들 두 나라로부터 강력한 반발과 압력에 직면할 가능성이 높기 때문이다. 또한 인접국가와 동맹관계를 맺게 되면 다른 인접국들과의 분쟁에 휘말릴 가능성도 커진다. 예컨대, 중국과 남중국해 일대에서 갈등하고 있는 베트남, 말레이시아, 필리핀 등과의 관계가 험악해질 수 있다는 것이다. 이 같은 국제적 역학관계를 고려할 때에도 한미동맹을 대체할 대안은 없다고 할 수 있다.

물론 한미동맹에 대한 과도한 또는 맹목적인 수용에 따른 부작용도 없지 않았다. 무엇보다 지적되어야 할 점은 미국에 대한 의존심리가 커지고 자주의식이 부족하게 됐다는 것이다. 조선조의 정신문화적 문제가 지나친 중국의존이었다면 대한민국의 과도한 미국의존 심리도 문제가 아닐 수 없다. 예컨대, 북한이 핵무기를 개발하고 수시로 '서울 불바다' 위협을 가하지만 일반국민은 말할 것도 없고 정치인, 군인들에게까지도 '미군이 있는데 걱정할 필요가 있나'라는 심리가 만연해 있다. 이 점이 우리에게 안보불감증을 초래하고 있는 것도 인정해야 한다. 전시작전통제권이 전환된 이후 과연 우리가 제대로 안보를 지켜낼 수 있을 것인가 하는 우려도 적지 않다. 더구나 미국의 것을 지고지선(至高

15) 이수훈, "21세기 한국전략의 방향," 극동문제연구소 통일전략포럼 보고서 (2004. 5).

至善)한 것으로 여기고 한국의 국가이익과 주체의식을 등한히 하게 되면 미국과의 관계에서 과도하게 양보할 가능성이 커진다. 이에 따라 미국과의 협상이 끝났을 때 굴욕적인 양보를 했다는 비판을 받는 경우도 없지 않았다.

이처럼 미국과의 동맹관계에 부정적 측면이 없는 것은 아니지만 한국의 안보를 보장할 현실적인 대안을 찾는 것은 쉽지 않다. 한국이 일본과 반목하고 중국과 연대할 경우 중국은 사실상 한국을 종속국처럼 좌지우지할 가능성이 크다. 역으로 한국이 중국과 반목하면서 일본과 연대할 경우 일본이 한국에 지배적인 영향을 행사할 가능성이 커진다. 그러나 한국이 미국과의 협력을 통해 중국과 일본을 견제한다면 한국은 보다 큰 행동의 자유를 누리게 된다. 중국은 앞으로도 계속 성장하며 영향력을 확대할 것이기 때문에 한국이 이웃나라인 중국과 원만한 관계를 유지하는 것은 중요하지만 과도한 경제적 의존 등 그 의존관계가 지나치면 사실상 중국의 위성국가로 전락할 가능성이 있다는 것을 명심할 필요가 있다.

국제정치학자 강성학은 그의 저서 『고래와 새우싸움: 한민족과 국제정치』에서 한국과 같은 독특한 지정학적 위치에 있는 '새우'가 강대국간 '고래싸움'에서 택해야 할 유일한 외교적 비책은 지역외부의 강대국의 힘에 편승하는 것이며, 한미동맹이 바로 그것이라고 역설한다.[16] 물론 한국은 더 이상 '새우'는 아니고 '돌고래'정도로 성장했지만 여전히 고래들과 상대해야 하기 때문이다.

이 같은 제반 요소들을 고려할 때 한미동맹 체제를 유지하고 강화 발전시키는 것은 한국 국가전략의 변함없는 기본축이 되어야 한다.[17] 중국의 급격한 부상으로 한미관계와 한중관계를 균형 잡히게 접근해야

---

16) 강성학, 『고래와 새우싸움: 한민족과 국제정치』(박영사, 2004).

17) 이춘근, "한미동맹의 문제점 진단과 한미동맹 강화의 논리," 『국가전략』제9권 3호(2003년 가을호), pp.39-55.

한다는 주장도 있지만 한국의 국가발전 과정이나 현실적인 국가이익에서 볼 때 한미관계의 중요성은 한중관계에 비할 바가 못 된다. 대한민국의 역사적 발전은 수천 년의 역사를 가진 중국문명권에서 이탈하여 민주주의와 시장경제를 중심으로 하는 미국 중심의 해양문명권에 합류한 가운데 이루어졌다는 사실을 잊어서는 안 된다.

논점에서 조금 벗어나는 얘기긴 하지만 일본 변수도 한국의 국가전략에는 매우 중요하다. 한국의 외교안보정책은 미국 및 중국에 지나치게 몰두하면서 일본과의 관계를 경시하는 경향이 있다. 일본의 대한국정책 역시 중국에 대한 관점에서 보는 경향이 있다. 일본은 한국 내 격렬한 반미운동과 광범위한 반일정서에 비해, 중국에 대한 한국인의 감정이 비교적 우호적이라는 사실에 주목한다. 그들은 한국 내에서 반미운동이 심할 때에는 한국이 한미동맹을 파기하고 중국과 손잡을 가능성이 있다고 우려하기도 한다. 특히 일본은 한반도가 통일되면 중국과 손잡을 가능성이 크고 그렇게 되면 일본에 적대적인 정책을 펼 가능성이 있다고 보고 있다. 따라서 그들은 한반도 통일에 대해서 회의적이다.[18]

일본이 한국에 대해 무엇보다 걱정하는 것은 한국이 중국과 정치 · 안보 면에서 밀착하는 것이다. 그러한 가능성이 있을 경우 일본은 한국에 대해 상당한 압박을 가하게 될 것으로 예상된다. 그러나 친구의 친구는 자기의 친구가 되어야 마땅하다. 한국이 한미동맹을 굳건히 유지하려면 미국과 동맹관계인 일본에 대해서도 우호적인 관계를 유지해야 하는 것은 두말할 필요도 없다. 한국이 한미동맹을 이탈하여 중국과 연대하려 한다면 일본의 강력한 반발에 직면할 가능성이 크다는 점을 잊어선 안 된다. 한국은 일본 변수를 중시하지 않는 경향이 있지만 일본은 경제력과 군사력 면에서 세계적 강국이며 전략적 측면에서도 미일동맹을 강화하고 있다는 점에서 매우 중요하다는 것이다.

---

18) 『조선일보』, 2012년 7월 9일자.

그러나 안타깝게도 한일 간의 관계는 변화된 21세기 국제여건에 걸맞게 진화되지 못하고 있다. 2012년 이명박 정부의 대일외교는 갈지(之)자 걸음을 보여줬다. 한일정보보호협정 체결을 한 시간 앞두고 중단하더니 한 달도 못되어 독도문제, 위안부문제, 일왕(日王) 사과문제 등으로 한일관계는 전면적인 갈등상태로 치달았다. 외교관계는 어디까지나 국가이익에 바탕을 두고 냉정하게 접근해야 하지만 한일 양국 간에는 감정이 앞서고 있는 것이다.[19] 일본은 한국에게 중국에 이은 제2의 교역 대상국이며, 다른 면에서도 교류와 협력의 범위가 넓은 국가이다. 특히 중요한 것은 미국과 일본 간의 동맹관계가 매우 공고하다는 점이다. 이에 따라 한미동맹이 한국 안보를 위해 중요하다면 일본도 역시 안보 차원에서 중시해야 할 것이다.

한국은 한미동맹을 통해서 안보 위협과 국가적 생존의 문제를 극복할 수 있었다. 뿐만 아니라 한국은 한미동맹과 더불어 경제성장, 민주주의 발전을 순차적으로 성취할 수 있었다. 그러나 한미동맹이 깨어지면 한국은 또다시 강대국들의 이해관계가 첨예하게 충돌하는 완충국가의 지위로 전락하여 구한말의 운명과 같은 위기에 처할 수 있다. 한반도의 지정학적 조건과 국제질서의 추세를 감안할 때 한미동맹 및 미국과의 협력 관계는 앞으로도 계속하여 공고하게 유지돼야 할 것이다.

---

19) 우리사회에 팽배한 민족주의 정서에 3 · 1절과 8 · 15광복절 행사를 통해 두 차례나 일본의 침략을 규탄하고 한일관계의 긍정적인 면은 부각되지 않으니, 한일관계 개선을 위한 국민여론이 형성되기 어려운 것이다.

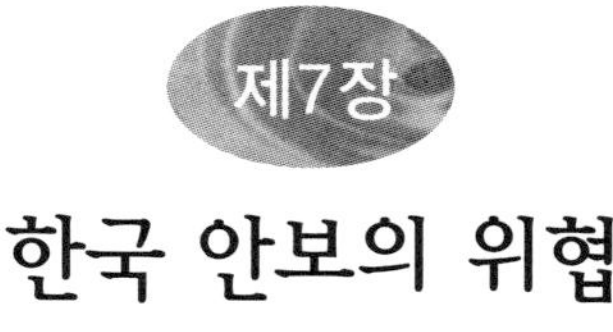

한국 안보의 위협

제1절 한반도를 둘러싼 안보환경

한반도는 주변 강대국들의 부침에 따라 이해가 교차되는 전략적 요충지에 자리 잡고 있다. 폴 케네디(Paul Kennedy)의 언급처럼 한반도는 '네 마리의 코끼리에 둘러싸인 작은 동물'에 비유되기도 한다. 네 마리의 코끼리 중에서 한 마리만 움직여도 다른 세 마리를 자극하여 그 희생양이 되기 쉬운 전략적 핸디캡을 갖고 있다.

큰 틀에서 보면 현재 동북아는 중국이 고도성장에 힘입어 군사력을 급속히 강화하고 있는 가운데 일본이 정상국가의 기치 아래 군사력을 증강시키는 등 민감한 움직임을 보이고 있고, 미국도 아시아 중시 전략으로 대응하고 있다. 즉, 미국은 2012년 1월 「신(新) 안보전략」을 발표했다. 재정적자를 줄이기 위해 국방비를 삭감하고 병력을 감축하되 동맹국들과의 협력 강화를 통해 글로벌 리더십을 유지하겠다는 것이다. 또한 미국은 안보전략의 우선순위를 아시아에 두면서 한·미·일 간

안보협력을 강화하겠다고 밝힌 바 있다.

중국이라는 '코끼리'의 움직임은 동북아 질서에 근본적인 변화를 초래하고 있다. 중국은 경제력 면에서 미국 다음인 G2 국가가 됐지만, 종합적인 국력평가에서는 미국과 아직도 격차가 매우 크며 경제력을 제외한 다른 국력평가 요소에서도 중국은 G2국가가 되지 못하고 있다. 또한 G2-G3(일), G2-G4(독), G2-G5(영)의 경쟁이 끝났다고 할 수 없다. 중국은 정치사회적으로 넘어야 할 산이 적지 않기 때문이다. 그럼에도 중국은 동아시아 지역패권을 꿈꾸며 해상, 공중, 우주 전력으로까지 국방 개념을 확대해 나가고 있다.

중국이 동중국해와 남중국해에서 일본 및 동남아 국가들과 영유권 분쟁을 벌이고 있는 것은 경제적 실리 못지않게 전략적 포석의 성격이 강하다. 중국은 이미 오래전부터 반(反)접근 및 지역거부(Anti-access/Area denial) 전략을 추구해왔다. 해군력을 증강하여 제1도련선(島連線 · Island Chain, 일본열도-필리핀-난사군도)에 연하는 내부해역에 대해 타국 군사력의 접근을 거부한다는 전략이다. 한반도는 이 선 내에 들어가기 때문에 이 전략은 해군력으로 한반도를 포위하겠다는 것이나 마찬가지다. 이 같은 맥락에서 중국은 천안함 폭침 이후 한반도 주변에서 실시된 한미 연합훈련을 강력히 반대했다. 당시 중국의 한 네티즌은 "미국만 없으면 한국을 손봐야 한다"고 위협하기도 했다.

중국은 난사군도(南沙群島)에서 영유권 및 석유자원 개발을 둘러싸고 베트남, 필리핀 등과 첨예한 갈등을 벌이고 있다. 이에 대해 미국은 중국의 해양 팽창 전략을 억지하겠다는 점을 분명히 하고 있다. 이를 위해 미국은 항공모함 2척을 각각 동중국해와 남중국해에 배치했다. 또한 필리핀에 2,200명의 해병을 태운 상륙작전 지휘함 본홈 리처드호를 파견했다. 이 같은 미국의 군사적 움직임은 최근 첫 항공모함을 취역시키는 등 중국 주변 바다에 대한 군사적 영향력을 확대해 온 중국의 군사력을 억제하려는 것이다. 동맹국인 일본은 물론 중국과 영토 분쟁을 겪는 필리핀에 대해서도 중국의 군사적 압박을 허용하지 않겠다는 의도이다. 난사군도를 포함한 남중국해는 세계 무역량의 4분의 1이 통과하는 전략적인 해상교통로이기 때문에 결코 중국에 넘겨줄 수 없다는 것이다.

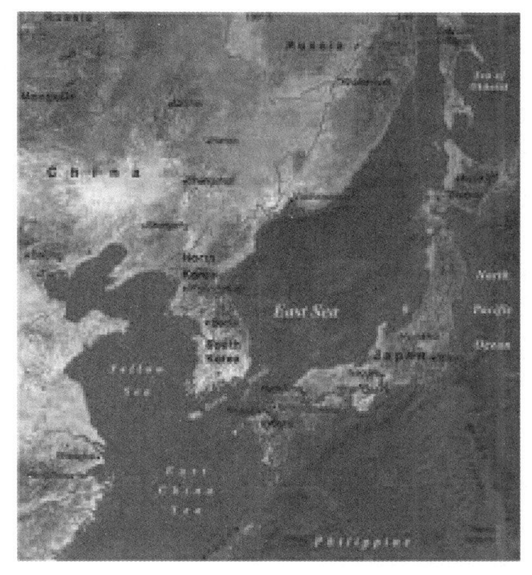

▶ 한반도의 지정학적 위치

한반도 주변에는 중국뿐 아니라 일본과 러시아라는 두 강대국도 있다. 일본은 현재 경제적으로 침체를 면치 못하고 있고 정치적으로도 불안정하지만, 일본 경제의 양과 질을 감안할 때 그들은 여전히 세계 제2의 경제대국이다. 일본의 재래식 군사력 수준은 세계 4~5위 수준이며, 그들의 종합국력은 상당기간 세계 4위권 수준을 유지할 것이다. 중국이 군사력을 강화하고 공세적인 대외정책을 추구함에 따라 군사력 강화를 위한 일본의 발걸음도 빨라지고 있다. 일본은 세계질서의 구조적 변화가 진행되는 현재와 같은 시기에는 분쟁을 악화시키는 요인이 많아 강대국 간의 전쟁 가능성을 배제할 수 없다고 보고 있다. 이에 따라 일본은 중국의 군사력 증강에 대응하여 미국의 미사일방어체제 구축에 적극 협력하는 등 미일동맹을 강화하고 있다. 나아가 일본은 자국 주변의 도서지역에 대한 방위력을 강화하기 위해 특수부대를 창설하고, 첨단 무기개발을 촉진시키기 위해 무기수출에 대한 규제를 완화하고 있다.

국내외적으로 위기의식이 높아지면서 일본 내에서는 우경화(右傾

化) 분위기가 고조되고 있다. 최근 일본 의회가 원자력기본법을 개정함으로써 핵무장 가능성을 열어둔 것도 이 같은 분위기를 반영한다. 일본은 한국, 중국, 러시아 등과의 영토분쟁이 가열되는 가운데 방위백서에 독도를 자국 영토로 명시하고 기타 영토 분쟁지역에도 적극 대응하고 있다. 최근에는 총리직속위원회가 '집단적 자위권' 행사를 허용해야 한다고 정부에 건의하여 논란을 빚기도 했다.

러시아는 푸틴(Vladimir Putin) 중심의 강력한 권위주의체제로 돌아갔다. 푸틴은 러시아를 슈퍼파워의 대열로 복귀시키려 하고 있다. 그는 이미 대통령과 총리까지 합하여 8년 간 러시아를 통치했다. 개헌 후 6년제 대통령으로 취임했으며 재선까지 감안하면 앞으로 12년간 러시아를 통치할 가능성이 높아졌다. 그는 현대판 차르(tsar)의 지위를 누리며 야심적인 국가발전을 꿈꾸고 있다. 특히 극동 · 시베리아 개발 등 '동방정책'을 통해 아시아 · 태평양지역에서 러시아의 위상을 되찾으려 하고 있으며, 한반도를 이 지역 진출의 교두보로 삼고자 하고 있다. 러시아는 세계 제2위의 핵 강국으로 전통적인 군사강국의 면모를 회복코자 하고 있을 뿐 아니라 동아시아에서 중국과 협력함으로써 미국의 독주를 견제하려 하고 있다. 러시아의 과학기술은 세계적 수준일 뿐 아니라 시베리아에는 엄청난 지하자원이 매장돼 있어 2030년경이면 경제대국으로 부상할 가능성이 있다. 러시아가 경제대국으로 부상하면 중국과의 경쟁과 갈등도 배제할 수 없을 것이다.

그러나 한국에게는 러시아보다 중국이 더 위협적인 존재로 인식되고 있다. 중국은 경제적 영향력뿐 아니라 그것을 활용하여 한국의 국가생존 문제가 걸린 안보전략에도 영향을 미치려 하고 있기 때문이다. 2008년 5월 이명박 대통령이 중국을 국빈 방문했을 때였다. 당시 중국 외교부 대변인은 "한미 군사동맹은 지나간 역사의 산물"이라며 "시대가 많이 변했고 동북아 각국의 정치에 많은 변화가 생겼기 때문에 냉전시대의 군사동맹으로 역내에 닥친 안보문제를 생각하고 다루고 처리할 수 없다"며 한미동맹을 공개적으로 비난하는 등 '내정간섭'을 서슴지 않았다.[1] 또한 천안함 폭침 사건으로 한중 갈등이 고조된 2010년 6월, 중국 관영 환추시바오(環球時報)는 "한국이 경제적으로 중국이라는 급행열차에 올라타고자 하면서도 군사적으로는 미국에 의존해 중국을 견제하려 한다"고 비판한 일도 있었다.

이처럼 동북아 질서는 불확실성이 커지고 있다. 쿠릴 열도, 센카쿠 열도 등 영토분쟁 및 역사문제에 대한 논란 등으로 관련 국가 간 정치·군사적 신뢰 관계에 균열이 생기고 있다. 따라서 한국은 한반도 주변의 정세변화에 따른 안보전략과 안보정책에 보다 많은 관심과 노력을 기울여야 할 것으로 판단되고 있다.

한국은 배타적 경제수역(EEZ) 문제와 관련하여 중국과 합의에 이르지 못하고 있다. 2012년 3월 중국 정부 고위 당국자는 이어도가 중국 관할 해역의 일부라고 주장하며 해양 감시선과 항공기를 동원하여 이어도를 정기순찰할 것이라고 밝혔다. 제주도 서남쪽 해상에 위치한 수중 암초인 이어도는 마라도에서 149㎞ 떨어져 있지만, 중국의 가장 가까운 섬과는 247㎞나 떨어져 있다. 해안선으로부터 200해리까지 인정되는 배타적 경제수역을 기준으로 하면 이어도는 당연히 한국의 관할 해역 안에 있다. 한국이 2003년 이곳에 해양과학기지를 건설할 당시 중국은 별다른 이의를 제기하지 않았으나 2006년부터 관할권을 주장하며 관공선을 보내기 시작했다.[2] 2011년 들어서도 중국은 이어도 해역에 관공선을 보내 작업 중이던 우리 선박에 경고를 했고 12월엔 3,000톤급의 대형 순찰함 하이젠(海監)50호를 동중국해에 투입하여 이어도 해역까지 순찰하겠다고 통보했다.

중국이 이어도 해역 관할권을 주장하는 것은 영토 그 자체보다는 배타적 경제수역의 방대한 해저자원과 수산자원을 노리고 있는 것이다.

---

1) "중 외교부 대변인 '돌출발언'수습 진땀," 『동아일보』, 2008년 5월 28일자.
2) 중국의 관공선은 2007년 3회, 2008년 2회, 2009년 9회, 2010년 6회, 2011년 11회 출현했다.

▶ 우리의 땅 독도

국제적으로 통용되는 중간선 원칙을 적용할 경우 이어도는 한국의 관할권에 속하지만, 중국은 국제법적 근거도 없는 인구, 영토 크기, 해안선 길이 등을 고려하여 배타적 경제수역을 획정해야 한다고 주장하고 있다. 중국이 이어도를 장악한다면 우리의 남방해역은 중국의 내해(內海)가 되어 우리의 바닷길이 차단당하는 꼴이 된다. 이어도 주변의 해저자원과 어족자원도 관심의 대상이 되겠지만 그보다 중국이 의도하는 바는 동중국해에 대한 지배권을 확립하려는 전략적 목적이 있는 것으로 판단된다. 중국이 일본과 동중국해에 있는 센카쿠열도(중국명 댜오위다오, 釣魚島)를 둘러싸고 격화된 갈등 양상을 보이고 있는 것도 같은 맥락에서 해석될 수 있다.

독도 문제를 둘러싸고 일본이 한국과 갈등을 벌이고 있는 것도 배타적 경제수역과 관련된 것이다. 일본은 독도를 자신들의 영토라고 하면서 일본 측 배타적 경제수역의 기점으로 삼아야 한다고 주장하고 있다. 독도와 울릉도 사이에 중간선을 그어 한일 간의 배타적 경제수역을 획정지어야 한다는 것이다.

동중국해와 남중국해를 둘러싼 미국과 중국, 중국과 일본 간의 갈등이 고조되는 가운데 서해가 강대국 해군 간의 각축장으로 바뀌고 있다. 중국은 서해를 내해(內海)화하여 독점적으로 활용하고 해양 관할권을 확대하려 하고 있다. 서해는 미 · 일의 감시전력으로부터 상대적으로 떨어져 있기 때문에 중국은 이 같은 빈틈을 노려 항공모함을 포함한 주요 전력을 배치하고 서해를 전략적으로 활용하려 하고 있는 것이다. 중국은 러시아와 함께 2012년 4월 서해에서 최첨단 함정을 동원한 대대적인 군사훈련을 실시하며 군사적 능력을 과시했다.

아시아 제1의 해 · 공군력을 보유하고 있는 일본은 중국의 해군력 강화와 군사 활동에 대처하기 위해 동중국해와 서해에서 군사 활동을 강화하고 있다. 일본은 북한에 대한 경계를 명분으로 한반도 주변에서 해군 활동을 강화하고 있으며, 특히 향후 북한이 탄도미사일을 발사할 경우 서해에 이지스함을 배치하여 감시 활동을 벌일 것이라고 밝힌 바 있다. 이 같은 일본의 움직임은 북한의 위협에 대한 대응보다는 동중국해 영유권 분쟁과 관련하여 중국의 군사 활동을 감시함으로써 유사시 중국 해군의 길목을 차단하려는 것이다. 중국의 북해함대는 동중국해 분쟁에 직접 개입할 수 있는 전력을 갖추고 있으므로 일본 입장에서는 세심한 감시와 대책이 필요하기 때문이다.

이런 점에서 제주 해군기지는 한국의 국가안보와 경제적 이익을 수호하는 전략적 요충이다. 제주 해군기지가 완공된다면 그 지리적 위치는 북한과 주변국 위협에 동시에 대응할 수 있는 지정학적 길목(choke point)이기 때문에 도서영유권을 둘러싼 분쟁에도 신속히 대응할 수 있다는 장점을 지니고 있다. 가령 중국이 영유권을 주장하는 이어도에서 해양 분쟁이 발생했을 때 현장까지 도착하는 데 부산에서는 21시간 30분, 중국 칭다오에서는 11시간 15분, 일본 도리시마에서는 12시간 40분 걸리지만, 제주기지에서는 7시간이면 가능하다. 또한 이어도를 포함한 동중국해 일대에는 최대 1,000만 배럴의 원유와 72억 톤의 천연가스가 매장돼 있는 것으로 추정된다. 한국이 해상으로 수입하는 물동량의 90%도 이어도 남쪽 해상을 통과한다. 이처럼 해상전략의 요충지이자 자원의 보고인 이어도를 보호하는 것은 해군의 필수적 임무이기 때문에 제주 해군기지의 중요성은 그만큼 큰 것이다.

한국인들은 불확실성을 더해 가고 있는 동북아 안보환경에 대해 상당히 우려하고 있는 것으로 나타났다. 시카고 국제문제협회(Chicago Council on Foreign Relations)가 2006년 실시한 국제여론조사에 의하면, 한국 응답자의 88%는 중국의 군사력 증강은 동아시아 갈등의 근원이 될 가능성이 있다고 인식하고 있으며, 68%는 중국이 군사강국이 되는 데 대해 부정적인 인식을 나타냈다. 또한 응답자의 81%는 일본을 책임 있게 행동할 국가라고 보고 있지 않으며, 일본은 동북아 주요 문제 해결에 있어 기여하지 못할 것으로 인식하고 있다. 향후 10년 간 한국의 국가이익에 중대한 위협이 될 것이 무엇이냐는 질문에 대해 응답자의 65%가 북한을 주된 안보위협으로 인식했고, 그 외에도 에너지 수송 차단(64%), 북한의 핵무장(50%), 중국의 군사대국화(49%), 일본의 군사력 강화(43%) 등을 우려하고 있다.[3)]

요컨대 한 · 중 · 일 삼국을 비롯한 동북아 환경은 하루가 다르게 급변하고 있다. 이 같은 상황에서 한국에게 중요한 것은 한반도 차원의 방위를 확실히 하는 것뿐 아니라 지역 차원에서 벌어지는 경쟁과 갈등을 현명하게 관리하고 극복할 수 있는 전략과 정책을 수립하고 실천하는 것이다.

---

3) The Chicago Council on Global Affairs, *The United States and the Rise of China and India: Results of a 2006 Multination Survey of Public Opinion*(Chicago, 2006).

제2절 북한의 군사적 위협

북한의 대남 군사전략은 적화통일을 실현하기 위한 군사력 운용의 기본지침이다. 북한의 대남 군사전략은 기습전략, 속전속결전략, 정규전과 비정규전의 배합전략으로 구성된다. 초기 기습공격과 정규 · 비정규전의 배합으로 전쟁의 주도권을 장악하고, 강력한 화력과 기계화 · 자주화 기동부대로 전과를 확대하여 미국의 증원군이 도착하기 이전에 전쟁 종결을 모색하는 속전속결전략을 기본으로 하고 있다.[4)]

기습전략은 정규군에 의한 대규모 기습공격을 의미한다. 이 전략은 특수부대의 기습공격에 이르기까지 다양하게 전개되는 전략개념이다. 이 전략의 실천을 위해 북한은 군사력의 70% 이상을 휴전선으로부터 100㎞ 이내에 배치하고 있다. 또한 북한은 후방 주둔 기계화군단을 기계화사단으로 나눠 전방의 4개 군단 지역에 배치시켰다. 북한 기계화사단은 휴전선 10㎞ 이내에 170㎜ 자주포 540여 문과 방사포 460여 문을 배치해 수도권을 위협하고 있다. 20만 명 규모의 특수전 부대는 유사 시 한국의 전 지역에 동시다발적으로 침투하여 후방지역 교란과 사회혼란을 조성하려는 계획도 가지고 있다.[5)]

속전속결전략은 기동부대를 신속히 투입하여 서울을 조기에 점령하거나 우회하여 포위 · 고립시키고, 한국 동원군이 투입되고 미국 증원군이 도착하기 이전에 전쟁 종결을 모색하는 전략이다. 이를 위해 북한은 무기체계의 기계화, 자주화, 경량화를 지속적으로 추진해왔다. 구체적으로 북한은 초전에 장사정포나 단거리 미사일 공격으로 수도권을 초토화하고 핵무기와 탄도미사일 등으로 한국의 후방이나 미국의 대

4) 국방부, 『2011 국방백서』(2011) .
5) 국방부, 『2010 국방백서』(2010), p.24; 한국전략문제연구소, 『동북아 전략균형 2011』(2011), p.212.

▶ 북한의 대남 군사위협

대적인 개입을 막으려 하고 있다. 이 전략에 따라 북한은 미사일 사거리와 정확도를 높여 미국 항공모함의 한반도 접근을 차단하고, 한반도 유사시 가장 먼저 투입될 주일미군 기지를 공격함으로써 미국 증원군의 한국 투입을 차단하면서 조기에 서울을 점령하려는 것이다.

정규전과 비정규전의 배합전략은 전선에서의 전투와 병행하여 후방지역에서 비정규전을 벌여 제2전선을 형성하는 것을 말한다. 이를 통해 우리 군의 동원을 방해하고 지원 및 증원을 차단하는 등 '전후방 동시전장화'로 우리 군의 전투의지를 상실하게 만들려는 것이다. 배합전략을 위한 군사력은 특수전부대이다. 여단급으로 여기에는 경보병여단, 항공육전여단, 저격 및 해상육전여단이 있으며, 대대급으로는 경보병 및 정찰대대 등 다수가 편성돼 있다. 해상침투수단으로는 공기부양정, 잠수정, 고속상륙전 등이 동서해안에 배치돼 있고, 공중수단으로 헬기, 수송기, AN-2기 등 저공 침투장비를 다량 보유하고 있다. 그 밖에도 북한은 남침용 땅굴, 70척의 잠수함, 20만의 특수부대 등 한국을 단숨에 공포와 혼란에 빠뜨릴 수 있는 비대칭 전력을 보유하고 있다. 특

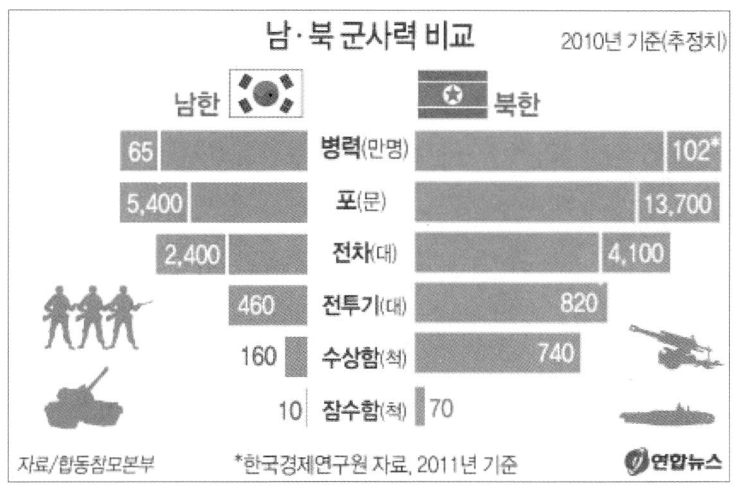

▶ 남북한 군사력 비교

히 특수전 부대는 유사시 땅굴과 AN-2기, 공기부양정, 고속상륙정 등을 이용해 후방지역으로 침투해 동시 다발적으로 우리의 군 기지, 방공망, 통신망, 전력망 등을 공격해 나라 전체를 혼란에 빠뜨릴 가능성이 있다.

북한은 경제력의 열세에 기인하는 한국과의 재래식 군비경쟁에서의 열세를 만회하기 위해 핵무기 및 미사일을 포함한 대량살상무기를 보유하는 '비대칭 전력'을 강화해왔다. '비대칭 전력'의 위협은 무엇보다 심각하다. '비대칭전력'은 우리에게는 없고 북한만 가지고 있거나 우리가 가지고 있더라도 북한의 전력수준이 월등한 전력이다. 더구나 우리군은 북한의 비대칭 전력을 무력화시킬 수 있는 능력을 보유하고 있지 못하기 때문에 그들의 비대칭 전력은 매우 위협적이다. 북한의 비대칭전력에는 다음과 같은 것들이 포함된다.

첫째, 핵무기다. 북한은 핵무기 개발에 강한 집착을 보여 왔다. 북한은 이미 두 차례 핵실험을 했다. 그것이 성공했다면 2~9개의 핵무기를 보유하고 있을 것으로 추정된다. 북한은 핵무기를 양산할 수 있는 우라

늄 방식의 핵개발도 추진해왔다.

둘째, 탄도미사일이다. 북한은 일본까지 위협할 수 있는 탄도미사일을 보유하고 있고 미국을 겨냥한 대륙간탄도미사일(ICBM)도 개발하고 있다. 북한은 한국 전역을 공격할 수 있는 SCUD-B와 SCUD-C 미사일을 500~600기 정도 보유하고 있다.

셋째, 북한의 생화학무기도 큰 위협이다. 북한은 화학무기 생산능력에서 세계 3위이다.

넷째, 북한의 전자전과 사이버전도 중대한 위협이 되고 있다. 북한은 인민군 총참모부 산하에 전자전(電子戰)국과 사이버전국을 두어 전자전과 사이버 테러를 시도하고 있다. 북한은 50~100㎞ 범위에서 위성위치정보시스템(GPS)의 전파교란을 할 수 있는 러시아제 차량 탑재용 전파방해(jamming) 장비를 도입해 군사분계선 인근 2~3개 지역에 배치한 것으로 알려지고 있다.

북한의 병력동원 수준은 세계 최고이다. 북한은 인구 2,400만 명 수준에서 119만여 명의 정규군과 770만여 명의 예비군을 확보하고 있다. 한국에서는 병력이 계속 감소 추세 였지만 북한에서는 1970년대 50만 수준에서 1990년대 100만, 2000년대 119만으로 지속적으로 증가해왔다. 북한이 남침 전쟁의 가능성을 염두에 두지 않는 한 그처럼 대규모 병력을 유지할 필요가 없는 것이다. 북한 병사들의 복무기간도 1995년부터 10년간 복무하도록 하고 있어, 우리의 20개월과 크게 대조적이다. 북한은 현재 14세부터 60세까지 인구의 약 30%(770만)를 전시 동원 대상으로 하여 연간 15~30일간 강도 높은 군사훈련을 실시하고 있다. 이들 예비병력은 북한체제의 특성상 전원 언제라도 동원이 가능한 것으로 평가되고 있다.

우리 사회 일부에서는 경제난에 처한 북한은 더 이상 우리에게 위협이 되지 않는다고 생각하는 사람들이 적지 않다. 북한의 재래식 무기체계는 낡았으며, 기름이 없어서 전쟁을 할 수 없다고 말하곤 한다. 그러나 북한은 대남 적화통일을 위해 모든 것을 희생해왔다. 북한은 남으로 총구를 향하고 있는 실체적인 위협이다. 1,500백만 인구가 밀집되어 있는 수도권이 그들의 볼모가 되고 있다. 휴전선에 근접해 있어 그들의 침략에 효과적으로 대응하기 어렵다. 또한 그들의 군사적 도발이나 전쟁 위협은 우리 경제에 치명적인 위협이 된다.

북한의 기습적 전면공격은 그들의 말하는'결정적 기회'가 왔을 때 이루어진다. 그것은 주한미군 철수 등 한미공조가 약화되고 국내 종북세력을 중심으로 한 무장폭동과 민중봉기로 국내 상황을 극도의 혼란으로 만든 다음 이들 종북세력들이 북한에 공개적으로 지원을 요구하게 하고 그것을 빌미로 무력으로 개입하려는 것이다. 따라서 그들에게 '결정적 기회'의 빌미를 주지 않으려면 건강한 한미동맹의 유지가 필수적으로 요구되는 것이다.

제3절 북한의 비군사적 위협

1. 대남전략의 목표: '남조선혁명'

북한 대남전략의 최고 목표는 '남조선혁명'을 통한 통일(적화통일)이다. '남조선혁명'은 '민족해방(주한미군 철수)'과 '인민민주주의 혁명(친공정권 수립)'이라는 두 가지 과업으로 나뉘어져 있다. 민족해방이란 남한이 미군의 점령하에 있다고 보고 반미 자주화투쟁을 통해 주한미군을 비롯한 미 제국주의 세력을 축출하여 남한 주민들을 해방시키겠다는 것이다. 북한은 통일문제 발생의 근원을 "미군의 남조선 주둔과 그로 인한 국토분단"에서 비롯됐다고 주장해왔다. 따라서 남한에서 외세를 축출하는 것을 '남조선해방'으로 규정하고 이를 달성하기 위해 민족대단결을 이룩해야 한다는 것이다.

'인민민주주의 혁명'이란 남한에서 '독재파쇼정권(자유민주정권 또는 보수정권)'을 타도하고 노동자와 농민 등 무산(無産)계급이 주도하는 민족자주정권, 다시 말하면 친북적 정권을 수립하는 것을 말한다. 그 동안 북한이 한국의 각종 선거에 직간접으로 영향을 미치려 한 것은 바로 이 때문이다. 북한은 남조선혁명에 의해 남한에 들어서는 친공정권과 북한 공산정권이 합작(연합)하여 통일하는 것을 최종 목표로 하고 있다. 통일된 나라는 주체사상을 신봉하는 공산주의 국가여야 한다는 것이 대남전략의 핵심이다.

북한은 노동당이 지배하는 독재체제다. 노동당은 정상적인 국가의 정당과 근본적으로 다른 '남조선혁명'을 주도하는 혁명조직이다. 북한은 1945년 10월 노동당 창당 시 '남조선혁명'을 통한 적화통일 목표를 강령으로 채택한 후 이를 현재까지 고수하고 있다. 2012년 4월 11일 개최된 제4차 당대표자대회 시 개정된 당 규약은 "공화국 북반부에서 사회주의 완전 승리를 달성하고 전국적 범위에서 민족해방, 인민민주주의 혁명과업을 완수하여 온 사회의 주체사상화와 공산주의사회를 건설한다"는 기존 문구를 "공화국 북반부에서 사회주의의 강성대국을 건설하며, 전국적 범위에서 민족해방 민주주의 혁명과업을 수행하는 데 있으며, 최종 목적은 온 사회를 김일성 · 김정일주의화하여 인민대중의 자주성을 완전히 실현하는 데 있다"로 수정하여 '공산주의사회 건설' 문구를 '자주성 완전 실현'으로 바꾸어 표기했다. 하지만 그 본질에 있어 이 대목은 적화통일을 달성한다는 것과 같은 의미다.

2. '남조선 혁명역량 강화'

한국에서 격렬한 반정부운동이 일어나자 김일성은 한국 내 민주화운동과 통일 열망을 잘 결합하면 대중혁명 방식에 의한 적화통일이 가능하다고 판단했다. 특히 그는 4 · 19 이후 통일의 호기를 놓쳤다고 두고두고 후회하면서 4 · 19가 '붉은 혁명'으로 승화되지 못한 것은 남한 내에 혁명을 주도할 인물과 지하당이 없었기 때문이라며 하루 빨리 남한 내에 혁명정당을 구축하라고 지시했다. 이 같은 맥락에서 1961년 9월 조선노동당 4차 대회에 보고된 사업총화에서는 "남조선에도 혁명적 당이 필요하다"는 내용이 포함됐다.

김일성은 1964년 적화통일을 실현하기 위해서는 '3대 혁명역량'을 강화해야 한다고 선언했다. 3대 혁명역량이란 ①북한의 혁명역량, ②남한의 혁명역량, ③국제적 혁명역량을 말한다.[6] 그는 남조선혁명의 기본 임무를 "남조선에서 미제국주의 침략세력을 내쫓고 그 식민지 통치를 없애며 군사파쇼독재를 뒤집어엎고 선진적인 사회제도[공산제도]를 세움으로써 남조선사회의 민주주의적 발전[공산화]을 이룩하는 것"으로 규정했다.[7] 이에 따라 북한은 '남조선인'들의 혁명투쟁을 지원하여 '남조선혁명'을 완수케 함으로써 궁극적으로 통일을 실현하고자 했다.[8] 3대 혁명역량 중에서 대남전략과 직결된 것은 남한의 혁명역량 강화이다.

남한에서의 혁명역량 강화는 ①남한 내 민주주의 운동 지원, ②남한 인민의 정치사상적 각성, ③혁명당과 혁명의 주력군 강화 및 통일전선 형성, ④반혁명역량 약화 등으로 집약된다.[9] 남한 내 민주주의운동 지원이란 남한 내 용공세력, 친북세력, 반정부세력 등의 투쟁을 선동 · 고무하고 지원하는 것을 뜻한다. 이를 위해 북한은 간첩을 남파하여 투쟁 자금을 지원하는 등 좌파운동권과의 연계를 강화했을 뿐 아니라 유언비어 유포, 선전선동 등으로 사회혼란을 조성하고자 노력해왔다. 남한

---

6) 김일성, "조국 통일위업을 실현하기 위하여 혁명역량을 백방으로 강화하자," 『김일성저작집』 제18권 (1964. 1-1964. 12), (평양, 1982), p.249.

7) 김일성, "조선로동당 제5차대회에서 한 중앙위원회 사업총화 보고," 『김일성저작선집』 제5권(1968.2-1970.11), (평양, 1972), p.479.

8) 허종호, 『주체사상에 기초한 남조선혁명이론과 조국통일 리론』(평양, 사회과학출판사, 1975), pp.25-26.

9) 같은 책, pp.272-284.

인민의 정치사상적 각성이란 남한 주민들에게 반(反)대한민국, 반정부 의식, 반미의식을 조장하고 김일성 우상화와 북한체제의 미화(美化), 주체사상 확산 등을 통해 그들의 대남 공산혁명 노선에 동조하도록 하는 '의식화 공작'을 말한다.

혁명당과 혁명의 주력군 강화 및 통일전선(united front) 형성이란 남한 내 친북조직을 지원하는 공작활동을 말한다. 이를 위해 남조선혁명을 이끌어나갈 지하당을 구축하고 혁명의 주력군인 노동자, 농민, 청년 학생 및 진보적 인텔리의 투쟁을 지원한다는 것이다. 통일전선전술은 공산당이 주적(主敵)을 타도하는 데 있어 그들의 힘만으로는 불가능하다고 판단할 경우 동조세력을 끌어들여 그들과의 잠정적 제휴를 통해 투쟁하는 전술이다. 그러나 공산세력은 주적 타도라는 목표가 달성된 후에는 제휴했던 비공산세력들을 하나씩 고립시켜 제거함으로써 궁극적으로 공산당 독재를 완성한다.

반혁명역량의 약화란 남한의 무장력인 국군을 무력화시켜 결정적 시기에 공산혁명군으로 활용하자는 것이다. 이를 위해 북한은 우리군 내에 간첩을 침투시켜 장교 등을 포섭하여 동조세력을 구축하고 남한의 정치, 경제, 사회 등 각 분야를 약화시켜 분열과 혼란을 조성코자 했다. 북한은 특히 그들의 대남공작에 대응 활동을 하는 한국의 대공 수사기관을 무력화시키고 공산주의 활동을 규제하는 국가보안법 철폐 운동을 벌이는 등 그들의 대남전략에 대응하기 위한 우리의 법적·제도적 장치를 분쇄하려고 갖은 공작을 일삼아왔다.[10)]

북한은 통일전선조직체로 1949년 6월 '조국통일민주주의전선'을 결성했다. 이후 반미구국통일전선, 반파쇼민주연합전선의 결성을 주도했으며, 1980년대에는 한국민족민주전선을 위장 출범시켰다. 1990년대에는 해외 동포까지 포함하는 통일전선을 형성한다면서 조국통일범민족연합(범민련), 조국통일범민족 청년학생연합(범청학련) 등을 결성

---

10) 유동열, 『북한의 대남전략』(통일교육원, 2009).

하여 한국뿐 아니라 해외에서도 활동하게 했다. 한국 내 통일전선전술 실천을 위해 북한은 ①남한 내 각계각층을 '각성'시켜 주요 타격대상(남한정부와 보수세력)을 고립시키고, ②각계각층 세력과 잠정적 제휴로 '진보적 정권(용공정권)'을 수립한 후, ③남한의 '진보적 정권'과 북한정권과의 합작형식을 통해 통일(적화통일)을 이룩하며, ④최종적으로 '사회주의혁명'에 방해가 되는 각계각층의 민주세력을 제거하는 순으로 그 실천내용을 규정하고 있다.[11]

이처럼 북한은 남한 혁명전선을 '민족 대 반민족 세력' 구도로 설정하여 국내 친북·좌익세력만을 '전략적 민족주의 세력'으로 인정하고 있다. 이에 반해 현 정권에 반대하는 각계각층은 '전술적 민족주의 세력'으로 분류하여 대남사업에 활용한 후 적화통일 목적이 달성되면 제거하겠다는 것이다.

북한의 대남 통일전선전략은 대남 선전선동 등 정치심리적 차원과 남파간첩(직파간첩 및 고정간첩)에 의한 한국 내 지하 조직망 구축 등 공작차원으로 이뤄진다. 통일전선전략을 수행하는 조직은 김정일(김정은)의 직접 관장하에 있는 노동당 통일전선부, 내각 소속인 225국(구 노동당 대외연락부), 인민군 정찰총국 산하 대외정보국(구 노동당 35호실)과 작전국(구 노동당 작전부) 등으로 구성돼 있다. 이 가운데 대남 통일전선 주무기구는 통일전선부이며 그 산하에 외곽단체로 조평통(조국통일위원회), 조국전선(조국통일민주주의전선), 반제민전(반제민족민주전선), 아태평화위(조선아세아태평양위원회) 등을 두고 있다. 2000년대에 들어 북한은 남북한 각계 인사들로 구성된 민화협(민족화해협의회)을 결성했다.

통일전선부는 1978년에 만들어졌다. 설립의 주된 목적은 남한의 민주화운동을 공산혁명운동으로 발전시키기 위해 남한 내 '민주화 역량'

---

11) 강수산, "북한의 대남 적화통일전략의 실상," 이대우 편, 『탈북자와 함께 본 북한사회』(세종연구소, 2012), p.34.

〈표 7-1〉 북한의 대남 5대 포위 공세

5대 집중 포위 공세의 내용

주공세	정치평화적 공세	남북 정당연석회의/대화 요구, 3자회담, 청년학생 등 분야별 회담 개최 요구, 고려 연방제 선전
	사상적 공세	자본주의 모순 확대, 학원소요 선동, 노사분규 확산, 반정부 투쟁 종용
	조직적 공세	지하당 조직세력 강화, 반정부 투쟁 사회혼란 조성
보조공세	외부적 공세	국제적 지지세력 확보, 해외 친북조직 활용 반한반미선전에 주력
	군사적 공세	군사력 증강 계속, 결정적 시기 조성 시 무력도발

5대 집중 포위 공세 추진 방향

평화 공세 → 안보의식 해이, 민·군 이간
반미자주화 선동 → 미군 철수, 통일우선론 주입

⇩

민주화 선동 → 학생 등 분야별 소요, 반정부 투쟁
빈부격차 자극 → 노사분규, 민중폭동 유발

⇩

민주화 약체정부 수립 → 진보 대립 구도 형성
종북세력 강화 → 우익 축출, 용공정권 수립

⇩

친북성향 정권 등장 → 남북 고려연방제 통일 또는
남한혁명세력 지원 명분하 군사적 공세로 통일 달성

출처: 이대우 편, 『탈북자와 함께 본 북한사회』(오름, 2012), p.37

(공산혁명 역량)을 지휘, 조종할 수 있는 부서의 존재 필요성 때문이었다.[12)]

남한 내 혁명역량 강화를 위한 공격적인 통일전선 실천 방안으로는 1980년대부터 추진 중인 '대남 5대 포위 공세'를 꼽을 수 있다(표 7-1 참조). '5대 포위공세 전략'은 1975년 김정일이 대남사업을 관장하면서 사업 전반에 대한 재검토를 지시한 후 이듬해부터 1978년까지 대남공작 전문요원 15명으로 구성된 연구집단에 의해 정립된 것으로, 향후 대남공작의 기본방향을 규정한 것이다. 주된 내용은 주 공세(정치 평화적 공세, 사상적 공세, 조직적 공세)와 보조공세(외부적 공세, 군사적 공세)로 구분된다. '5대 포위 공세 전략'은 평상시 주 공세를 위주로 대남전략을 추진하다가 남한 내 혁명역량이 축적되고 결정적 시기가 도래하면 이를 바탕으로 보조 공세인 외부적 공세와 군사적 공세를 결합하여 적화통일을 이룩한다는 전략이다.

3. 연방제통일 전략

4·19 혁명 직후 급진적인 학생들이 미군철수와 남북협상에 의한 통일을 주장하는 등 대남 통일전선에 유리한 여건이 조성되자 북한은 연방제 통일을 주장하기 시작했다. 그러나 그들의 본격적인 연방제 통일 제의는 1980년 10월 10일 노동당 대회에서 김일성이 제시한 고려연방제 통일방안이다. 그 주요 내용은 "북과 남이 서로 상대방에 존재하는 사상과 제도를 그대로 인정하고 용납하는 기초 위에서 북과 남이 동등

12) 통일전선부의 뿌리는 소련이 1946년 국가안전성 국제정보국 예하에 「소련군 정찰대 극동지부 북조선 파견대」를 설치하고 남한의 공산세력 확장과 공산화를 목적으로 하는 「서울공작위원회」를 뒀다. 김일성은 1948년 10월 10일 「서울공작위원회」를 「대남사업부」로 승격시켜 노동당에 소속시켰다. 보안을 유지하기 위해 중앙당 건물과 분리된 별도의 건물을 사용케 했는데 이것이 「3호청사」였다.

하게 참가하는 민족 통일정부를 수립해야 한다"는 것이다. 이것은 남북한 동수의 대표로 구성되는 '1민족 1국가 2체제 2지역정부' 통일방안이었다.

그런데 김일성은 '연방제 통일'을 위한 선결조건을 주장하고 나섰다. 한국과 관련된 선결조건으로는 남한의 반공법 및 국가보안법 등의 폐지, 모든 정당 · 사회단체(즉 친북적 정당과 단체)의 합법화, 민주애국인사(반체제 및 친북인사)의 석방, '군사파쇼정권'의 민주주의 정권(친북적 정권)으로의 교체 등이다. 미국에 관련된 선결조건으로는 정전협정을 평화협정으로 바꾸기 위한 미국과의 협상, 주한미군 철수 등이 포함됐다. 이렇게 볼 때 연방제 통일방안은 대남전략과 대미전략을 포함하는 '남조선 혁명전략'의 일환이라 할 수 있다.[13)]

연방제 통일의 선결조건은 '남북한의 현재 이념 체제와 제도를 그대로 둔다'는 그들의 연방제 통일 방안 내용과 모순되는 것이다. 또한 그들의 통일방안에는 통일 헌법의 제정 절차와 총선거에 대한 내용도 없다. 이 같은 통일 방안은 분단국가인 중국이나 월맹의 공산주의자들이 적화 수단으로 상투적으로 사용해왔던 '통일전선전술'과 같은 것이다.

그러나 독일의 흡수통일 및 동유럽 사회주의 국가들의 붕괴로 인해 북한이 외교적 고립과 경제적 파탄 등 체제붕괴 위기에 직면하면서 그들은 연방제 통일에 전술적 변화를 시도했다. 김일성은 1991년 신년사를 통해 '1민족 1국가 2제도 2정부에 기초한 연방제'를 거론하면서 연방제 내에서 남북한 두 지역정부가 외교권, 군사권, 내치(內治)권을 갖는 '지역 자치정부 권한강화론'과 제도통일(완전한 통일)은 후대로 미룬다는 '제도통일 후대론'을 들고 나왔다. 이것은 사실상 통일을 반대하는 것이었다. 김일성이 이 같은 통일안을 제안한 것은 그러한 연방제

---

13) 김일성, "조선로동당 제6차 대회에서 한 중앙위원회사업총화보고(1980년 10월 10일)," 『조국의 자주적 평화통일을 위하여』(평양: 조선로동당출판사, 1981), p.515.

가 성사된다고 하더라도 북한의 생존을 보장하면서 한국의 경제적 지원을 받아 체제를 유지해 보려는 계책에 불과했다.

북한이 주장하는 '사상과 이념과 제도의 차이를 초월하는 연방제 방식의 통일'은 외면상 그럴듯하게 보이지만 실제로는 실현불가능하다.[14] 그 까닭은 민주자본주의와 폐쇄적 공산독재체제라는 상호 대립되는 두 체제가 하나의 연방 내에서 공존하는 것 자체가 사실상 불가능하기 때문이다. 연방제란 미국이나 구소련과 같이 같은 체제 내에서 지방정부에 자율권을 주는 것이지, 체제를 달리하는 지방정부들로 연방을 구성하는 것은 아니다. 이것은 이론적으로도 불가능하고 역사적으로도 선례가 없다. 더구나 김일성의 제안은 외교, 국방, 정치는 남북한 두 개의 지방정부에서 담당하면서 경제사회 부문에서만 협력하자는 것으로 미국이나 소련의 연방제와는 반대되는 개념이다. 이에 덧붙여 연방제하에서 지역정부의 군사권을 인정할 때, 그것은 지역정부 간 분쟁을 초래하여 내전으로 비화할 가능성이 크다는 점을 우리는 과거 분단 예멘의 경우에서 잘 알 수 있었다.

4. 햇볕정책 역이용전략

1994년 7월 김일성 사망 후 권력을 승계한 김정일은 동유럽 사회주의 체제가 붕괴된 이유가 사회주의 체제의 모순과 비효율 때문이라는 견해를 강력 비판했다. 김정일은 동유럽 사회주의 국가들이 사회주의 수호에 실패한 것은 무엇보다 군대를 '국방의 수단'으로만 여겼지 '사회주의 정치의 주체'로 보지 못한 데 있다고 주장했다.[15] 그는 체제위기를 극복하기 위해 개혁과 개방을 통한 사회주의 궤도 수정을 시도한

14) 유동열, 『북한의 대남전략』, pp.46-48.
15) 김철우, 『김정일장군의 선군정치』(평양출판사, 2000).

것이 아니라 개혁 · 개방을 거부하면서 끝까지 사회주의를 지키고 나아가 사회주의 건설을 완성(한반도 적화통일)하기 위해 군사제일주의를 추구한 것이다. 그는 동구 사회주의 국가들이 붕괴된 것은 사회주의체제를 버리고 개혁 · 개방을 통해 민주주의와 시장경제를 채택했기 때문이라고 주장했다.

이렇게 볼 때 김정일에게는 개혁 · 개방을 통한 북한 체제변화 의도가 전혀 없었다. 오히려 그는 체제 유지를 통한 정권 연명에만 관심을 두었던 것이다. 이 같은 '수구적' 관점을 지니고 있던 북한을 변화시키겠다는 것은 어쩌면 너무도 순진한 발상이었는지 모른다.

김대중 대통령이 시작한 햇볕정책은 반세기 동안 계속돼 온 남북 적대관계를 화해와 협력의 관계로 전환시킴으로써 북한의 적대적인 대남정책에도 근본적인 변화가 있을 것으로 전망했지만 결과는 그 기대와 거리가 멀었다. 김정일 정권은 북한의 개혁 · 개방을 전제로 하는 김대중 정부의 햇볕정책을 수용할 생각이 전혀 없었다.

김정일은 1998년 5월 7일 조선노동당 중앙위원회 책임일꾼들에게 행한 담화에서 "제국주의자들이 우리에게 '개혁', '개방'을 해야 한다고 떠드는 것은 우리나라에서 사회주의를 허물고 자본주의 제도를 되살리려는 기본 의도가 있다"면서 "적들은 개혁 · 개방으로 우리의 사회주의를 내부로부터 와해시켜 저들의 구미에 맞는 자본주의로 전환시키려는 음흉한 목적으로 추구하고 있다"고 말했다.[16)]

김대중 정부의 집권 첫해였던 1998년 9월에 북한은 헌법을 개정했다. 당시 김정일은 '강성대국(强盛大國)'의 구호 아래 군사제일주의 노선인 '선군정치(先軍政治)'를 펴나가겠다고 선언했다. 그것은 위기관리를 위한 군사체제였다. 북한의 새 헌법은 국방위원회를 최고 통치기구로 규정했고 김정일은 그 위원장이 됐다. 따라서 김정일은 햇볕정책

---

16) 김정일, "전 당과 온 사회를 주체사상화 하자," 노동당 중앙위원회 책임일군들과 한 담화(1998. 5. 7).

에 대해 매우 부정적이었다. 그는 1999년 신년사를 통해 "개혁 · 개방은 망국의 길이다. 우리는 개혁 · 개방을 절대로 허용할 수 없다. 우리의 강성대국은 자력갱생의 강성대국이다"라고 선언했다.[17] 그 해 10월 유엔 주재 북한 차석대사도 유엔 연설을 통해 "남한의 햇볕정책은 화해와 협력을 가장하고 북한의 체제를 바꾸려는 반(反)통일 · 반(反)조선정책"이라고 맹렬히 비난했다.[18]

그럼에도 심각한 경제위기의 와중에 있던 북한은 김대중 정부의 호의적인 대북정책을 계속 외면할 수 없었다. 김정일은 햇볕정책으로 인한 위험을 차단하고 이에 따른 이익을 노리기 위해 "햇볕정책 역이용 전략을 수립하라"는 특별지시를 내렸다. 이에 따라 북한은 표면적으로는 민족공조와 평화통일을 강조하며 남북 간 교류와 협력에 호응하는 기만술책을 쓰면서 뒤로는 적들과는 '끼리' 할 수 없다는 원칙을 고수하며 기존의 대남전략을 계속 구사해왔다.[19]

당시 김정일은 대남전략과 관련하여 다음과 같은 지령을 내렸다. "지금 남조선 정세는 우리에게 매우 유리하게 조성돼 가고 있다. 이것을 안정적으로 지속 발전시키자면 노출 위험성이 큰 직접 침투를 줄이고 눈에 안 보이는 침투, 즉 통전부가 그 동안 관리해 오던 대상들을 현지에서 첩자로 흡수하여 적극 활용하는 방법으로 대남공작을 가속화해야 한다. 그에 못지않게 중요한 것은 시민단체 포섭이다. 그들을 이용하여 남조선 내 국민정서를 더욱 친북화시킴으로써 우리의 전략이 쉽게 먹혀 들어갈 수 있는 틈을 많이 마련해야 한다"[20]는 것이 그 핵심 내용이었다.

---

17) 『노동신문』, 1999년 1월 1일자.

18) 『조선일보』, 1999년 10월 2일자.

19) "북한 통일전선부 출신 탈북자가 증언한 '대남공작부서의 모든 것'," 『신동아』, 574호(2007. 7. 1.); 장철현, 「북한의 통일전선사업부 해부」, 『북한조사연구』, 국가안보전략연구소,(2007. 6).

20) "제3국 체류 북한 통일전선부 요원의 충격적 폭로고백," 『월간조선』 2005년 1월호.

햇볕정책 역이용 전략의 목적은 세 가지로 볼 수 있다. 첫째, 남북관계를 경제적 이익에만 국한시키고, 둘째, '우리민족끼리' 구호를 통해 남한 내 북한 지지세력을 확산시키며, 셋째, 남북화해를 명분으로 한미갈등을 조장하여 주한미군을 철수시킴으로써 적화통일에 유리한 환경을 조성한다는 것이다. 북한은 남북 교류협력이라는 합법적 공간을 이용해서 공공연하게 종북세력이나 친북세력과 접촉하여 남남갈등과 반대한민국·반미투쟁을 선동했다. 김정일은 노동당 대외연락부와 통일전선부를 직접 통괄하며 대남전략을 지휘했다. 북한정권이 이전에는 한국 내 반정부 민주세력의 확산을 목표로 대남 심리전이나 공작을 전개했다면, 햇볕정책 이후에는 친북·좌익·진보세력을 지원함으로써 친북·반미세력을 확산시킨다는 보다 적극적인 목표를 추구했던 것이다.[21)]

북한의 대남 정치심리전은 김대중 대통령의 평양 방문 이후 더욱 공세적이 되었다. 예컨대 북한의 『간부 및 군중 강연 자료』(조선노동당출판사, 2003년 9월) 중 「력사적인 6·15북남공동선언 발표 이후 남조선에서 커다란 변화가 일어나고 있는 데 대하여」에는 "(6·15공동선언 이전에는) 우리의 사상에 공감하고 우리를 따르고 동조했던 세력들이 지하의 소수에 지나지 않았지만 지금은 그 반대로 변했다"고 언급하고 있다. 이어서 2002년 한국 대통령선거에서의 한나라당 패배를 예시하면서 "모든 변화들이 위대한 장군님께서 6·15북남공동선언을 마련하시어 남조선에서 진보세력의 활동 공간을 넓혀주시고 반공보수 분자들을 철저히 고립시키신 결과"라고 했다. 6·15공동선언에 명기된 '우리민족끼리'라는 구호를 인용하며 "외세를 물리치고 민족공조로 문제를 해결하자"는 북한의 주장이 우리사회에 확산되면서 한국의 정치안보는 중대한 위기를 맞게 됐다.

북한은 민족공조를 강조하는 동시에 한미공조를 강력 비난했다. 북

---

21) 장철현, 앞의 글.

한은 "조국통일운동의 성패는 북남공동선언의 기본정신인 '우리민족끼리'의 리념을 어떻게 고수하고 구현해 나가는가 하는 데 달려 있다"고 강조했다. 또한 그들은 "민족공조를 실현하는 것은 통일에로의 지름길"이며, "북과 남, 해외의 전체 조선민족은 미제의 무분별하고 모략적인 전쟁책동에 높은 각성을 가지고 대하여야 하며 온 민족의 단합된 힘으로 단호한 반격을 가해야 한다"고 주장했다.[22] 그들은 "민족공조는 애국이고 통일이며 외세와의 공조(한미공조)는 매국이고 분열"이라며, "외세와의 공조는 민족공조와 량립 될 수 없는 매국매족의 길"이므로 "민족공조의 위력으로 미제의 전쟁책동을 단호히 짓부셔버려야 할 것"이라고 선동했다.[23]

나아가 북한은 한국사회의 반미투쟁을 적극 조장했다. 북한의 적화통일 전략에서 볼 때 가장 큰 걸림돌은 주한미군과 한미동맹이다. 북한이 주한미군을 철수시키고 한미동맹을 해체하기 위한 전략의 하나는 연방제 통일을 추진하는 것이고, 다른 하나는 핵무기를 개발해서 그것을 지렛대로 미국과 평화협정을 체결하는 것이다. 미국과 평화협정을 맺는다면 주한미군을 한국에서 물러가게 할 수 있는 명분이 생기고 그것이 관철된다면 적화통일할 수 있는 '결정적 시기'가 도래하는 것이기 때문이다.

북한은 대남 통일전선전략의 일환으로 오래 전부터 남한의 보수세력 타도와 반보수대연합 등을 촉구하며 한국에서 친북정권의 재집권을 위해 노력해왔다. 특히 2012년 우리의 총선거와 대선을 앞두고 「구국전선」은 신년사설을 통해 "북남공동선언들을 부정하고 반대하며 통일민주세력에 대한 파쇼탄압에 광분하는 보수당국의 반통일대결책동을 단호히 저지 파탄시키기 위한 범국민적 투쟁을 광범위하게 조직 전

---

22) "위대한 선국기치 아래 공화국의 존엄과 위력을 높이 떨치자" (『노동신문』, 『조선인민군』, 『청년전위』 2003년 1월 1일 공동사설).

23) 『조선중앙통신』, 2003년 3월 21일자.

개해 나가야 한다. … 진보세력의 대단합을 보다 높은 수준에서 이룩함으로써 올해 총선과 대선에서 역적패당에게 결정적 패배를 안겨야 한다"고 주장한 바 있다.

북한은 우리 사회의 선거구도를 '평화세력(6 · 15선언 지지세력, 통일세력, 진보세력, 반미세력)'과 '전쟁세력(6 · 15선언 반대세력, 반통일세력, 수구세력, 친미세력)'간의 대결로 규정하고 그것을 조장해왔다. 가령 북한은 2012년 3월 6일 '조평통(조국평화통일위원회)' 명의의 '남조선당국의 북풍조작 책동'이라는 성명을 통해 이명박 정부가 간첩사건 및 천안함 사건 등 안보 사건을 조작하여 파국적 위기에 처한 선거 정세를 역전시키려 하고 있다고 비방했다. 이어서 3월 19일 북한 노동당 기관지 노동신문 논설 '도발사건을 북남대결에 악용하는 반역의 무리'에서는 천안함 사건을 "북남대결을 위해 고안된 특대형의 반공화국 도발사건"으로 규정하고 이명박 정권이 이를 총선에 악용하고 있다고 선동했다. 이렇게 볼 때 북한은 천안함 폭침, 연평도 포격 등을 통해 우리 사회에 전쟁 공포 분위기를 조성함으로써 선거구도를 "전쟁이냐 평화냐"로 몰아가 대북 유화세력의 승리를 지원하려 했던 것으로 보인다. 여기에 동조하여 국내 한 친북단체는 "새누리당이 당선되면 핵전쟁이 터진다"고 주장하기도 했다.

지난 수십 년간 북한은 '남조선혁명'을 위해 세습독재를 하고 인민을 굶어죽게 하면서 대남 군사적, 비군사적 위협을 계속해왔다. 북한이 실패한 국가로 전락한 주원인도 '남조선혁명'노선을 고수했기 때문이다. 남조선 혁명을 위해 북한은 수십 년간 국가예산의 절반 이상을 군사력 강화와 대남공작에 쏟아 부었고 120만 명에 달하는 군대를 유지하면서 북한 전체를 병영으로 만들었으며 핵무기까지 개발하고 있다. 이처럼 '남조선혁명'은 결코 포기할 수 없는 북한정권의 최고 가치이며 존재 이유이기도 하다. 김정은 시대에 와서도 북한의 대남 적화전략은 근본적으로 변하기 어렵다. 북한의 세습독재체제는 오로지 남조선혁명이라는 목표를 달성한다는 것이 정당성의 명분이 돼왔기 때문에 그 목표를 포기한다면 세습독재가 더 이상 존재할 정당성과 이유도 없어지기 때문이다.

5. 사이버 위협

최근 사이버 공간을 이용한 북한의 대남공작 활동은 한국의 군사 안보는 물론 정치사회적 안보를 크게 위협하고 있다.[24] 그간 '남조선혁명'을 위한 북한의 대남 활동은 간첩 남파, 지하당 구축, 삐라 등 인쇄물이나 대남방송을 이용한 선전선동, 친북단체의 조종 등에 주력해 왔으나 한국에 사이버 공간이 구축된 이후에는 이 공간을 국가보안법이 미치지 않는 자유로운 활동공간으로 적극 활용하고 있다. 북한이 이처럼 사이버 공격에 적극적인 이유는 무력도발은 한국의 보복과 국제사회의 규탄 등 위험부담이 크지만 사이버공간을 통한 공격은 우리 국민의 인식 자체를 그들에게 우호적으로 바꿔 한국사회를 혼란에 빠뜨리면서 자신들의 목적을 달성할 수 있기 때문이다.

사이버 공격은 비용이 적게 들면서 언제든지 공격이 가능하고 공격행위를 감추기 쉽다. 때문에 북한은 인터넷 공간을 대남전략 수행의 해방공간으로 여기고 있다. 그들이 사이버 공격을 자행해도 공격의 진원지를 파악하는 데 상당한 시일이 걸릴 뿐 아니라 중국 등 해외에서 사이버 공격을 시도하기 때문에 진원지를 확인해도 북한이 아니라고 부인하면 마땅한 대책이 없다. 그래서 북한은 마음 놓고 대남 사이버 공격을 감행하고 있는 것이다.

북한은 1986년 소련 국방부의 지원을 받아 평양시 미림동에 평양자

---

24) 유동열, "북한의 사이버테러에 대한 우리의 대응방안"(북한민주화네트워크, 2011); 윤규식, "북한의 사이버전 능력과 위협 전망,"『군사논단』제68호 (2011년 겨울).

▶ 북한의 사이버 위협

동화대학(일명 미림대학)이라는 5년제 대학을 설립하고 매년 100여 명의 군 컴퓨터 전문요원을 양성해왔다. 그들은 1990년대 초 이 대학의 명칭을 김일성군사과학대학으로 바꿨고, 졸업자의 상당수를 사이버 부대 군관으로 임명해오고 있다. 현재 1,000여 명에 이르는 사이버 요원들이 대남 사이버 공격을 펼치고 있다. 북한이 3만에 달하는 사이버 전사(戰士)를 육성하고 있다는 미국방송의 보도도 있었다.[25]

북한의 사이버 위협에는 사이버 심리전, 사이버 정보수집, 디도스(DDoS) 공격을 포함한 사이버 테러, 사이버 통일전선 등이 있다.

첫째는 사이버 심리전이다. 북한은 사이버 공간을 통해 자유민주의 체제를 뿌리 채 흔들기 위해 각종 악성 루머와 유언비어를 퍼뜨리는 등 여론을 조작한다. 여론 조작을 통해 한국의 국론을 분열시키려는 것이다. 백제의 멸망도 군사력의 문제가 아니라 국론분열이 주된 원인이었다. 신라가 백제의 의자왕과 계백장군을 이간질하여 국론분열을 일으

25) 『조선일보』, 2011년 5월 20일자.

켰기 때문이다. 지금 한국사회는 보수 대 진보의 대립, 세대 간 대립 등이 심각한 수준이며 여기에는 북한의 사이버 심리전의 영향이 크다. 북한은 우리 국민의 마음을 공략해 나라 전체를 분열과 혼란으로 몰아넣으려 하고 있다.

여기에 종북 및 친북좌파들과 불평 불만자들까지 합세하여 적지 않은 포털이나 인터넷 신문의 토론방과 게시판은 북한 노동당 통일전선부와 북한군 심리전 부대의 선전선동 무대가 된 지 오래다. 북한은 해외에 서버를 둔 친북 인터넷사이트 100여 개 망을 구축해놓고 대남 심리전을 펴고 있다. 그들은 이른바 '댓글 팀'을 두어 한국사회에 조작된 정보를 확산시켜 국론분열과 사회혼란을 부추긴다. 그 결과 SNS를 통해 자신도 모르는 사이에 북한의 사이버 공격에 감염된 많은 국민들의 의식이 잘못된 이념과 정보로 오염되고 있는 것이다.

천안함 사태가 터졌을 때 북한은 남한 조작설, 외국 잠수함 관련설, 자폭설 등 갖가지 조작된 정보를 퍼뜨려 자신들의 도발을 은폐하면서 한국 내 대정부 불신을 조장하고 정치사회적 갈등을 심화시켰다. 한국의 사이버 공간에서 사이버 심리전을 통해 대통령이나 정부 그리고 국가체제를 비난하는 것은 대수롭지 않는 일이고, 북한을 찬양하거나 동조하는 개인적 표현도 극단적인 경우가 아니면 문제가 되지 않는다는 점을 북한이 활용한 것이다.

경찰은 2011년 10월 19일 웹사이트를 통해 종북 활동을 한 혐의로 병무청 직원, 민항기 조종사, 공군 장교, 변호사, 의사, 교수 등 70여 명을 검거했다고 발표했다. 이들 중 상당수는 한때 7,000명의 회원을 거느린 종북 사이트인 '사이버민족방위사령부'(현재는 폐쇄) 회원으로 활동했다고 밝혔다. 해외 친북 사이트도 급증하고 있다. 해외에서 개설한 서버에 이적 표현물을 올릴 경우 국가보안법으로 처벌하기 어렵다는 점을 노린 것이다. 경찰이 2000년부터 2011년까지 적발한 해외 친북 및 종북 웹사이트는 127개나 되었고 이들 사이트에 게시된 북한 찬양·선전 게시물도 급증하는 추세이다.[26)]

둘째, 사이버 정보수집이다. 과거에는 북한이 간첩을 통해 얻을 수 있었던 정보를 평양이나 해외 거점의 책상에 앉아서 한국의 주요 국가기관망, 공공망, 포털망 등을 해킹함으로써 신속하고 손쉽게 수집할 수 있게 됐다. 특히 우리 군에 대한 해킹 건수는 2008년 2,800만 건, 2009년 3,400만 건, 2010년 상반기에만 7,600만 건이 넘었고, 해킹을 통해 유출된 군사기밀도 1,700여 건에 달하는 등 군에 대한 사이버 위협은 날로 높아가고 있다.[27] LIG넥스원과 현대중공업 등 첨단무기와 장비를 개발하는 방산업체에 해커가 침입하여 악성코드를 심어놓은 것이 발견된 적도 있었다.

셋째, 디도스(DDoS) 공격 등 사이버 테러다. 북한은 2009년 국내 35개 주요 전산망을 공격한 이른바 '7 · 7 사이버대란'을 일으켰고, 2011년 3월 국내 40여 개 공공전산망에 대해 디도스 공격을 감행한 바 있다. 2011년 4월에는 농협 전산망을 마비시킴으로써 그것을 복구하는 데 18일이나 소요된 적도 있다. 향후 북한이 더욱 가공할 사이버 테러를 감행할 가능성도 배제할 수 없다. 이를테면 원자력발전소, 철도 및 항공 운행시스템, 금융과 증권거래 시스템, 가스와 수도 공급시스템 등의 마비 또는 폭파 등으로 우리사회에 엄청난 재앙을 야기할 수 있는 테러를 시도할 수 있다는 것이다. 현재까지 발생한 사이버 테러는 공격 진원지의 IP주소를 추적한 결과 북한군 해킹요원들이 쓰는 것으로 판명이 났지만, 이 주소들의 소재지가 중국이기 때문에 북한의 소행이라고 단정짓기 어렵다. 중국에 가서 북한 해킹요원들을 체포하지 않는 한 북한의 책임을 물을 수 없다는 것이다. 사이버 테러와 동시에 북한은 위성위치정보시스템(GPS) 교란을 통한 전자전도 감행했다. 그들은 2010년 8월 을지훈련 기간 동안 GPS 신호교란을 시도했고, 2011년 키

---

26) 윤덕민 외 지음, 『위기의 한국안보』(플래닛미디어, 2012), pp.58-60.

27) 홍성표, "북한 전자전 위협, 우리의 대응은," 『통일한국』 2011년 4월호, pp.34-35.

리졸브 훈련 동안에도 교란신호를 송출했다. 2010년 11월 연평도 포격 당시 우리 군의 대포병 레이더가 제대로 작동하지 않았던 것은 그들의 GPS 교란 때문인 것으로 알려지고 있다.

마지막으로, 사이버 통일전선 활동이다.[28] 그들의 사이버 통일전선 활동을 주도하는 인터넷 사이트 중에서 대표적인 것은 「구국전선」이다. 「구국전선」은 대남공작 전위조직인 반제민전(반제민족민주전선)이 운용하는 사이트다. 반제민전은 「구국전선」을 통해 매해 신년 초 대남투쟁 방향이 포함된 '신년메시지'를 발표하고 주요 기념일이나 천안함 폭침 등 주요 사태 발생 시 대남투쟁 지침을 발표한다. 한국의 친북 인터넷 사이트들은 이 같은 북한의 투쟁지침을 게시하고 확산시킨다. 대남투쟁 지침은 북한의 3대 투쟁목표인 반미자주, 반파쇼민주화, 조국통일과 선군정치 지지 옹호 및 민족민주운동 역량 강화가 주된 내용을 이룬다. 그들은 반미자주전선을 위해 친북반미투쟁을 선동하고, 반파쇼민주화투쟁을 위해 반보수대연합, 진보세력 대연합, 반한나라당(새누리당) 투쟁을 주장하며, 조국통일전선을 위해 6 · 15남북공동선언 실천투쟁을 독려한다. 대남투쟁 지침은 「구국전선」의 '우리의 주장'이나 '자주민주통일광장'란에 주로 게시된다. 국내 친북좌파들이 이 사이트에 접속하거나 국내 친북 인터넷 사이트에 게시한 자료들을 접하게 됨으로써 선전이 이뤄지고 있다. 예컨대 2007년 1월 1일 「구국전선」을 통해 하달된 대남투쟁 지침은 〈표 7-2〉와 같다.

국내 친북좌파세력은 친북 인터넷 사이트로부터 자료를 얻거나 사이트 간 상호 링크를 통하여 북한의 투쟁 지침을 하달 받아 투쟁 지침서로 활용하고 있다. 실제 '전국연합(민주주의민족통일 전국연합),' '실천연대(6 · 15 남북공동선언 실천연대),' '범민련 남측본부,' 민주노동당(통합진보당) 등의 홈페이지 자유게시판에는 당일 발표되는 「구

28) 차주환, "북한의 통일전선전술 변화연구," 『군사논단』 66 (2011 여름), pp.43-54.

〈표 7-2〉 2007년 초 「구국전선」 대남투쟁 지침

구분	내용
투쟁주체	노동자, 농민, 청년학생, 지식인, 종교인 등 각계각층
대남투쟁 중심과제	ㅇ 6·15남북공동선언 지지세력 대 반대세력, 진보개혁 세력 대 친미우익 보수 세력 간의 판가리 결전을 벌여야 할 해 ㅇ 우리민족 대 미국과의 첨예한 대결의 해
주요 투쟁과제	ㅇ 반미자주화 투쟁: 미군철수 투쟁, 평택미군기지 확장과 미군지기 이전 반대 투쟁, 한미 자유무역협정 체결 반대 투쟁 ㅇ 반파쇼민주화 투쟁: 한나라당 재집권 기도 저지 투쟁, 진보개혁 지속 추진 투쟁, 반보수대연합, 진보대연합 형성, 보안법 철폐, 생존권 쟁취 투쟁 ㅇ 조국통일 투쟁: 우리민족끼리 이념으로 자주통일시대 개막, 6·15공동선언 실천 투쟁, 선군정치 지지 옹호, 주체사상 및 선군사상으로 민중 의식화
투쟁구호	민족중시, 평화수호, 단합실천으로 6·15 통일시대를 빛내어 나가자!

국전선」의 자료들이 게재돼 있다.[29] 이것은 사이버 공간을 통한 북한의 통일전선활동이 활발하게 이뤄지고 있음을 말해준다.

우리 사회의 사이버 공간에서 북한의 심리전 공작이 추진됨에 따라 북한에 대한 우호적 게시물이 범람하게 됐고 이는 국민들의 대북 경각심마저 마비시키고 있다. 북한은 더 나아가 한국의 선거과정에도 영향력을 행사하고자 한다.

2012년 초 「구국전선」에 게재된 사설 내용은 "진보 세력의 대단합을

29) 유동열, "북한 및 국내 좌파권의 사이버투쟁 실태," 『자유민주연구』 제2권 제2호(2007. 12), p.46.

보다 높은 수준에서 이룩함으로써 올해 총선과 대선에서 역적패당에게 결정적 패배를 안겨야 한다. 내외 반통일 세력들을 더 이상 헤어날 수 없는 궁지에 몰아넣어야 한다"는 것으로 사실상의 대남 선거투쟁 지침이었다. 「구국전선」은 4 · 11 총선을 앞두고 총선투쟁의 목표와 세부 투쟁 지침 20여 개를 종북좌파진영에 하달했다. 총선에 임박해서는 '새누리당 표는 전쟁표', '새누리당 당선은 핵전쟁'이라는 구호를 내거는 등 본격적인 선거개입에 나서기도 했다.

북한은 결정적 시기가 도래했다고 판단할 경우 사이버전(cyberwar)을 시도할 가능성이 있다. 사이버전은 전쟁 또는 전쟁에 준하는 의도를 가지고 바이러스를 유포시킴으로써 국가 기간전산망을 교란, 마비, 또는 파괴하고, 저장된 정보를 훼손하거나 절취함으로써 자신들에게 유리한 상황을 조성코자 하는 일체의 공격행위를 가리킨다. 사이버 공격은 순간적으로 이뤄지기 때문에 사전에 효과적인 대응능력을 갖추지 않으면 사이버테러나 공격으로 인해 군은 말할 것도 없고 국가적으로도 엄청난 혼란과 피해가 발생할 가능성이 있다.

특히 군사적으로 가장 우려가 되는 것은 사이버전과 특수전을 결합한 새로운 방식의 국지도발이다. 먼저 사이버공격을 통해 우리의 첨단무기들이 작동하지 못하도록 한 후 특수부대를 투입하여 특정 지역을 공격하는 경우를 가정해 볼 수 있다. 따라서 북한의 사이버 공격에 대한 방어망을 구축하는 것은 물론 평시에 이뤄지고 있는 북한의 사이버 심리전이나 사이버 대남공작 활동에 대한 대응체계를 구비하는 것은 시급한 과제이다.

이처럼 북한의 대남 사이버 공작은 한국의 국가안보에 중대한 위협이 되고 있다. 무엇보다도 국민 안보의식을 무력화시키거나 혼란을 초래하고 있다는 사실은 심각히 여겨야 한다. 인터넷 공간에 친북성향의 게시물, 폭력계급투쟁 선동물 등이 게시돼도 아무도 신고하지 않는다. 북한정권에 대한 국민의 적대감이 크게 약화되는 동시에 북한정권은 협력해야 할 동족이라는 의식이 확산되고 있다. 그 결과 진보세력 및 친북좌파 세력의 입지는 강화됐고 안보를 중시하는 보수 세력의 입지는 약화됐다. 자생적 친북좌익세력이 확산되어 사이비 통일운동이 급물살을 타게 됐으며, 그들은 북한의 위협을 거론하거나 한미동맹을 강조하는 사람들을 반통일 반민족 세력이라고 비난한다. 북한의 핵개발은 미국의 위협에 대응하기 위한 정당한 조치로 인식하는 대학생이 과반을 넘었고, 미국은 분단의 원흉이며 우리의 주적이라는 인식이 확산됐다. 북한의 무력도발과 적대행위에도 불구하고 '힘을 합쳐야 할 협력대상'으로 인식하고 있고 북한 자체에 대해 기본적으로 우호적인 인식을 갖게 되는 지경에 이르렀다.[30)]

뿐만 아니라 우리 군대는 물론 한미동맹에 대한 부정적 인식이 사회내부에 만연하고 있다. 군대를 군부독재의 근원이며 경제발전 저해집단으로 매도하며 국방예산 삭감과 전력증강을 반대하는 여론이 확산되고 있다. 그러한 연장선상에서 일각에서는 제주 해군기지 건설도 반대하고 있다. 이 같은 모든 현상들은 북한의 사이버 심리전 공작이 성공하고 있다는 증거로 볼 수 있다. 아무리 군사력과 경제력에서 월등하다 할지라도 국론이 분열되고 안보의식이 희박해 심리적 경쟁에서 지고 들어간다면 그 나라의 운명이 어떻게 될 것이라는 점은 과거 월남 패망의 교훈이 잘 말해주고 있다.

---

30) 전경주, "2009 안보 · 국방 환경에 대한 국민의식," 『한국의 안보와 국방』(한국국방연구원, 2010), p.30.

제4절 정치안보: 대내적 위협

정치안보란 국가의 주권이나 체제이념에 대한 위협에 대응하는 것이다. 북한의 체제전복 위협에 직면해 왔다는 점에서 정치안보는 한국 국가안보의 핵심요소로 중시돼야 한다. 한국의 정치안보와 관련된 위협은 어느 나라보다 크지만 이에 대한 방어체제는 취약점이 적지 않다. 한국은 분단된 국가이기 때문에 북한이 민족이라는 감성 요소를 이용하여 이념 공세를 취한다면 대응하기 어려운 점이 많다.

남북한의 정치이념은 상호 대립적일 뿐 아니라 각기 한반도 전체를 대표하는 체제라고 주장하기 때문에 공존이 불가능한 제로섬(zero-sum)적 관계다. 한국의 경우 이승만 정부 이후에는 멸공(滅共) 개념이 없어졌고 평화통일을 지향하고 있다. 이에 비해 북한의 대남전략은 대한민국의 파괴를 통한 적화통일을 최고의 목표로 삼아 왔으며 이 점은 현재도 변함이 없다.

외부의 이념적 침투 공세가 있더라도 이를 막아낼 튼튼한 방어체제가 있다면 우려할 것이 없다. 걱정스러운 부분은 과연 우리 국민 절대다수가 대한민국 체제에 대한 확신과 대한민국에 대한 자부심과 애국심을 느끼고 있으며, 정부와 사회가 북한의 이념적 공세에 대한 대응태세를 갖추고 있느냐 하는 점이다.

지금 대한민국은 국가 정체성을 부정하는 '내부의 적'에 의한 심각한 도전에 직면해 있다.[31] 대한민국의 역사와 국가 정통성을 둘러싸고 국론이 분열돼 있고 학교에서는 제대로 된 현대사 교육을 하지도 못하고 있으며 대북정책, 한미관계, 주요 대외정책 등에 관해 심각한 남남갈등을 겪고 있다. 그 결과 정부는 반대세력에 의해 무조건 부정과 비

31) 이 부분에 대해서는 남시욱, 『한국 진보세력 연구』(청미디어, 2009) 및 한기홍, 『진보의 그늘』(시대정신, 2012)을 참고했음.

판의 대상이 되면서 정부의 권위와 신뢰는 추락할 대로 추락해있는 상황이다. 이 같은 정치적 분열과 갈등은 양극화로 인한 사회적 갈등보다 더 심각한 문제가 되고 있다.

남북관계 개선과 통일에 대한 기대가 높아지면서 북한에 대한 태도가 급변하게 됐다. 북한의 대남 통일전선활동에 유리한 분위기가 조성됐고 북한은 이 같은 분위기를 이용하여 대남 통일전선활동을 적극 전개했다. 이에 따라 과거 지하에서 활동하던 친북좌파세력이 전면에 나서 적극적으로 활동을 벌이기에 이르렀다. 그들은 영화, 텔레비전 드라마, 소설, 인터넷 등을 통해 반대한민국, 반미 및 친북 이념을 적극적으로 확산시켜 왔다. 그들이 영향력을 확대하면서 이라크 파병 반대, 맥아더 동상 철거 시도, 평택 미군기지 건설 반대, 한미 자유무역협정 반대 등 대대적인 반미운동이 고개를 들었다.

"성(城)은 외적이 아니라 내부의 분열에 의해 무너진다"는 말이 있듯이 한국은 지금 심각한 적전분열 양상을 노정하고 있다. 급진좌파세력의 반체제활동으로 대내외에서 동시에 도전을 받고 있는 것이다. '남조선혁명'을 위한 북한의 끈질긴 공세로 우리 사회의 친북좌파세력의 역량이 크게 강화되어 정치, 언론, 종교, 교육, 문화예술 등 사회 각 분야에 자리 잡고 있을 뿐 아니라 이들은 공개적이며 적극적으로 북한을 대변하고 있다. 이들의 활동은 심각한 남남갈등을 유발하여 우리의 안보역량을 약화시키고 있으며 정부의 대북정책에도 무시 못할 영향을 미치고 있다.

북한이 '남조선혁명' 역량 강화를 위해 전개해왔던 노력들 가운데 대표적인 것이 지하당 구축이다. 그들이 구축해온 지하당은 조선노동당의 전위(前衛)당이다. 지하당은 '남조선혁명'의 주력군 편성에 주도적 역할을 하는 동시에 결정적 시기에는 폭력혁명을 이끌어나갈 혁명의 참모부 역할을 할 것으로 기대되고 있다. 또한 지하당은 '남조선혁명'이 북한의 소행이 아니라 남한 내에서 일어난 것으로 위장하려는 의도에서 전개되는 사업이기도 하다. 이와 관련하여 그동안 한국 내에서 문제가 되었던 지하당 관련 사례들을 살펴보고자 한다.

1. 국내 지하당 관련 사례들: 북한이 구축했던 지하당 조직

1) 통일혁명당

북한은 4 · 19 혁명을 거치면서 남한 내 혁명운동을 이끌어나갈 조직이 없이는 '남조선혁명'이 어렵다고 판단하게 됐다. 이에 북한은 간첩을 침투시켜 1965년 통일혁명당(통혁당)을 창당하도록 공작했다. 통혁당 당수였던 김종태는 월북하여 조선노동당에 입당하고 사상교육과 혁명활동 교육을 받고 돌아왔다. 통혁당 창당 선언문은 김일성의 주체사상을 지도이념으로 삼고 공산주의 사회를 건설하는 것을 최고 목표로 삼았다. 북한은 통혁당에 대해 "출판을 통한 사상 적화공작을 전개하라"는 등 167회에 걸쳐 지령을 내렸다. 이에 따라 통혁당은 『청맥』지 발간을 통해 학생과 지식인에게 반미 · 반정부 사상을 고취시켰고 각종 단체를 조직하여 반정부투쟁을 전개했다.

1969년 통혁당 핵심이었던 김종태, 김질락, 이문규 등은 당국에 검거돼 재판을 받고 사형에 처해졌다. 김종태가 처형당하자 북한은 김종태에게 공화국 영웅 칭호를 수여하고 각종 기념사업을 전개했다. 평양 애국열사능에는 그의 묘비가 세워져 있다.

2) 인민혁명당

1962년에 결성된 인민혁명당(인혁당)은 도예종, 박현채 등 혁신계 인사와 언론인, 대학교수 등의 주도로 결성됐다. 그들은 미군철수와 남북협력을 통한 통일을 목표로 한 조선노동당의 강령과 규약을 토대로 〈인혁당〉의 강령과 규약을 채택했다. 그들은 한일회담 반대투쟁을 박정희 정권을 타도하는 투쟁으로 발전시키고자 했다. 〈인혁당〉 관련자들은 검거돼 재판을 받았으나 물증이 확보되지 못한 채 본인들의 진술

만 있었기 때문에 주모자인 도예종은 징역 3년, 양춘우는 2년을 선고받는 데 그쳤다.[32)]

3) 인혁당 재건 사건

도예종을 비롯한 인혁당 핵심요원들은 감옥에서 나온 후 박정희 정부를 타도하기 위해서는 학생운동이 필요하다고 판단하고 이철, 유인태 등 민청학련(전국민주청년학생총연맹) 간부들과 연대하여 유신반대 투쟁을 전개했다. 1974년 4월 정부는 긴급조치 4호를 선포하고 〈민청학련〉과 〈인혁당 재건위〉 관계자들을 검거했다. 9월 열린 재판에서 〈인혁당 재건위〉 관계자 21명, 〈민청학련〉 관련자 27명, 일본인 2명 등 50명에 대해 긴급조치 위반, 국가보안법 위반, 내란예비음모, 내란선동 등의 혐의로 각각 사형 8명, 무기 징역 9명, 12년형 이상 20명 등의 선고를 내렸다. 다음 해 4월 대법원은 〈인혁당 재건위〉 관련자 8명에 대해 사형을 확정하고 재심의 기회도 주지 않고 선고 18시간 만에 사형을 집행했다.

그러나 유족들은 2005년 12월 이 사건에 대한 재심을 청구하여 법원에 의해 받아들여졌다. 2007년 1월 23일 서울중앙지법은 사형이 집행된 우홍선 등 8명에게 무죄를 선고했다. 같은 해 8월 21일 유족들은 국가를 상대로 한 손해배상 청구소송에서 637억 원의 배상금을 받게 됐다.

4) 남조선민족해방전선(남민전)

남민전은 남로당 활동에까지 뿌리가 닿아있는 인사들을 중심으로 〈민청학련〉 세대가 결성한 지하당이다. 북한과의 연대를 통해 유신반대 투쟁에 앞장섰던 1970년대 최대의 친북 지하당이다.

---

32) 당시 학생운동에 참여했던 박범진은 인혁당은 분명히 실체가 있었다고 증언하고 있다. 이지수 엮음, 『박정희 시대를 회고한다』(선인, 2010), pp.31-34.

이들은 '박정희 정권 타도' 현수막을 내걸고 애드벌룬을 통해 유인물을 공중살포하기도 했다. 이들은 투쟁자금 조달을 위해 '혜성대'라는 무장행동대를 조직해 금은방을 털고 동아그룹 회장과 럭키그룹 회장의 집에 침입하는 강도행각을 벌이기도 했다. 이들은 결정적 시기가 왔을 때 무장 봉기를 주도하기 위해 총기와 폭탄을 탈취하고 사제폭탄을 제조해 은밀히 보관해왔다.

〈남민전〉 총책 이재문은 '김일성에게 보내는 신년 인사문'과 함께 사업보고서를 북한에 전달하고 공작금 3억 원을 지원해달라고 요청했다. 1980년 남민전 사건을 심리한 대법원은 〈남민전〉의 반국가성을 모두 인정하고 관련자 전원에게 유죄 판결을 내렸다. 〈남민전〉 출신 상당수는 석방 후 이적단체로 규정된 범민련(조국통일범민족연합)에 참여하거나 6·15남북공동선언실천연대 같은 반미 및 통일 운동 단체에 참여해왔다.

5) 민족민주혁명당(민혁당)

북한은 1980년대 중반 이후 대학가 학생운동을 주도해온 주사파 핵심들을 포섭해 조선노동당에 가입시킨 뒤 북한의 직접 지도를 받는 지하당을 구축했다. 〈민혁당〉은 그 중 하나다. 〈민혁당〉의 핵심역할을 한 김영환, 하영옥 등은 〈민혁당〉 결성 이전부터 반체제단체인 〈반제청년동맹〉을 결성했다. 이들은 김일성 찬양유인물을 주요 대학과 공장지대에 살포하고 김일성과 김정일을 찬양하는 플래카드를 내걸기도 했으며 대학가에서 주체사상을 확산시켰다.

김영환은 남파간첩 윤택림에게 포섭돼 관악산에서 김일성에게 충성맹세를 한 후 조선노동당에 입당했다. 그 후 김영환 등 2명은 1991년 5월 북한이 보낸 잠수정을 타고 평양으로 가서 15일 간 간첩교육을 받은 후 조선노동당에 정식 입당했고 뒤이어 김일성을 두 차례나 만나고 귀환한 후 이듬해 봄 서울대에서 〈민혁당〉을 창당했다. 당의 지도이념은 김일성 주체사상으로 하고 당의 목표는 민족해방민중민주주의혁명으로 했으며 이를 위해 반미자주투쟁과 반파쇼민주화투쟁을 벌이기로 했다. 〈민혁당〉은 80년대 학생운동권을 장악했고 그 후에도 종북세력의 주류가 된 민족해방파(NL)의 사상적, 이론적, 조직적 중심역할을 해왔다.

창당 후 한 달 만인 4월 북한은 간첩을 통해 미화 40만 달러(당시 약 3억 원), 권총 2정 및 실탄, 무전기 2대, 보고용 난수표 등을 〈민혁당〉에 전달했다. 〈민혁당〉은 1995년 지방선거에서 후보자 6명에게 선거자금을 지원했고 다음 해 국회의원 선거에 출마한 〈민혁당〉 조직책에게도 자금을 지원했다.

〈민혁당〉의 정체는 1998년 12월 여수 앞바다에서 북한 반(半)잠수정이 격침돼 노트북과 디스켓, 사진 필름, 주민등록증 등 유류품이 발견되면서 만천하에 드러났다. 김영환과 조유식은 전향했고 그 후 이들은 김정일 정권 타도와 북한 주민 해방을 위한 '북한민주화운동'을 벌이고 있다. 김영환이 전향하게 된 결정적 동기는 북한의 현실이 기대했던 것과는 너무나 거리가 멀었기 때문이다.[33] 한편 〈민혁당〉 경기남부위원장이었던 이석기는 2012년 통합진보당 비례대표로 국회에 진출했으며 그로 인해 통합진보당이 심한 내분을 겪다가 결국 분당 사태를 맞게 됐다.

6) 중부지역당

〈중부지역당〉은 북한 권력 서열 22위인 거물간첩 이선실이 주도하여 조직한 지하당이다.[34] 제주 출신인 이선실은 남로당 부산지역 당원

---

33) "강철 김영환, 마음의 행로,"『월간조선』1999년 10월호; "김영환은 김일성 만난 후 전향을 결심했다,"『신동아』1999년 10월호 및 11월호 참조.

34) 중부지역당이 창당될 당시 경기남부와 영남, 전북을 활동지역으로 했던 민혁당은 활동지역이 겹치지 않도록 하기 위해 북측에 관할구역을 지정해 줄 것을 요청했고 그래서 중부지역당은 강원도와 충청남북도를 관할하는 중부지역당이 된 것이다.

으로 활동하다 6 · 25전쟁 당시 월북했다. 그는 1966년 이후 세 차례에 걸쳐 한국에 잠입하여 공작활동을 벌였다. 이선실은 1980년대 초 재일교포 신분으로 위장 입국하여 약 10년 간 서울에 거주했으며, 1992년 대선을 앞두고 〈민중당〉을 제도권에 진입시키기 위해 반민자당 연합전선을 추진하기도 했다.

〈중부지역당〉 총책이 된 황인오는 1990년 7월 이선실의 주선으로 남파간첩 권중현에게 포섭돼 조선노동당에 입당했다. 황인오는 그 해 10월 이선실, 권중현 등과 함께 강화도 해변에서 북한 공작선을 타고 해주를 거쳐 헬기를 타고 평양으로 갔다. 평양에서 김일성 동상에 헌화하고 김일성 초상화 앞에서 충성맹세를 한 황인오는 조선노동당에 입당했다. 그는 6일 간의 간첩교육을 받은 후 공작금 일화 5백만 엔, 권총과 실탄, 무전기, 난수표, 주체사상 교양책자 등을 받은 후 공작선을 타고 귀환했다.

1991년 7월 황인오는 〈중부지역당〉을 창당했다. 〈중부지역당〉의 맹세문에는 "나는 수령님께 무한히 충직한 수령님의 전사이다", "나는 영생불멸의 주체사상으로 무장한 주체형의 혁명가이다", "나는 조선의 영예로운 전사이다"등과 같은 문구가 포함돼 있다. 그들은 북한의 '1995년 적화통일 실천'이란 목표를 당의 목표로 채택했다. 노동자들을 '남한혁명의 핵심계급으로 규정'하고 그들을 무장세력화하기 위해 인천, 포항, 울산, 마산, 창원 등 주요 공단지역과 태백 등 탄광지역을 혁명거점으로 설정했다. 그들은 무전기를 통해 북한의 지령을 받았으며 비밀리에 수집한 한국의 군사기밀과 당의 활동내역을 북측에 보고했다. 그들은 공단지역과 대학가에 김일성 · 김정일 찬양 유인물을 제작 · 살포하기도 했다. 그들은 1993년에 친북정권을 세우고 분단 50주년이 되는 1995년에 적화통일을 실현하는 것을 목표로 하고 있었다.

1992년 황인오, 김낙중, 최호경 등이 체포돼 모두 무기징역형을 선고받았으나, 황인오와 김낙중은 김대중 정부 시절인 1998년 8 · 15 특사로 석방됐고 최호경은 다음해 8 · 15 특사로 석방됐다.

7) 구국전위(救國前衛)

〈구국전위〉 총책 안재구는 70년대 말 〈남민전〉 사건으로 무기징역을 선고받고 10년 정도 수감생활을 한 후 1988년 특별 가석방됐다. 그는 교도소에서 만난 남파간첩 임창하에게 포섭돼 조선노동당에 가입한 골수분자였다. 출소 후 경희대 강사로 있을 무렵 조총련 공작원의 지령을 받아 1993년 1월 〈구국전위〉를 결성했다. 〈구국전위〉 창당선언문에는 "우리는 조국의 남녘땅에서 주체혁명 위업을 실현해 나가기 위하여 일심일체로 뭉친 김일성, 김정일주의 정수분자들이며 우리 혁명을 승리의 종착점으로 이끌어갈 지휘핵심들이며 민중의 전위부대"라고 명시돼 있었다.

안재구는 〈구국전위〉 결성 후 11회에 걸쳐 국내 정보와 정세 동향, 〈구국전위〉의 활동 상황을 북한에 보고하고 거액의 공작금을 받아 활동비로 사용했다. 그들은 대학가 주체사상 운동가들을 포섭해 학생운동을 장악하고 배후 조종하는 데 많은 노력을 기울였다. 노사분규도 적극 조장했다. 예컨대, 그들은 1993년 7월 현대그룹 파업에 주도적으로 개입했다. 그들은 1994년 7월 당국에 체포돼 이적행위 등의 혐의로 전원 유죄판결을 받았다. 안재구는 무기징역을 선고받았지만 5년 만인 1999년 8 · 15 특별사면으로 석방됐다. 그 후 그는 각종 친북단체에서 활동을 계속해왔다.

8) 일심회

〈일심회〉의 핵심 요원은 총책인 장 마이클을 제외하고는 1980년대 대학에서 반체제 학생운동을 했던 386세대 출신이라는 특징이 있다. 장 마이클은 1980년대 미국 유학 중 재미 공작원 김윤덕에게 포섭돼 1989년 북한에 가서 조선노동당에 입당하고 간첩교육을 받은 후 지하조직 결성에 대한 지시를 받고 귀환했다. 그는 1994년부터 국내에서 IT업계에 종사하며 386세대 출신들을 포섭하여 2001년 1월 〈일심회〉를 결성했다.

〈일심회〉는 당면 임무로 ①민주노동당 내에 (김정일)장군님의 영도체계 완성, ②민노당 정강을 본사(북한 노동당) 원칙과 요구에 맞게 개편, ③민노당 주도로 대규모 통일전선을 건설할 것 등으로 설정했다. 민노당 당직자인 이정훈과 최기영 등이 이 같은 임무를 달성하려는 데 앞장섰다.

이들은 〈일심회〉 결성 직후 베이징에 가서 북한 공작원과 접촉해 활동상황을 보고하고 공작 지령과 공작금을 전달받았다. 특히 민노당 중앙위원이던 이정훈은 민노당 중앙당 및 서울시당의 내부동향을 북한 공작원에게 보고했다. 당시 북한이 〈일심회〉에 보낸 지령에 따르면, 2005년 한국에서 열린 APEC 정상회의에 참가하는 부시 대통령의 방한 전후로 대규모 반미투쟁을 벌일 것과 민노당의 반미투쟁 촉구, 민노당의 조직 강화와 대중적 혁명역량 강화, 그리고 민노당의 당대표 선출 시 특정 인물을 지지할 것 등이 포함돼 있었다.[35]

2006년 10월 공안당국은 북한 공작원과 접촉한 혐의로 장 마이클, 이정훈, 손정목 등 6명을 체포해 간첩 혐의로 기소했다. 공안 당국은 이 사건을 민노당 전 · 현직 당직자와 386 운동권 출신들이 연루된 간첩단 사건으로 규정했다. 그러나 당시 국정원장이던 김승규는 이 사건에 대해 본격 수사를 착수한 지 3일 만에 노무현 대통령으로부터 사퇴를 요구받아 물러났다.[36]

이 사건으로 전 중앙위원과 사무부총장이 연루된 것이 드러나자 민노당은 국정원이 공안 분위기를 조성하여 반북, 반통일 분위기를 조성하려 한 조작사건이라고 주장했다. 그러나 대법원은 2007년 12월 장 마이클에게 징역 7년, 손정목에게 징역 4년, 이정훈에게 징역 3년을 선고한 원심을 확정했다.

---

35) 한기홍, 앞의 책, pp.162-163.

36) 최원규, "간첩단 '일심회'수사 김승규 국정원장에 노 대통령 '이제 그만하시라고요' 사퇴 요구," http://www.chosun.com(2012. 7. 29). 노 대통령의 사퇴 요구는 폭로 전문 웹사이트인 위키리크스가 공개한 미국 외교전문에 나와 있다.

〈일심회〉 사건은 사회적으로 큰 파장을 일으켰고 종북활동에 대한 비판적 분위기가 고조됐다. 민노당 내에서는 최기영 사무부총장이 핵심 당직자와 당원 명부를 북한에 전달한 것을 두고 민족해방파(NL, 일명 자주파)와 민중민주파(PD, 일명 평등파) 간에 갈등이 고조되어 결국에는 분당으로 치달았다. 당시 민족해방파 대의원들은 당원 명부를 북한에 넘긴 최기영과 이정훈을 제명하는 데 반대했다.[37]

9) 왕재산

〈왕재산〉은 북한 대남 공작기구인 225국으로부터 지령을 받아 17년간 간첩활동을 했던 조직으로 2011년 8월 당국에 의해 적발됐다. 총책인 김덕용은 1993년 8월 김일성과 직접 면담을 통해 "남조선 혁명을 위한 지역지도부를 구축하라"는 지령을 받고 주사파 운동권 출신 3명 등과 함께 간첩활동을 해왔다.

김덕용 등은 중국, 일본 등에서 34회에 걸쳐 225국 공작조를 만나 북한의 지령을 수령했다. 그들은 유사시 인천지역을 혁명의 전략적 거점으로 만들기 위해 지역 내 중요 시설을 장악하라는 지령도 받았다. 북한 225국은 김덕용에게 2010년 7월부터 2011년 5월까지 5차례에 걸쳐 진보 정당 통합에 관한 지령도 하달했다. 북한은 "민노당이 중심이 되어 여러 갈래 진보 세력을 결집해야 한다"면서 "(민주당으로부터) 국회 의석을 양보받고 정책적 담보도 함께 받아내는 야권연대 방안을 연구하라"며 "(진보당이) 의석을 차지하는 건 국회 무대를 활용해 합법적인 투쟁을 벌이며 정치적으로 장외 민중 투쟁을 엄호하기 위한 것"이라고 했다.

---

37) 민주노동당은 과거 주체사상을 신봉했거나 이들의 영향하에 있었던 민족해방파 세력들이 다수를 차지해 '종북정당'이란 오명을 쓰기도 했다. 또한 종북 지하정당이나 북한의 대남혁명 조직에 연루돼 처벌받았던 인사들도 참여했다.

2. 자생적 친북 및 종북 단체

자생적 친북 및 종북 단체란 북한의 지령에 의해 결성된 것이 아니라 한국 사회 내 주사파 등에 의해 스스로 결성된 단체를 말한다. 지하당과는 달리 이 단체들은 공공연히 활동하고 있어 국민의 국가 정체성과 안보의식에 막대한 영향을 줄뿐 아니라 남남갈등의 주된 원인이 되고 있다. 그들은 북한이 당면 목표로 내세우고 있는 주한미군 철수, 국가보안법 폐지, 연방제 통일 등 북한의 주장을 무비판적으로 대변하고 있다.

북한은 이 같은 단체들을 중시한다. 이 단체들이 '남조선혁명'을 위한 주력군이나 보조역량이 될 수 있다고 판단하기 때문이다. 북한이 한국을 먼저 붕괴시킬 수 있다고 확신하는 것은 이 같은 단체들을 통해 '남조선혁명'을 달성할 수 있다고 보기 때문이다. 아래에서는 자생적 친북 및 종북 단체 중에서 대표적인 단체들을 살펴보기로 한다.

1) 범민련(조국통일범민족연합)

1990년 최고인민회의 시정연설에서 김일성은 "연방제 통일을 위한 전 민족 통일전선을 형성하라"고 지시한 바 있다. 그 직후 북한 조국평화통일위원회 주도로 남북한에 각각 범민련이 결성됐다.

범민련 남측본부는 북한의 대남 공작기구인 통일전선부의 지령에 따라 국가보안법 철폐, 주한미군 철수, 연방제 통일 등을 주장하며 반정부 · 반미 · 친북 활동을 벌여오다 1997년 5월과 2003년 8월 두 차례에 걸쳐 대법원으로부터 '이적단체'로 판정받았다. 그러나 그들은 친북활동을 멈추지 않았다. 2000년 남북 정상회담 이래 범민련은 대외적으로는 6 · 15공동선언을 실천하는 단체임을 내세웠지만 실제로는 북한의 노선에 동조하는 활동을 해 왔다. 특히 2002년에 발생한 미군 장갑차에 의한 여중생 사망사건을 계기로 그들은 반미투쟁에 앞장섰다. 맥아더 동상 철거운동도 그들이 주도했다.

▶ 맥아더 동상 철거운동

2004년 11월 금강산에서 범민련 남측본부 인사들은 범민련 북측본부와 실무접촉을 하면서 당초 방북 목적과 달리 북한 공작원과 접촉해 "북한의 핵보유를 선전할 것", "미군철수 운동 기간을 설정해 투쟁할 것" 등의 지령을 받았다. 범민련은 또한 2006년 5월 지방선거를 앞두고 북한이 보낸 "반미, 반한나라당 투쟁에 적극 나서라"는 지침을 국내 단체에 전파하기도 했다. 범민련 초대 의장을 지낸 강희남은 2009년 6월 "지금은 민중주체의 시대다. 4 · 19와 6월 민중항쟁을 보라. 민중이 아니면 나라를 바로잡을 주체가 없다. 제2의 6월 민중항쟁으로 살인마 리명박을 내치라"는 유서를 남기고 자살한 바 있다.[38]

검찰은 2009년 6월 24일 범민련이 그동안 합법적 남북교류를 가장해 북한 공작원과 비밀리에 접촉하고 지령을 받아 일부 시민단체에 전파해 온 사실을 적발하고 범민련 남측본부 이규재 의장과 이경원 사무

38) "사설: 시위 구호가 왜 평양방송과 똑같나 했더니," 『동아일보』, 2009년 6월 25일자.

처장, 최은아 선전위원장 등 3명을 국가보안법 위반 혐의로 구속기소했다.[39] 검찰 발표에 따르면 범민련 남측본부는 재일본조선인총연합회(조총련)가 운영하는 범민련 공동사무국과 휴대전화, e메일, 팩스 등을 통해 수시로 연락하며 구체적인 활동방향에 대한 북한의 지령을 받아왔다.

범민련 남측본부 부의장 노수희는 2012년 3월 말 불법으로 북한에 들어가 100일 넘게 대한민국을 모독하고 북한체제를 찬양했다. 그는 김일성의 만경대 생가와 주체사상탑 등 체제 선전물을 대부분 참관했다. 김일성 · 김정일 동상을 참배하고 김정일 영정에 화환도 바쳤다. 방북 체류 중 그가 내뱉은 말과 행동은 친북 · 종북을 넘어 대한민국의 정체성을 어지럽히는 수준으로까지 치달았다. 김일성 생가에서는 방명록에 "국상 중에도 반인륜적 만행을 자행한 이명박 정권 대신 사과하러 왔다"는 글을 남겼다. 평양 개선문에서는 '김일성 장군의 노래'를 부르기도 했다.

2) 한총련(한국대학총학생회연합)

한총련은 1987년에 결성된 전대협(全大協, 전국대학생총연합회)을 계승해 1993년 결성된 대학가 주사파(主思派) 단체다. 한총련은 국가보안법 철폐, 주한미군 철수, 연방제 통일이라는 북한의 대남 적화통일 노선을 추종하여 1998년 이래 몇 차례에 걸쳐 대법원에 의해 이적단체(利敵團體)로 판시됐다. 예컨대 대법원은 "한총련은 북한의 주체사상을 지도사상으로 설정하고 자유민주주의 체제를 부정해왔다(2004년도3212)"고 판시했다.

주사파 조직에서 활동하다 전향했던 홍진표는 2004년 10월 『월간조선』 기고문에서 "주사파는 1980년대 중반 이후 전대협, 한총련 등을 조

---

39) "범민련, 北공작원 수시 접촉, 회의땐 총련측과 전화 연결," 『동아일보』, 2009년 6월 25일자.

직해 학생운동의 주도권을 잡았다. 이들은 소위 김일성 원전(原典)을 읽으며 북한주도 통일 실현을 목표로 활동했다. 주사파는 '위수김동(위대한 수령 김일성 동지)', '친지김동(친애하는 지도자 김정일 동지)'이라는 호칭을 써가며 김일성과 김정일을 진심으로 추앙했다"고 고백했다. 또한 주사파에서 전향한 『시대정신』 편집위원 최홍재는 '잃어버린 세대 386'이라는 논문에서 "4 · 19세대와 1970년대 민주화운동세력은 민주화 자체가 목적이념인 반면 386세대에게 민주화는 사회주의나 북한이 주도하는 통일로 가는 과정에 불과했다"고 했다.

한총련은 전국 220여 개의 대학이 소속된 조직으로 '빨치산'과 '수령관'에 근거하여 군대식 편제를 갖추는 등, 일사불란한 조직력과 투쟁력을 자랑해왔다. 그들은 공개조직과 '선배운동권' 중심의 비선조직으로 구성돼 있어 실체 파악도 어려웠다.[40]

한총련은 1994년 7월 김일성 사망후 작성한 「김일성 선전 지침서」에서 "김일성 주석의 항일 무력투쟁, 조국해방전쟁, 사회주의 복구시기, 핵문제를 둘러싸고 벌였던 외교전 등의 위엄스런 업적에 대해 선전사업을 전개해야 할 것"이라며 특히 김일성이 일으킨 6 · 25전쟁에 대해서 "통일을 위한 미국과 한민족의 전쟁이므로 조국해방전쟁"이라고 했다. 한총련의 장외투쟁은 극렬했다. 2003년 8월 한총련 소속 학생들이 경기도 포천군 주한 미군 종합사격장에 기습 난입해 장갑차를 점거하고 성조기를 빼앗아 불태우는 등 공공연한 적대행위를 했다. 2005년 9월에는 통일연대, 민중연대 등이 주도한 맥아더 동상 파괴 기도에 가담하는 등 극렬한 친북 반미 투쟁을 벌였다.

한총련이 노골적으로 김정일 정권의 전위대 역할을 하여 이적단체로 판시돼 활동에 제한을 받자 대학가 운동권은 2005년 4월 '한국대학생연합(한대련)'으로 재조직하여 반미친북 활동을 계속해왔다. 예컨대, 한대련은 북한의 천안함 폭침과 연평도 도발 등에 대해 북한을 감

40) "한총련의 진로," 『세계일보』, 2003년 9월 3일자.

싸는 동시에 이명박 정부에 책임이 있다고 비난했다. 즉, 연평도 도발 직후인 2010년 11월 29일 한대련의 성명은 "예견됐던 사태를 막지 못한 근본적인 원인은 (이명박 정부가) 힘과 대결의 감정적이고 호전적인 논리로 일관하며 예견된 수순을 밟아왔다는 데 있었다"며 도발의 책임을 북한이 아닌 이명박 정부에 있다고 주장했다. 이어서 "전쟁불사가 아닌 반전평화, 10 · 4선언 이행의 목소리를 높여야 할 때이다. … 10 · 4선언에서 약속했던 서해평화협력지대가 성사됐다면 서해의 전쟁위기가 이토록 고조되지는 않았을 것"이라 했다. 한편 전대협과 한총련에 활동했던 사람들 중에는 현재 정치인으로 활동하고 있는 사람이 여러 명 있다.

3) 기타

남북공동선언실천연대(약칭 실천연대)는 남북한의 평화통일을 위해 활동할 목적으로 2000년에 결성된 단체이다. 2008년 10월 검찰은 국가보안법(반국가단체구성 및 찬양 · 고무 행위) 위반 혐의로 실천연대 간부 4명을 구속했다. 2009년 4월 서울중앙지방법원은 "실천연대가 북한의 주체사상을 찬양 선전해왔고, 중국에서 북한 간부와 만나 활동 지침을 받은 사실이 인정되는 등 국가 질서에 해악을 끼칠 위험이 있는 이적 단체"라고 규정하면서 간부 등에 대해 징역형을 선고했다. 그동안 실천연대는 6 · 25 남침유도설, 북한 핵개발의 미국 책임론 등, 북한 주장을 그대로 대변한다는 비판을 받아왔다. 대법원은 2010년 7월 23일 실천연대가 국가보안법상 이적단체에 해당한다고 판결했다.

조국통일범민족청년학생연합(약칭, 범청학련)은 전대협 대표로서 1991년 밀입북한 박성희와 성용승이 공동결성을 제의하여 이듬해 8월 15일 판문점과 서울대에서 발족했다. 범청학련은 남측 본부와 북측 본부 그리고 미국, 일본, 캐나다 등 해외교포와 유학생이 많은 10여 개국에서 해외본부를 두고 있다. 범청학련은 북한의 핵실험과 독재체제, 3대 세습 등을 적극 지지하는 입장을 견지해왔다. 북한의 선군정치를 옹호하는 서적을 판매해 물의를 빚기도 했다. 범청학련 남측 본부 홈페이지에는 사이트 개설 초기인 2000년대 초반부터 2010년까지 친북 게시물이 4,463건이나 올라왔으며, '선군 태양 김정일 장군' 등 북한을 노골적으로 찬양하는 글이 대부분이었던 것으로 조사되면서 홈페이지 사이트가 폐쇄되었다.

대법원은 1993년 9월 범청학련을 이적단체로 판결했다.

한국청년단체협의회(약칭 한청)는 2001년 2월 41개의 청년단체가 모여서 만들어진 단체이다. 이 단체는 친북 · 반미활동으로 2004년 대법원에 의해 이적 단체 판결을 받았다.

3. 적극적인 정치안보 전략 필요

친북 및 종북 세력은 일반적으로 다음과 공통점을 가지고 있다. ① 대한민국 체제와 역사, 정부, 지도자 및 군에 대한 부정과 비난, ②북한 체제 찬양, 북한의 입장 지지 또는 대변, 각종 대북지원 주장, ③북한의 대남전략 추종 및 각종 대남 군사도발 부정 또는 우리 정부의 대응 조치 비난, ④북한의 세습독재, 인권유린, 식량난 등에 대한 침묵, ⑤미군 철수 주장, 한미동맹 파기 주장, 한미 FTA 반대 등 한미 이간, 각종 반미 시위, ⑥대기업 비판 등 시장경제 비난, ⑦민주와 진보를 표방하며 자기들만이 정의라며 폭력수단 사용, 법질서 파괴, 각종 부정행위 자행 등이 그것이다.

북한은 한국 내 종북 및 친북 단체의 활동에 고무돼 '낮은 단계의 연방제 통일' 방안을 통해 남한의 '자주정부(친북적인 정부)'와 협상을 벌여 '고려연방공화국'으로 통일할 것을 주장하고 있다. 북한의 대남 선전매체 「반제민전」은 2005년 7월 17일 발표한 「낮은 단계 연방제 진입국면, 민족민주세력은 무엇을 하여야 하는가」라는 문건에서 "노무현 정권하에서는 낮은 단계의 연방제가 수립될 수 있고, 향후 민주노동당 정권을 통해 자주적 민주정부가 들어서야 고려연방공화국이 건설될 수 있다"고 주장한 바 있다. 특히 "민주노동당 정권이 수립됐을 때 민족 통일기구는 명실상부하게 정부, 정당, 사회단체를 망라한 민족통일전선으로 최종 완성될 것이다. 그러한 민족통일 기구는 곧바로 고려민주연방공화국 건설에 돌입할 것이며, 짧은 기간 내에 그 사업을 결속지을 것"이라고 했다.

이처럼 북한은 진보정당이 집권한다면 남북한 정부가 타협하여 통일정부(즉 적화통일)를 완성할 수 있을 것으로 보고 있다. 그러나 이 점은 진보정당이 독자적으로 정권을 장악하기는 어렵기 때문에 다른 주요 정당과의 선거연대를 통해 우선 북한에 우호적인 정권을 수립하려는 의도로 해석될 수 있다.

1990년대 이후 동유럽 공산권의 몰락, 극심한 경제난, 김일성 사망 등 내외 정세의 어려움에도 불구하고 북한이 남북관계에서 일관되게 공세적인 대남 공작을 전개한 배경에는 바로 우리 내부에 확고한 '제2전선(후방전선)'이 구축돼 있기 때문이다. 북한입장에서 볼 때, 국내의 친북좌익세력은 남조선혁명역량을 강화시킬 수 있는 가장 적합한 혁명원천(源泉)이다. 북한은 최근에도 대남공작부서인 통일전선부의 반제민전(반제민족민주전선)과 225국 등을 통해 왕재산 간첩단 등을 암약시키면서 국내 친북좌익세력에 대한 지원공작을 강화하고 있다. 이 같은 사실은 북한 대남전략의 핵심 활동인 대남 심리전과 친북좌익세력 지원공작 및 통일전선 공작에 변화가 없음을 압증하는 것이다.

『월간조선』 2002년 5월호에 따르면, 좌경세력의 핵심세력은 대략 12,000여 명에 달하며 동조세력이 32만 명, 그리고 부동세력까지 합치면 그 수는 약 400만 명에 이를 것으로 추산했다. 이들은 국민의 10%에 미달하는 소수지만 그들이 정치와 사회에 미치는 영향력을 고려할 때 그 숫자는 결코 소수가 아니다. 마오쩌둥의 게릴라 전법에 따르면 국민의 5%만 장악해도 정부를 전복할 수 있기 때문이다.

월남에서는 공산화되기 직전 월맹의 간첩과 시민 및 종교단체들이 반전 · 반미 시위를 주도하며 조직적인 선전 선동을 벌였다. 그 결과 미군의 전면 철수 후 월남은 공산화하는 운명에 처했다. 패망 당시 월남에는 공산당원 9,500여 명, 인민혁명당원 40,000명 등이 민족주의자, 평화주의자, 그리고 인도주의자로 위장한 채 각종 시민 · 종교단체는 물론 대통령 비서실과 장관, 도지사 등 권력의 핵심부에 침투해 있었다. 이 숫자는 당시 베트남 인구의 0.5%에 불과한 수치다. 약 50,000명 남짓한 체제전복세력에 의해 나라가 멸망의 구렁텅이로 빠져든 것이다.

'50,000명'이란 숫자는 왠지 귀에 낯설지 않은 느낌이 든다. 현재 한국 내에서 암약하고 있는 북한의 고정간첩 숫자가 그 정도 수준이 될 것이라는 얘기를 들은 바 있기 때문이다. 이 내용은 고(故) 황장엽 전 노동당 비서의 망명 당시 서신에서도 확인된다. 황장엽에 따르면 북한의 고정간첩은 한국 사회에서 권력의 핵심부에까지 침투해 있다고 한다. 어쩌면 패망 직전의 월남 상황과 이리도 흡사할까? 이처럼 북한의 대남 혁명전략과 우리사회 내부에 북한의 노선에 동조하는 '내부의 적'이 대한민국의 자유민주체제를 근본적으로 위협하고 있는 상황에서 정치안보를 위한 적극적인 대응은 필수적이다.

민주주의는 정치적 의사나 이해관계의 대립을 인정하는 동시에 절대적 가치를 부정하는 '상대주의 세계관'을 기초로 하고 있다. 문제는 민주주의를 부정하는 세력에 대해서도 '관용의 원리'를 적용해야 하고, 다수결로 의사결정이 이뤄지면 민주주의의 이름으로 언제나 정당화할 수 있다는 데 있다. 독일 바이마르 공화국은 이 같은 민주주의의 형식논리에 따라 붕괴됐고 나치정권이 출범하는 비극을 맞기도 했다.

민주주의의 상대주의적 세계관의 한계를 악용하여 민주주의를 파괴하려는 세력으로부터 민주주의를 수호하기 위한 이론적 노력으로 '전투적 민주주의(streibare Demokratie)' 개념이 등장했다. 유태인 출신으로 미국에 망명하여 예일대학교 교수를 지낸 칼 뢰벤슈타인(Karl Löwenstein)이 1937년 '전투적 민주주의' 개념을 제창했고, 같은 유태인으로 나치정권으로부터 추방되어 영국 런던대학 교수를 지낸 칼 만

하임(Karl Mannheim)도 1941년 이 주장에 동조했다.

'전투적 민주주의' 개념은 서독의 기본법(헌법) 제정에 포함됐다. 독일연방공화국 기본법 제21조는 정당의 목적이나 활동이 자유민주적 기본질서를 침해 또는 거부하거나 독일연방공화국의 존립을 위태롭게 하는 정당은 위헌이라 규정하고 해산토록 규정했다. 이에 따라 서독 연방헌법재판소는 1956년 독일공산당을 위헌정당으로 판정하고 해산시킨 바 있다.[41]

뿐만 아니라 독일연방공화국의 존립과 자유민주주의적 기본질서를 파괴하는 세력을 억제하기 위해 형법, 헌법보호법, 사회단체규제법, 테러저지법 등 다양한 국가안보법제와 함께 연방헌법재판소의 결정에 따라 확립된 기본 원칙들을 마련해 자유민주체제의 '적대세력'에 엄격히 적용했다. 또한 서독 정부는 '급진주의자들에 대한 결의(일명: 급진주의자 훈령)'를 헌법보호 조치로 채택해 위헌(違憲)세력이 공공부문에 침투하는 것을 봉쇄했다. 독일 연방헌법재판소의 판례들은 민주주의의 '가치 구속성,' 공무원의 '포괄적 충성 의무' 등을 인정하면서 방어적 민주주의 이론을 발전시킨 바 있다.

이처럼 한 나라의 체제를 수호하기 위한 정치안보는 국가안보에서 매우 중요하다고 할 수 있다. 특히 과거 서독과 유사한 분단국가로 북한의 심리전 위협에 속수무책으로 당하고 있는 현재의 대한민국은 서독의 사례에서 정치안보의 중요성과 그 대책 등을 교훈으로 삼아야 할 것이다.

---

41) 박광조, "전투적 민주주의, 독일의 경우: 반체제 운동경력자에게 공직취임을 금지," 『월간조선』 2003년 8월호, p.84.

제5절 경제안보

안보의 개념이 포괄적 안보로 바뀜에 따라 정치안보(사회안보를 포함)와 더불어 경제안보가 국가안보의 중요한 영역으로 자리매김하게 됐다. 특히 냉전의 종식으로 국제관계에서는 이념 노선에 따른 대립이 사라졌을 뿐 아니라 주요 국가들 간의 전쟁 가능성이 없어지면서 군사안보에 대한 우려가 줄어들고 경제적 번영이 주된 관심사가 되고 있다. 이에 따라 경제안보가 중요해졌다는 것이다.[42] 이 같은 현상을 반영하듯 국가의 안보전략 모색에 있어서도 지정학(geo-politics) 이외에 지경학(geo-economics)적 접근이 중요시되고 있다.[43]

더 나아가 세계화로 국가 간, 지역 간, 그리고 이념적 장벽이 무너지면서 경제적 경쟁이 치열해지고 '경제전쟁'의 시대에 돌입했다고 볼 수 있다. 치열한 경제적 경쟁은 수시로 경제위기를 발생시키고 경제 태풍을 일으켜 취약한 경제를 위협하기도 한다. 이에 따라 세계화 시대에 경제적 경쟁력은 국가 안보의 결정적 요소로 간주되고 있다. 경제적 경쟁력이 없으면 국민 사기는 떨어지고 사회는 실업과 빈곤으로 혼란에 빠지며 경제력의 한계로 군사력도 제대로 유지할 수 없어 결국 국가는 심각한 위협에 처하게 된다는 것이다. 이와 관련하여 중국의 국가주석 장쩌민은 1999년 8월 "경제적 세계화의 급속한 진전으로 전례 없는 치열한 경쟁이 일어나고 있으며 금융과 경제에 대한 위험을 증대시켰다"며 경제안보의 중요성을 강조한 바 있다.[44] 중국사회과학연구소의 한

---

42) Edward Luttwak, "From Geopolitics to Geoeconomics," *The National Interest*, 17: 3(Summer 1990); and Edward Luttwak, *Turbo-capitalism: Winners and Losers in the Global Economy* (New York: Harper Collins, 1999).

43) Paul Aligica, "Geo-Economics as a Geo-Strategic Paradigm: An Assessment," Hudson Institute, August 9, 2002(www.hudson.org/index.cfm?fuseaction=publication_deails&id).

44) Xinhua, August 25, 1999 in FBIS-CHI-1999-0825.

보고서도 경제안보의 중요성을 다음과 같이 지적했다.

> "국가 간 경쟁은 전례 없이 치열해질 것이다. 경제전쟁, 자원확보 전쟁, 기술전쟁, 그리고 인재확보 전쟁 등 전례 없는 경제적 전쟁이 모든 국가들 사이에서 일어날 것이다. 그 과정에서 경쟁력이 뒤떨어지는 기업은 말할 것도 없고 국가나 민족도 소멸하고 말 것이다."[45]

한국은 1997년 금융위기를 경험한 바 있고, 2008년 이래 세계 금융위기로 또 다시 어려움을 겪으면서 경제안보의 중요성을 뼈저리게 느끼게 됐다. 1997년의 외환위기는 전형적인 경제안보의 실패 사례였다고 할 수 있다. 한국경제의 무역의존도는 어느 나라보다 높다. 때문에 지구촌 저편의 경제위기는 곧바로 국내 경제위기로 나타난다. 경제안보의 실패로 야기된 1997년의 외환위기는 중산층을 대거 붕괴시켰고 정부와 기업에 대한 신뢰를 추락시켰으며 계층 간 갈등을 심화시켜 만성적인 정치 불안을 초래했다. 30여 년 지속돼 온 한국 경제발전의 신화도 깨졌다. 다행히 김대중 정부의 효과적인 경제개혁 조치로 경제위기를 조기에 극복할 수 있었지만 그 후 다시 경제정책을 소홀히 함으로써 적지 않은 구조적 문제들이 아직도 남아 있다.

2008년에 발생한 글로벌 금융위기도 한국의 경제안보에 큰 위협이었다. 하지만 이명박 정부의 선제적이고 적극적인 대응으로 위기를 신속히 벗어남으로써 세계 주요 국가 중 성공적으로 극복한 사례로 평가되고 있다. 그 같은 경제안보의 성공은 1997년 외환위기를 통해 경제안보의 중요성을 깨닫고 적극 대처했기 때문이다.

경제적 상호의존의 증가와 세계경제의 네트워크화 현상이 가속화하면서 경제안보의 중요성은 날로 높아지고 있다. 경제적 경쟁력을 강화함으로써 외부의 충격을 거뜬히 이겨낼 수 있는 체력을 배양함과 동시

---

45) Takung Pao, Janaury 25, 1999 in FBIS-ChI-99-025.

에 외부 위기의 충격을 완화할 수 있는 장치를 갖추고 유사시 기민하게 대응할 수 있어야 한다.

경제안보와 밀접한 관계를 갖는 것이 과학기술의 중요성이다. 걸프전이 보여줬듯이 첨단무기의 발달은 전쟁 개념까지 바꾸고 있다. 한 국가의 과학기술 수준은 경제발전과 국가경쟁력의 핵심 요소일 뿐 아니라 안보역량의 향상에도 결정적으로 중요한 요인이다. 그러나 첨단무기의 개발과 보유는 엄청난 비용이 소요되기 때문에 강력한 경제력이 뒷받침되지 않으면 안 된다. 한국의 주요 산업은 중국과의 경쟁관계에 있다. 그런데 중국은 과학기술에서 한국에 앞서고 있기 때문에 한국의 제조업은 중국으로 인해 야기될 수 있는 경제안보에 대한 대비책을 적극 강구해나가야 한다.

경제안보에서 또 하나 중요한 문제는 자원안보다.[46] 걸프전은 자원전쟁이었다고 해도 과언이 아니다. 중동의 석유생산국이 적대세력이나 알카에다 같은 국제테러 집단에 장악될 경우 한국경제는 물론 세계경제에 큰 재앙이 될 것이다. 지구상의 자원은 한정돼 있지만 인구증가와 소비증대로 자원고갈 현상이 심화하면서 자원의 확보는 중요한 전략적 고려사항이 되고 있다. 특히 중국, 인도 등 방대한 인구를 가진 나라들의 경제성장으로 자원수요가 급증하면서 자원고갈 현상이 급속도로 심화하고 있다. 이로 인해 각국이 자원 확보에 사활을 걸게 되면서 치열한 자원전쟁의 조짐마저 보이고 있다.

1980년대 초까지만 해도 중국의 에너지 수입량은 한국 에너지 수입량의 절반밖에 안 됐지만 현재 중국은 세계 2위의 에너지 수입국이다. 중국이 '세계의 공장'이 됐을 뿐 아니라 도시화와 급속한 자동차 증가로 에너지 소비의 '공룡'으로 등장하면서 세계의 에너지 문제는 심각한 위기에 봉착하고 있다. 도쿄대 첨단기술연구소는 2020년이 되면 중국의 에너지 소비는 세계 소비량의 80%에 이르게 될 것으로 전망했다.

---

46) 로버트 만델 지음 · 권재상 옮김, 앞에서 인용한 책, pp.123-135.

세계의 석유, 가스, 석탄 수출 물량을 중국이 독점한다 해도 부족할 것이라는 계산이다. 중국이 인접한 시베리아와 중앙아시아의 석유 및 가스 개발에 적극 뛰어드는 것은 바로 이 때문이다. 그리고 동중국해와 남중국해에서 인접국들과 영유권 분쟁을 벌이는 것도 에너지 확보라는 이유가 크게 작용하고 있다. 중국은 과거 러시아 국경에 배치했던 군사력을, 상당한 자원을 보유한 것으로 알려진 신장성과 막대한 해저자원이 매장된 것으로 알려진 동중국해 및 남중국해 방향으로 이동 배치했다.

인도, 브라질, 터키 등 다른 신흥공업국들도 향후 20년 간 에너지 소요가 2~3배 증가할 것으로 예측돼 자원 확보에 비상이 걸렸다. 반면 막대한 석유 및 가스 자원을 가진 러시아는 유럽과 우크라이나 등을 대상으로 그들의 양보를 받아내기 위해 에너지 공급을 전략적 무기로 삼고 있다.

이처럼 자원확보 경쟁이 치열해지자 막대한 에너지 자원이 매장돼 있는 것으로 알려진 카스피해 지역과 남중국해 지역은 국제적 분쟁의 대상이 되고 있다. 카스피해 연안 5개국이 자원개발 관할권을 두고 다투고 있다. 러시아는 이 지역이 구소련 영토였던 점을 고려하여 계속 영향력을 유지하려 하고 있으며 미국을 비롯한 유럽 국가들은 이에 맞서고 있다. 남중국해는 난사군도를 둘러싸고 중국, 베트남, 필리핀, 말레이시아, 인도네시아, 태국 등이 영유권 및 자원개발을 두고 갈등을 벌이고 있다. 미국은 이 지역에서 중국의 영향력 확대를 견제하기 위해 관련국들과 긴밀히 협력하고 있다. 중국은 남중국해는 자국 영해며 그 지역에 있는 도서들 또한 자국 영토라고 주장하지만 베트남, 필리핀 등도 비슷한 주장을 하고 있어 관련국들의 입장은 접점을 찾지 못한 채 평행선을 달리고 있다.

남중국해 영토분쟁에 대해 일본은 남중국해가 중국 영해라는 주장을 일축하고 있다. 일본은 한국과 마찬가지로 원유수입의 80% 정도가 이 해역을 통과하기 때문에 중국이 남중국해를 장악한다면 자국의 경제안보에 심대한 타격이 될 것으로 보고 있다.

일본과 중국은 상당한 에너지자원이 있는 것으로 알려진 동중국해의 센카쿠열도(중국명: 댜오위다오) 관할권을 둘러싸고 분쟁을 계속하고 있다. 세계 최대 에너지 소비국인 중국과 일본은 에너지안보를 위해 이 해역에서 물러설 수 없는 입장이다. 일본은 동중국해 대륙붕을 일본 최대, 최후의 석유보고라 부르고 있다. 1968년 유엔 아시아극동경제위원회는 보고서를 통해 이 해역을 제2의 중동이라 칭하였다. 미국의 우드로 윌슨 센터(Woodrow Wilson Center)는 동중국해에 매장된 천연가스는 5조 입방미터, 석유는 1,095억 배럴로 추정하고 있다. 이는 사우디아라비아의 천연가스 매장량의 8배, 석유 매장량보다는 작으나 제2의 산유국인 이라크의 매장량과 비슷하다.[47]

자원안보에서 중시되는 것은 경제발전과 삶의 질 유지에 필수적인 석유, 천연가스, 석탄 등 자원의 확보다. 또한 국가안보에 직접적으로 관련된 자원인 크롬, 코발트, 마그네슘, 플라티늄 등 무기체계 생산에 필수적인 전략광물의 확보도 중시되고 있다. 에너지와 식량은 언제든지 안보를 위협하는 무기로 활용될 수 있다는 점에서 '에너지주권'과 '식량주권'을 보호해야 한다는 개념까지 등장하게 됐다.

한국은 에너지자원의 대부분을 수입에 의존하고 있기 때문에 주요 에너지 생산지역인 중동 지역 안정이 한국의 국가안보와 경제안보에 중요한 의미를 지닌다. 나아가 에너지자원의 안전한 수송을 위한 해양수송로의 보호는 경제안보의 중요한 과제로 등장하고 있다. 한편 한국은 에너지 자급도를 높이기 위해 해외 자원개발에도 투자를 늘리고 있다.

식량안보 또한 경제안보와 국가안보에 중요한 문제다. 한국은 식량자원의 74%를 수입에 의존하고 있는 식량안보 취약국가다. 최근 지구온난화에 따른 이상기후로 식량생산의 차질과 식량자원에 대한 투기

---

47) 박병구, 『한중일 석유전쟁』(한스미디어, 2006), p.190.

(投機) 등이 이뤄지면서 식량가격의 폭등 현상이 나타나 세계적으로 심각한 위협이 되고 있다. 식량가격이 단기간에 두 배 가까이 폭등하면 물가앙등을 초래하여 심각한 정치 · 경제 · 사회적 위기를 초래할 가능성이 있다. 따라서 안정된 식량자원의 확보는 국가의 우선적 과제가 돼야 할 문제다. 현재 한국경제는 국제 경쟁력을 유지하고 있기 때문에 에너지와 식량 등 전략 자원을 확보하는 데 별 문제가 없지만 수출경쟁력이 떨어지는 동시에 에너지와 식량 가격이 폭등한다면 경제 위기뿐만 아니라 정치 · 안보 위기로까지 비화할 가능성도 없지 않다.

한국은 부존자원이 빈약하여 대부분의 에너지 자원과 다른 자원을 수입에 의존하고 있기 때문에 자원안보는 경제안보, 더 나아가 국가안보를 고려해서도 중시돼야 할 문제다. 이를 테면 남중국해 같은 주요자원 수송로의 안정적 관리는 매우 중요한 문제다. 중국 및 일본과의 영토 및 대륙붕 관련 갈등에도 군사안보뿐 아니라 경제안보라는 차원에서 더 큰 관심을 기울여야 한다. 이렇게 볼 때 제주 해군기지 건설은 우리 경제의 생명선인 해양 수송로를 보호하고 영해를 수호하기 위해 대단히 중요한 사안이라는 점을 알 수 있다.

동북아가 세계경제의 중요한 중심지역의 하나로 등장하면서 동북아의 바다는 해양교통의 요충지역이 되고 있다. 특히 한반도는 대립 · 갈등하는 나라들의 해군이 혼재하는 바다로 둘러싸여 있다. 동해에는 미국 제7함대, 러시아 태평양함대 소속함정과 일본함정, 북한함정 등이 항상 떠 있고, 서해에는 중국, 북한, 미국의 함정과 최근에는 일본함정이, 동중국해와 남중국해에는 미국, 중국, 일본, 타이완 및 동남아 국가들의 함정이 떠 있다. 한국은 동해와 서해의 안전은 물론 제주 남방해역의 해로(海路)의 안전이 보장되지 않으면 안 된다.

최근 동아시아 해양질서의 불안은 우리의 국가이익에 중요한 불안요인으로 떠오르고 있다. 주변 강대국들의 해양갈등 심화가 한국 경제를 지탱하는 해양 수송로의 안전을 위협하고 한반도의 안정에도 부정적 영향을 주기 때문이다. 따라서 우리는 국가안보전략의 일환으로 동아시아 해양질서의 안정, 해양 관련 국가이익의 확보, 이를 수호하기 위한 적정 해군력의 육성 등을 내용으로 하는 해양 안보정책을 수립하여 일관되게 추진해야 한다.

경제전쟁의 시대에 경쟁력을 잃으면 쇠퇴하고 만다. 한국은 지속적으로 경쟁력을 강화해야 할 뿐 아니라 수출시장을 다변화하여 어느 한 나라의 시장에 지나치게 의존하지 않도록 해야 한다. 또한 자원전쟁의 시대를 맞이하여 자원의 안정적 확보를 위한 전략과 정책에도 더 많은 관심을 기울여야 할 것이다.

제6절 안보현실에 대한 새로운 인식과 대응의 필요성

우리 사회에는 아직도 북한의 변화 가능성에 기대를 걸면서 북한의 위협을 과소평가하는 사람들이 적지 않다. 특히 김정은 체제가 출범하면서 그러한 기대는 높아지고 있다. 또한 북한이 개방과 개혁을 하지 않으면 안 된다고 생각하는 사람도 많다. 이 점은 합리적인 우리의 결론이고 세계의 결론이지만 북한은 결코 합리적으로 생각하지 않는다는 데 문제가 있다.

김정은 시대의 북한도 달라질 가능성은 희박하다. 핵무기도 포기하지 않을 것이고 중국식 개혁 개방도 하지 않을 것이다. 핵무기는 김정일 강성대국의 상징이며 김정은으로서는 당분간 유훈통치를 해야 하기 때문에 포기할 수 없는 것이고, 또한 패망에 이른 북한이 세계의 5대 산업국가인 한국에 대항할 수 있는 수단이란 핵무기밖에 없기 때문이다.

북한이 개혁과 개방을 하지 않는 보다 근본적인 이유는 개혁과 개방이 김일성왕조의 생존을 근본적으로 위협할 우려가 있기 때문이다. 김일성왕국은 '거짓왕국'이다. 북한은 60여 년이 넘도록 남조선은 미(美) 제국주의의 식민지이고 거지가 득실거리는 '인민의 지옥'이라 선전해 왔다. 반면 북조선은 자비로운 어버이의 보살핌으로 모든 인민이 행복한 '인민의 낙원'이라고 세뇌시켜 왔다. 그러나 남북한의 현실은 그 반대라는 것을 북한정권 수뇌부는 잘 알고 있다. 폐쇄와 통제가 인민을 몽매하게 만들었다면, 개방과 개혁은 인민들의 눈을 뜨게 만든다. 인민들이 남한이 얼마나 자유롭게 잘 사는지, 상대적으로 북한이 얼마나 처참한 지경에 있는지 알게 된다면 정권이 지탱될 수 있겠는가?

성공적인 개혁과 개방을 위해서는 중국과 베트남 수준으로 자유를 허용해야 한다. 한국과 다른 나라의 사업가들이 북한에 가서 자유롭게 활동하도록 보장해야 하고, 북한사람들에게도 경제활동을 위해 외국 방문을 허용해야 한다는 것이다. 이 같이 된다면 북한주민은 어떤 반응을 나타낼 것인가? 북한정권은 인민의 절반 정도를 '적대세력' 내지 '감시대상세력'으로 분류하고 온갖 탄압을 해왔는데, 탄압받던 사람들이 분노하고 봉기할 것이며 많은 사람들이 동조할 것이다. 그리고 많은 사람들이 온갖 수단을 동원하여 북한을 탈출하려 할 것이다. 남북 간의 경제적 격차가 너무도 크기 때문에 북한 주민의 이탈 속도는 동독 주민들의 그것보다 훨씬 더 빨라질 가능성이 높다.

이 같은 위기에 직면하면 북한정권이 택할 수 있는 수단은 무엇이겠는가? 첫째, 개혁과 개방을 포기하고 총칼을 앞세워 무자비하게 탄압할 것이다. 북한판 '킬링필드(killing field)'가 될 가능성이 높다. 둘째로, 연평도 도발보다 더한 대남 무력도발로 전 인민을 전쟁분위기에 묶어두려 할 가능성이 있다. 마지막으로, 한국은 물론 미국, 일본에 대해 핵미사일을 발사하겠다고 위협하는 등 벼랑끝 전술을 쓸 가능성도 높다.

북한을 개혁과 개방으로 유도하여 남북 간의 경제적 격차를 줄여 통일의 길로 나가고자 했던 것은 의도는 좋았을지 모르지만 성공하지 못했다. 어떤 사람들은 한국과 미국의 대북 강압정책 때문이라고 그 책임을 한국과 미국에 전가하기도 하지만 북한이 개방과 개혁을 할 수 없는 이유는 북한체제의 구조적 모순 때문이다. 중국은 20년이 넘도록 막대한 원조를 제공하며 북한에 개혁과 개방을 강력히 권유해왔다. 김정일은 중국을 방문할 때마다 산업시찰을 하며 찬사를 쏟아냈지만 북한에 근본적인 변화는 없었다. 그는 중국의 권유에 못 이겨 산업현장을 방문했지만 북한을 변화시킬 생각은 애초에 없었던 것이다. 그가 파탄에 빠진 경제문제를 해결하려는 생각을 하고 있었다면 스스로 중국의 산업현장을 방문하고 중국의 발전을 벤치마킹했을 것이다.

김일성왕조 최후의 순간이 다가올수록 한국의 안보는 위태로워질 가능성이 크다. 그들은 잘 사는 우리를 시기와 분노의 눈길로 바라보고 있다. 북한은 전시체제하에서 지속적으로 핵무기를 제조하고 있는 나라다. 인민의 식량난을 해결할 생각은 않고 대한민국을 파멸시키기 위해 방대한 조직과 인력과 예산을 쏟아붓고 있다. 더구나 우리 사회 내부에 북한의 선전선동에 동조하는 세력이 활개 칠수록 북한은 대한민국을 뒤흔들고 파멸시키기 위해 무력도발과 '남조선혁명'을 위한 공작활동을 멈추지 않을 것이다.

김정은 정권의 생존가능성이 불분명한 가운데 북한은 대내외적으로 불안정성과 불확실성이 높아지고 있기 때문에 그들은 체제위기를 모면하기 위해 다양한 형태의 대남 도발과 공작활동을 지속적으로 전개할 것이다. 동시에 북한이 체제위기를 극복하지 못하여 급변사태가 일어날 가능성도 없지 않다.

동북아 정세도 긴장과 갈등이 고조되고 있다. 영토문제와 역사문제 등으로 한국과 일본, 중국과 일본 간에 갈등이 표면화하고 있다. 남중국해 도서와 해양자원 영유권을 둘러싼 중국, 베트남, 필리핀 간의 갈등도 심상치 않다. 일본과 러시아 간에도 영토문제를 둘러싼 갈등이 언제 표면화할지 모른다. 급속한 경제성장에 힘입어 중국이 지역 내 패권추구 경향이 노골화하면서 이에 대응하여 미국은 아시아중시전략을 펴고 있고 일본도 민감하게 대응하고 있다.

세계경제도 잇따른 위기로 소용돌이치고 있다. 기업 간, 국가 간 생존을 건 치열한 경쟁의 결과다. 뿐만 아니라 에너지, 식량, 전략광물 등 전략자원 확보를 위한 경쟁도 심화하고 있다. 무역과 자원의 대외의존도도 높은 한국에게 경제안보도 심각한 도전이 되고 있다.

전통적으로 안보위협이라고 하면 주로 군사적 위협을 중시하는 경향이 있었다. 그러나 북한의 대남전략은 군사적 위협 못지않게 비군사적 위협이 훨씬 더 중요한 위치를 차지해왔다. 그럼에도 불구하고 한국의 안보이념이나 안보전략은 군사부문에 치우치고 비군사적 위협은 등한시해 왔다고 할 수 있다. 이 책은 북한의 비군사적인 위협은 물론 북한의 대남전략에 동조하거나 사실상 지원하고 있는 대내적 위협을 정치안보라는 측면에서 중시하고 있는 것이다.

또한 한국은 북한문제에 대응하는 데 몰두하면서 한반도를 넘어서는 국가안보전략은 지극히 불분명한 상태에 있다. 그리고 군사적 대응 외에 북한의 비군사적 전략에 대한 대응전략은 허술하기 짝이 없다. 설상가상으로 5년마다 바뀌는 정부는 대외정책의 연속성과 일관성보다는 전임정부와의 차별화에 급급했다. 남남갈등도 심각하여 대외정책의 수립과 추진을 어렵게 하고 있다.

이러한 가운데 3년 후(2015년 12월)면 전시작전통제권이 전환돼 우리의 안보는 우리가 책임지고 해결하지 않으면 안 된다. 따라서 2013년 출범하는 새 정부는 한국의 안보현실이 직면한 당면과제를 관리할 수 있는 국가안보의 전략과 정책을 효과적으로 수립하고 관리할 수 있는 체제를 갖춰야 할 것이다.

제8장

국가안보와 국민의식

제1절 한국인의 안보의식 실태

국가안보에서 군사력이나 경제력이 차지하는 중요성은 부인할 수 없다. 하지만 그에 못지않게 중요한 것은 자기 나라를 스스로 지키겠다는 국민들의 정신전력이다. 역사적으로 우세한 군사력을 보유했음에도 정신전력이 미약하여 패망한 경우가 허다했다. 중국 본토에서 국민당 정부군이 그랬고, 월남의 경우도 마찬가지다. 우리 안보가 당면하고 있는 가장 큰 문제는 국민 안보의식 문제라고 해도 과언이 아닐 정도로 국민들의 정신전력은 이완되어 있다.

우리는 남북 간의 사상전 대결에서 무방비 상태라 해도 과언이 아니다. 햇볕정책 이후 북한은 협력하고 지원해야 할 대상이라는 인식이 확산되면서 안보불감증이 만연돼 있는 것이다. 북한이 우리의 적인지 협력의 대상인지 헷갈린다면 그들의 도전에 올바로 대응할 수 있을 리 없다.

한반도처럼 분단되어 남북한이 대치하고 있는 상황에서 안보의식의 형성은 그리 간단한 것이 아니다. 그것은 국가관, 즉 자신이 갖고 있는 국가에 대한 자긍심, 소속감, 충성심 등과 밀접한 관계를 맺고 있다. 국가관은 국가의 역사에 대한 인식에 큰 영향을 받기 때문에 역사관도 안보의식에 중요한 영향을 미친다. 이에 덧붙여 한국 안보를 위해 중요한 역할을 해온 한미동맹과 미국에 대한 태도 또한 우리의 안보의식에 적지 않은 영향을 미치고 있다.

1. 국가관

국가관이란 자기 나라에 대해 자긍심과 애착심을 느끼며 필요시 나라를 위해 봉사하고 헌신하려는 태도를 말한다. 국가관이 확고할수록 안보의식도 높아질 가능성이 큰 것이다. 여기서는 한국인의 국가관을 여론조사에 나타난 것을 중심으로 살펴보고자 한다.

한국국방연구원이 실시한 2010년도 「국방에 대한 국민안보의식」에 관한 여론조사를 보면, "나는 한국인이라는 사실이 자랑스럽다"는 진술에 대해 긍정적으로 답변한 비율은 64.4%이지만, 부정하는 비율도 35%나 되어 국민 3명 중 1명이 국가에 대한 자긍심을 느끼지 못하고 있다는 것을 알 수 있다. 또한 "자유민주주의 체제를 지키기 위해서 나를 희생할 수 있다"는 진술에 대해 동의하지 않는다는 응답이 무려 53.3%나 되어 적어도 국민 절반이 대한민국 헌법에 규정된 체제 이념에 대해 확신을 갖지 못한 것으로 나타났다. 이 질문에 대한 응답에서 세대별로 큰 차이를 보인다. 50대는 83%가 이 질문에 대해 긍정하고 있지만 10~30대는 절반 정도에 그치고 있어 젊은 세대일수록 체제 이념에 대한 확신이 약하다고 할 수 있다.[1)]

---

1) 김구섭 편, 『국민 안보의식 진단과 처방』(한국국방연구원, 2011), pp.238-239.

대한민국의 자유민주체제와 북한의 공산주의/주체사상 체제 간의 차이를 분명히 이해하고 자유민주체제의 우수성을 확신하지 못했기 때문이다. 미국의 경제학자들은 남북한을 비교하면서 같은 민족으로 출발했지만 북한은 상당한 공업시설과 풍부한 자원을 보유하고 있었으면서도 철저히 실패한 반면, 오히려 여건이 크게 불리했던 한국이 세계의 주목을 받을 만큼 놀라운 발전을 이룩한 것은 체제 차이 때문이라고 결론을 내린 바 있다.[2)]

우리나라는 객관적 기준으로 볼 때 매우 발전한 나라지만 많은 사람들은 이 점을 실감하지 못한다. 오히려 어느 나라보다 현실에 대한 불평과 불만이 많다. 미국 워싱턴에 있는 퓨 리서치센터(Pew Research Center)가 2007년 7월 47개국 국민들의 국가만족도를 조사한 결과, 한국은 만족도가 9%에 불과하여 43위로 최하위 수준을 기록했다. 놀랍게도 우리 국민들의 국가만족도는 불가리아(9%), 우크라이나(9%), 레바논(6%), 팔레스타인(5%) 등 세계에서 가장 어려운 처지에 있는 나라들과 어깨를 나란히 하고 있다.

정부에 대한 신뢰는 국가관의 바로미터다. 한국인들은 정부에 대한 불신도 매우 높다. 2010년 3월 사회통합위원회가 2천여 명을 대상으로 공공기관에 대한 신뢰도를 조사한 결과를 보면, 국회와 정당을 신뢰한다는 비율은 3%, 정부는 19.6%, 법원은 16.8%로 나타났다.[3)] 민주공화국 정부의 3대 기둥인 입법 · 행정 · 사법부에 대한 국민 신뢰도가 이 정도라면 대한민국 정체(政體)는 실로 위기에 처해 있다고 할 수 있다.

정부 불신은 곧 국가에 대한 자긍심이나 애국심의 약화로 나타난다. 한국은 모든 면에서 엄청나게 발전하여 선진국과 비교해도 손색이 없을 정도가 됐지만 현실에 대한 불만은 후진국 못지않게 높은 편이며,

---

2) Daron Acemoglu and James A. Robinson, *Why Nations Fail* (New York: Brown Business, 2012).

3) 『동아일보』, 2010년 3월 20일자.

특히 '한국 사회에 지쳤다,' '한국을 포기하고 싶다'는 말이 30~40대 입에서 거침없이 나오는 것을 보면 보통 심각한 사회적 위기가 아닐 수 없다. 직장도, 자녀교육도 희망이 없다며 한국을 등지려는 사람들이 많은 것은 분명 경계해야 할 일이다. 이처럼 사회적 불만이 지속되면서 경제성장률 저하, 사회갈등 심화, 이혼 증가, 자살률 증가 등 부정적인 사회적 현상들이 증가하고 있다.

청소년들의 국가관은 나라의 미래를 좌우하기 때문에 모든 나라에서 지대한 관심사가 되고 있다. 과연 우리 청소년들의 국가관은 어떤가? 2001년 한 대학신문이 17개 국내 대학에 재학중인 학생들을 대상으로 실시한 설문조사 결과 또한 충격적이다. 프랑스 대학생의 80%, 러시아와 캐나다 대학생의 78.6% 및 75.9%가 "다시 태어나도 자기 나라를 택하겠다"고 응답한 반면, 우리 대학생의 절반 이상(51.4%)은 "다시 태어난다면 우리나라를 택하지 않겠다"고 답변했다.[4] "민족"을 절대 가치로 교육받아 온 최고 학부의 젊은이 절반 이상이 우리나라를 "다시 태어나고 싶지 않은 나라"로 생각하고 있는 것이다. 이 정도로 우리나라 젊은이들의 국가에 대한 소속감과 충성심이 희박하다는 사실은 여간 심각한 문제가 아니다.

젊은 세대를 대상으로 한 또 다른 설문조사에서 "기회가 주어진다면 이민 갈 의향이 있느냐"는 질문에 동의한 한 사람은 45.8%에 이르렀다. 특히 20대 여성은 71.4%가 그렇다고 답변하여 젊은 세대의 국가관이 얼마나 심각한가를 잘 말해주고 있다. 운동경기장에서 외국팀과 경기를 할 때면 태극기를 열렬히 흔드는 등, 애국심이 무척 강한 것 같지만 실제로 나라가 위기에 처했을 때 이를 외면하려는 사람들이 다수여서 그 같은 애국심은 즉흥적이고 피상적인 것에 불과하다고 볼 수 있다.

---

4) 『중앙일보』, 2003년 8월 8일자.

2. 역사관

우리 국민 대부분은 6 · 25 이후 세대다. 전쟁을 직접 겪은 선배 세대와 달리 많은 국민들은 전쟁 전후 상황에 관해 잘 모른다는 것이다. 6 · 25전쟁에 대해 잘 모르고 남북한이 왜 대결하고 있는지도 모른다면 북한이 우리를 위협하고 있다는 사실은 어떻게 납득하겠는가? 대한민국이 자랑스러운 발자취를 걸어왔다는 확신이 서지 않는다면 그런 나라를 위해 목숨 바쳐 싸우겠다는 생각을 어떻게 하겠는가? 다시 말하면, 올바른 역사관이 결여되어 있다면 올바른 국가관을 기대하기도 어려운 것이다. 여기서 중요한 점은 역사관의 초점이 대한민국 건국 이후의 역사에 맞춰져야 한다는 것이다. 우리 사회에서 논란의 대상이 되고 있는 내용이 대체로 현대사와 관련된 것이기 때문이다.

올바른 역사관을 가지려면 남북한이 어떻게 각기 다른 길을 걷게 됐으며, 6 · 25전쟁은 왜 일어났고 그때 이래 남북이 첨예한 대결을 벌이게 된 이유를 분명히 알아야 한다. 6 · 25전쟁은 대한민국 역사상 발생한 10대 사건 가운데 으뜸을 차지할 정도로 중요한 사건이지만 6 · 25전쟁에 대한 사실조차 모를 정도로 역사의 '문맹자'가 너무 많다.

한국국방연구원이 2010년 5월 한국리서치에 의뢰하여 실시한 6 · 25전쟁에 대한 인식조사를 보면, 국민 10명 중 3명은 6 · 25전쟁이 일어난 연도를 모르고 있었다. 특히 15~19세 연령층에서는 53%, 20대에서는 50% 정도가 6 · 25전쟁이 일어난 해를 모르고 있었다. '9 · 28 서울수복'에 대해서는 15~19세 연령층의 72.9%, 20대의 47.3%가 '처음 들어보았다'고 했고, '7 · 27 휴전협정'에 대해서는 15~19세 연령층의 56.7%, 20대의 37.8%, 30대의 37.4%가 '처음 들어보았다'고 답했다.[5)]

동아시아연구원(EAI)과 한국리서치가 2010년 5월 공동 실시한 의식조사에서 "6 · 25전쟁이 일어난 가장 큰 책임이 누구에게 있다고 생각

5) 김구섭, 앞의 책, p.227.

하는가"라는 질문에 북한이라고 응답한 비율은 51.7%였지만 미국이라고 한 비율도 19.2%나 됐다. 같은 질문에 대해 10~40대에서는 북한이라는 응답이 40~46%, 미국이라는 응답이 24% 정도 나왔다. 즉 10~40대의 4명 중 1명이 6 · 25전쟁의 책임을 미국에 돌리고 있는 것이다.[6)]

『월간중앙』이 2007년 7월 서울의 초등학생 3,600여 명을 대상으로 실시한 설문조사에서 "6 · 25가 일어난 시대를 삼국시대, 고려시대, 조선시대, 현대 중에서 고르라"고 했더니 조선시대를 선택한 어린이가 37.8%, 삼국시대 5.5%, 고려시대 7.4%라고 하여 응답자의 절반 이상이 6 · 25전쟁이 일어난 시기조차 모르고 있었다. 행정안전부가 2008년 6월 중고교생을 대상으로 한 설문조사에서도 6 · 25전쟁 발발 연도를 모르는 학생이 57%에 달했고, '6 · 25전쟁은 북한에 의해 일어났다'는 주장에 동의한 학생은 48.7%에 불과했으며 일본에 의해 일어난 전쟁 13.5%, 미국에 의한 전쟁 13.4% 라고 각각 대답했다.[7)]

이처럼 국민 다수가 한국 현대사에 대해 무지하기 때문에 대한민국을 수호하고 대한민국의 안보를 위해 크게 공헌한 이승만 대통령과 박정희 대통령을 제대로 평가하기 어려울 것이다.

3. 안보관

올바른 안보의식이란 국민 각자가 안보위협에 대해 객관적인 판단능력을 갖추고 위기시 나라를 지키겠다는 확고한 신념을 지니고 있는 것을 말한다. 우리의 안보의식이 얼마나 취약한가는 천안함 사건을 통해 여실히 드러났다.

국민 일부는 천안함 폭침사건에 대한 국제민군합동조사단의 조사결

6) 같은 책, pp.232-233.
7) 같은 책, p.215.

과를 믿지 않고 천안함 사건은 '남한 정부의 자작극'이라는 북한의 선전에 동조하는 사람도 적지 않았다. 천안함 사건에 대한 조사 결과가 발표됐음에도 누가 천안함을 폭침시켰는지 모른다는 응답이 국민 5명 중 1명(23%)이고, 북한이 대낮에 연평도에 무차별 포격을 했음에도 북한에 책임이 있다는 의견에 동조하지 않는 응답이 국민 10명 중 한 명(13%) 이상이라는 것은 어떠한 경우에도 북한을 적대시하지 않으려는 사람들의 비율이 무시할 수 없을 정도라는 것을 말해준다.[8] 천안함 폭침 이후 실시된 지방선거에서 전쟁이 날까 우려하여 평화세력을 자처했던 야당 후보들을 지지한 사람들이 적지 않았다는 것은 북한의 대남 도발전략이 먹혀들고 있다는 증거다. 종북 및 친북 세력은 평화세력 대 전쟁세력이라는 이분법적 구도로 안보 여론을 오도해왔다. 이들은 자주 · 반미 · 반전 · 평화 · 통일이라는 코드로 국가안보와 한미동맹을 부정하거나 폄하하고 왜곡해왔던 것이다.

2010년 9월 서울대 통일평화연구소가 발표한 「2010 통일의식 설문조사」에 따르면, 천안함 사건과 관련된 정부발표를 신뢰하는 응답자는 32.5%에 불과했던 반면, 그것을 신뢰하지 않는 응답자는 35.7%나 됐고, 반신반의한 사람도 31.7%나 됐다. 이처럼 북한의 억지주장이나 종북 및 친북 세력의 주장에 동조하는 비율이 30% 이상이라는 것은 심각한 문제다. 천안함 폭침이 북한의 소행이라는 정부의 조사 결과에도 불구하고 국론은 오히려 분열과 대립으로 치달았던 것이다.

일반적으로 국가적 위기 상황에서는 국론결집 현상이 나타나고 정부에 대한 지지율도 높아진다. 예컨대, 2001년 9 · 11테러 이후 부시 대통령에 대한 지지도는 51%에서 86%로 급상승했고 그의 높은 지지율은 2003년 3월까지 지속됐다. 그러나 한국의 경우 연평도 포격 이후 이명박 대통령에 대한 지지율은 오히려 떨어졌다. 심각한 남남갈등으로 인해 반정부세력이 북한을 비난하기보다 북한의 도발을 정부의 '잘못된'

8) 같은 책, p.67.

대북정책 탓으로 돌렸기 때문이다.

이 같은 우리 정치권의 행태는 임진왜란이나 병자호란 당시 적의 침공에도 불구하고 당파싸움을 벌였던 선조들의 행태와 별반 다르지 않다고 할 수 있다. 더구나 참여연대라는 시민단체가 우리 정부의 천안함 사건 조사 결과에 대해 의혹과 문제점을 지적한 서한을 유엔 안전보장이사회 의장에게 보낸 일은 국가안보에 있어 국론통일이 기본이며 외교행위는 정부에 의해 이뤄져야 한다는 기본조차 망각한 행위였다.

대한민국 건국 이래 안보위협의 대부분은 북한으로부터 비롯됐다. 때문에 북한을 어떤 대상으로 인식하는가는 국민 안보의식을 형성하는 핵심 요소다. 한국국방연구원이 실시한 2010년도 국민 안보의식 조사에서 우리 국민의 절반 정도(48%)는 북한을 "협력할 수 있고, 적대도 할 수 있는 대상"으로 생각하고 있었고, "기본적으로 협력해야 할 대상"(22.7%)까지 합치면 국민 3명 중 2명이 북한을 경계하기보다는 협력의 대상으로 인식하고 있었다. 세대별로는 젊은 세대일수록 북한을 협력대상으로 인식하는 경향이 높았다.[9)]

북한에 대한 이 같은 태도는 국민 안보의식에 적지 않은 혼란을 초래하고 있다. 민주화 이래 북한에 대한 경계 심리는 누그러졌고 이로 인해 국민 안보의식은 결정적으로 약화됐다. 연평도 포격 이후 일시적으로 국민들의 안보경각심이 높아진 것은 사실이지만 이것을 근본적인 안보의식 변화라고 보기는 어렵다. 천안함 사태와 연평도 포격 도발 이후의 여론조사에서 우리 국민 다수는 대체적으로 북한에 대한 강경대처(42.7%)보다 화해협력 강화(55.2%)를 더 선호하고 있는 것으로 나타났기 때문이다.[10)]

행정안전부가 2008년 6월 실시한 '청소년 안전 · 안보의식 실태조

---

9) 같은 책, pp.37-38 및 pp.244-245.

10) 한국국방연구원,「북한의 연평도 포격 도발 관련 여론 동향」, 현안 조사분석 리포트 10-07(2010. 11. 30).

사'에 의하면, 우리 청소년(중고생)들의 안보의식은 커다란 문제를 지니고 있다는 점을 알 수 있다〈표 8-1〉.

이 조사에서 나타난 청소년들의 안보의식은 다음과 같은 문제점을 나타내고 있다. 첫째, 역사적 사실에 무지하다는 것이다. 6 · 25전쟁은 한국 현대사에서 가장 비극적인 사건이었음에도 전쟁이 언제 일어났는지 모르는 학생이 절반을 넘었고, 또한 전쟁을 일으킨 국가가 북한이라는 사실을 알고 있는 학생이 절반에도 미치지 못하고 있다는 점은 청소년들의 빈약한 역사의식 수준을 말해주고 있다.

둘째, 우리나라의 안보에 위협이 되는 국가가 어떤 나라인지 절대 다수 청소년들이 제대로 인식하지 못하고 있다는 점이다. 수시로 '서울 불바다' 또는 '전쟁불사'를 외치며 실제로도 무모한 군사적 도발을 감행하는 북한보다도 군사동맹국으로 한국안보의 든든한 파트너 역할을

〈표 8-1〉 청소년 안보의식

설문 항목	응답 내용
6 · 25전쟁 발발 연도	모른다 (56.8%)
6 · 25전쟁을 일으킨 국가	북한 (48.7%) 일본 (13.5%) 미국 (13.4%) 등
우리 안보에 가장 위협적인 국가	미국 (28.4%) 일본 (27.7%) 북한 (24.5%) 등
북한의 군사력 증강	위협적 (55.8%) 비위협적 (40.6%)
우리 안보를 위해 협력해야 할 국가	미국 (34.6%) 북한 (22.3%) 등
전쟁 시 한국을 도와줄 국가	미국 (67.3%) 일본 (7.1%) 북한 (7.1%) 등

출처: 행정안전부, '청소년 안전 · 안보의식 실태조사'(2008.6)

해온 미국과 주한미군의 후방기지 역할을 하고 있는 일본을 더 위협적이라고 인식하고 있을 정도로 젊은이들의 대북관과 안보관은 위험수위에 있다.

셋째, 핵무기 개발 등 북한의 군사력 증강에 대해 위협적이라고 인식하는 비율이 절반을 약간 넘을 정도로 북한의 군사적 위협에 대한 인식이 부족하다. 마지막으로, 우리 청소년들은 동맹국과 적대국에 대한 인식이 불분명하다. 우리 안보를 위해 협력해야 할 국가로 미국(34.6%)을 지목한 학생이 북한(22.3%)을 선택한 학생보다 조금 많을 정도다. 그럼에도 전쟁 시 우리나라를 도와줄 국가로 미국을 지목한 학생이 67.3%에 이르고 있어 미국에 대한 막연한 안보의존 심리를 나타내고 있다고 볼 수 있다.

한국청소년정책연구원이 2008년 3월 전국 중 · 고교생(1,640명)들을 대상으로 실시한 안보의식에 대한 설문조사에 따르면, 북한의 핵무기에 대해 '폐기돼야 한다'(44%)는 응답도 많았지만 '북한 입장에서 핵무기 보유 불가피' 21.2%, '통일 후 우리가 보유' 23%, '북한이 우리에게는 쓰지 않을 것' 4.6% 등 지극히 안이한 인식을 나타내고 있다. 또한 응답자의 68.3%가 '북한을 신뢰할 수 있다'고 생각하는 등 친북적 성향도 보여주고 있으며, 통일에 가장 큰 장애가 되는 나라로 미국을 지목한 학생이 무려 42.7%로 반미(反美) 성향도 상당히 높았다. 이 같은 청소년들의 잘못된 안보의식은 전교조 교사들에 의한 좌파 민족주의 교육 때문인 것으로 판단된다. 이처럼 상당수의 청소년들이 이념의 색맹(色盲)이 되어 북한의 위협을 전혀 위협으로 인식하지 못하고 있는 것이다.

『조선일보』가 2005년 광복절을 전후하여 16~25세 청소년을 대상으로 실시한 설문조사를 보면 청소년들의 안보관이 얼마나 한심한가를 알 수 있다. 이 조사에서 '북한과 미국이 싸운다면 어느 편을 들겠는가?"라는 질문에 '북한 편을 들겠다'고 답변한 청소년은 놀랍게도 65.9%에 달했다. 또한 63.9%가 북한을 '좋아한다'고 응답했고 80.7%

는 북한을 '협력과 지원의 대상'이라고 했다. 이와 반대로 북한을 '위험한 대상'이라고 보는 청소년은 14%에 불과했다.

전쟁 발발 시 참전 의사는 국가수호 의지와 직결된다. "만일 우리나라에서 전쟁이 일어나면 어떻게 하겠는가"라는 질문에 대해, '군대에 들어가 직접 싸우겠다'는 응답은 15%, '직접 싸우지는 않더라도 군대를 돕겠다'는 응답이 62.7%로 적극적으로 대응하겠다는 의견이 77.7%였던 반면, '전쟁이 없는 국내 다른 지역으로 피난가겠다'(15.1%)거나 '외국으로 피난가겠다'(5.8%)는 소극적인 의견을 나타낸 젊은이들도 20.9%에 달했다. 전쟁 발발 시 직접 싸우거나 군대를 돕겠다는 응답은 50대의 95.7%, 40대의 86%에 반해 20대는 64%에 불과했다. 다시 말하면, 유사시 직접 싸워야 할 20대의 3명 중 1명은 국가수호 의지가 희박하다는 것이다.[11)]

우리 청소년의 낮은 안보의식은 주변국과의 비교에서도 뚜렷하게 나타난다. 한국청소년개발원이 2006년 한국, 중국, 일본 등 세 나라 대학생과 중고교 학생 3,000명을 대상으로 '전쟁 및 국가위기 시 행동에 대한 청소년 의식'을 조사한 결과를 보면 너무나 충격적이다. 먼저 "전쟁이 나면 어떻게 행동할 것인가"라는 질문에 일본 청소년은 44%가 앞장서 싸우겠다고 답변한 데 비해 우리 청소년들은 중국 청소년의 14.4% 보다도 낮은 10.2% 만이 나가 싸우겠다고 했다. "상황을 봐가며 결정하겠다"는 기회주의적 태도를 가진 청소년도 34.4%나 되어 중국 24.6%, 일본 11%에 비해 훨씬 높았다. 반면 "외국으로 도피하겠다"는 응답자는 우리나라의 경우 10.4%로 일본 1.7%, 중국 2.3%에 비해 5배가 넘었다.

한국의 안보여건이 일본이나 중국보다 훨씬 더 위험한 상황에 처해 있다는 사실을 고려할 때 우리 청소년들의 희박한 안보의식은 심각한 문제가 아닐 수 없다. 같은 나이 또래의 북한 청소년들에게 이런 질문

---

11) 김구섭, 앞의 책, p.241.

을 한다면 어떤 답이 나올지 분명하다. 북한 청소년들은 남한을 해방시키기 위해 목숨을 바칠 각오가 되어 있는데 상당수의 우리 청소년들은 싸울 생각조차 안하고 있는 것이다.

4. 동맹관

한국안보에서 한미동맹, 즉 미국의 역할은 결정적으로 중요했고 앞으로도 그럴 것이다. 그러나 우리 사회에서 미국에 대한 한국인의 부정적 인식은 상당히 높은 편이다. 퓨 리서치센터가 2000년대 들어 세계 48개국의 국민을 대상으로 미국에 대한 호감도를 조사한 결과를 보면, 한국의 응답자는 2000년에는 58%, 2002년에는 53%, 2003년에는 46%가 미국을 싫어하는 것으로 나타났다. 특히 국민들의 절반 이상이 미국에 대해 부정적인 인식을 드러낸 10여 개국 가운데에는 늘 한국이 섞여있었다.[12] 그래서 한국은 미국의 동맹국 중에서도 가장 격렬한 반미운동을 하는 나라로 알려졌다.

2004년 5월『동아일보』가 실시한 여론조사에 의하면, 미국에 대한 호감도보다도 중국에 대한 호감도가 높은 것으로 나타났다. 미국이 '좋다'와 '싫다'의 비율은 22.8% 대 16.2%인 반면, 중국의 그 비율은 각각 28.0% 대 11.8%로 중국에 대해 좋다는 비율이 미국보다 앞섰다. 더욱이 경제(중국 61.6%, 미국 26.2%)는 물론 외교안보 측면에서 가장 중시해야 할 나라로 더 많은 사람들이 미국(38.1%)보다 중국(48.3%)을 꼽았다.

뿐만 아니라 2004년도 육군사관학교 신입생을 대상으로 실시한 설

---

12) Pew Research Center, *What the World Thinks in 2002* (Washington, D.C.: The Pew Research Center, 2002); Pew Research Center, *Views of a Changing World 2003* (Washington, D.C.: The Pew Research Center, 2003).

문조사에서 한국의 주적(主敵)이 어느 나라인가라는 질문에 미국이라고 응답한 생도가 34%로 북한이라고 대답한 생도(33%)보다 많았다는 사실은 충격적이다. 이들은 주로 전교조 교사들르부터 그렇게 배웠다고 한다. 같은 해 국방부가 입대하는 신병들을 대상으로 한 의식조사에서도 신병의 75%가 반미감정을 표출했고 자유민주주의 체제가 우월하다고 생각하는 신병은 36%에 불과했다. 이처럼 미국에 대한 부정적인 인식을 지니고 있기 때문에 갖가지 형태의 반미시위로 나타나고 있는 것이다.

그러나 최근 수년간 한국인의 대미 인식은 크게 호전됐다. 워싱턴 소재 여론조사 기관인 퓨 리서치센터의 세계여론조사에서 나타난 한국인의 대미 호감도는 2009년 78%, 2010년 79%로 상위권이다.[13] 이 같은 결과는 2007년의 58%로부터 크게 상승한 것이다. 이처럼 미국에 대한 변화된 한국인의 태도는 주한미군의 주둔에 대해서도 90% 내외의 지지율을 보이며 호전됐다. 그러나 민족공조를 우선시하는 정권이 등장한다면 반미정서가 또 다시 높아질 가능성을 배제하기 어렵다.

5. 안보의식의 평가

이상에서 살펴 본 바와 같이 국민의 안보의식에는 다음과 같은 문제점들이 나타나고 있다. 첫째, 적지 않은 사람들이 적과 우방을 혼동하고 있어 유사시 우리 안보는 엄청난 위험에 빠질 가능성이 있다. 남북한은 현재 휴전상태에 있지만 엄연한 교전당사자다. 미국은 우리와 함께 북한의 전쟁도발을 억제하고, 억제가 실패할 경우 북한의 침략에 맞서 함께 싸워줄 우리의 군사동맹국이다. 그러나 일부 국민들은 미국을

13) http//www.pewglobal/database/?indicator=1&survey=8&response=Favorable(검색일: 2012년 8월 7일).

위협으로 생각하고 반미운동이나 적대행위를 하며 미군 철수를 주장하고 북한에 대해서는 위협이 아니라고 강변하며 북한의 주장을 대변하고 있다. 이 같은 상황에서 전쟁이 일어난다면 적의 대남 심리전에 속수무책이 되어 엄청난 어려움에 봉착하게 될지도 모른다.

북한은 왜 집요하게 민족공조를 주장하며 한미동맹을 이간질하고 미군 철수를 주장하는가? 그것은 바로 우리로 하여금 적과 우방을 혼동하게 만들려는 것이다. 그들은 미군철수를 '민족해방'이라 주장한다. 민족해방은 적화통일전략의 선결조건이다. 1949년 한국에서 미군이 철수한 후 1년 만에 북한이 남침했고, 월남도 미군이 철수한 후 공산화했다는 사실을 상기할 필요가 있다.

둘째, 한반도에 전쟁 발발 가능성이 없다는 근거 없는 낙관론도 문제다. 남북 간의 경제적 격차가 크기 때문에 북한이 전쟁을 일으키지 못할 것이라고 여기는 것은 전쟁예방 차원에서 볼 때 매우 위험한 생각이다. 더구나 북한이 같은 민족을 대상으로 핵무기를 사용하지 않을 것이라는 것도 너무도 감상적이며 위험한 생각이다. 『21세기 전쟁(*On War in the 21st Century*)』을 저술한 토마스 햄즈는 월남전 등 수많은 전쟁사례 연구를 통해 "국력 격차가 아무리 커도 정치적 목적을 위해 전쟁을 기획하고 결심할 수 있다"는 결론을 내린 바 있다. 한국과 북한의 국력 격차가 크기 때문에 북한은 전쟁 능력이 없다는 안일한 생각이 역으로 북한으로 하여금 우리 안보태세의 허점으로 인식케하여 전쟁을 감행할 수도 있다는 점을 명심해야 한다.

셋째, 전쟁이 발발했을 때 젊은이들이 나가서 싸우겠다는 의지가 박약하다. 나라에 대한 자긍심과 애착심이 희박한데 목숨 바쳐 지킬 가치가 있다고 생각하기는 어렵다. 청년들의 호국의지와 참전의지 약화는 곧 우리 군의 정신전력 약화로 이어진다. 중국의 국공내전이나 월남전의 사례에서 군사력의 우열이 아니라 정신전력이 승패를 결정했다는 사실을 잊어서는 안 된다.

그렇다면 국민 안보의식이 이처럼 약화된 원인은 무엇인가. 무엇보다도 먼저 지적할 수 있는 것은, 6 · 25전쟁을 체험한 세대가 그 체험을 다음 세대에게 알려주는 가정교육이 미흡했고 또한 그들 대부분이 사라졌기 때문이다. 이에 따라 세대 간 안보의식의 균열현상을 드러냈고 안보쟁점이 발생할 때마다 국론분열 양상을 나타내고 있는 것이다.

둘째, 동유럽 공산체제 붕괴, 한국사회의 민주화, 그리고 우리 정부의 대북 유화정책 등이 동시에 진행되면서 상호작용을 일으켰기 때문이다. 1980년대 이전의 정권에서 안보를 지나치게 강조하는 경향이 있었기 때문에 그 반작용으로 민주화 이후에는 안보를 부정적으로 인식하거나 경시하는 경향이 두드러졌다. 안보의 중요성을 강조하는 것은 민주주의에 역행하는 것으로 잘못 인식되기도 했다. 국제적인 탈냉전과 대내적인 민주화 분위기 하에 대북 유화정책이 추진되면서 북한은 대한민국을 파멸시키고자하는 적대세력이 아니라 통일을 위한 협력 대상이라는 인식이 확산된 것이다.

셋째, 교육의 부실 때문이다. 한국현대사와 대한민국 헌법이념, 즉 자유민주체제에 대한 교육의 부실로 올바른 국가관과 역사관이 형성되지 못했다. 역사교육과 안보교육은 경시하면서 통일교육지원법을 제정하여 체계적인 통일교육을 실시함으로써 국민의 안보의식은 더욱 희박해질 수밖에 없었다.

넷째, 젊은 세대들이 안보에 대한 왜곡된 정보에 접하게 됐기 때문이다. 일부 교사들이 왜곡된 국가관과 통일관을 주입시키고 친북 및 종북 단체들이 북한의 선전자료를 확산시키는 등 잘못된 정보가 범람하고 있기 때문이라는 것이다.

다섯째, 조선왕조의 취약점이었던 안보경시 풍조가 아직도 남아 있기 때문이다. 조선왕조에서 양반 지배계급이 병역의무를 기피했듯이 지금도 일부 지도층 인사들은 병역의무를 기피하고 있다. 더구나 격렬한 반미운동을 하면서도 주한미군이 있는 한 안보에 대해 우려할 것이 없다는 안보의존심리가 팽배해 있다. 이 같은 안보경시풍조와 안보의존심리는 조선조 이래의 뿌리 깊은 현상이기 때문에 쉽게 해결되기도 어렵다고 본다.

마지막으로 우리 사회에 만연한 안보불감증에 대한 정부의 책임도 크다는 점을 지적하지 않을 수 없다. 과연 정부는 국민의 안보의식 제고를 위해 어떤 노력을 해왔는지 반성의 여지가 크다고 할 것이다. 예컨대 정부는 한국 역사 과목을 선택과목으로 바꾸고 수학능력시험 과목에서 배제했을 뿐 아니라 왜곡된 내용을 포함하고 있는 역사교과서를 방치해왔다. 또한 학교 교육에서 대한민국의 헌법이념이나 자유민주주의 체제의 우월성에 대한 교육은 사실상 없었다 해도 과언이 아니다. 더구나 정부는 통일교육지원법을 통해 통일교육은 실시하면서 국가정체성 교육이나 안보교육은 멀리 했다.

국민들에게 굳건한 안보의식이 결여돼 있다면 안보 위협요소에 대한 객관적 판단보다는 정치인이나 시민단체의 주장에 휩쓸리게 되고 북한의 대남 선동에 속아 국가안보와 정부 안보정책에 대해 부정적 입장을 취하게 될 가능성이 크다. 천안함 사건을 둘러싼 우리 사회의 진실공방은 국민 안보의식의 심각성을 보여주고 있는 단적인 예라 할 수 있다.

전국 각지에 작가나 민주운동 지도자들을 위한 기념관이나 기념물은 많지만 6 · 25전쟁을 겪은 나라임에도 전쟁영웅을 위한 기념관이나 기념물은 별로 없다는 사실은 국민정신에서 안보가 차지하는 위치를 잘 말해준다. 이에 반해 미국은 매년 휴전협정 기념행사를 거행한다. 2009년 7월 미국 상원은 '한국전 참전용사 인정법(Korean War Veterans Recognition Act)'을 통과시키고 참전 용사들에게 감사를 표하는 등 기념행사도 가졌다. 그러나 정작 전쟁의 당사국이었던 한국에서는 휴전일에 국군 참전용사들에 대한 고마움을 표시하는 행사도 없다. 정치인과 사회지도층 중에 군 복무를 기피한 사람이 적지 않고, 최근에는 그 같은 풍조가 연예인, 운동선수까지 확산되고 있다. '유전면제 무전입대'라는 말까지 나올 정도다.

제2절 외교안보문제를 둘러싼 남남갈등

한국은 지정학적 취약성, 지속되는 남북대결, 경제의 과도한 무역의존 등으로 어느 나라보다 더 어려운 도전에 직면하고 있어 현명한 국가전략 마련이 시급하다. 국가전략은 국가의 흥망성쇠를 좌우하는 중대한 문제다. 국가안보와 관련된 사안은 정치적 논란의 대상이 되어서는 안 되며 안보와 관련된 이해관계는 정부가 교체돼도 변하는 것이 아니다.[14)]

냉전종식과 동시에 민주화가 이뤄지면서 한국에서는 국가정통성조차 국민적 합의에 이르지 못했을 뿐 아니라 대북정책, 안보정책, 한미관계 등을 둘러싸고 정치권은 물론이고 시민단체를 중심으로 첨예한 대립과 갈등을 벌여왔다. 국가전략과 대외정책은 국가이익에 따라 냉철히 따져서 추진돼야 하며, 또한 국가이익은 단기간에 변하는 것이 아니기 때문에 국가이익에 입각하여 설정된 국가전략과 대외정책도 일관성 있게 추진돼야 한다. 그럼에도 어느 나라보다 안보여건이 취약한 한국에서 국가전략과 대외정책을 둘러싸고 정당 간 첨예한 대립을 계속하고 있고, 그 결과로 정권이 바뀌면 국가전략과 대외정책이 근본적으로 바뀌고 있는 것은 심각한 문제가 아닐 수 없다.

조선왕조 집권층은 임진왜란이나 병자호란 당시 안보문제를 둘러싸고 정파 간 논란만을 계속했다. 구한 말 밀려오는 외세 앞에서도 마찬가지였다. 나라 잃은 설움을 이기지 못하고 자결한 매천 황현(梅泉 黃玹)은 "국가가 먼저 스스로를 해친 연후에 남이 쳐들어오는구나!"라고 탄식했다. 그런데 현재에도 과거 나라를 잃을 당시와 유사한 현상이 벌어지고 있다는 우려가 높아지고 있다.

---

14) Scott Burchill, *The National Interest in International Relations Theory* (New York: Palgrave Macmillan, 2005), pp.27-28.

중형 군함이 두 동강 나고 해군 46명이 전사한 천안함 폭침이나, 연평도에 대한 무차별 포격은 사실상 전쟁도발이라 할 수 있다. 이 같은 국가안보위기하에서도 국민의 대표기관인 국회는 국민의 기대에 역행함으로써 심각한 불신의 대상이 됐다. 국회는 천안함 폭침 95일 만인 2010년 6월 29일 북한의 군사도발을 규탄하는 결의안을 채택했지만, 그것도 제1 야당은 반대하고 제2 야당은 퇴장한 가운데 집권당만의 찬성으로 이뤄진 것이었다. 미국 의회와 유럽 의회가 한국 국회보다 훨씬 앞서 대북규탄결의안을 거의 만장일치로 채택한 것과는 너무나 대조적이다. 연평도가 적의 포탄에 유린당했는데도 국회에서는 대북 규탄 결의안도 통과시키지 못하고 논쟁으로 일관했던 것이다.

뿐만 아니라 서해 5도 전력(戰力) 보강과 피해 복구비용이 담긴 2011년도 예산안도 법정 기일 내에 통과되지 못했다. 제대로 된 국회라면 하던 정쟁도 멈추고 난국 극복의 중심에 서야 하는 것이다. 포클랜드 전쟁 당시의 영국 의회와 9 · 11테러 이후의 미국 의회는 그랬다. 또한 우리 국회에서는 두 안보위기 사건의 후속조치로 전시 대비태세를 강화하기 위한 국방개혁법안도 심의하지 못하여 폐기되고 말았다. 말로는 국가와 국민을 위한다고 하면서 국가와 국민의 생존문제인 안보를 외면한다면 그것은 직무유기이자 국민 기만에 불과하다.

우리 정치권과 사회가 대립하고 있는 가장 중요한 원인은 북한의 실체에 대한 인식과 대북 정책에 대한 견해 차이 때문이다. 대한민국의 존립에 가장 위협적 존재인 북한의 실체에 대한 정당 간 합의가 이뤄지지 않는 한 안보정책이 제대로 이뤄지기 어렵다. 정당의 정책노선이 우위인지 국가이념과 정체성이 우위인지 불분명하다. 분명한 것은 보수와 진보, 정당 간 노선 차이가 국가이념을 넘어설 수 없다는 것이다. 북한의 독재정권을 비판하는 세력을 보수라 하고, 북한 체제를 관용하거나 동조하는 세력을 진보라고 하는 이분법적 구분에는 우리의 국가이념을 뒤흔드는 근본적인 위험이 도사리고 있다.

북한은 우리 사회의 분열과 대립이라는 약점을 노려 수시로 대남 군사도발을 감행해왔다. 친북 및 종북 세력은 북한의 무력도발이 일어날 때마다 북한을 규탄하기는커녕 대북 강경정책 때문이라고 그 책임을 우리정부에 전가했기 때문에 북한은 '도발의 유희'를 즐길 수 있었다. 북한은 군사적 긴장을 조성하여 친북 및 종북 세력으로 하여금 "북한과 화해 · 협력을 위해 노력해야만 평화가 유지될 수 있다"고 주장하게 만들고 한국 국민들에게 전쟁공포증을 조성함으로써 정부의 대북정책을 유화적인 것으로 전환토록 하려 했던 것이다.

한국사회가 안보불감증에 빠지고 남남갈등으로 북한의 도발에 대해서도 엇갈린 주장을 계속한다면 북한의 대남전략에 유리한 환경을 우리 스스로 제공해 주는 것이나 다름없다. 대북정책을 둘러싼 분열과 대립이 계속된다면 우리가 아무리 남북대화를 하고 북한과 교류 · 협력을 해도 그것은 북한의 적화 야욕을 위한 체력을 키워주는 것이나 매한가지일 것이다. 우리의 경제력이 압도적이기 때문에 북한을 두려워 할 것이 없다고 생각하는 사람들이 적지 않지만, 북한은 아직도 '남조선해방'이 가능하다고 믿고 있으며 적화통일을 위한 '결정적 시기'를 노리고 있다.

북한이 '남조선혁명'을 통해 적화통일이 실현가능하다고 판단하는 한 그들은 핵무기를 비롯한 군사력 우위를 유지하기 위해 수단과 방법을 가리지 않을 것이다. 이런 점에서 북한의 천안함 공격과 연평도 포격의 또 다른 의도를 짐작할 수 있다. 즉, 북한은 핵무기 보유를 기정사실화하면서 한국에 대해 무력도발을 할 경우 우리의 대응수단이 제한될 수밖에 없다고 판단하고 대남 도발을 감행한다는 것이다. 이와 관련하여 제임스 클래퍼(James Clapper) 미국 국가정보국(DNI) 국장은 북한은 자신들의 대내외적인 정치목적 달성을 위해 한국에 직접적인 공격을 가하는 '위험한 시대'에 진입했을 수 있다고 진단했다.[15] 북한이 핵무기 보유 등 군사력 우위로 통일을 주도하려 하는 한 그들은 우리의

15) *VOA News*, 2010년 7월 21일.

평화통일 제의도 수용하지 않을 것이다

천안함 폭침과 연평도 포격 등 북한의 잇단 군사도발을 통해 국가안보의 취약성이 나타났다면 그것을 시급히 보완하는 것은 너무도 당연한 일이다. 하지만 그렇지 못했다는 것이 분명한 현실이다. 가령 안보태세 강화를 위한 국방개혁은 아직도 성사되지 못하고 있다. 국군통수권자인 대통령의 안보리더십이 부족했고 각 정당도 이에 대한 문제의식과 책임의식이 부족했기 때문이다. 더욱 한심한 것은 육 · 해 · 공군의 예비역을 중심으로 국가안보라는 대의명분보다는 자군(自軍) 이기주의에서 벗어나지 못하고 논란을 벌이면서 정치권으로 하여금 국방개혁안 심의를 주저하게 만들었다는 비난을 면하기 어렵다는 사실이다.

이미 노출된 안보태세의 취약점을 보완하기 위해 국방부문에 대한 투자를 늘려야 하지만 정치권도 국민도 안보를 중시하지 않는 상황 하에서는 결코 쉬운 일이 아니다. 2011년 현재 한국의 국방비는 국민총생산 대비 2.53% 정도이다. 이스라엘이 7%, 싱가포르가 4% 수준인 데 비하면 크게 낮은 편이다. 미국은 막대한 재정적자에도 불구하고 5% 가까운 국방비를 매년 지출하고 있다. 동북아 안보환경의 불확실성 증대와 미래 전쟁 양상의 변화로 국방비 소요가 커지고 있다는 점을 고려할 때 한국의 국방비 증액은 절실한 문제다. 특히 국방비 투자가 결정돼 무기체계가 실전 배치되는 이른바 '전력화 선행기간'이 10~20년 소요되는 점을 감안하면, 미래의 국방을 위한 투자도 지금부터 이뤄져야 한다.

안보정책의 실행이 지지부진한 데 대해서는 대통령과 정치인들의 책임 못지않게 국민들도 그 책임의 일단을 면할 수 없다. 국민들이 대통령과 정치인을 선출할 때 그들의 안보관은 물론 국가관과 역사관을 제대로 따져 보지 않았기 때문이다. 그럼에도 불구하고 똑같은 실책이 되풀이될 조짐을 보이고 있다. 2012년 대통령 선거에서 국가안보문제에 대한 진지한 논의를 찾아보기 어렵기 때문이다. 예컨대 2015년 전시작전통제권 전환에 따라 한국 국방력과 안보태세 강화는 절박한 과제가 됐음에도 정치권과 국민의 관심의 대상조차 되지 못하고 있는 실정이다.

정치인들이 무책임하게 행동하는 것은 그들 자신의 자질 문제이기도 하지만 건전한 안보 여론이 조성되지 않고 있다는 데 근본적인 문제가 있다. 국민 중 상당수가 북한을 안보위협의 근원으로 여기기보다는 같은 민족으로 협력해야 할 대상이라는 인식이 건전한 안보의식 형성을 가로막고 있다. 천안함 폭침, 연평도 포격 등 북한의 무력도발로 무고한 사람들이 목숨을 잃었음에도 여전히 북한을 공식적인 '주적(主敵)'으로 명시하는 것에 거부감을 갖는 사람들도 적지 않다. 실제로 국민 대다수는 천안함 사건과 연평도 포격 사건에도 불구하고 북한이 적인 동시에 여전히 형제, 이웃, 심지어 '우리'라는 인식을 갖고 있다.[16)]

국민들은 비단 선거 때에만 정치권을 감시하고 비판할 것이 아니라 평소에도 건전한 안보여론 조성을 통해 정부와 정치권의 안보 정책이 올바른 방향으로 가도록 '압력'을 행사해야 한다. 그것이 진정한 국민들의 '주인의식'이고 나아가 국가안보를 위한 튼실한 받침목이 될 수 있겠다.

어느 나라에 있어서나 외교안보정책은 초당적으로 대처하는 것을 원칙으로 하고 있다. 그리고 안보위기 시에는 국민들이 한마음으로 정부의 외교안보정책을 지지하고 성원해야 한다. 한국은 어느 나라보다 안보 상황이 심각하기 때문에 외교안보정책에 대한 초당적이고 범국민적인 지지가 절실한 나라다. 하지만 정치권은 정치적 이해관계에 따라 대외정책에 대한 입장을 바꾸는 것도 서슴지 않는다. 더욱이 야당이 되었다고 해서 집권당이었을 당시 추진했던 외교안보정책들을 부정하거나 반대하기도 한다. 이 같은 현상은 나라의 안위는 안중에도 없고 당파의 이익 지키기에만 급급하던 조선조 집권층의 행태와 크게 다를

---

16) 자세한 내용은 동아시아연구원(EAI), 〈여론브리핑 제84호〉 참고.

바 없다는 느낌을 주고 있다.

국가안보를 놓고 이념투쟁이나 권력투쟁을 한다면 국가와 국민 전체를 위험에 빠뜨리게 된다는 뼈아픈 역사의 교훈을 잊어서는 안 된다. 대북정책을 둘러싸고 우리 사회가 진흙탕 싸움을 벌이고 또한 우리 사회 내에 북한정권을 호도하는 세력이 있는 한 북한정권의 오판은 계속될 것이다. 안보는 정쟁의 대상이 아니라는 사실을 모든 국민이 공감할 때 그것을 정치적으로 이용하려는 정치세력도 사라질 것이고 북한정권의 오판도 막을 수 있을 것이다.

제3절 한국 안보의 당면 과제

지금까지 논의한 내용을 종합하여 한 국가의 안보역량을 수식화하면 다음과 같이 정리할 수 있다.

국가안보 역량 = 객관적 능력(군사력, 경제력) X 안보전략(안보리더십, 정책, 외교력) X 국민정신(안보의식)−내적 취약성+동맹의 지원

이 같은 수식에 따라 한국안보의 주요과제를 정리해보면 다음과 같다. 첫째, 우리의 군사력과 경제력이 과연 충분한가 라는 문제를 생각해 볼 수 있다. 우리의 경제력이 북한에 비해 압도적이기 때문에 북한의 위협을 경시하는 경향이 있다. 우리 경제력이 북한에 비해 월등하다는 것은 사실이지만 전반적인 안보경시 풍조로 인해 군사력 강화를 위한 국방비의 대폭 증액이 어렵기 때문에 우리의 경우 경제력이 곧 군사력을 의미하는 것은 아니다. 한국은 국민총생산의 2.53%만을 국방비에 투입하고 있을 뿐이며 과도한 복지정책 등으로 국방은 예산 편성의 우선순위에서 밀려나 있는 실정이다. 한국의 안보환경이 불확실해지고 전작권도 곧 전환될 예정이어서 국방투자를 시급히 늘리지 않으면 안 된다. 주변 강대국들이 군비강화를 위한 경쟁에 나서고 있다는 점도 유의해야 한다. 한반도 주변국가들이 모두 강대국이라는 사실을 고려할 때 우리의 경제력을 더욱 키우는 동시에 그 일정 부분을 국방력 강화에 투입하지 않으면 자주 국방능력을 유지하기란 요원한 얘기가 될 것이다.

둘째, 대통령의 외교안보 리더십과 정부의 외교안보정책이 과연 안보역량을 효과적으로 발휘할 수 있게 하는지 의문이다. 국가안보는 정부와 국회, 그리고 대통령의 최우선적 관심사가 돼야 함에도 불구하고 전통적인 안보경시 풍조, 동맹국 안보의존 심리, 통일우선정책 등으로 외교안보 리더십과 외교안보정책이 제대로 자리 잡지 못하고 있다. 특히 문제가 되는 것은 국민의 대표인 국회의원들이 외교안보 문제에 대한 관심이 적을 뿐 아니라 그것을 정쟁의 수단으로 삼음으로써 국가의 대외정책을 초당적으로 뒷받침하지 못하고 있다는 것이다. 정부와 국회가 국가안보에 대한 책임을 다하지 못한다면 역사에 죄를 짓는 결과를 초래할 수도 있다.

또한 정부에 대한 불신이 안보정책까지 불신하게 만들고 있기 때문에 정부에 대한 신뢰를 높이는 것이 시급하다. 안보문제에 대한 초당적이고 국민적 공감대에 기초한 정책결정을 제도화하고, 안보문제에 대해 국민에게 투명한 정보를 제공하는 등 안보정책에 대한 전반적인 신뢰를 제고시키는 데 노력해야 한다. 특히 대통령은 중요한 외교안보정책에 대한 국론통일을 위해 여야 간 정치적 협의를 주도하고 국민을 설득하는 데 적극 나서야 한다.

민주화 이후 정치사회세력 간의 경쟁과 갈등 때문에 국가안보정책 수행의 어려움이 커졌으므로 대통령은 안보리더십에 더 많은 관심을 기울여야 마땅하지만 민주화 이후 어떤 대통령도 안정된 안보리더십을 보여주지 못했다.[17] 국민의 안보의식이 부족한 현실에서 안보리더십 자질이 있는 대통령이나 국회의원을 선출하기도 어려운 것이다. 더구나 대통령의 이념노선이 모호하고 안보문제에 전문성이 없는 인사들의 보좌를 받는다면 위험한 결과를 초래할 가능성이 더욱 커진다.

따라서 민주시대의 안보리더십은 제도화돼야 한다. 즉, 대통령은 헌법과 법률에 규정돼 있는 국가안전보장회의를 통해 국방부, 외교부 등 관련기관들의 견해와 정책을 종합 평가하여 외교안보정책을 펴나가야 한다. 이처럼 제도적 리더십이란 대통령과 그의 소수 측근이 제반 정책 결정을 주도하는 것이 아니라 정당 간 절충과 여론수렴 등 민주적 절차에 따라 이뤄지도록 하는 것이며, 또한 관계기관과 관계 전문가들의 입장을 종합한 것이어야 한다.

민주적 제도적 절차에 따라 대외정책이 이뤄지지 않는 한 정책의 일관성과 연속성은 보장될 수 없다. 대통령이 바뀌면 정책이 근본적으로 바뀌고 대통령 임기 중에도 정책이 바뀌면서 시행착오를 거듭하게 됐을 뿐 아니라 대외적으로도 한국의 정책에 대한 신뢰를 약화시켰다. 따라서 초당적이며 국민적 합의를 기초로 한 국가의 중장기 대외 전략과 정책을 수립하는 것이 절실하며 이를 위한 대통령의 역할은 무엇보다 중요하다.

대통령은 관계부처와 관계 국책 연구기관 등으로 태스크 포스를 구성하여 중장기 대외전략 방향을 모색하도록 해야 한다. 그리고 대통령이 2~3년마다 중장기 대외정책 비전을 국회와 국민에게 보고하도록 하는 것을 법률로 정함으로써 중요한 대외정책에 대한 국민적 공감대 형성이 이뤄지도록 해야 한다. 나아가 대통령은 주요 외교안보정책에 대한 공론화를 위해 앞장서야 한다. 그러나 5년 단임 대통령의 역할에는 한계가 있으므로 주요 정당들도 대외전략 방향을 수립하고 끊임없이

17) 김충남, "한국 역대 대통령의 안보리더십 평가," 2012년 9월 14일 한국국제정치학회 · 한국군사문제연구원 주최 〈국가지도자의 바람직한 안보리더십〉 세미나 발표논문.

수정 보완함으로써 국가전략 형성에 기여해야 한다.

대통령의 안보리더십을 보좌할 책임이 있는 청와대 참모진의 성격도 분명히 할 필요가 있다. 청와대의 외교안보 보좌조직은 대통령이 바뀌면 계속 바뀌었다. 이명박 정부에서는 외교안보수석비서관이 있고 안보특보와 국가위기관리실장을 두고 있어 매우 혼란스럽다. 더구나 외교안보수석비서관은 통상 외교관 출신이 담당함으로써 안보위기에 제대로 대처할 수 없었다. 빈번한 국내외 정상회담으로 외교안보수석비서관의 외교적 보좌도 중요하지만 그것은 통상적이고 의전적인 업무가 대부분이다. 그러나 안보업무는 긴급성을 요할 뿐 아니라 전문성을 필요로 하기 때문에 안보전문가를 외교안보수석비서관으로 임명해야 한다. 또는 안보수석비서관이나 안보보좌관 직제를 신설하고 안보전문가를 임명하여 국가안보회의 사무처까지 관장하도록 하는 방안도 고려해 봄직하다.

셋째, 국가안보에 있어 지도층이 솔선수범 하도록 해야 한다. 조선왕조에서는 양반 등 사회지도층이 군대복무를 기피하는 것을 당연시함으로써 일반 국민들에게도 안보경시 풍조를 확산시켰다. 그 같은 잘못된 전통 때문인지 모르지만 현재에도 지도층 인사 가운데 병역을 기피한 사람들이 적지 않다. 사회적으로 인기 있는 연예인이나 운동선수도 갖가지 방법을 동원해 병역을 기피하려는 사람들이 있다.

지도층이 신뢰받고 존경받지 못하면 국민통합이 이루어지기 어렵고 사회도 안정될 수 없으며, 그러한 나라에서는 국가안보도 보장되기 어렵다. 지도층이 신뢰받고 존경받으려면 솔선수범하고 절제된 도덕적 행동을 해야 하며, 필요시 국가와 사회를 위해 앞장서 헌신할 수 있어야 한다.

이 같은 정신을 프랑스어로 '노블레스(Noblesse, 명예) 오블리주(Oblige, 책임)'라 한다. '노블레스 오블리주'의 덕목은 원래 전쟁에서 비롯됐다. 초기 로마 귀족들은 솔선해서 포에니 전쟁에 참전하여 전사한 귀족만도 13만 명에 이르렀고 집정관이 전사한 숫자도 13명에 달했다. 로마에서는 병역의무를 다하지 않은 사람은 고위공직자가 될 수 없었을 만큼 노블레스 오블리주를 당연하게 여겼다. 로마의 전통을 이어받은 유럽 국가에서는 귀족이나 지방 영주의 자제들이 국가에 대한 충성심과 책임감, 그리고 가문의 명예를 위해 솔선해서 전쟁에 참여했으며 지금도 그러한 전통이 남아있다. 예컨대 영국왕실의 왕위 계승 서열 2, 3위인 윌리엄 왕자와 해리 왕자 형제가 분쟁지역인 포클랜드와 아프간에 파견됐던 사실은 이 같은 전통을 잘 말해준다. 이처럼 유럽에서는 국가와 사회를 위해 솔선수범하고 헌신하는 사람만이 지도층이 될 수 있다는 전통이 오래전부터 뿌리내렸던 것이다. 유럽의 근대국가 건설 과정은 전쟁의 연속이었다. 그래서 귀족 가문이나 상류층들은 대부분 장교가 되어 싸웠다. 양반의 자제라고 해서 병역을 기피한 조선왕조와는 크게 대조적이었다. 유럽의 전통을 거울삼아 우리도 병역의무 등 국민의 책임을 다하지 못한 사람은 공무원은 물론 선출직 공직자에서 배제하거나 감점 요인이 되도록 해야 할 것이다.

넷째, 앞에서 살펴 본 바와 같이 국민 안보의식은 우려스러운 수준이다. 전쟁에 있어서는 군사력 등 하드파워도 중요하지만 강한 정신력이 뒷받침되지 못한다면 결코 승리할 수 없다는 것이 인류 역사의 교훈이다. 1940년대 말 장제스 휘하의 국민당 정부 군대는 마오쩌둥의 공산군보다 장비나 보급 면에서 압도적으로 우세했지만 정신전력에서 열세를 면치 못하여 본토에서 패배하게 됐다. 자유월남도 중국 국민당과 비슷한 조건이었지만 동일한 이유로 패망했다.

과연 한국은 어떤가. 정신전력 면에서 전쟁에 이길 준비가 돼있는가. 북한은 우리에 비해 경제적으로 못 살지만 정신적인 면에서는 한국과 비교할 수 없을 정도로 확고한 우위에 있다고 확신하고 있을 것이다. 이에 비해 우리 국민의 안보의식은 우려의 대상이 된 지 오래다. 다수의 국민, 특히 젊은 세대가 안보불감증에 빠진 것은 결코 그들만의 책임이 아니다. 그들은 한국 현대사에 대해 배운 바가 거의 없는 역사의 '문맹'이고, 또한 대한민국과 북한 체제의 장단점에 대해서도 제대로 배운 바가 없기 때문이다. 최악의 여건에서 자유민주체제 수호를 위해 최선을 다했던 이승만, 박정희 등 과거 지도자들에 대해 민족주의의 잣대로 친일파를 감쌌다느니, 친일파라느니 폄하하고, 또한 민주주의 잣대로 그들을 독재자로 매도해왔기 때문에 국가안보와 국가발전을 위해 노력했던 그들의 공로는 무시되면서 올바른 역사관과 안보관이 형성되지 못하고 있다. 국민의 안보의식이 바로 서면 올바른 국가관과 안보관을 가진 정치지도자를 선택할 수 있고, 올바른 정치지도자가 선택되면 튼튼한 국가안보도 보장될 수 있는 것이다.

다섯째, 국가안보의 내적 취약성을 도외시해 왔다는 사실이다. 한국의 안보논리는 강대국 안보논리의 영향을 받아 군사안보에 초점을 맞추는 경향이 있다. 또한 한미연합방위체제하에서 미군의 군사작전 개념에 보조를 맞춰 왔기 때문에 그로 인한 한계가 있다는 점을 인식하지 못했다.

북한의 대남 적대행위는 군사적인 것 못지않게 비군사적인 면에서 집요하게 이뤄져 왔지만 이에 대응하는 우리의 안보개념이 없었기 때문에 대응체제도 제대로 구축될 수 없었다. 우리의 대응은 간헐적으로 적발해내는 간첩단 사건만으로는 결코 충분한 것이 아니다. 정당이 민주적 기본질서에 어긋나는 목적과 활동을 하는 것을 더 이상 방치해서는 안 된다. 헌법 제8조 4항은 정당의 목적이나 활동이 민주적 기본질서에 어긋날 경우 정부는 헌법재판소에 제소하여 해산할 수 있지만 그 헌법 조항은 제대로 지켜지지 않고 있다. 또한 대법원이 이적단체로 판시한 후에도 일부 단체들은 여전히 이적행위를 하고 있지만 그것을 해산할 수 있는 법적 근거도 없다. 국가보안법을 인권침해를 일삼는 악법이라고 비난하는 사람들이 적지 않지만 이 법의 기본목적은 우리의 자유민주체제를 보위하기 위해 반국가활동을 규제하기 위한 목적이기 때문에 국가보안법을 현실에 맞게 개정할 필요가 있다.

요컨대 한국의 정치안보는 심각한 위험에 직면하고 있으며, 이에 대응하기 위해 한국적 국가안보개념의 정립과 자유민주체제 방어를 위한 법적 · 제도적 장치의 내실화가 시급하다. 또한 국민들이 올바른 국가관, 역사관, 안보관을 가질 수 있도록 한국현대사와 대한민국 체제이념에 대한 교육을 근본적으로 강화하지 않는 한 정치안보는 성공적으로 이뤄지기 어려울 것이다. 서독이 체계적인 정치교육을 실시했던 것은 바로 이 때문이었다.

마지막으로, 동맹은 한국안보의 핵심적 요소이기 때문에 한미동맹을 유지하고 강화하려는 노력이 절실하다. 한미동맹으로 인해 한반도의 평화가 유지됐고 그 결과 한국은 경제발전과 민주발전에 성공할 수 있었다. 한반도가 처한 지정학적 특성을 고려할 때 한미동맹의 유지는 한국안보의 필수조건이다. 그럼에도 비록 일부의 사례이긴 하지만, 전교조 소속 교사들이 의도적으로 반미교육을 하거나 일부 단체들에 의해 극렬한 반미운동이 벌어지고 있는 현실은 더 이상 용납돼서는 안 된다. 이를 위해 한미동맹을 보호하기 위한 법의 제정도 고려해 볼 필요가 있다.

기원전 5세기 경 민주정치를 꽃피우고 융성한 경제력을 자랑했던 아테네가 군국주의 스파르타와의 전쟁에서 패망한 사실을 교훈으로 삼아야 한다. 정약용은 "군대란 백 년 동안 쓰지 않을지라도 어느 하루라도 전쟁을 준비하지 않으면 안 된다(兵可百年不用 不可一日無備)"고 하면서 유비무환(有備無患)의 정신을 역설했다. 특히 민주국가에서 국민이 국가안보에 대한 경각심을 갖지 못한다면 국정을 책임진 사람들도 국가안보에 대한 책임을 다하지 못하게 된다는 것을 명심할 필요가 있다. 국가안보를 담당하는 주체는 국민 모두이다.

에필로그

1996년 12월 12일 한국은 선진국 클럽이라는 OECD(경제협력개발기구)에 가입했다. 당시 김영삼 정부는 '선진국' 진입이라는 화두를 제시했다. 2차 세계대전이 끝나고 일제로부터 해방됐던 1945년 당시 세계에서 가장 가난한 나라의 하나였던 대한민국이 반세기 만에 선진국 진입을 눈앞에 둔 부유한 나라가 된 것이다. 이러한 변화는 기적이라고 하지 않을 수 없었다.

그러나 그뿐이었다. 한국은 그 자리에서 18년 동안 제자리 걸음을 하고 있다. 2012년 6월 소위 '20~50클럽(국민소득 2만 달러, 인구 5천만 명)'에 한국이 일곱 번째로 가입하게 됐다는 보도가 나왔으나 국민들의 행복지수는 OECD 국가들 가운데 최하위에 속한다. 그만큼 삶의 질이 나아지지 않고 있다는 증거다.

한국은 왜 십수 년 동안 선진국 문턱을 넘지 못하게 된 것일까?

그것은 국론분열 때문이다. 경제적으로는 성장이냐 분배를 놓고 양쪽으로 갈라져 치열한 공방을 벌이고 있고, 정치적으로는 보수냐 진보냐의 쟁점으로 편가르기에 매진하고 있으며, 역사적으로는 국가정체성에 대한 혼란으로 온 나라가 어지럽기 때문이다. 이런 상황에서는 선진국이라는 얘기가 나오는 것이 어색하게 느껴질 정도다.

국론분열로 대표되는 한국의 총체적 혼란은 분단 현실에서 기인한다. 정확히 말하자면 남북한 체제의 상이성 때문에 한국의 국론분열은 시작됐다. 그리고 한국의 국론분열은 한국 안보를 위협하는 가장 중요한 요인이 되고 있다. 본문에서 강조된 바와 같이 국가안보에 있어 중요하지만 주목되지 않고 있는 분야가 정치안보다.

정치안보는 국가의 주권이나 체제이념에 대한 위협에 대응하는 것이다. 국가의 존재를 위해 가장 근본적이면서도 중요한 개념인 것이다. 헌데 우리사회에서는 북한의 이념이나 주장에 동조하며 그들의 '남조선 혁명'에 동조하는 인사들이나 집단들이 상당수 존재한다. 이들 가운데에는 진보주의자의 탈을 쓰고 진보라는 이름을 호도하면서 한국 국민들의 의식을 파괴하고 국가정체성을 유린하는 데 앞장서고 있는 사람들도 상당수 존재하고 있다.

안보는 만분의 일이라는 희박한 확률을 가정하는 것이다. 있을 수 있는 대내외적 위협으로부터 자신을 안전하게 보호하는 것이 안보다. 따라서 그 개념상 가장 보수적인 관점을 견지해야 한다. 모든 국민들의 안위를 아우르는 국가안보는 말할 필요도 없다. 국가안보는 로맨스가 아니다. 이상적이고 낭만적이며 감성적인 희망이 개입하는 에세이나 소설의 소재는 더더욱 아니다. 예를 하나 들어보자.

중국 전국시대의 일이다. 전국칠웅(戰國七雄) 가운데 위나라가 번성했던 시절 위문후(魏文侯)는 중산국 토벌에 나선 적이 있다. 위의 중산국 토벌군 장수는 악양(樂羊)이었고 그에 대항하는 중산국 장수는 악양의 아들 악서(樂舒)였다. 부자 간에 서로 달리 섬기고 있는 국가의 안보를 두고 대결을 펼친 것이다. 악양은 중산국 도읍인 중산성을 포위하고 유리한 전세에서 초반에 승리를 거둘 수도 있었다. 그러나 그는 아들의 통곡과 공성(攻城)을 지연해달라는 요청을 뿌리치지 못했다. 아들과 그 가족들의 안위를 염려한 탓에 악양은 세 차례나 악서의 요청을 받아들여 중산성 공격을 연기하며 공식적인 항복을 기다렸다. 하지만 악서는 그 나름대로 중산국의 연명을 도모하고 있었다. 마침내 악서의 계책에 속았음을 깨달은 악양은 대대적인 공격을 감행했으나 중산성을 무너뜨리는 것은 그리 쉽지 않았다. 그 과정에서 위군은 적잖은 피해도 입었다. 중산국의 왕은 백척간두에 몰리자 악서의 아내와 자식들을 동원하여 악양의 인정을 자극하며 철군하라고 위협했다. 하지만 중산국의 계략에 속아서 공격 시기를 놓쳤음을 깨달은 악양은 더 이상 사사로운 정에 연연하지 않았다. 심지어 악양은 중산국 임금(中山子) 희굴(姬窟)이 『손자병법』「군쟁편(軍爭篇)」에 따른 전술, 즉 적의 장수를 낙담시켜 적군의 사기를 떨어뜨리기 위해 악서의 머리를 끓여 국을 보내자 비통의 눈물을 흘리면서도 그 국을 마셔버렸다. 그 모습을 본 위나라 군사들은 단번에 사기를 회복하여 적진을 돌파했고 중산성을 함락하는 데 성공했다.

이 같은 일화는 우리에게 국가안보와 관련된 중요한 내용을 시사해준다. 국가안보에 있어 사사로운 정은 금물이라는 것이다. 결과적으로 악양은 개인적인 정을 뿌리치고 중산국 토벌에 성공했지만 처음부터 부자지정에 얽매이지 않았더라면 그 같은 비극은 일어나지 않았을 수도 있다. 처음부터 위군의 우세한 전력으로 중산성 함락에 나섰다면 아군의 피해도 최소화하면서 손쉽게 목적을 달성할 수 있었을 것이다. 악서의 인정을 내세운 호소는 위군의 공격을 지연시켜 중산군의 전력회복과 재정비를 위한 시간을 버는 효과를 얻었다.

이 교훈은 한국의 대북정책에도 유사하게 적용될 수 있다. 북한에 대한 감상적인 접근은 경계해야 한다는 것이다. 김대중 · 노무현 두 정부 기간에 우리는 소위 '햇볕정책'으로 상징되는 대북포용정책을 실행해왔다. 그러나 북한은 변하지 않았다. 오히려 북한은 핵무기 개발 등 전력을 강화하며 우리에게 크고 작은 도발을 감행해왔다. 무고한 장병들과 민간인까지 희생되기도 했다. 뿐만 아니라 북한은 햇볕정책을 역이용하여 대남전략을 더욱 적극적으로 전개하며 우리 사회에 남남갈등을 심화시키고 우리의 정치안보에 심각한 위협을 가하고 있다.

상황이 이럴진대 남북관계가 경색 국면에서 헤어나지 못한다고 해서 다시 '실패한 햇볕'으로 대북정책을 되돌려야 하는가? 경색국면에서 벗어나기 위해서는 북한과 마주 앉아 대화를 해야 하지 않겠느냐는 주장도 물론 일리는 있다. 그러나 북한은 2012년 9월 우리의 수해지원 제의도 뿌리친 바 있다. 지원 품목이 예전같지 않다는 이유에서였다. 지원을 받는 쪽이 이처럼 고자세를 취하는 것은 지난 두 정부에서의 나쁜 버릇이 아직도 남아 있기 때문인 것으로 해석된다. 그렇다면 우리가 굴종적인 저자세를 취하며 북한에 대화해 달라고 빌어야 하는가? 그러면서까지 남북대화와 긴장해소를 구걸해야 하며, 그렇게 성사된 대화나 접촉이 무슨 성과를 낼 수 있겠으며, 그렇게 대화에 나온 북한의 관계회복 진정성을 우리는 신뢰할 수 있겠는가?

예나 지금이나 남북관계는 참 어려운 문제다. 모쪼록 차기 지도자나 정부는 '악양 일화'에서 현명한 교훈을 얻기를 기대해 본다. 국가안보와 관련된 정책은 낭만적인 기대가 아닌 철저히 현실적 관점에서 입안되고 실행돼야 한다.

이 책이 전달하려는 핵심 요지는 '국가의 임무 가운데 가장 중요한 것은 국가안보'라는 점이다. 물론 국가가 해야 할 임무는 많다. 경제적 번영의 문제, 국민들의 복지 문제, 문화적 풍요 등 구체적인 내용까지 일일이 거론하기엔 지면이 부족할 정도로 무수히 많다. 그러나 이 같은 내용들은 모두 국가가 존재하고 난 이후에 고려되는 문제들이다. 번영이나 복지 등은 냉혹한 국제관계에서 국가가 살아남고 난 이후에 추구해야 할 가치라는 것이다.

더욱이 분단된 현실에서 북한의 공산화 위협에 시달리고 있는 한국의 입장에서 국가안보는 아무리 강조해도 지나치지 않은 가치다. 하지만 우리 국민들의 의식 속에는 안보의 중요성이 차지하고 있는 공간이 대단히 협소하다. 오히려 안보를 구태의연한 것, 고리타분한 것, 늙은 이들의 노파심 혹은 기우(杞憂) 정도로 치부하는 경향이 많다. 안타까운 현실이다.

국가안보의 중요성이 이처럼 비하되고 희화화하며 무관심, 더 나아가 비난의 대상이 된 것은 국민들의 역사관과 국가관이 왜곡된 집합적 결과다. 대한민국을 '태어나지 말았어야 할 나라,' 대한민국의 역사를 '좌절과 오욕'으로 가득찬 역사로 보는 사람들이 적지 않은데, 어떻게 나라를 사랑하고 나라에 자긍심을 지니며 나라의 안보를 진지하게 걱정하는 의식이 싹트겠는가?

굴절된 안보의식은 역사를 망각하고 외면하려는 패배주의에서 비롯된다. 더 나아가 역사를 왜곡하고 수치스러운 것으로 포장하여 정치적 목적에 이용하려는 일부 비뚤어진 사람들의 의식이 많은 국민들의 국가관을 호도하고 있다. 역사관과 안보관, 국가관의 총체적 왜곡은 그 나라의 존망을 위협하는 중대한 내부 위협이다. 현 시점에서 대한민국의 가장 중대한 안보위기는 북한의 위협도 있지만 바로 이 같은 정치안보에 있어서의 내부분열과 갈등이라는 게 저자들의 공통된 인식이다. 그리고 이 같은 문제의식하에 저자들은 이 책을 집필하게 됐다.

저자들은 세종연구소에 함께 있으면서 한국의 국가안보에 대해 많은 의견을 주고받았다. 그러한 의견의 나눔과 깊은 토론의 연장선상에서 이 책을 기획했고, 또한 이렇게 한 권의 단행본으로 결실을 맺기에 이르렀다. 모쪼록 이 책이 대한민국의 국가안보를 걱정하는 사람들뿐 아니라 그간 한국의 안보와 현대사에 대해 지식이 없었던 일반인들에게도 쉽게 읽히고 올바른 국가관을 함양할 수 있는 자양분이 되기를 간절히 바란다.

2012년 11월

지은이 일동

참고문헌

〈국문자료〉

• 단행본

공보처. 『대통령 이승만 박사 담화집』. 1953.
구영록. 『한국의 국가이익: 외교정치의 현실과 이상』. 법문사, 1995.
국방부 전사편찬위원회. 『한국전쟁사』. 제1권. 1968.
국방부. 『2010 국방백서』. 2010.
______. 『2011 국방백서』. 2011.
______. 『나라 잃은 사람들』. 1986.
______. 『율곡사업의 어제와 오늘 그리고 내일』. 군인공제회, 1994.
김구섭 편. 『국민 안보의식 진단과 처방』. 한국국방연구원, 2011.
김동명. 『독일 통일, 그리고 한반도의 선택』. 한울, 2010.
김병남. 『안보란 무엇인가』. 한울, 2011.
김삼규. 『금일의 조선』. 도쿄, 1956.
김성진. 『리콴유: 작지만 강한 싱가포르 건설을 위해』. 살림, 2007.
김승호 · 유동열 공저. 『한총련의 출범과 그 전망』. 공안문제연구소, 1993.
김열수. 『국가안보』 제2판. 법문사, 2011.
김종범 · 김동운. 『해방 전후의 조선진상』. 조선정경연구사, 1945.
김충남. 『대통령과 국가경영: 이승만에서 김대중까지』. 서울대학교출판부, 2006.
______. 『노무현과 이명박 리더십의 명암과 교훈』. 오름, 2011.
김희상. 『생동하는 군을 위하여』. 전광, 1993.
남시욱. 『한국 진보세력 연구』. 청미디어, 2009.

노무현. 『노무현 리더십 이야기』. 행복한책읽기, 2002.
노태우. 『노태우 회고록, 하: 전환기의 대전략』. 조선뉴스프레스, 2011.
다나카 아키라 지음 · 윤학준 옮김. 『한국정치를 투시한다』. 길안사, 1995.
데니스 워너 지음 · 백우근 옮김. 『인지풍운(印支風雲) 삼십년』. 태양문화사, 1978.
동아일보사. 『시련과 영광의 민족사』. 1975.
______. 『잃어버린 5년: 칼국수에서 IMF까지』. 1999.
로버트 만델 지음 · 권재상 옮김. 『국가안보의 변모(*The Changing Face of National Security*)』. 간디서원, 2002.
마이클 헨델 지음 · 김진호 옮김. 『약소국 생존론(*Weak States in the International System*)』. 대왕사, 1995.
마키아 벨리 지음 · 강정인 · 안선재 역. 『로마사 논고』. 한길사, 2003.
박병구. 『한중일 석유전쟁』. 한스미디어, 2006.
박성조. 『한반도 붕괴: 위기의 남북관계, 그 새로운 전략과 해법』. 랜덤하우스, 2006.
박정희. 『국가와 혁명과 나』. 지구촌, 1997.
복거일. 『한반도에 드리운 중국의 그림자』. 문학과 지성사, 2009.
송 복. 『위대한 만남 서애 류성룡』. 지식마당, 2007.
______. 『조선은 왜 망하였나』. 일곡문화재단, 2011.
신승하. 『중화민국과 공산혁명』. 대명, 2001.
안병찬. 『베트남, 오늘의 베트남』. 한국일보사, 1989.
염돈재. 『독일통일의 과정과 교훈』. 평화문제연구소, 2010.
유동열. 『북한의 대남전략』. 통일교육원, 2009.
유제현. 『월남전쟁』. 한원, 1992.
육군본부 정훈감실. 『한민족의 용틀임』. 육군본부, 1983.
육군사관학교. 『북한학』. 박영사, 1999.
윤민우. 『테러리즘의 이해와 국가안보』. 진영사, 2011.
이대용. 『사이공억류기』. 한진출판사, 1981.
이덕주. 『조선은 왜 일본의 식민지가 되었는가』. 에디터, 2001.
이선호. 『이순신의 리더십』. 팔복원, 2011.
______. 『조 · 일 7년전쟁, 한국전쟁, 그리고 베트남전쟁』. 21세기군사연구소, 2012.

이선호 · 정광선. 『한국 국방의 세계화』. 팔복원, 1996.
장준익. 『북한 인민군대사』. 서문당, 1991.
정하미. 『일본의 서양문화 수용사: 일본의 근대화와 리더십』. 일곡문화재단, 2009.
존 미어세이머 지음 · 이춘근 옮김. 『강대국 국제정치의 비극』. 나남, 2004.
주돈식. 『조선인 60만 노예가 되다』. 학고재, 2007.
채명신. 『베트남전쟁과 나』. 팔복원, 2006.
천관우. 『한국사의 재발견』. 일조각, 1974.
최문현. 『한국을 둘러싼 제국주의 열강의 각축』. 지식산업사, 2001.
카오 반 빈(Cao Van Vien) 지음 · 국방부 옮김. 『월남 최후의 붕괴』. 1985.
콜린 플린트 지음 · 한국지정학연구회 옮김. 『지정학이란 무엇인가』. 도서출판 길, 2007.
통일부 통일교육원. 『통일문제 이해』. 2009.
프랜시스 후쿠야마 지음 · 함규진 옮김. 『정치질서의 기원(*The Origins of Political Order*)』. 웅진지식하우스, 2012.
한국전략문제연구소. 『동북아 전략균형 2011』. 2011.
한기홍. 『진보의 그늘』. 시대정신, 2012.
합동통신사. 『합동연감』. 1976.
후베르투스 크나베. 『슈타지문서의 비밀』. 월간조선사, 2004.

• 논문자료

강수산. "북한의 대남 적화통일전략의 실상." 이대우 편. 『탈북자와 함께 본 북한사회』. 세종연구소, 2012.
금상문. "남북예멘의 통합과 분열에 대한 연구." 『한국중동학회논총』 제15호. 1994.
김달중. "북방정책과 한국과 동유럽간의 관계개선의 의의." 『민족지성』. 1989.
김병조. "'사회안보' 이론의 한국적 적용: 도입, 채택, 활용, 보완." 김석용 편. 『국가안보의 한국화』. 오름, 2012.
김성욱. "친북세력 실체와 대안." 『대한민국 안보 무엇이 문제인가?』. 국가

발전미래교육협의회. 2010.
김세중. "건국, 산업화, 민주화의 갈등과 상호의존: 통합의 역사인식을 위하여." 안병직 편. 『한국 민주주의의 기원과 미래』. 시대정신, 2011.
김의곤. "한 · 소 수교의 의의와 한반도 통일의 방향." 김학준 · 염홍철 편. 『선진한국의 모색』. 동화출판사, 1993.
김주성. "보수주의와 민주주의." 안병직 편. 『한국 민주주의의 기원과 미래』. 시대정신, 2011.
김충남. "한국 국가건설의 도전과 이승만의 응전: 한국 현대사 해석의 새로운 시도." 이인호 · 김영호 · 강규형 편. 『대한민국 건군의 재인식』. 기파랑, 2009.
노태우. "노태우 육성증언 1." 『월간 조선』 1999년 5월호.
도상호. "국방연구개발의 어제와 오늘." 『국방연구』 제41권 제1호. 1998.
문순보. "공세적 현실주의와 동북아 안보: 미어샤이머의 설명력과 함의." 『세종정책연구』 제6권 2호. 세종연구소, 2010.
박광조. "전투적 민주주의, 독일의 경우: 반체제 운동경력자에게 공직취임을 금지." 『월간조선』. 2003년 8월호.
박두복. "한 · 중 수교와 중국의 대한반도 정책." 김학준 · 염홍철 편. 『선진한국의 모색』. 동화출판사, 1993.
박철언. "한국의 미래와 북방정책." 『민족 지성』 1989년 4월호.
배정호. "국가안전보장회의(NSC)의 조직과 운영." 『국방연구』 제47권 제1호. 2004.
신용도 · 김덕영. "경제안보의 개념 및 위협에 대한 대응방안." 김석용 편. 『국가안보의 한국화』. 오름, 2012.
신정현. "통일과 안보." 『한국군사』 제14호. 2002.
유동열. "북한의 사이버테러에 대한 우리의 대응방안." 북한민주화네트워크, 2011.
윤규식. "북한의 사이버전 능력과 위협 전망." 『군사논단』 제68호. 2011년 겨울.
윤동현. "한국안보정책의 특성에 관한 연구: 대미 안보협력과 자주성을 중심으로." 경남대학교 박사학위 논문. 1998.
이상호. "천안함 사태로 드러난 정부 대응의 문제점과 향후 대책." 『정세와 정책』. 세종연구소, 2010.

이수훈. "21세기 한국전략의 방향." 극동문제연구소 통일전략포럼 보고서. 2004.

이영기. "아데나워와 이승만." 제10회 이승만포럼 발표문(뉴데일리 이승만 연구소), 2011년 12월 14일.

이춘근. "한미동맹의 문제점 진단과 한미동맹 강화의 논리."『국가전략』제9권 3호. 2003년 가을호.

장철현. "북한의 통일전선사업부 해부."『북한조사연구』. 국가안보전략연구소, 2007.

전경주. "2009 안보 · 국방 환경에 대한 국민의식."『한국의 안보와 국방』. 한국국방연구원, 2010.

전성훈. "한국의 국가이익과 국가전략: 통일 · 외교 · 안보를 중심으로."『국가전략』제5권 제2호. 1999.

정지웅. "남북예멘의 국력과 통일과의 상관성 연구."『국제 · 지역연구』15권(2006, 봄).

차상철. "외교가로서의 이승만 대통령." 유영익 편.『이승만 대통령 재평가』. 연세대 출판부, 2006.

차주환. "북한의 통일전선전술 변화연구."『군사논단』66(2011, 여름).

한국국방연구원.「북한의 연평도 포격 도발 관련 여론 동향」. 현안 조사분석 리포트 10-07(2010. 11. 30).

한동욱. "유태인과 이스라엘의 생존 · 번영방법(II)."『군사논단』67(2011년 가을).

한용섭. "동맹 속에서의 자주국방: 이론과 실제의 딜레마." 한용섭 편.『자주냐 동맹이냐』. 오름, 2004.

홍규덕. "국가위기관리 체계의 평가와 발전방향."『군사논단』제40호(2004년 겨울).

홍성표. "북한 전자전 위협, 우리의 대응은."『통일한국』2011년 4월호.

• 기타자료

『동아일보』, 1949년 4월 22일.
『선조실록』 권42, 선조 26년(1593) 9월.
『조선중앙통신』, 2003년 3월 21일.
한국진보연대 홈페이지(http://www.jinbocorea.org) 참조.
이정식 교수의 중앙일보와의 인터뷰(『중앙일보』, 2011년 11월 9일).
"강철 김영환, 마음의 행로." 『월간조선』 1999년 10월호.
"김영환은 김일성 만난 후 전향을 결심했다." 『신동아』 1999년 10월호 및 11월호.
"누가 해군 병사들 살해한 북 도발 정보 묵살했는가." 『조선일보』, 2012년 6월 18일.
"미군 내쳤더니 중국이 호시탐탐 … 필리핀 뒤늦은 후회." 『중앙일보』, 2010년 5월 22일.
"북한 통일전선부 출신 탈북자가 증언한 '대남공작부서의 모든 것'," 『신동아』 574호(2007. 7. 1.)
"사설: 시위 구호가 왜 평양방송과 똑같나 했더니." 『동아일보』, 2009년 6월 25일.
"사설: 입법 · 행정 · 사법부 신뢰 폭락은 헌정 위의 씨앗." 『조선일보』, 2010년 3월 21일.
"제3국 체류 북한 통일전선부 요원의 충격적 폭로고백." 『월간조선』 2005년 1월호.
"중 외교부 대변인 '돌출발언' 수습 진땀." 『동아일보』, 2008년 5월 28일.
"천안함 때와 확 달라진 여론." 『조선일보』, 2010년 11월 29일.
"햇볕정책 바꾸어야 78%." 『중앙일보』, 2006년 10월 11일.
"정부, 북 평북 고폭실험 고의은폐 의혹." 『동아일보』, 2009년 9월 29일.

〈영문자료〉

• 단행본

Abadi, Jacob. *Israel's Leadership: from Utopia to Crisis.* Westport, Conn.: Greenwood Press, 1993.

Abrahamsen, Samuel. *Sweden's Foreign Policy.* Washington, D.C.: Public Affairs Press, 1957.

Acemoglu, Daron, and James A. Robinson. *Why Nations Fail.* New York: Brown Business, 2012.

Armstrong, Charles K. *The North Korean Revolution, 1945-50.* Ithaca: Cornell University Press, 2003.

Aron, Raymond. *Peace and War.* Trans., Richard Howard and Anneette Baker Fox. New York: Praeger, 1967.

Berkowitz, Bruce. *The New Face of War: How war will be fought in the 21st Century.* New York: Free Press, 2003.

Boetter, Robert, and Gordon L. Freeman. *Gift of Deceit: Sun Myung Moon, Tongsun Park, and the Korea Scandal.* New York: Rinehart & Winston, 1980.

Brazinsky, Gregg. *Nation Building in South Korea.* Chapel Hill: University of North Carolina Press, 2007.

Bull, Hedley. *The Anarchical Society: A Study of Order in World Politics.* New York: Columbia University Press, 1977.

Burchill, Scott. *The National Interest in International Relations Theory.* New York: Palgrave Macmillan, 2005.

Buss, Claude A. *The United States and the Republic of Korea.* Stanford, Calif.: Hoover Institution Press, Stanford University, 1982.

Buzan, Barry, Ole Wæber, and Jaap de Wilde. *Security: A New Framework for Analysis.* Boulder, CO: Lynne Rienner, 1998.

Chay, Jongsuk. *Unequal Partners in Peace and War: The Republic of Korea and the United States, 1948-1953.* Westport, CT: Praeger, 2002.

Cho, Soon Sung. *Korea in World Politics 1940-1950.* Berkeley: University of

California Press, 1967.

Clark, George. *The Seventeenth Century.* New York, 1961.

Clarkson, Stephen, ed. *An Independent Foreign Policy for Canada?* Toronto: McClelland and Stewart, 1968.

Cumings, Bruce. *The Origins of the Korean War: Liberation and the Emergence of Separate Regimes, 1945-1947.* Princeton: Princeton University Press, 1973. Vol. II.

Davies, Norman. *God's Playground: A History of Poland.* New York: Columbia University Press, 1982.

Dilorenzo, Thomas J. *The Real Lincoln.* Roseville, Calif.: Forum, 2002.

Eisner, Marc A. *From Warfare State to Welfare State: World War 1, Compensatory State Building and the Limits of the Modern Order.* University Park, Pa.: Pennsylvania State University Press, 2000.

Fazal, Tanisha M. *State Death: The Politics and Geography of Conquest, Occupation, and Annexation.* Princeton: Princeton University Press, 2007.

Giddens, Anthony. *The Nation State and Violence.* Berkeley: University of California Press, 1985.

Gleysteen, William H. *Massive Entanglement, Marginal Influence.* Washington, D.C.: Brookings, 1988.

Granatstein, J. L. *Canada Foreign Policy Since 1945: Middle Power or Satellite.* Toronto: The Copp Clark Publishing Co., 1970.

Henderson, Gregory. *Korea: The Politics of the Vortex.* Cambridge: Harvard University Press, 1968.

Holloway, Steven K. *Canadian Foreign Policy: defining the National Interest.* Ontario: University of Toronto Press, 2006.

Kim, Choong Nam. *The Korean Presidents: Leadership for Nation Building.* Norwalk, Conn.: EastBridge, 2007.

Knorr, Klaus. *Military Power and Potential.* Lexington, Mass.: Heath, 1970.

Liska, George. *Nations in Alliance.* Baltimore: Johns Hopkins Press, 1968.

Luttwak, Edward. *Turbo-capitalism: Winners and Losers in the Global Economy.* New York: Harper Collins, 1999.

Macdonald, Donald S. *U.S.-Korean Relations from Liberation to Self-reliance.* Boulder: Westview Press, 1992.

Machiavelli, Nicholas. *The Prince.* Vineland, NJ: Hendricks House, 1961.

Macridis, R. C., ed. *States and Regions.* Englewood Cliffs, N.J.: Pretice Hall, 1989.

Morgenthau, Hans J. *In Defense of the National Interest: A Critical Examination of American Foreign Policy.* New York: Knopf, 1951.

Niolay, John G., and John Hay. *Complete Works of Abraham Lincoln.* Lincoln Memorial University, 1894.

Oberdorfer, Don. *The Two Koreas.* Reading, Mass.: Addison-Wesley, 1997.

Perlmutter, Amos. *Military and Politics in Israel: Nation-Building and Role Expansion.* London: Frank Cass, 1969.

Pew Research Center. *Views of a Changing Wolrd 2003.* Washington, D.C.: The Pew Research Center, 2003.

______. *What the World Thinks in 2002.* Washington, D.C.: The Pew Research Center, 2002.

Rothstein, Robert I. *Alliance and Samll Powers.* New York: Columbia University Press, 1968.

Scalapino, Robert A., and Chong-Sik Lee. *Communism in Korea.* Berkeley: University of California Press, 1972.

Sheridan, James E. *Chinese Warlord: The Career of Feng Yu-hsiang.* Stanford, Calif.: Stanford University Press, 1966.

Smith, Adam. *An Inquiry into the Nature and Causes of the Wealth of Nations.* New York: the Modern Library, 2000.

Spencer, Herbert, ed. *On Social Evolution: Selected Writings.* Chicago: University of Chicago Press, 1972.

Stueck, William. *The Road to Confrontation: American Policy toward China and Korea, 1947-1950.* Chapel Hill: University of North Carolina Press, 1981.

Suh, Dae Sook. *The Korean Communist Movement, 1918-1948.* Princeton: Princeton University Press, 1967.

Tilly, Charles. *Coercion, Capital, and European States: AD 990-1990.* Malden,

MA: Blackwell, 1990.

Toffler, Alvin, and Hei Toffler. *War and Anti-war: Survival at the Dawn of the 21st Century.* Boston: Little, Brown and Co., 1993.

United States of America, Department of State. *North Korea: A Case Study in the Techniques of Takeover.* Washington, D.C.: Government Printing Office, 1961.

______. *Foreign Relations of the United States 1950,* VII.

Warnock, John W. *Partner to Behemoth: The Military Policy of a Satellite Canada.* Toronto: New Press, 1970.

Wendt, Alexander. *A Social Theory of International Politics.* Cambridge, UK: Cambridge University Press, 1999.

Won, Odoric Y.K. *Militarism in Modern China: The Career of Wu Pei-fu.* New York, 1978.

Wright, Quincy. *A Study of War.* Chicago: Chicago University Press, 1965.

Yaniv, Avner, ed. *National Security and Democracy in Israel.* Boulder: Rienner, 1993.

• 논문자료

Bohn, David E. "Neutrality-Switzerland's Policy Dilemma." *Orbis,* 25:2. Summer 1977.

Cha, Victor D. "Security and Democracy in Korean Development." In Samuel S. Kim, ed. *Korea's Democratization.* Cambridge: Cambridge University Press, 2003.

______. "Politics and Democracy under the Kim Young Sam Government: Something Old, Something New." *Asian Survey,* 33:9. 1993.

Clemens, Walter C. "GRIT at Panmunjom: Conflict and Cooperation in Divided Korea." *Asian Survey,* 12:1. January 1973.

Critchley, W. Harriet, and Terry Terriff. "Environment and Security." In Richard Shultz, Roy Godson and Ted Greenwood. *Security Studies for the 1990s.* New York: Brassey's, 1993.

Deibel, Terry. "Strategies Before Containment: Patterns for the Future." in Sean M. Lynn-Jones and Steven E. Miller, eds. *America's Strategy in a Changing World.* Cambridge, Mass.: MIT Press, 1992.

Dunba, Charles. "The Unification of Yemen: Process, Politics, and Prospects." *Middle East Journal,* 46: 3. Summer 1992.

Emmes, Ralf. "Securitilization." In Alan Collins, ed. *Contemporary Security Studies.* New York: Oxford University Press, 2007.

Gause III, F. Gregory. "Yemen Unity: Past and Future." *Middle East Journal* 42:1. Winter 1988.

Haslam, Jonathan. "Russian Archival Revelations and Our Understanding of the Cold War." *Diplomatic History* 21, Spring 1997.

Hudson, Michael C. "Bipolarity, Rational Calculation, and War in Yemen." *The Arab Studies Journal,* 3:1. Spring 1995.

Huntington, Samuel P. "Political Modernization." In J. Rogres Hollingsworth, ed. *Nation and State Building in America.* Boston: Little, Brown, 1971.

Jian, Chen. "The Sino-Soviet Alliance and China's Entry into the Korean War." Cold War International History Project, *Working Paper,* No. 1, 1992(http://seas.gwu.edu/nsarchive/cwihp).

Joffe, Josef. "The Foreign Policy of the Federal Republic of Germany." In R. C. Macridis, Englewood Cliffs, eds. *Foreign Polic in World Politics: States and Regions.* N.J.: Pretice Hall, 1989.

Kim, Joungwon A. "Korean Participation in the Vietnam War." *World Politics,* April 1966.

Kolodzi, Edward A. "Renaissance in Security Studies? Caveat Lector!" *International Studies Quarterly,* 36. December 1992.

Lee, Jae-Bong. "Cultural Representation of Anti-Americanism: The Negative Images of the United States in South Korean Literature and Arts, 1945-1994." Ph. D. dissertaion. The University of Hawaii, 1994.

Long, William W. "Can Sweden Defend Herself?" U.S. Naval Institute Proceedings, 93. September 1967.

Luttwak, Edward. "From Geopolitics to Geoeconomics." *The National Interest,* Vol. 17, No. 3. Summer 1990.

Merrill, John. "International Warfare in Korea, 1948-50: The Local Setting of the Korean War." In Bruce Cumings, ed. *Child of Conflict: The Korean-American Relationship, 1943-1953.* Seattle: University of Washington Press, 1983.

Nuechterlein, Donald. "The Concept of 'National Interest': A Time for New Approach." *Orbis,* Spring 1979.

Pelz, Stephen. "Decisions on Korean Policy." In Cumings, ed. *Child of Conflict: The Korean-American Relationship, 1943-1953.* Seattle: University of Washington Press, 1983.

Peterson, Peter G., and James K. Sebenius. "The Primacy of the Domestic Agenda." In Graham Allison and Gregory T. Treverton, eds. *Rethinking America's Security Beyond Cold War to New World Order.* New York: Norton, 1992.

"Political Summary for March, 1949." RG 59, CDF 1945-49, 895.00/4-1849, National Archive.

Radwanski, Wojtek. "Poland, U.S.: Reaching a Missile defense Agreement." *Strategic Forcast,* July 3, 2008.

Reed, Donald J. "Beyond the War on Terror: Into the Fifth Generation of War and Conflict." *Studies in Conflict & Terrorism,* 31: 8(2008).

Scalapino, Robert A. "Korea and Vietnam." Wayne Wilcox et al. *Asia and the International System.* Cambridge, Winthrop, 1972.

색인

| ㄱ |

| ㅂ |

| ㅅ |

| ㅇ |

| ㅈ |

| ㅊ |

| ㅋ |

| ㅌ |

:: 지은이 소개

❖ 김충남(金忠男)

육군사관학교와 서울대학교 대학원을 졸업했으며 미국 미네소타대학교에서 정치학 박사학위를 받았다. 육군사관학교와 외교안보연구원 교수를 지냈다. 청와대에서 사정비서관, 정무비서관, 공보비서관으로 전두환, 노태우, 김영삼 등 세 분의 대통령을 9년여에 걸쳐 보좌했다. 하와이 동서문화센터(East-West Center)에서 10여 년간 연구위원으로 재직했고, 최근에는 세종연구소 객원연구위원으로 있었으며, 현재 한국군사문제연구소 객원연구위원으로 있다.

주요 저서

『성공한 대통령 실패한 대통령』(1992, 전원), 『성공한 대통령 실패한 대통령 (개정판)』(1998, 둥지), 『대통령과 국가경영: 이승만에서 김대중까지』(서울대출판부, 2006), 『The Korean Presidents: Leadership for Nation Building』(Norwalk, Conn.: EastBridge, 2007), 『일등국민 일류국가』(오름, 2010) 등이 있고, 최근 저서에는 『대통령과 국가경영2: 노무현과 이명박 리더십의 명암과 교훈』(오름, 2011)이 있다.

❖ 문순보

성균관대학교 정치학 박사(한국정치)
성균관대학교, 동덕여자대학교, 단국대학교 출강
고려대학교 일민국제관계연구원 선임연구원
국방홍보원 국방현안자문
통일부 산하 통일교육원 통일교육위원
(현) 세종연구소 통일전략연구실 연구위원
경찰대학 치안정책연구소 연구자문위원

주요 저서 및 논문

『북한의 도발 환경 비교 분석: 1968년과 2010년의 주요 사건을 중심으로』(성남: 세종연구소, 2012).

『오바마 행정부의 대북정책: 북한의 위협에 대한 대응을 중심으로』(성남: 세종연구소, 2012).

"천안함 도발, 연평도 포격: 원인과 교훈," 2011년도 한국국제정치학회 안보국방학술회의, 『선진일류국가로 발전하기 위한 국방개혁의 방향과 보훈의식』, 2011년 8월 26~27일.

"한반도 통합 시 국제법적 문제: 국가승계 조항의 정치적 해석을 중심으로," 2011년 한국평화연구학회 전반기 국내학술세미나, 『평화의 비전과 한반도 통일』, 2011년 4월 28일.

"공세적 현실주의와 동북아 안보," 『세종정책연구』 제6권 제2호 (성남: 세종연구소, 2010).

"북핵문제와 국제사회의 대북제재: 한계와 대안," 『국가전략』 제16권 제2호 (성남: 세종연구소, 2010).

Victor D. Cha 지음, 김일영 · 문순보 공역, 『적대적 제휴: 한국, 미국, 일본의 삼각안보체제』(서울: 문학과 지성사, 2004) 외 다수